상담심리학

정서영 권 붕 김미경 김여환 양재건 양철수
이영만 이척희 임성은 장미리 최병석 공저

Counseling Psychology

양성원

머 리 말

최근 인문학에 대한 열풍이 불고 있음은 주지의 사실이다. 그러나 이러한 인문학은 우리가 흔히 생각하는 과거의 인문학과는 조금은 다르다고 볼 수 있다. 즉, 과거의 인문학이 순수학문이었다면, 지금의 인문학은 실용성이 덧붙인 것이다. 오늘날 우리가 쉽게 접하고 있는 인문학은 엄밀히 말해서 인문과학과 사회과학으로 재편성되고, 확장·발전하고 있다. 학문의 분화가 가속화하고 있다는 말이다. 특히, 심리학과는 과거 문과대학에 속했으나, 많은 대학들이 사회과학대학으로 이적하고 있다.

이제 심리학은 과거 전통적인 기초학문에서 벗어나 상담학, 사회학, 사회복지학과 융합하면서 새로운 스펙트럼을 형성해 가고 있다. 이러한 와중에 국내의 많은 대학이 상담학을 도입하면서 상담학과 심리학의 학문적 분류를 혼동하는 사례가 적지 않게 표출되고 있다. 더구나 심리학이 인간행동을 중시하면서 사회복지학의 주된 주제인 생애주기 분야와 맞물려 학문적 한계가 무시되고 있는 형편이다. 이 가운데 가장 심한 홍역을 겪고 있는 분야가 상담심리학이다. 결론부터 말하면, 상담심리학은 심리학의 하위영역이다. 그런데도 불구하고, 상담심리와 심리상담을 혼동하는 교과목이 형성되고 있는 것이 작금의 교단 상황이다. 더구나 사회복지학이 이에 가세하고 있어서 그 혼돈은 교수들조차 이에 휩쓸리고 있다.

본 서는 이러한 현실을 직시하고 심리학의 입장에서 상담학과 사회복지 분야를 아울러서, 심리학에 바탕을 두고 인간행동과 생애주기에 맞는 상담과정과 상담기법을 도입하여 심리학, 상담학, 사회학, 사회복지학 학습자들에게 알맞은 방향으로 집필되었음을 밝히고자 한다. 따라서, 기존 교재와는 전혀 새로운 목차 구성을 이루고 있다. 사실, 본 서가 새로운 내용을 담고 있다고 볼 수 있다기보다는, 오히려 기존 상담심리학 교재가 상담학개론이나 상담이론과 실제 등과 같은 교과목과 차별화를 보이지 못하고, 오히려 본래의 주제에서 벗어나 인기영합적 목차구성을 했기 때문이리라.

본 서의 내용을 살펴보면,

Chapter 1. 상담심리학의 기초
Chapter 2. 정신분석상담
Chapter 3. 개인심리상담
Chapter 4. 분석심리상담
Chapter 5. 행동주의상담
Chapter 6. 인간중심상담
Chapter 7. 게슈탈트상담
Chapter 8. 실존주의상담
Chapter 9. 해결중심상담
Chapter 10. 인지치료
Chapter 11. 현실치료
Chapter 12. 교류분석상담
Chapter 13. 합리정서행동치료

이를 심리학의 분류에 따라 정신역동이론, 행동주의, 인지주의 등으로 재분류할 수 있겠으나, 상담학이나 사회학, 사회복지학 학습자들을 위해 각 장별로 학습하는 것이 학문하는 입장에서 편리하다고 본다. 물론 이외에도 여러 이론이 많으나 지면의 한계와 공동저자들의 일천한 학문적 소양으로는 감당하기 어려워 교수님들께 그 짐을 지우고자 함에 죄송함을 금할 길이 없다.

항상 탈고하면서 부족함을 느끼는 것은 어쩔 수 없으나, 본 서와 같은 방대한 분량의 주제를 집필하기까지 많은 노력이 있었음을 밝히고자 한다. 그러나 교수님들의 질책과 학습자들의 따가운 시선은 겸허히 수용하고 한다. 혹서에도 불구하고 본 서를 출판하기까지 수고를 아끼지 않으신 출판사 관계자 여러분들께 심심한 위로와 감사를 드린다.

2018. 8
관악산 서재에서
공동저자 대표 정서영

차 례

Chapter 05

행동주의상담

Chapter 06

인간중심상담

Chapter 07

게슈탈트상담

Chapter 08

실존주의상담

Chapter 09

해결중심상담

Chapter 10

인지치료

Chapter 11

현실치료

1

Chapter

상담심리학의 기초

개요

상담심리학은 인간행동의 연구를 통해 밝혀진 심리학적 지식을 내담자에게 적용하여 바람직한 변화를 돕는 학문으로, 응용 심리학에 속한다. 상담심리학의 적용 분야는 정서, 성격, 대인관계 문제를 다루는 분야와 진로 발달, 진로 선택, 직업 적응을 다루는 분야로 나눌 수 있다. 1980년대 이후 상담심리학의 적용 범위는 전통적인 분야를 넘어 다양한 영역으로 확대되고 있다. 본 장에서는 상담심리학의 기초적인 지식을 논의하고자 한다.

학습 목표

1. 심리학에 대한 기초적 이해
2. 상담학과 심리학의 접목
3. 사회복지학, 사회학 등 타 학문의 연계성

학습 내용

1. 상담심리학의 기초
2. 상담학
3. 심리학
4. 상담심리학의 연구방법론

1. 상담심리학의 기초

1) 상담심리학

상담심리학(counseling psychology)은 발달과정에 있는 개인들의 정신건강 증진, 상담의 목적·방법·과정, 상담원의 양성, 상담의 본질규명 등을 연구 대상으로 하는 심리학의 한 분야를 말한다. 상담심리학은 인간행동의 연구를 통해 밝혀진 심리학적 지식을 내담자에게 적용하여 바람직한 변화를 돕는 학문으로, 응용심리학에 속한다. 임상심리학이 병리적인 측면에 중점을 두는 반면, 상담심리학은 개인의 성장 욕구를 충족시키는 건설적인 측면을 강조하는 것이 특징이다. 상담심리학은 성격, 발달, 진로 선택, 직업생활, 가족관계 및 부부관계 등 여러 분야에 적용되어 내담자의 발전적인 변화를 돕는다.

상담심리학은 조현병, 우울증, 불안장애 등 정신장애의 진단 및 치료를 주요 목적으로 하는 임상심리학에 비해, 정상 범주에 있는 개인들을 대상으로 보다 행복한 삶과 잠재력의 발현을 목적으로 한다는 점에서 차이가 있다. 그러나 실제 상담 장면에서는 이 구분이 명확하지 않은 경우가 많으며, 진단 및 치료를 위한 개입방법에서도 많은 공통점이 있다. 상담과정에서 내담자와 상담자는 상담을 위한 공동의 목표를 수립하고 상담자는 조력자 역할을 하는데, 내담자의 수에 따라 개인상담 또는 집단상담으로 분류할 수 있다. 상담은 일반적으로 내담자에 대한 전반적인 평가와 상담목표 수립을 위한 초기 면접 후, 필요에 따라 심리검사를 실시하고 1~12회의 단기상담 또는 장기상담을 진행하는 순서로 이루어진다.

학문적으로는 프로이트의 정신분석치료, 융의 분석심리, 아들러의 개인심리치료, 로저스의 인본주의 심리치료, 앨리스의 합리적 정서치료, 인지행동치료, 펄스의 게슈탈트 치료, 현실치료, 의사교류분석, 해결 중심 단기치료, 가족치료 등 시대적 사조와 더불어 기존 이론에 대한 반발 또는 보완으로 새로운 이론들의 출현 과정을 거치며 발달해왔다.

실제 상담 장면에서는 하나의 이론만을 단독적으로 사용하기보다는 여러 가지 이론을 혼합적으로 사용하는 경우가 많다. 예를 들어, 상담자는 내담자가 가지고 있는 비합리적인 생각을 수정하고 행동 변화를 이끌기 위해 인지행동치료기법을 사용할 수 있으며, 동시에 문제의 원인이 무의식 또는 유년기의 기억에서 비롯되었을 경우 정신분석치료기법을 병행할 수 있다. 또한 내담자가 수용과 존중이 필요한 상태라면 로저스의 인본주의이론에 입각하여 무조건적으로 수용하고 경청할 수 있다.

현대사회에서 과도한 경쟁체제와 상대적 박탈감으로 상담심리학의 필요성이 날로 커짐에 따라, 상담은 임상·교육·산업·인사 등의 현장에서 널리 쓰이며, 조직구성원 관리 및 복지를 위한 기업에서의 상담사 활동도 늘고 있다.

2) 상담심리학의 발전

상담은 생활이나 일신상의 문제를 본인 스스로 해결할 수 있도록 조언을 주는 일로서, 미국에서 20세기 초에 시작된 직업지도운동에서 발단이 되었다. 제2차 세계대전의 영향으로 전문적인 정신건강 서비스에 대한 수요가 증가하면서, 1950년대에 이르러서는 본격적으로 심리학의 한 분야로 취급되었다. 한국에서는 1964년 한국심리학회 산하 임상심리학회 분과로 발족된 이래, 1974년 임상 및 상담심리학회로 개칭하고, 1987년 상담심리 및 심리치료학회로 독립적인 분과가 되었으며, 2004년 사단법인 한국상담심리학회로 발전하였다.

상담심리학은 1950년대 초반부터 전문적인 학문 분야로서 정체성을 확립하기 시작했다. 이후 비약적인 발전을 거듭하여 응용심리학의 하나로 확고한 전문성을 갖게 되었다.

정신분석학은 상담심리학의 이론적 발전에 영향을 미쳤을 뿐 아니라, 이후 다양한 상담 및 심리치료이론의 발전에 막대한 영향을 미쳤다. 로저스의 인본주의 심리학 역시 상담심리학의 발전에 큰 공헌을 했다. 로저스는 인간이 지니고 있는 근본적인 자기실현적 속성을 발휘할 수 있도록 돕는 것이 상담심리학의 역할이라고 주장했다.

상담심리학은 시대적 요청에 의해 전문적인 영역으로 자리 잡을 수 있었다. 제2차 세계대전은 상담심리학이 독립적인 응용심리학의 한 분야로 발전하는 데 결정적으로 기여했다. 전쟁이 진행됨에 따라 심리적 장애를 가진 병사들이 속출했고, 많은 병사들이 심리적 문제로 군복무에서 제외되었다. 이러한 상황에서 상담과 임상 분야의 심리학자들이 병사들의 심리치료에 전문적인 도움을 제공할 기회가 많아졌다. 전쟁 이후에도 퇴역 군인들의 사회 적응과 정서적 문제의 치료를 돕기 위한 상담심리학의 활동은 계속되었고, 그 결과 1952년에 상담심리학자를 위한 공식적인 조직이 결성되기에 이르렀다.

상담심리학을 심리학의 전문 응용분야로 출범시키기 위한 미국심리학회의 노력으로, 1943년 상담심리학은 미국심리학회 제17분과로 출범했다. 이후 미국심리학회 제17분과는 여러 번에 걸쳐 그 이름을 변경하면서 운영되었는데, 1952년에 상담심리학이라는 명칭을 얻었다. 이 명칭은 1953년 미국심리학회 연차 학술대회에서 공식적으로 채택되어 오늘날까지 사용되고 있다.

1950년대는 상담심리학이 비약적으로 발전한 시기였다. 로저스는 내담자중심치료에 대한 초기 이론을 확장하는 세 편의 저서를 출간했고, 모우러(O. H. Mowrer)와 그의 동료들은 심리치료에 대한 연구 및 평가방법론의 발전에 중요한 공헌을 했다. 또한 상담심리학 교과서가 대거 출판되기도 했다.

1960년은 상담심리학이 양적으로 발전한 시기였다. 상담자와 내담자의 상호작용에 대한 연구가 활발하게 진행되었고, 상담 성과와 상담방법에 관한 다양한 연구가 이루어졌다. 또한 상담심리학자의 역할에 대한 관심이 높아졌는데, 상담심리학자의 치료적 · 예방적 · 교육적 역할이 강조되었다. 현재 미국심리학회의 공식적인 보고서에 따르면, 상담심리학자의 직업적 역할은 개인의 심리적 발달을 촉진하는 것이다.

서양에서 심리치료가 시작된 19세기 후반에서 20세기 초에 이르는 시기에는 상담치료기법을 개발하고 그 치료효과를 검증하는 사례 연구가 활발히 진행되었다. 즉, 특정한 증상을 가진 내담자에게 각각의 치료법이 얼마나 효과적인가에 대한 연구가 진행되었다. 성과 연구를 통해 심리치료의 방법이 정립되자 각 치료 방법을 표준화하기 위한 노력이 시작되었다. 그 결과, 정신분석기법, 행동수정기법, 체계적 둔감법, 인간중심치료, 게슈탈트 치료 등의 이론과 방법이 하나의 명칭을 갖고 보급되었다. 이에 따라 각 치료법이 어떤 내담자에게 효과가 있는가에 대한 의문이 제기되었고, 내담자의 특성에 관해 탐구하는 '내담자 연구'에 관심을 갖게 되었다.

전통적으로 상담심리학의 적용 분야는 두 부류로 나누어진다. 하나는 정서, 성격, 대인관계 문제를 다루는 분야이고, 다른 하나는 진로 발달, 진로 선택, 직업 적응을 다루는 분야이다. 1980년대 이후 상담심리학의 적용 범위는 전통적인 분야를 넘어 다양한 영역으로 확대되고 있다.

3) 상담심리학의 연구 주제

위에서 언급한 치료기법과 성과 연구, 내담자 연구 이외에도 상담심리학에서 연구하는 주제는 다양하다.

상담과정 연구는 상담과정이 상담 성과와 어떠한 관계가 있는지 밝히고자 한다. 이를 통해 상담의 성공과 실패를 예측할 수 있는 상담과정 안의 요소를 발견하고자 한다. 하지만 실제로 상담과정을 조작하여 그 결과를 비교하는 것은 비윤리적이기 때문에 대부분의 상담과정 연구는 성공적인 사례와 그렇지 않은 사례를 비교하여 분석하는 방법을 사용한다.

상담심리학에서는 유능한 상담전문가를 양성하는 '상담자 교육방법'에 관심을 갖는다. 전문적인 상담자를 배출하기 위해 무엇을 교육해야 하는지, 어떤 방법으로 교육하는 것이 효과적인지에 무게를 두고 상담교육과 상담자 양성에 관한 연구를 진행한다.

내담자의 문제는 문화에 따라 다른 양상을 보이므로 내담자의 문제에 접근하는 상담방법 또한 문화에 따라 다를 수밖에 없다. 따라서 상담에서 문화의 차이에 대한 비교 연구도 상담심리학의 중요한 연구 주제이다.

상담자와 내담자의 분포에 대한 조사 연구 또한 중요하다. 우리나라에 어떤 종류의 상담기관이 얼마나 있는가, 각 기관에 몇 명의 상담자가 근무하고 있는가, 상담자들이 어떠한 전문교육을 얼마나 받았는가, 특정 문제를 지닌 내담자의 비율은 어떠한가에 대한 광범위한 현황 조사도 상담심리학의 연구주제에 해당된다.

상담과 관련된 법규와 제도를 연구하는 것도 상담심리학의 연구 주제에 속한다. 전문상담자의 자격과 상담기관의 설치 규정에 대한 연구가 최근 높은 관심을 받고 있다. 전문가 양성기관, 준전문가 양성기관의 실태 조사와 상담자를 교육하는 교육자의 양성, 자격 부여에 관한 연구도 그 필요성이 증가하고 있다.

상담심리학의 시대적 변천에 대한 연구 역시 상담심리학의 연구 분야에 속한다. 상담제도와 상담심리학 이론의 변천에 대한 연구가 지속적으로 이루어지고 있다.

2. 상담학

1) 상담의 개념

(1) 상담의 정의

상담이란 라틴어의 *consulere*로서 '문의하다, 충고하다, 권고하다, 고려하다, 반성하다, 숙고하다, 조언을 받다, 조언을 구하다' 등의 뜻이 포함되어 있다. 즉, 상담은 충고, 권고, 고려, 반성, 심사, 숙고, 조언 등의 활동을 의미한다.

상담이라는 뜻의 영어 'counseling'이라는 단어는 최근 들어 일반적으로 사용되고 있는 용어이지만 이 영역의 학문적 역사는 이미 1900년대 미국에서 시작되었다. counseling이라는 행위를 하는 사람을 'counselor'라고 부르며, counselor의 도움을 받는 사람을 'client' 또는 'counselee'라고 부른다. 통상적으로 counseling을 '상담', counselor는 '상담사' 또는 '상담자', 클라이언트는 '내담자'라는 표현을 사용한다. 내담자의 문제나 증상의 개선을 위해 도움을 주는 행위를 소위 '상담(counseling)'이나 '심리치료(therapy)'라는 용어로 표현하고 있으며, 이 두 용어를 구분하지 않고 혼용하고 있다. 즉, '인지치료(Cognitive Therapy)를 '인지상담'이라고 하는 경우이다. 코리(Corey, 2016)는 '심리상담'과 '심리치료'를 동일어로 사용하고 있다. 그 이유는, 상담의 목표인 행동 변화는 '회복되다'와 '성장하다'의 두 가지 의미를 담고 있어, 상담의 개념은 보다 성숙한 인격적 성장을 지향하는 개발적 상담의 측면만이 아니라, '회복되다'의 표현에서 알 수 있듯이 부적응행동의 개선이라는 치료적인 측면도 포함하고 있기 때문이다(현정환, 2016: 15-16).

그럼에도 불구하고, 일부 학자들은 상담과 심리치료를 구분하려고 한다. 예컨대, 심리치료사들이 더욱 철저한 훈련을 받고, 심리치료가 무의식적 영향을 드러내는 데 보다 깊은 초점을 두며, 기간도 더 길다는 것이다. 그리고 심리치료가 보다 의학적인 용어로서 정신과 의사나 임상정신과 의사의 작업을 특징 짓는다는 것이다. 반면, 상담은 대학상담센터와 같은 비의학적 장면의 활동과 관련된다는 것이다. 이러한 모든 구분은 논박될 수 있다. 예컨대, 정신역동상담사가 있고, 상담과 치료는 단기적, 중기적, 장기적일 수 있고, 의학적 장면 안팎에서 의학적 자격을 갖추거나 그렇지 않은 사람들에 의해 많은 상담이 이루어지고 있다. 어떤 사람들은 상담과 심리치료의 의미상의 상이한 명암을 인식하기도 하지만, 자발적 서비스와 대조되는 전문적 서비스를 제공한다는 점에서 유사성이 차이점을 압도한다. 종종 이 두 가지 용어는 교호적으로 사용되며, 대부분의 이론가들은 자신들의 작업을 상담과 심리치료 모두에 적용 가능한 것으로 본다(Neukrug, 2010).

결론적으로 사실 오늘날 이들 용어는 심리적 지원에 대한 이론 및 방법을 나타내는 표현일 뿐 거의 구분하지 않고 사용하고 있다. 물론 각각은 서로 기원이 다르며 다른 뉘앙스를 주기도 한다.

(2) 상담의 목적

상담은 심리적 문제나 증상을 가진 사람에 대한 심리적 지원이라고 하는 목적을 가지고 있다. 문제나 증상을 가지고 있는 사람, 즉 내담자는 자신의 문제를 해결하고 증상이 사라지기를 바라는 마음에서 상담사에게 도움을 요청한다. 내담자는 현재 상태에서 바람직한 방향으로 변화된 모습을 원하고 있으며, 그 변화를 도와주는 방법이 상담이다. 따라서 어떤 유형의 상담일지라도 상담의 공통 목적은 상담사와 내담자의 관계에서 내담자에게 건강한 심리적 변화가 일어날 수 있도록 도와주는 데 있다(현정환, 2016: 17-18).

상담에서 심리적 문제나 증상의 해결 또는 소멸은 주로 내담자 자신의 행동, 정서, 인지(사고방식), 환경 등의 변화에 의해 달성된다고 본다. 여기서 상담사의 역할은 어디까지나 내담자 본인이 희망하는 자신의 모습이 될 수 있도록 변화를 지원하면서 내담자가 보다 안정된 생활을 하는 데 어려움이 없도록 하는 데 있다.

(3) 상담의 필요성

현대사회는 이른바 산업화, 기계화, 도시화, 정보화, 세계화로 특징지어지고 있으며, 오늘의 지식산업사회(knowledge-based society)를 살아가고 있는 우리 모두에게는 삶의 복잡성, 장래에 대한 불확실성, 가치관의 혼란, 부정과 비리가 판치는 세상, 의사결정과 선택의 곤란성, 취업의 곤란과 실직의 문제, 결혼 또는 이혼 및 가정의 문제, 한층 복잡하고도 심각해진 입시 위주 교육의 문제, 피상적인 인간관계에 다른 소외감과 고독의 문제, 세대 간의 갈등과 격차, 성 문제, 빈부의 격차로 인한 상대적 박탈감, 출세주의에 따른 일류병 등 옛 사람들이 전혀 상상도 경험도 하지 못한 여러 가지 문제들에 직면하게 됨으로써, 더 한층 고조된 심적 불안과 긴장, 크나큰 정신적 고통을 겪고 있다. 다시 말해서, 현대인들이 경험하게 되는 위와 같은 문제들은 양 또는 질에 있어서 그 심각성이 날로 더해가고 있는 것이 사실이다.

수많은 현대인들은 그들이 일상생활에서 직면하는 어려운 문제들을 스스로의 힘으로나 부모, 교사, 동료, 친척들과 같은 비전문가의 상식적인 도움으로는 도저히 감당할 수 없는 문제가 산더미처럼 쌓여 있다. 이러한 문제를 원만하게 해결하고 선택하며 적응하려면 무엇보다도 상담전문가의 도움을 필요로 한다는 사실을 깨닫게 되었다. 더욱이 사회가 급변하고 산업발전의 속도가 빨라질수록 이에 적극적인 대처가 필요한데, 이것이 바로 상담의 필요성을 제기하게 된다.

인간의 행동은 목표 지향적이다. 즉, 동기가 있는 행동은 어떤 목적을 향하여 방향 지어지게 마련이다. 그러나 때로는 바라는 목표에 도달하지 못하고 실패할 수도 있다. 이럴 때, 우리는 욕구불만이나 욕구좌절 또는 갈등상태에 빠져 불안이나 심리적인 긴장상태를 경험하고 고민에 직면하며, 때로는 비관, 나아가서는 자살에까지 이르게 되는 경우를 흔히 볼 수 있다. 이러한 심적 긴장이나 불안, 부적응, 비관 등을 해소하기 위해서는 합리적으로 생산적인 방법을 동원하며, 당면한 문제를 극복하기 위해서는 상담전문가의 도움을 필요로 하게 된다(김충기 · 강봉규, 2003: 11-13).

2) 상담의 진행과정

상담은 상담자와 내담자가 만나서 대화하는 것으로 이루어진다. 상담자와 내담자가 만나서 대화하는 것을 '면접' 또는 '면접상담'이라고 하는데, 이 만남은 내담자 문제의 심각성, 진행방법, 상황 등에 따라 진행이 길거나 짧아진다. 짧은 면접상담은 4~6회에 그치기도 하지만 대개 10회 이상은 넘긴다. 내담자의 문제가 심각한 경우 몇 년씩 장기간에 걸쳐 상담이 진행되기도 한다.

상담의 진행과정은 상담자와 내담자가 처음 만난 이후부터 상담이 끝날 때까지의 전체과정을 말한다. 그리고 그 흐름에 따라 초반부, 중반부, 후반부로 구분하기도 하지만 상담의 과정은 발전적으로 변화하기 때문에 보통 초기단계, 중기단계, 종결단계로 나눈다. 각 단계에는 성공적인 상담을 위해 해결해야 할 과제가 주어지는데, 각 단계별 과제가 순조롭게 해결되어야만 기대한 상담결과를 얻을 수 있다. 각 단계는 다음과 같다.

(1) 초기단계: 상담의 기틀 잡기

초기단계란 상담을 시작하는 단계로서 처음 몇 회의 만남으로 이루어진다. 이 단계는 무엇보다 상담과정 전체의 기반을 만드는 중요한 단계인데, 상담자의 기획력과 전문성이 요구된다. 초기단계에 있어서 상담기반이 튼튼한지 아닌지의 여부는 전체 상담과정에 매우 많은 영향을 미친다. 따라서, 제대로 된 상담기반을 만들기 위해 해결해야 할 과제는 다음과 같다(임상록 외, 2012: 24-25).

첫째, 안정된 상담관계 형성이다.

둘째, 상담목표와 상담방법 및 진행에 대한 합의가 있어야 한다.

셋째, 내담자 문제의 본질을 이해해야 한다.

(2) 중기단계: 문제해결하기

상담의 중기단계는 초기단계가 끝날 무렵부터 상담의 목표가 어느 정도 달성되기까지의 전체 과정을 말한다. 중기단계의 가장 큰 특징은 초기단계에서 설정된 상담목표를 해결하기 위한 구체적인 상담작업들이 행해진다는 데 있다. 즉, 초기

단계에서 잡혀진 탄탄한 기틀을 바탕으로 내담자가 가진 문제에 대한 본격적인 해결 시도가 행해진다. 이런 의미에서 상담의 중기단계는 '문제해결단계'라고도 부른다. 이는 상담의 핵심적 단계가 된다(이장호 외, 2009: 196).

초기단계에서 촉진적인 상담관계가 형성되면 이제 문제해결을 위한 단계에 들어간다. 이 단계는 상담의 핵심적인 단계로서 초기단계에서 설정된 상담의 구체적 목표를 달성하기 위해 본격적인 개입이 시작된다. 문제해결을 위해 다양한 상담기법이 적용되는 단계이며, 내담자의 자발적인 참여와 문제해결에 대한 열정이 요구된다. 구체적으로 어떤 상담기법을 사용할지의 여부는 내담자가 가진 문제의 유형이나 문제의 심각성에 달려 있다. 만남의 횟수가 많아지고 상담에 몰입하게 되면 경우에 따라 내담자의 저항이 나타날 수도 있는데, 이러한 저항의 극복이 중기단계에서 반드시 해결해야 할 과제 가운데 하나이다. 이 과정을 통해 상담의 목표가 상당부분 달성되면 종결단계로 들어가게 된다.

(3) 종결단계

문제해결단계인 중기단계에서 문제의 해결과정을 경험하게 되면 상담은 종결로 향한다. 그러나 상담을 통해 문제해결이 되었더라도 바로 끝나는 것이 아니다. 종결을 위한 준비과정이 필요하다. 그 이유는 일단 문제가 해결되었다 하더라도 내담자가 일상생활에서 다시 문제 상황을 경험할 수도 있고, 이로 인해 새로이 어려움을 겪을 수 있다. 따라서 문제해결 후 일상생활에의 재적응을 위해 내담자가 문제에 대한 면역력을 가질 수 있도록 상담자와 내담자는 준비해야 한다(임상록 외, 2012: 26-27).

3) 상담자의 역할

(1) 상담자의 기능

일반인이 상담에 대한 약간의 지식과 경험을 가지고 행하는 일반상담과 달리 상담자에 의해 진행되는 전문상담은 상담자의 전문성이 요구된다. 상담자의 전문성은 상담자로서의 자격, 전문지식, 풍부한 상담경험 등이다. 상담자는 전문상담자로서 활동하기 위해 요구되는 정규교육과정을 이수함으로써 상담이론과 방법에 관한 체계적인 지식을 가지고 있어야 한다. 그러나 정규교육과정을 통한 상담이론과 방법에 관한 체계적인 지식 자체만으로는 바람직한 상담 효과나 결과를 기대하기 어렵다. 바람직한 상담효과나 결과를 기대하기 위해서는 풍부한 상담실습과 훈련지도과정을 거쳐 상담 이론과 방법에 관한 지식을 내면화한 상담자가 되어야 한다. 예를 들어, 마치 의사가 의학에 관한 지식만으로 환자를 제대로 치료하기가 어렵고 여기에 경험과 정성이 들어가야 치료의 효과를 볼 수 있는 것과 같다(김청자 · 정진선, 2006: 245).

상담자에게 있어서 전문성이 매우 중요하지만, 이에 못지않게 상담자로서의 자질도 필요하다. 상담자로서의 자질은 다양하며, 무엇보다 강조되는 자질은 진솔성, 무조건적 긍정적 존중, 공감적 이해 등이다. 이 세 가지 자질은 원래 인간중심적 이론의 주요 부분을 이루고 있으나, 모든 상담 장면에서 일반적으로 수용되는 내용이기도 하다.

상담자의 기능과 역할은 다음과 같다(박경애 외, 2011: 17).

① 자신의 문제를 바로 볼 수 있는 지혜를 길러준다.
② 자신의 문제를 해결하고 고통에서 벗어나고자 하는 의지를 길러주고 격려한다.
③ 좌절과 절망 속에 일어설 수 있는 희망을 불러일으킨다.
④ 존재의 용기를 불어넣는다.
⑤ 자신의 인생을 스스로 관리하고 책임질 수 있는 경영능력을 키워준다.

(2) 상담자의 태도

일반적으로 상담을 하는 사람들은 다른 사람의 복지와 행복을 위하고 문제를 해결해 주고 싶어 하는 동기가 강한 편이다. 그래서 다른 사람을 도와주게 되면 상당한 기쁨과 보람을 느끼리라고 미리 기대하는 경우가 많은데, 이러한 기대가 항상 충족되는 것은 아니다. 어떤 사람들은 남의 이야기를 잘 듣고 남의 마음을 잘 알아차리는 이가 상담도 잘할 것이라 생각하기도 한다. 또 어떤 사람들은 자신의 정서적 문제도 해결하려는 노력의 일환으로 상담자가 되기를 희망하는 경우도 있다.

이와 같이 상담을 하기 전에 갖는 태도나 타인에게 받는 평가가 상담을 하는 데 반드시 도움이 된다는 보장은 없다. 남에게 도움을 주고자 하거나 좋은 평가를 받고자 하는 욕구, 남에게 영향을 끼치고 지배하고자 하는 욕구가 너무 강하면 내담자의 마음을 이해하거나 적절한 반응을 보일 수 없다. 예를 들어, 지나치게 남을 돕고자 하면 내담자 스스로 자신의 문제를 탐색하고 결정하는 기회를 막아버림으로써 내담자의 의존심을 강화하는 오류를 범할 수 있다. 또한 내담자가 긍정적인 방향으로 빨리 변하지 않으면 지나치게 실망하고 그 좌절감을 자신이나 내담자에게 돌리기가 쉽다. 반면에, 어떤 이유로 내담자가 큰 도움을 받은 것처럼 말하거나 행동하면 자신의 상담가적 자질에 지나친 자만심을 가질 수도 있어 앞으로의 전문적인 발전에 큰 장애가 될 수 있다.

상담이란 일상생활에서 이루어지는 대화나 우정 어린 면담 같은, 인간관계에서의 여러 상황을 부분적으로 포함할 수 있다. 그래서 친구와 주고받는 대화와 상담이 별 차이가 없을 것으로 생각하는 사람들도 있다. 그러나 상담에서는 친구관계와 달리 친숙하지 못한 상태에서 면접이 시작된다. 또한 어느 한쪽이 다른 쪽을 도와주는 전문적이고 특수한 관계 위에서 대화가 이루어진다. 따라서, 친구 사이에서는 상대방의 문제에 대해 농담을 해도 별 상관이 없지만, 상담에서는 그러한 농담조차 심각하고 부정적인 영향을 미칠 수 있다.

그러므로 상담자들이 갖기 쉬운 동기, 기대, 불안감 등 여러 문제들은 상담을 진행하는 동안에 자주 부딪히게 되는데, 이는 경험과 학습을 통해, 교육상담과 슈퍼비전을 통해 정리하고 해결해야 할 것이다.

(3) 상담자의 책임

① 전문적인 책임

전문적인 책임에 대해 강조할 사항으로는, 우선 상담을 처음 시작하거나 경험이 없는 상담자들은 자신의 상담기법에 한계가 있고 완전하지 못하다는 사실을 바로 인식해야 한다. 상담 경험이 풍부한 상담자라 할지라도 자신의 한계를 항상 인식하고 겸손한 태도를 가져야 하는데, 상담의 초심자라면 더욱더 그래야만 한다. 충분하지 못한 기법이나 경험은 실제 상담 경험을 통하거나 지도 전문가와 선임 상담자의 자문과 조언을 통하여 차츰 보완할 수 있다. 상담자가 되려는 사람들은 전공 분야의 공부를 체계적으로 마치고 공인된 자격을 얻기까지, 또한 그 후로도 상당 기간 선임 전문가에게 슈퍼비전을 받을 책임이 있다. 이는 상담자 자신을 보호할 뿐만 아니라, 내담자의 복지를 지켜 주기 위해서도 반드시 필요하다(양명숙 외, 2013: 26-27).

그 밖에 상담에 관한 충분한 기록을 만들어 두는 것도 상담자의 전문적인 책임에 포함되는 일이다. 면담 후 기록을 남겨 두지 않으면 상담을 효과적으로 진행하는 데 큰 지장이 생긴다. 또한 슈퍼비전을 받을 때도 자료가 매우 부실해진다. 내담자를 불가피하게 다른 상담자에게 의뢰해야 하는 경우나, 아주 드물지만 법적인 문제가 생기는 경우에 대비해서라도 체계적이고 성실한 기록은 반드시 필요하다.

② 비밀의 보장

내담자가 구체적으로 말을 하든 안 하든 자신이 이야기하는 내용이 어느 정도로 비밀이 보장되는가에 대해 관심을 갖는 것은 당연하다. 따라서 상담자는 내담자가 비록 묻지 않더라도 면접 중에 이야기되는 내용은 철저히 비밀이 보장된다는 것을 먼저 설명하고 확인해 두어야 할 필요가 있다. 내담자는 자신의 인격에 손상이 되는 내용, 사적인 이야기와 가족 이야기 또는 자신이 저지른 행동 등에 관한 이야기를 하고 싶어도 비밀의 보장에 대한 확신이 없기 때문에 주저하는 경우가 많다. 비밀보장의 책임은 내담자의 양해나 승인 없이는 면담 중에 알게 된 내용을 공개하지 않는다는 것을 의미한다. 비밀보장에 있어서 '어떠한 경우에 어느 정도로 또는 어떠한 형식으로 비밀보장이 이루어져야 하는가'는 내담자 문제의 내용에 따라 상세히 결정되어야 한다(김충기 · 강봉규, 2003: 91).

③ 상담자와 내담자와의 관계

상담자와 내담자의 관계는 상담관계로 이루어진다. 상담관계에서 유의해야 할 부분은 무엇보다 이중관계와 성적 관계이다. 그 내용은 다음과 같다(임상록 외,

2012: 19-20).

첫째, 이중관계와 관련하여, 상담자는 내담자를 받아들일 때 매우 신중해야 한다. 특히, 가까운 친구나 친인척 등 자신의 주변사람이 내담자가 될 경우에 이중관계가 성립될 수 있고, 이로 인해 객관적이고 전문적인 상담을 기대하기가 어렵다. 왜냐하면 친구나 친인척을 대상으로 상담을 하게 되면 인간관계에 대한 생각이나 감정이 개입될 수 있어 내담자에 대한 객관성과 전문적인 판단에 예기치 못한 오류가 생길 수 있기 때문이다. 따라서 부득이한 경우 외에는 다른 전문상담자에게 친구나 친인척을 내담자로 의뢰하는 것이 바람직하다.

둘째, 공적인 업무를 수행하는 공직자의 경우도 마찬가지겠지만, 특별한 경우나 부득이한 상황을 제외하고는 상담자가 내담자와 사적인 관계를 가져서는 안 된다. 그리고 내담자와의 관계에서 상담료 이외의 어떠한 금전적·물질적 거래가 있어서는 안 된다.

셋째, 상담자와 내담자의 성적 관계는 상담관계에서 절대 금기사항이다. 상담자는 내담자와 이유를 불문하고 성적 관계를 가져서는 안 되며, 이전에 성적 관계가 있었던 사람을 내담자로 받아들이는 일 또한 있어서는 안 된다.

넷째, 내담자의 사생활과 개인 비밀보호는 상담자가 본의 아니게 소홀히 다루는 경우가 있다. 그러나 내담자는 자신의 사생활을 보호받을 권리가 있으며 상담과정에서 언급된 개인비밀은 상담 당사자들 이외의 제3자에게 노출되어서는 안 된다. 또한 내담자에 관한 비밀이나 개인정보는 내담자의 동의 없이 공개되어서는 안 된다. 그러나 내담자에 관한 비밀이나 개인정보가 사람 생명 또는 사회의 안전을 위협하거나 위협할 가능성이 있는 경우에 한하여 내담자의 동의 없이 관련 전문인이나 사회에 알릴 수 있다.

다섯째, 상담자는 상담내용을 기록하고 보존하여야 한다. 상담내용을 경우에 따라 녹음을 할 수가 있는데, 이럴 때는 상담자가 녹음하기 전에 내담자의 동의를 구해야 한다. 상담내용은 면접기록, 녹음, 녹화테이프, 심리검사지 등의 문서자료로 기록하고 보존되며, 상담자는 상담 초기에 이러한 내용을 내담자에게 알려주어야 한다.

4) 상담의 유형

상담의 형태는 내담자의 문제와 심리영역, 특성이나 성격 또는 상담자의 상담 방법을 어떻게 선택하느냐에 따라 4가지 유형으로 나눌 수 있다. 그 내용은 다음과 같다(김충기 · 강봉규, 2003: 20-21; 장성화 외, 2016: 30-32).

(1) 위기상담

위기상담(Crisis Counseling)은 카운슬러가 거의 파멸상태에 도달한 내담자를 대할 때 행하게 되는 것이다. 위기상태에 이른 내담자는 자기의 일을 제대로 대응할 수 없으므로 자기 의심, 불안, 죄책감 등의 파괴적 감정(정서)에 따라 파멸 직전에 이르고 자신을 해치는 행동을 하게 된다. 이러한 위기는 즉시 주목되어야 하며 보살펴 주어야 한다. 그렇지 않으면 더 심한 행동장애가 온다. 따라서 일반적인 위기는 가족의 사망, 배우자의 사망, 절박한 이혼, 배신, 약물남용, 자녀의 가출, 비행, 실직 등에서 파생된다. 이러한 경우 내담자는 강한 정서를 수반하게 되므로 상담자에게 큰 도전을 가져오게 된다. 그러나 잘 처리하면 이 도전을 물리치고 원만한 상담관계를 유지할 수 있고 내담자는 놀라울 정도로 정상적인 성장을 도모할 수 있다.

(2) 촉진상담

촉진상담(Facilitative Counseling)은 학생들이 장차 미래의 탐색, 즉 진로탐색이나 문제를 걱정하는 것과 같이 비교적 명백한 활동을 성취하도록 도와주는 것이다. 예를 들어, 학업문제, 진학문제, 이성문제, 그 밖에 개인에게 부딪치는 여러 가지 문제를 자기의 입장과 능력에 맞게 선택하고 결정하며, 대응해 나갈 수 있는 적응력을 키울 수 있도록 촉진해 주는 상담이다.

(3) 예방상담

예방상담(Preventive Counseling)은 내담자에게 장차 일어나게 될 여러 가지 문제를 사전에 필요한 행동을 취해서 방지하는 상담이다. 생활지도 원리에서도 제시한 바와 같이 치료보다는 예방지도에 역점을 두어야 하는 것처럼, 예방상담도 미리 사건이 터지기 전에 예방하는 것이다. 예를 들어, 약물교육(LSD, 히로뽕, 마약중독 등)이나 성교육 프로그램 등은 장차 이런 문제가 발생할 것을 예방하기 위한 시도로 교육현장에서 지도되어야 한다. 상담자가 직접 내담자에게 관계되는 정보를 제공하거나, 적합한 프로그램에 내담자를 위탁하기도 하며, 상담자는 계속해서 접촉하면서 이러한 문제에 대한 인식과 이해를 높여 주는 개별상담도 여기에 해당된다.

(4) 발달상담

발달상담(Developmental Counseling)은 개인의 전 생애를 통해서 이루어지는 상담유형이다. 상담자는 각 연령층에 속하는 내담자로 하여금 이완되고 압력을 느끼지 않고 위기를 느끼지 않는 상황에서 개인적 성장이 일어나도록 돕는 것이다. 주로 초등학교 시절에는 적극적인 자아개념의 발달을 촉진하는 문제가 다루어져야 하고, 중·고등학교 시절에는 정체감(Identity)의 확립, 생업(직업)의 선택 및 적응 문제가 다루어진다. 그리고 성인의 경우, 직업문제, 가족문제, 건강문제, 생애목표 문제 등의 변화를 수용하는 문제가 다루어진다. 발달상담에서는 이런 문제가 위기상황에서 이루어지는 것이 아니라, 편안한 분위기에서 다루어지는 것이다.

그러므로 생활지도는 모든 연령층의 개인과 발달단계상의 문제를 다루고 성장을 가하는 것이기 때문에 생활지도에서 핵심이 되는 것이다. 발달상담은 이런 측면에서 매우 중요한 상담형태로 볼 수 있다.

3. 심리학

1) 심리학의 개념

(1) 심리학의 정의

심리학을 마음의 이치, 인간의 마음에 대한 학문이라는 정도만으로 이해하기 어렵다. 그리고 철학이나 신학 등과 어떻게 다른가에 답하기 곤란하다. 왜냐하면 아주 오래전부터 수많은 철학자 역시 인간의 본질에 대한 질문과 그에 대한 해답을 찾고자 하는 노력들이 이루어져 왔다. 또한 신학자들도 인간의 본질에 대한 질문에서 출발하여 신이란 무엇인가에 대한 질문과 그에 대한 해답을 찾고자 노력을 해왔기 때문이다(이주희 외, 2013: 15).

심리학이 독립적인 학문으로 발전하게 된 구체적인 시기는, 1879~1895년이라고 볼 수 있다. 분트(Wilhelm Wundt, 1832~1920)는 1862년 독일 하이델베르크대학교(University of Heidelberg)에서 최초로 심리학을 강의했으며, 1879년 라이프치히대학교(University of Leipzig)에서 최초로 심리학 실험실을 창설하고, 실험과 관찰법을 동원해서 의식 속의 심리적 사실을 연구하였다. 따라서 그를 '심리학의 아버지' 또는 '심리학의 창시자'라고 부르기도 한다.

이 시기에 분트가 연구대상으로 삼은 것은 '심리적 사실(fact)'이다. 즉, 철저하게 과학적 전통에 입각해서 감각적 경험을 통해 의식 속에 일어나는 작용만이 관찰 가능하다고 보고, 이를 연구대상으로 삼은 것이다. 따라서 심리학은 의식 속의 심리적 사실을 연구하는 학문으로 정의되었고, 이렇게 정의함으로써 심리학은 비로소 과학적 방법으로 통제된 조건에서 관찰되는 대상을 갖는 과학적 심리학이 되었다. 하지만 과학적 심리학의 탄생이라는 사실에는 커다란 의의가 있기도 하지만, 심리적 사실을 연구대상으로 삼는 것 자체에 대해서는 비판이 대두되었다. 즉, 의식 속에서 일어나는 심리적 사실은 의식하는 사람의 사적 경험에 지나지 않고 또 타인에게 관찰될 수 없기 때문에 객관성이 없다는 것이다. 객관성이 없다는 사실은 과학적 자료로서의 가치가 전혀 없다는 의미이다. 그리하여 그 대상은 심리학의 연구목적에 보다 부합되는 행동 쪽으로 옮겨지게 되고 인간의 행동을 연구하는 학문으로 정의되었다. 이러한 정의는 20세기의 유력한 철학 조류인 과학철학과 논리적 실증주의 및 자연과학의 성공과 과학기술의 발달 등으로 더욱 정당화되었다(손진훈 외, 1994: 8-9).

그러나 문제는 행동의 관찰만으로 인간을 제대로 이해할 수 있느냐 하는 것이다. 즉, 행동의 관찰로는 그 사람의 의식 속에서 이루어지는 지식의 형성과정이나 그 지식에 대한 주관적 경험내용 등을 알 수가 없다는 데에 문제가 있다. 이를 수정・보완하여 최근에 와서는 인간의 행동과 정신과정을 연구하는 학문으로 정의하고 있다. 이 정의는 심리학의 관심사가 관찰 가능한 행동의 객관적 연구임과 동시에 직접관찰이 불가능하되, 행동이나 생리적 자료를 통해 유추가 가능한 정신과정의 과학이라는 것을 시사한다. 물론 이 정의에 대해 모든 심리학자가 동의하는 것은 아니지만 오늘날 심리학의 흐름을 가장 잘 나타내고 있다.

심리학의 정의는 시대의 흐름에 따라 심리학의 연구 주제와 대상에 따라 변해왔다. 그래서 심리학에 대한 정의는 학파와 학자에 따라 다르다. 하지만 심리학의 커다란 흐름 속에서 이루어지는 심리학의 정의는 심리를 강조하는 정의와 인간과 인간사 전체를 강조하는 정의로 구분할 수 있다.

첫째, 심리학은 마음의 이치를 따지는 학문이다. 심리학이란 문자가 의미하는 바와 같이 심리학은 마음의 이치를 따지는 학문이다. 인간의 마음(mind), 심리(psycho), 정신(spirit)을 보다 학문적이고 체계적으로 연구함으로써, 마음의 구조, 심리의 구조, 정신의 구조를 알고, 더 나아가 인간의 마음과 심리, 정신이 어떻게 작용하고 기능하는지를 알아보려는 학문이 심리학이다. 심리학을 과학적인 학문으로 발전시키는 데 이정표 역할을 한 분트는 인간의 내적인 경험과 의식을 강조하면서 "심리학은 자연과학의 주제를 다루는 외적인 경험의 대상들과는 달리 내적인 경험(감각, 감정, 사고, 의욕 등)을 연구하는 학문이다"(한국심리학회, 2004: 20 재인용)라고 정의한다.

둘째, 심리학은 행동을 다루는 학문이다. 인간이란 심리 이외에도 다른 요소들이 함께 어우러져 구성된 존재다. 그중에서도 가장 대표적인 것이 행동이다. 인간의 내부 심리 속에서 무엇을 생각하고 무엇을 느끼는지를 연구하는 것은 과학의 원칙에 위배된다. 그래서 누구나 눈으로 볼 수 있고 객관적으로 검증할 수 있는 행동을 연구해야 한다는 주장이 대두되었다. 이때 인간행동이란 행동, 언어 그리고 학습되었거나 학습되지 않은 모든 관찰 가능한 것들을 말한다. 이런 입장에서 행동주의를 창시한 왓슨(J. Watson, 1878~1950)은 "심리학은 인간 행동을 주제로 삼는 자연과학이다"(한국심리학회, 2004: 21 재인용)라고 정의한다.

셋째, 심리학은 인간학이다. 심리학은 사회적 존재인 인간의 심리와 행동을 연구하는 학문이다. 그러나 심리학은 과학적 심리학이 출발 당시에 가지고 있던 의도보다도 훨씬 더 광범위하게 인간의 제반 영역을 다루게 되었다. 결국 심리학은 인간의 심리와 행동을 포함한 인간과 인간사 전체를 연구하는 학문이다. 보링(Boring, 1939)은 "인간이란 무엇인가? 심리학은 이 질문에 대해서 답변하려고 한다"고 주장한다.

그러므로 심리학은 인간의 행동과 정신과정을 과학적으로 연구하는 학문이라고 정의할 수 있다. 심리학자들은 인간의 행동을 기술하고, 설명하고, 예측하고, 통제하기를 원한다. 즉, 과학적 연구결과에서 얻은 지식을 토대로 인간의 행동과 정신현상에 대한 법칙과 원리를 구성하고, 인간행동을 이해하는 데 이용한다. 심리학적 지식은 상식에 기초한 것이 아니라, 인간에 대한 과학적 연구방법과 증거를 통해 도출된 것이기 때문에 상식이나 개인적인 경험에 의존한 판단보다 정확하고 과학적 통찰을 할 수 있도록 돕는다. 심리학적 지식은 생활 전반에 걸쳐 발생되는 문제를 광범위하게 다룸으로써 문제를 해결하거나 실생활에서 유용하게 활용되고 있다.

(2) 심리학의 목적

심리학은 학문적 목적과 이상적 목적을 가지고 있다. 인간이란 무엇인지를 알고 이해하기 위해 존재하는 심리학은 인간의 심리와 행동을 설명하고, 예측하고자 한다. 더 나아가 인간의 심리와 행동을 설명하고, 예측함으로써 얻어진 결론을 통해 인간의 심리와 행동을 통제하려고 한다. 이런 과정을 통해 심리학은 인간과 사회의 복지를 증진시키고, 궁극적으로는 인간과 사회의 진리와 선을 달성하고자 한다. 이때 전자를 심리학의 학문적 목적이라고 하고, 후자를 심리학의 이상적 목적이라고 한다.

① 학문적 목적

심리학의 학문적 목적은 다음과 같다(한국심리학회, 2004: 21-22).

첫째, 심리학은 인간의 심리와 행동을 설명하려는 학문이다. 인간을 이해하기 위해서는 무엇보다도 인간의 심리와 행동, 그리고 인간을 둘러싸고 있는 사회와 사회현상을 보다 정확하게 설명할 수 있어야 한다. 심리학의 첫 번째 목적은, 현상을 정확하게 설명(explanation)하는 것이다. 그래서 심리학자들은 다양한 현상을 설명하기 위해 늘 무엇(what)을 어떻게(how) 설명할 수 있을까에 대해 고민한다.

둘째, 심리학은 인간의 심리와 행동을 예측하려는 학문이다. 심리학은 인간의 심리와 행동을 정확히 측정하고 설명한 것을 바탕으로 인간의 심리와 행동을 예측(prediction)하고자 한다. 가령, 성격검사를 통해 성격을 설명하고, 이를 바탕으로 그 사람의 행동패턴과 심리상태를 예측하려고 한다. 그러나 예측의 정확성을 위해서는 무엇보다도 정확한 측정과 설명이 전제되어야만 한다. 설명이 정확하지 않다면 예측이 틀릴 수도 있기 때문이다.

셋째, 심리학은 인간 심리와 행동을 통제하려는 학문이다. 심리학은 인간의 심리와 행동을 설명하고 예측하려는 목적 이외에도, 인간의 심리와 행동을 통제(control)하려는 목적을 가지고 있다. 통제라는 단어의 의미가 인간을 의도적으로 조작한다는 느낌을 주기도 하지만, 여기서의 통제는 부정적인 의미에서의 통제가 아니다. 통제는 어떤 현상을 설명하고 예측함으로써 얻어진 정보를 인간과 사회의 복지, 진리, 선을 달성하기 위해 심리학의 연구결과를 활용하는 것이다. 예를 들어, 정신질환에 걸릴 소지가 많은 사람이라고 진단되면 그 사람을 스트레스로부터 보호해 주고, 심리치료를 통해 더 심한 정신질환으로 발전하지 않도록 통제해야 한다.

이와 같이 심리학은 어떤 현상을 설명하고, 예측하는 데서 끝나지 않고 적극적으로 인간의 심리와 행동을 통제하려는 목적을 가지고 있다.

② 이상적 목적

심리학의 이상적 목적은 인간의 심리와 행동을 설명하고, 예측하고, 통제하려는 학문적 목적을 통해 궁극적으로는 인간과 사회의 복지를 증진시키고, 진리와 선을 달성하고자 하는 것이다. 심리학의 학문적 목적이 주로 심리학의 현상(appearance)을 규명하려고 하는 데 비해, 이상적 목적은 심리학의 본질(essence)을 규명하고자 한다.

현상이란 인간의 심리와 행동의 외현적 표현양상이며, 본질이란 현상의 기저에 놓여 있는 근본적인 원리이다. 본질이란 인간은 알 수 없고 신만이 알 수 있는 심오한 그 무엇은 아니다. 행동을 이해하고자 한다면 행동이 본질이 되는 것이고, 기억을 연구하고자 한다면 기억이 본질이 되는 것이다.

심리학자들은 경험론적인 과학적 방법, 개념적 사유인 이성, 분석과 추리가 바탕이 되는 지성을 통해 인간의 심리와 행동이 빚어내는 현상을 알고 이해한다. 그리고 궁극적으로는 직관을 통해 인간의 심리와 행동의 본질인 진리에 도달한다.

경험론과 기계론적 인간관이 주류를 이루는 과학적 심리학의 초기에는 과학적 방법의 틀로만 현상을 분석하고 이해하려는 데 급급한 나머지, 본질을 추구하는 것 자체가 사변적이고 궤변적인 것으로 치부된 적도 있었다. 그러나 과학적·경험적·실증적·기계론적 방법론과 이성, 지성의 역할은 한계를 드러냈다. 직관을 사용하지 않고 "인간이란 무엇인가?"에 대한 물음에 답하기도 어렵거니와, 직관이 없는 경험과 과학적 발견은 인간의 허울적인 현상들을 설명하기에도 급급하다(한국심리학회, 2004: 22-23).

2) 심리학의 관점

심리학이 인간을 이해하는 과학적 학문으로 자리를 잡게 된 것은 약 130여 년밖에 안 된다. 그 짧은 기간 동안 심리학은 사회과학의 기초학문으로 그리고 응용학문으로 성장과 발전을 거듭하고 있다.

심리학은 인간의 행동과 심리현상을 이해하고 설명하기 위해 다양한 관점을 선택하고 있다. 각각의 관점들은 인간의 행동과 심리현상을 이해하고 설명하는 데 있어서 매우 다르고, 때로는 상충되는 경우도 있기는 하지만, 넓은 의미에서 보면 인간의 행동과 심리현상을 이해하는 데 상호보완적인 측면을 가지고 있다. 각 관점은 나름대로 독특하고 유용한 설명방식을 통해 인간의 복잡한 행동과 심리현상을 이해하는 데 도움을 준다(이주희 외, 2013: 25).

심리학의 역사를 보면, 여러 가지 접근법 또는 관점이 있어 왔다. 오늘날의 심리학자들 역시 마찬가지이다. 현대심리학은 대체로 다섯 개의 큰 관점으로 나누어 설명해 볼 수 있다.

(1) 생물학적 관점

인간의 대뇌는 수많은 신경세포로 연결되어 있고, 인간이 하는 모든 생각과 행동은 대뇌의 통제를 받게 된다. 대뇌는 끊임없이 정보를 받아들이고, 통합하며, 전달하는데, 이런 대뇌활동에 의해 인간은 세상을 보고, 듣고, 경험하며, 적응해 나간다.

생물학적 관점은 인간의 행동과 심리현상을 이해하는 기초로서, 신체적 또는 생물학적 측면에서 이해하고 설명하려고 한다. 생물학적 접근방법을 취하는 심리학자들은 인간의 행동, 정서, 정신장애 및 기타 심리현상을 연구할 때 생물학적 요소들을 찾고, 이런 생물학적 요소들이 어떻게 그의 정신과정 및 행동과 연관되어 있는지에 관심을 갖는다. 인간의 행동, 정서, 정신장애 및 기타 심리현상들과 유전적 요인, 뇌의 구조적 측면, 뇌의 생화학적 측면들 간의 관계에 관심을 두고 접근한다. 즉, 생물학적 접근방법을 취하는 심리학자들은, 외부 자극에 대한 뇌와 신경계통에서의 변화, 심리적 기능과 대뇌 간의 관계, 대뇌의 생화학적 변화와 행동 및 심리현상 간의 관계에 관심을 갖는다(이주희, 2013: 26-27).

우리의 사고, 꿈 및 정신 이미지 등이 신경계, 그중에서도 중추적 역할을 하는 뇌에 의해서 이루어진다는 것이 심리학자들의 가정이다. 생물학적 접근(biological approach)을 취하는 심리학자들은 두뇌에서의 사건(예: 뇌세포의 활동)과 정신과정 간의 연결을 찾아보고자 한다. 그 예로, 줄담배를 피우는 행동을 이해하고자 그가 어떻게 니코틴에 중독되었는가를 연구하게 된다. 그리하여 여러 가지 생물학적 요인(예: 유전, 두뇌에서의 전기적·화학적 활동, 호르몬의 활동 등)이 그의 정신과정 및 담배 피우는 행동에 어떻게 연관되는지를 조사하게 된다. 이러한 관점을 가진 심리학자들은 정서, 정신장애, 기억, 사고 및 기타 심리현상을 연구할 때 생물학적 요소를 찾아서 연구하게 된다. 병원에서 뇌 사진을 찍을 때 사용하는 많은 기법(예: SCAN, PET, fMRI 등)은 생물학적 접근을 하는 심리학자들이 즐겨 사용하는 자료수집 방법이기도 하다(현성용 외, 2015: 26).

이런 생물학적 관점이 인간의 행동과 심리현상에 대한 생물학적 이해를 증진시켰다. 하지만 이 관점은 몇 가지 한계를 지니고 있다.

첫째, 생물학적 관점은 인간의 행동과 심리현상에 대한 심리사회적인 요인을 간과하는 경향이 있다. 최근 많은 신체적인 질환의 경우에도 심리사회적 요인이 매우 중요하다는 인식이 증가되면서, 건강심리학과 같은 연구 분야가 발달하고 있다. 인간의 행동과 심리현상은 신체적·심리적·사회적 요인의 복합적인 상호작용에 영향을 받는다는 것이 현대심리학의 가장 보편적인 견해이다.

둘째, 대뇌 신경구조의 손상이나 생화학적 변화와 이상이 어떤 행동이나 심리문제를 유발하는 원인인지 아니면 그 결과인지를 확인하기 어렵다.

셋째, 생물학적 입장에서 사용되는 약물치료만으로 행동 및 정신장애의 문제를 근본적으로 치료할 수 없다(이주희, 2013: 26-27).

(2) 인지적 관점

인지적 접근(cognitive approach)을 취하는 심리학자들은 정신과정에 연구의 초점을 둔다. 우리가 보통 마음(mind)이라고 부르는 것들(예: 지각, 기억, 사고, 판단, 의사결정, 기타 정보처리체계)을 연구한다. 즉, 인간의 두뇌가 어떻게 정보를 받아들이고 이를 처리하며, 특정 행동유형을 만들어 내는가를 연구하게 된다. 예를 들어, 줄담배를 피우는 사람을 인지적 관점에서 보면, 그의 행동은 담배 피우는 데서 오는 위험을 크게 평가하지 않기 때문이라고 할 수 있다. 또는 중요한 정보를 처리하기 위한 어떤 조직화가 이루어지지 않아서 그럴 수 있다고 본다. 그렇다면 중독된 사람을 치료하는 데도 약물만이 아니라, 그가 정보를 보다 조직적이고 합리적으로 처리하도록 돕는 훈련이 필요할 수 있다.

인지적 관점에서 본 심리학은 다음과 같은 세 가지 이론이 존재한다.

① 인지발달이론

피아제(J. Piaget)가 어린이들의 지적 발달(인지적 발달)에 대해 보여 준 혁신적 연구는 발달심리학자와 교육심리학자들을 자극하여 많은 연구가 이루어지게 하였다. 이러한 연구의 초점은 어린이와 성인이 세상을 얼마나 다르게 이해하고, 논리를 사용하는가에 대한 것이었다. 즉, 어린이는 성인의 축소판이 아니라, 나름대로의 발달과정을 가지며, 단계별로 발달의 과제를 완수해 가면서 지적인 성장을 한다는 것이다.

② 정보처리이론

심리학은 출발부터 그 시대 자연과학의 발달이 미치는 영향을 받으며 성장해왔다. 예를 들어, 프로이트의 정신역학(psychodynamics)이론은 19세기 열역학(thermodynamics)의 발전과 관련되어 있다. 이와 유사하게 오늘날의 많은 인지심리학자들은 컴퓨터 과학의 영향을 많이 받았다. 컴퓨터는 문제를 해결하기 위해서 정보를 처리한다. 즉, 컴퓨터에 정보가 입력되고 처리되면서 기억에 저장된다. 정보를 디스켓에 장기적으로 저장할 수도 있고, 처리하는 동안 일시적 저장도 가능하다. 컴퓨터에 비유한다면 인간의 기억에도 장기기억과 단기기억, 작업기억(working memory) 등이 있다. 따라서 많은 인지심리학자들은 인간이 수행하는 정보처리를 컴퓨터에 비유해서 이해하고자 한다. 즉, 정보입력, 저장, 인출, 문제해결을 위한 처리, 그리고 문제해결로 이어지는 과정이 바로 정보처리이론가들이 연구하는 인간의 정보처리과정이다(현성용 외, 2015: 27).

인지적 관점의 한계점은 다음과 같다(이주희, 2013: 30-31).

첫째, 인간을 이해하는 데 지나치게 인지적인 측면만을 강조하여 동기적·정서적 측면을 간과하고 있다.

둘째, 인지적 관점은 심리현상의 인지적 요인과 과정에 대한 설명을 하고 있을 뿐이며, 심리적 현상의 궁극적인 원인에 대한 설명은 아니다. 행동 및 정신 장애의 원인이 잘못된 인지구조와 과정에 있다고 설명하고 있지만, 그런 잘못된 인지

구조와 과정이 어떻게 형성되었는가에 대한 발생학적인 측면에 대해서는 명쾌하게 설명하지 못하고 있다.

셋째, 여러 행동 및 정신 장애에 대한 인지적 치료방법의 효과가 매우 좋은 것으로 밝혀지고는 있지만, 그 적용 대상에는 한계가 있다. 지적 능력이나 학력 수준이 낮고, 심리적 내성능력이 부족한 사람에게는 적절하지 않은 것으로 알려져 있다.

(3) 행동적 관점

일상생활에서 마음의 상태나 경험에 따라 드러나는 행동이 달라진다. 즉, 인간의 심리현상은 그 사람의 행동으로 드러난다. 행동적 관점은 과학으로서 심리학의 연구 대상은 관찰 가능한 행동만을 대상으로 해야 한다는 행동주의에 근거를 둔 관점으로, 인간의 모든 행동은 환경과의 상호작용에 의해서 학습된 것이라고 본다. 즉, 모든 행동은 그것이 이상행동이든, 정상행동이든 간에 학습의 원리에 의해 학습된 것이라고 가정한다. 행동적 접근방법을 취하는 심리학자들은 유기체가 새로운 행동을 학습하게 되는 원리와 과정에 관심을 가지고 있다. 그리고 수많은 실험연구를 통해서 새로운 행동이 학습되는 다양한 학습원리를 제시하고 있다(이주희, 2013: 27).

왓슨(John. B. Watson, 1878~1958)은 실험실에서 의식의 측정 또는 정신과정의 측정을 하지 않기로 작정했을 뿐 아니라, 일상생활의 모든 것을 이해하는 데 행동적 접근을 시도하였다. 그는 어떤 사람이 무엇을 하는가에 대해 이해하려면, 그의 학습 역사, 상황적 영향, 그리고 그 과정에 포함된 보상을 보면 된다고 하였다. 즉, 개인의 의식 및 자발적 선택에 대해서는 도외시하였다. 따라서 행동적 접근(behavioral approach)에서는 어떤 사람이 학습을 통해 '무엇을' 알게 되었는가를 보고자 하는 것이 아니라, 무엇이, 즉 어떤 외적인(external) 절차가 그를 조건화시켰는가를 보고자 한다. 예를 들어, 담배 피우기는 학습의 결과로 볼 수가 있다. 어릴 때 주위에서 존경받는 어른들이 담배 피우는 것을 보거나 영화에서 멋있는 배우가 그럴듯한 장면에서 담배를 한 대 피우는 것을 보고 성장한 사람은 담배 피우기가 존경이나 멋있는 것으로 연결되도록 조건화되어 담배 피우기에 대한 호의적 태도가 학습되었다고 볼 수 있다.

(4) 정신분석적 관점

1940~1950년대 심리치료에는 정신분석이론이 크게 활용되었으며, 심리학 전반에 널리 영향을 미쳤다. 대부분의 심리치료가들은 정신분석에 몰두해 있었으며, 많은 저명한 작가, 예술가들이 자신의 무의식에 있는 아이디어를 표현하고자 하였다. 자동적으로 그림 그리기(automatic painting)와 자동적으로 글쓰기(automatic writing)가 인문과학 분야에서의 주요 운동으로 등장할 정도였다.

오늘날 정신분석이론의 영향은 계속되고 있으나, 과거처럼 심리학 전반에 걸쳐 영향을 미치고 있지는 않다. 프로이트의 후계자들 가운데 호나이(K. Horney), 프롬(E. Fromm) 및 에릭슨(E. Erikson)과 같은 사람들은 프로이트가 중점을 두었던 무의식적인 성적·공격적 충동의 역할보다는, 오히려 개인의 의식적이고 신중한 선택 및 자기지시(self-direction)에 더 큰 중점을 둔다.

정신분석적 접근(psychoanalytic approach)에서 볼 때, 비정상적 행동이나 문제행동은 과거에 갈등이 불만스럽게 해결되었거나 해결에 실패한 것을 나타낸다. 담배 피우기 역시 무의식적인 갈등의 상징일 수 있다. 예를 들어, 응석 부리는 어린이로 있고 싶은 바람과 독립적인 성인이 되고 싶은 바람 사이의 갈등일 수 있다. 따라서, 담배연기를 빨아들이는 것은 어린이가 젖병을 빠는 것을 상징할 수도 있는 것이다. 그렇다면 치료방법은 담배 피우는 사람의 내적 갈등을 해소하여 영원히 담배를 끊을 수 있는 자신의 능력을 강화시켜 주는 것이다.

(5) 인본주의적 관점

인본주의는 제2차 세계대전 종전 후 등장한 사상이며, 1960년대에 절정에 이르렀다. 또한 인간의 부정적인 본능을 억제할 필요성을 강조한 프로이트의 정신분석이론과 상반되는 이론이다. 실제로 프로이트 관점의 영향력이 감소한 하나의 원인이 인본주의 관점의 발달에 관계된다.

인본주의 심리학은 형태주의 심리학 및 인지적 접근의 분위기를 강하게 풍기면서 보다 나중에 형성된 관점이다. 이들은 의식과 자기인식(self-awareness)을 강조하므로 현상학적 관점이라 부르기도 한다. 인본주의적 접근(humanistic approach)에서는 개인의 경험을 가장 중요한 연구대상으로 한다. 즉, 인생행로에서 자기인식, 경험 및 선택을 통해 '우리 자신을 제작하게 된다'는 관점이다.

전적으로 자신에게 행동의 선택권이 있는가 또는 외부 요소가 자신의 행동을 결정하는가에 대해서는 논쟁이 끝날 수가 없다. 행동주의적 접근은 후자의 관점이다. 그러나 로저스(C. Rogers)와 매슬로(A. Maslow) 같은 인본주의자들은 전자의 관점을 가지고 있다. 이들은 우리가 자신의 개인적 정체성을 발견하고 인생의 의미를 부여하기 위해서는 자부심과 책임을 가지고 각자에게 주어진 자유를 활용해야 한다고 주장한다. 그리하여 이들은 사람들이, 자신의 느낌에 접하고 자신의 잠재력을 실현하도록 도와주는 방법을 연구하였다.

인본주의는 인간의 긍정적 잠재력을 강조하는 인간의 본성을 이해하려는 접근방식이며, 사람들이 자신에게 가지는 기대와 열망에 초점을 맞춰 연구한다. 인본주의 심리학자들은 인간을 발달하고, 성장하고 자신의 잠재력을 이끌어 내려는 욕구를 가진 존재로 여기며, 인본주의 심리치료사들은 사람들이 잠재력을 이끌어 내는 일을 돕기 위해 노력한다. 이들은 '환자' 대신 '내담자'라는 용어를 사용하기도 한다.

인본주의적 관점은 인간의 행동과 심리현상을 이해하기 위해서는 그 사람이 경험한 사건내용이 아니라, 그 사건을 지각하고 해석하는 그 개인의 현상학적인 장을 이해해야 한다고 보는 관점이다. 이 관점의 심리학자들에게 인간은 자신의 의지에 의해 행동을 선택할 수 있는 능력이 있고, 성장할 수 있는 고유한 잠재능력을 가지고 있다. 유기체로서 인간은 여러 가지 기능과 구조로 구성되어 있지만, 통합된 전체로서 반응하는 존재이며, 따라서 인간을 요소로 쪼개어 분석적으로 이해하기보다는 기능하는 전체로 이해해야 한다. 자기실현 경향성은 전체로서의 유기체와 자신을 유지하고, 향상시키려는 생득적인 성향이며, 행동의 원천이다. 즉, 인간의 행동은 궁극적으로 자아실현의 목표를 향하고 있다(이주희 외, 2013: 31).

인본주의 심리학에서는 인간을 선천적으로 선한 의지와 선택능력이 있는 능동적인 창조물로 본다. 이 관점에서는 인간을 위한 주요한 과제는 그들의 잠재력(potential)을 개발하고 성장을 위해 부단히 노력하는 것이다. 행동을 연구하는 것 자체를 반대하지는 않지만, 실험실 연구처럼 구성요소, 자극과 반응의 관계 등으로 설명하는 것이 아니다. 그 대신에 개인이 어떻게 살아왔는가와 같은 그 사람이 경험해왔던 주관적인 세계에 초점을 맞추고 있으며, 이는 상담이나 인간행동의 치료영역에 주로 응용되는 관점이다. 인본주의 심리학에서는 개인 중심의 접근방법으로 성격이나 인간관계를 이해하고 있기 때문에 심리치료나 상담장면의 경우 고객 중심 치료(client-centered therapy), 또 교육장면의 경우 학생 중심 학습(student centered learning)을 표방한다. 곧 인간의 존재에 대해서 의미, 가치, 자유, 책임감, 잠재능력, 자아실현 등의 조사를 통한 총체적인 접근방법이라고 할 수 있다(윤가현 외, 2016: 31-32).

하지만 이 관점은 한계점을 가지고 있다. 이 관점은 실험이나 체계적인 경험적 연구에 의해 형성된 것이 아니라, 대부분 내담자의 주관적 경험과 체험에 관한 임상적 관찰에 근거하여 설명하고 있다. 그리고 인간의 발달문제들에 대해서 관심을 갖고 있지 못하다는 점, 지나치게 낭만적인 인간관을 가지고 있다는 점 등은 제3자의 현상학적 장을 직접 관찰할 수 없으므로 그 사람의 행동이나 말에서 추론할 수밖에 없고 이로 인해 순환논법에 빠질 수 있는 위험이 있다(이주희 외, 2013: 32).

이상에서 살펴본 다섯 가지 관점을 좀 더 개념적 초점, 인간 본성에 대한 견해, 정신과 정에 대한 강조, 그리고 '환경과 인간'에 대한 강조의 관점에서 보면 〈표 1-1〉과 같다.

표 1-1 심리학의 5대 관점 비교

구분	개념적 초점	인간본성에 대한 견해	정신과정의 강조	환경/인간의 강조
생물적	행동의 기초는 생물학적 기능이다.	중립적	중간	인간
인지적	사고과정 및 세상에 대한 이해	중립적	최대	인간 및 환경
행동적	관찰 가능한 행동	중립적	최소	환경
정신분석적	무의식적 요인들	부정적	최대 (무의식을 강조)	인간
인본주의적	잠재력을 실현하기 위한 인간의 욕망	긍정적	최대	인간

출처: 김보기(2017: 31) 재인용.

4. 상담심리학의 연구방법론

상담심리학은 기본적으로 심리학의 연구방법론에 따른다. 그 내용은 다음과 같다(김보기 외, 2017: 32-39; 이순형·성미애, 2014: 19-23).

1) 표본조사

표본조사(survey)는 사람들이 행동, 태도, 신념, 의견 및 의도를 기술하도록 설문지를 사용하거나 특별한 면접방식을 통해 표본집단에 대하여 연구하는 방법이다. 물론 그 결과를 전체 집단에 일반화하고자 하는 것이 목적이다. 예를 들어, 표본조사를 이용한 심리학 연구에서 사회계층이 다르면, 아이들에 대한 훈육방식이 다르다는 것을 발견하였다(현성용 외, 2015: 36).

표본조사를 하려면 연구자들은 설문을 만들고, 신중하게 응답해 줄 사람을 선정해야 한다. 샴푸에 대한 조사를 하고자 할 때, 비누밖에 쓰지 않는 남성에게 설문한다면 나올 수 있는 응답은 아무것도 없다. 같은 또래의 사람들에게만 설문을 하면 전체 인구 중에서 극히 편파적인 일부에 대해서만 자료를 뽑게 된다.

표본조사를 할 때, 또 다른 어려운 점이 있다. 사람들은 자신에 대해서 바람직하지 않거나 마음에 거슬리는 질문에는 응답하려 하지 않는다. 여러 가지 어려움이 있지만, 그럼에도 불구하고 표본조사는 낮은 비용으로 많은 사람들에 대해서 연구할 수 있는 방법이다. 표본조사를 통해서 예측을 하고, 검증 가능한 가설을 세우며, 추가적인 실험이나 가설을 검증한다.

2) 관찰법

관찰법(Observation method)은 행동하고 있는 집단이나 개인을 전문적인 관찰자가 곁에서 관찰(특정한 착안점에 입각해서 행동을 분석적으로 보는 것)함으로써 자료를 수집하는 방법을 말한다. 관찰법은 인간의 언어와 행동을 관찰하고 그러한 언어와 행동을 객관적으로 기록하는 방법이다. 아동과 어머니의 언어적·비언어적 상호작용이나 또는 아동이 또래와의 관계에서 보이는 공격행동에 대한 연구를 위해 관찰법을 사용한다면 그들의 실제 모습을 가능한 자연스러운 맥락에서 살펴볼 수 있다.

관찰은 특별한 조작이나 통제 없이 인간의 언어와 행동을 있는 그대로 포착할 수 있다는 장점을 지닌다. 그럼에도 관찰상황은 실제상황과 엄밀히 동일하지 않으며, 자신이 관찰되고 있다는 사실의 지각이 피험자의 언어와 행동에 영향을 미칠 수 있다는 점에서 한계를 지니기도 한다.

3) 실험법

실험법(experimental method)은 심리학의 연구방법 가운데 가장 대표적이다. 실험법은 심리학이 과학적인 학문으로 발전하는 데 가장 큰 기여를 했다. 실험법은 기본적으로 통제된 상황에서 실시된다. 인간의 심리와 행동을 사람들이 살고 있는 현장에서 연구하다 보면, 어떤 원인에 의해 어떤 결과가 나오는지를 분간하기 어렵다. 그래서 다른 조건을 일정하게 통제하고 어떤 원인을 조작했을 때, 어떤 결과에 어떻게 영향을 미치는지를 알아보고자 하는 방법이 실험법이다. 실험법은 주로 통제된 실험실이나 연구실에서 이루어진다.

실험법은 발달에 영향을 미칠 것으로 가정되는 요인을 독립변수로, 독립변수의 영향을 받을 것이라 가정되는 발달적 특성을 종속변수로 설정하여, 종속변수에 대한 독립변수의 효과를 측정하는 것이다. 예를 들어, 신체표현활동 프로그램에 참여한 아동과 그렇지 않은 아동을 각각 실험집단과 통제집단으로 나누어 프로그램 실시 전과 실시 후 정서조절 수준의 차이를 비교할 수 있다.

실험법은 종속변수에 영향을 미칠 수 있는 요인을 사전에 통제하고 엄격한 실험설계를 갖춘다면, 가능한 객관적인 결과를 얻어 인간발달의 원인과 결과를 밝힐 수 있다. 하지만 세밀하고 다양한 인간발달의 모든 양상을 실험을 통해 검증한다는 것이 불가능하며, 실험과정에서 엄격한 의미의 통제가 어렵다는 한계가 있다.

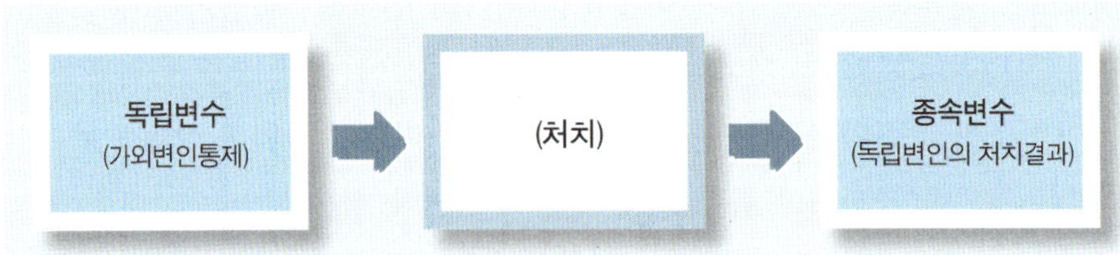

출처: 한국심리학회(2004: 45).

그림 1-1 실험법의 연구방법

4) 질문지법

질문지법은 개인의 경험이나 생각을 알기 위해 적절히 구성된 질문지를 활용하는 방법이다. 예를 들어, 다양한 놀이 행동을 제시하고, 어머니에게 그중 자녀의 모습과 유사한 행동에 응답하도록 하거나, 자녀양육에 대해 가지고 있는 개인적인 신념이나 태도를 물을 수 있다. 또한 성인에게 그들이 직장생활에서 경험하는 스트레스의 종류를 선택하게 하고, 그 수준을 주관적으로 평정하도록 할 수 있다.

질문지법은 시간적으로나 비용적으로 경제적이라는 큰 장점을 가진다. 또한 익명이 보장된다는 점에서 조사내용에 사적인 부분이 포함될 수 있고, 관찰이나 실험을 통해 드러나지 않는 개인의 사고와 태도 등을 직접 조사할 수 있다는 장점이 있다. 그러나 질문지법은 질문을 스스로 읽고 해석할 수 있는 능력이 없는 대상에게는 실시할 수 없으며, 피험자가 얼마나 솔직한 응답을 했는지도 가늠하기 어렵다는 한계가 있다.

5) 면접법

면접법은 질문지법과 유사하게 개인의 경험이나 생각을 알기 위한 목적으로 진행되지만, 면접자가 면접대상자와 일대일로 마주한 상황에서 직접 그에게 질문을 던지고 응답을 얻는 방법을 사용한다.

면접법은 한 번에 대상 한 명에 초점을 두고 진행되고, 그들의 경험과 사고의 의미를 총체적으로 이해하고자 하는 방식으로 접근하며, 면접을 이끌어 나가는 과정에서 추가 질문을 할 수 있다는 점 때문에 질문지법에 비해 피상적이지 않은 결과를 얻어낼 수 있다는 장점을 가진다. 하지만 깊이 있는 대화를 진행하기 어려운 대상에게는 실시될 수 없으며, 솔직하고 풍부한 답변을 얻어낼 수 있도록 면접을 적절히 이끌어 나가는 면접자의 노련함이 필요하다.

6) 검사법

검사법은 표준화된 검사를 사용하여 개인의 특성을 측정하고, 그렇게 얻은 점수를 같은 연령의 다른 사람들의 점수와 비교하는 방법이다. 예를 들어, 10세 아동에게 지능검사를 실시하였을 때, 검사를 통해 얻은 그의 지능지수를 해당 집단의 평균과 비교하여 평균보다 높은 수준인지 또는 낮은 수준인지를 확인하거나 집단 중 상위 몇 퍼센트(%)에 해당하는지를 알 수 있다. 일반적으로 널리 사용되는 검사에는 지능검사 이외에도 적성검사, 성격검사, 언어발달검사 등이 있다.

표준화된 검사를 사용한 경우에도 피험자의 조건과 상황에 따라 동일한 피험자에게서도 검사결과가 상이하게 나타날 수 있으며, 하나의 문화권에서 개발된 검사도구가 다른 문화권에 있는 대상에게 실시되기에 타당하지 않을 수 있기 때문에 검사 실시와 결과의 적용에 주의가 필요하다.

7) 비교문화연구법

비교문화연구법은 서로 다른 문화를 가진 집단의 생활과 특성을 알기 위해 사용되는 방법이다. 한 문화에서 일반적으로 받아들여지는 인간의 사고방식이나 행동양식이 어느 문화에서나 동일한 의미로 받아들여지는 것은 아니다. 예를 들어, 아동의 독립성을 고양시키고자 하는 양육 신념, 모유수유방식 등 문화의 차이가 존재한다.

인간의 성장과 삶의 모습을 그들이 속한 문화 안에서 온전히 이해하는 것이 쉽고 간단한 일은 아니다. 하지만 인간발달에 대해 더 폭넓게 이해할 수 있다는 점에서 비교문화연구는 상당한 가치를 가진다.

2

Chapter

정신분석상담

개요

프로이트는 1896년에 '정신분석(Psychoanalysis)'이란 용어를 처음 사용하고, 자유연상기법을 환자의 치료에 본격적으로 도입하였다. 정신분석적 상담이론은 내담자가 겪는 심리적 문제의 의미와 원인을 보다 근본적이고도 심층적으로 이해할 수 있다. 이후에 생겨난 상담이론들 중 상당수는 정신분석에 뿌리를 둔 것이다. 본 장에서는 프로이트의 정신분석상담에 대해 논의하고자 한다.

학습 목표

1. 정신분석이론 습득
2. 타 상담 이론과의 비교 연구
3. 프로이트에 대한 관심

학습 내용

1. 정신분석상담의 개요
2. 프로이트의 생애와 사상
3. 정신분석상담의 핵심 개념
4. 상담과정
5. 상담기법
6. 평가

1. 정신분석상담의 개요

프로이트는 1896년에 '정신분석(Psychoanalysis)'이란 용어를 처음 사용하고, 자유연상기법을 환자의 치료에 본격적으로 도입하였는데, 이 시기는 정신분석의 공식적인 출발점이다. 정신분석은 이제 100년이 넘는 역사를 가진 셈이다. 이 기간 동안 정신분석은 인간을 이해하는 중요한 철학적 접근으로서, 그리고 인간의 심리적 문제를 이해하고 치유하는 유력한 상담의 방법으로서 확고한 위상을 굳혀 왔다. 정신분석의 등장으로 인간의 마음을 심층적으로 이해하는 것이 가능해졌다는 것이 공통적인 견해이다. 이후에 생겨난 상담이론 중 상당수는 정신분석에 뿌리를 두고 있다.

정신분석적 상담이론은 내담자가 겪는 심리적 문제의 의미와 원인을 보다 근본적이고도 심층적으로 이해할 수 있다는 점에서 타의 추종을 불허한다. 왜냐하면 이는 심리적 문제를 이해하고 해결하는 데 있어서 출생에서 현재에 이르기까지 내담자가 걸어온 거의 모든 삶의 과정을 고려하기 때문이다. 이런 점에서 정신분석적 상담을 '뿌리치료'라고 부르기도 한다. 겉으로 드러난 누렇게 뜬 잎사귀보다는 그러한 불량한 잎사귀를 만들어 낸 뿌리의 문제에 관심을 가지는 것, 즉 외현적인 심리적 문제보다는 그러한 문제를 낳은 근본적 원인을 찾아서 해소하는 것이 정신분석적 상담의 목표라고 할 수 있다(이장호 외, 2009: 58-59).

이러한 특징 때문에 정신분석적 상담은 장기적으로 진행되는 경향이 있다. 삶의 뿌리를 찾고 그것을 치유하는 데에는 그만큼의 노력과 시간이 뒤따라야 하기 때문이기도 하지만, 장기간의 투자를 통해 얻게 되는 성과는 매우 크다. 그것은 바로 삶의 방식에서의 근본적인 변화이다. 자신이 어떠한 삶을 살아 왔는지, 그것이 현재의 모습에 어떤 방식으로 영향을 미치게 되었는지를 깊고도 철저하게 이해하는 것, 그리고 보다 성숙하게 살 수 있도록 자신의 성격을 근본적으로 변화시키는 것이 정신분석적 상담을 통해 얻게 되는 열매다. 정신분석상담은 오늘날에도 여전히 가장 유력한 상담이론으로서 건재하며, 다른 한편으로는 보다 새로운 상담이론이 등장할 수 있는 토대를 마련해 주었다.

정신분석을 상담에 적용하는 데는 두 가지 방법이 있다(김충기 · 강봉규, 2003: 86-87).

첫 번째 입장은, 치료기법으로서의 정신분석을 가능한 상담과정에 도입하여 내담자의 무의식의 내용을 정면으로 분석함을 주안점으로 삼는 방식이다. 예를 들어, 일부 심리학자는 상당히 고도의 정신분석학적인 훈련을 받아 비의사인 분석자(lay analysist)로서 치료에 종사하고 있는 경우가 좋은 예이다. 그러나 일반적으로는 정신병리학적인 증상을 나타내는 내담자를 정신과 의사가 아닌 분석자가 장기간 분석치료하는 일은, 경험이 풍부한 정신과 분석의사의 협의지도 또는 개별지도하에 그것도 의료기관 안에서 이루어지는 경우 이외는 바람직하지 않은 일로 인식되고 있다.

두 번째 입장은, 정신분석이론을 내담자의 성격을 이해 · 평가하기 위해 응용하는 입장이다. 이 입장에서는 정신분석이론을 보통의 상담과정에 많은 응용을 하는 것이어서 인간의 이해와 상담의 발전에 시사하는 바가 매우 크다. 예컨대, 학교에서 자주 교사에게 반항을 하며, 교칙을 위반하는 한 학생의 공격성도, 정신분석이론을 기본으로 여러 정보에 비추어 진단한 결과, 원래는 부친에 대한 적대감이 다른 권위자이기도 한 학교나 교사에게 전위(displacement)된 것인데, 그것이 학교 측의 거절과 처벌로 이어져 점점 악화되는 악순환을 되풀이한 것으로 생각될 수 있다. 이 경우, 학생의 문제행동의 무의식적인 측면이 학교당국에 의해 이해된다고 하면 학교측의 태도는 학생을 이해하는 쪽으로 쉽게 달라질 것이며, 이에 따라 그 학생의 태도나 행동도 어느 정도 변화될 것으로 생각될 수 있다.

상담목표

정신분석을 통한 상담목표는 내담자로 하여금 불안을 야기하고 있는 억압된 충동을 자각하게 하는 것이다. 프로이트에 따르면, 왜곡되고 억압된 성적 쾌락이 내담자의 주요한 문제가 된다. 정신분석자는 무의식에 숨겨진 억압된 비밀을 찾는 작업을 수행한다(노안영, 2018: 186).

정신분석적 상담의 목표는 자아의 기능을 강화하여 심리적 증상과 관련된 정신적 갈등을 해소하는 데 있다. 즉, 강화된 자아의 힘으로 증상과 관련된 정신적인 원인을 해결함으로써 심리적 문제를 해소하는 것이다. 겉으로 드러난 문제만 해결하는 것이 아니라, 원인으로 작용하는 무의식적 갈등에 대한 해결을 시도한다는 점에서 정신분석은 일종의 뿌리치료다. 이를 달리 이야기하면, 의식의 범위를 확대하는 것이다. 자신도 모르는 채 자신의 감정, 행동, 생각 등에 영향을 미치는 무의식적 요소를 의식의 영역 밖으로 이끌어 냄으로써 더 이상 무의식이 왜곡된 방식으로 현실에 영향을 미치지 못하도록 한다(정서영 외, 2017b: 39).

정신분석의 목표는 단지 원인을 멈추게 함으로써 결과를 멈추는 것(즉, 원인이 되는 무의식적 갈등을 해소함으로써 심리적 증상을 치유하는 것)에 그치지 않는다. 정신분석에서 무의식을 의식화하는 작업은 어둠에 빛을 비추는 것에 비유된다. 자신에 대한 무지에서 벗어나 철저히 이해하는 것, 자신을 맹목적이고 비이성적인 본능적 충동에 휘말리도록 내버려 두지 않고 이성의 힘으로 다스리는 것, 바로 그것이 정신분석상담이 지향하는 궁극적 목표다(이장호, 2009: 80).

결국 정신분석적 상담의 목표는 문제해결이나 새로운 행동을 학습하기보다는 깊이 있는 자기 통찰을 위해 과거의 억압된 세계를 깊이 탐색해 들어가는 것이며, 이를 의식화시켜 적응적이고, 문제해결적인 자아의 기능을 강화하는 데 있다고 할 수 있다. 따라서 상담자는 내담자가 자신의 과거의 경험 그리고 감정을 드러내도록 도와주고 지금의 현재 상황에 미치는 영향에 대하여 스스로 깨닫게 한다. 그러한 결과로, 내담자로 하여금 자신에 대한 이해와 자각 그리고 전반적인 문제의 통찰을 통해 성장할 수 있도록 도와준다.

2. 프로이트의 생애와 사상

지그문트 프로이트

프로이트(Sigmund Freud, 1856~1939)는 1856년 5월 6일 모라비아(Moravia, 체코 동부) 지방의 프라이베르크에서 유대인으로 출생하였다. 그가 태어난 오스트리아-헝가리 제국에서는 유대인에 대한 편견이 심했다. 그의 아버지는 세 번째 결혼한 아말리에(Amalie)와의 사이에서 프로이트를 낳았다. 그의 이복형은 어머니와 나이가 비슷했다. 이복형제들에 비해 어머니의 보살핌을 많이 받았고, 김나지움(Gymnasium, 독일의 중등교육기관) 7학년 내내 최우수 학생으로 총명했다. 빈대학교(University of Vienna) 의학부에 입학하여 폰 브뤼케(Ernst Wilhelm von Brueke, 1819~1892) 실험실에서 신경해부학(Neuroanatomy)을 공부하였다. 졸업 후 얼마 동안 뇌의 해부학적 연구를 하였고, 코카인의 마취작용을 연구하여 우울증 치료제로 시도했지만 결과는 좋지 못했다. 1885년 파리 살페트리에르(Salpetriere) 정신병원에서 샤르코(Jean-Martin Charcot, 1825~1893)의 지도 아래 히스테리(hysteric) 환자들을 관찰하였다. 1889년 여름에는 낭시(Nancy, 프랑스 북동부)의 베르넴과 레보 밑에서 최면술을 보게 되어, 인간의 마음에는 본인이 의식하지 못하는 과정, 즉 무의식이 존재한다는 것을 믿게 되었다.

이보다 앞서 브로이어(J. Breuer)는 히스테리 환자에게 최면술을 걸어 잊혀 가는 마음의 상처(심적 외상)를 상기시키면 히스테리가 치유된다는 사실을 발견하였다. 프로이트는 브로이어와 공동으로 그 치유의 방법을 연구하였고, 1893년 카타르시스(Katharsis, 정화)법을 확립하였다. 그러나 얼마 후 이 치유법에 결함이 있음을 깨닫고 최면술 대신 자유연상법을 사용하여 히스테리를 치료하는 방법을 발견하였고, 1896년 이 치료법에 '정신분석'이라는 이름을 붙였다. 이 말은 후에 그가 수립한 심리학의 체계까지도 지칭하는 말이 되었다.

1900년 이후 그는 꿈·착각·말실수와 같은 정상 심리에도 연구를 확대하여 심층심리학을 확립하였고, 1905년에는 유아성욕론을 수립하였다. 초기 그의 학설은 무시되었으나, 1902년경부터 점차 공명하는 사람들(슈테켈, 아들러, 융, 브로일러 등)이 나타났으며, 1908년에는 제1회 국제정신분석학회가 개최되어 잡지 「정신병리학·정신분석학연구연보」(1908~1914), 「국제정신분석학잡지」 등이 간행되었다. 또 1909년 클라크대학교 20주년 기념식에 초청되어 강연한 일은 정신분석을 미국에 보급시키는 계기가 되었다. 제1차 세계대전 후 사변적 경향을 강화하여 원초아·자아·초자아와 같은 생각과, 생의 본능인 에로스, 죽음의 본능인 타나토스(Thanatos) 등의 이론을 주장하였다. 1938년 오스트리아가 독일에 합병되자 나치스에 쫓겨 런던으로 망명하였고, 이듬해 암으로 죽었다. 그의 유골은 지금 런던의 골더스 그린(Golders Green)에 안장되었고, 그가 마지막 저서를 집필했던 마레스필드(Maresfield) 가든 20번지에는 프로이트 박물관이 세워졌다. 그곳에서 프로이트는 지금도 세계화시대를 맞이한 정신분석은 어떤 모습이어야 하는지, 세계는 어떠해야 하는지를 꿈꾸는 방문자를 맞으며, 그의 영향력을 과시하고 있다(강응섭, 2010: 30-31).

파시즘으로 열망하는 역동의 시대를 거슬러 살았던 그는, 나치즘의 시기를 보낸 유대인이었다. 그가 정신분석을 하게 된 두 가지 요소 역시 유대혈통과 특수했던 가족환경을 들었다. 그는 편견이나 선입관에서 벗어나는 법을 자신의 혈통을 통해 배웠고, 나이 차이가 많은 자신의 아버지와 어머니를 통해 심리학적 현상을 발견하게 되었다. 또한 그가 좋아했던 성경과 문학에 대한 해박한 지식은 그의 정신분석학적 텍스트에 큰 영향을 끼친다. '오이디푸스 콤플렉스'나 '나르시즘' 같은 이론은 문학작품이나 신화를 통해 설명되었으며, 그의 작품 곳곳에는 성경이 등장하게 되고 무의식 개념을 새로운 미학으로 인문학에 영향을 미치게 된다.

프로이트의 특징은 수많은 임상경험을 토대로 자신의 이론을 발전시킨다는 점이다. 당시에 유행하던 최면요법 대신, 그는 수많은 환자들과의 면대면 대화를 통하여 그의 무의식이론체계의 핵심이 될 개념을 도출했고, 개별적인 치료가 아닌 보편적인 무의식이론으로 발전시켰다. 그는 미숙한 인간이 성인으로 성장해 가는 과정에서 무의식이 생성되며, 꿈과 환상은 기억 조각 사이의 공백을 메워주는 중요한 요소라는 확신을 가지고 있었다. 따라서 과거를 객관적으로 복원하는 일은 불가능하며, 언제나 기억은 환상이나 욕망에 의해 왜곡된다는 결론을 얻게 되었다. 수많은 사례를 통하여 전개되고 있는 그의 논리는 책 속에 담겨졌다. 그리고 끊임없이 학문과 작용하며 나치가 현대에 부여했고 끔찍했던 보편성으로 부정되었던 개별성과 주관성을 존중하는 새로운 시각을 제공하게 되었다.

20세기의 사상가로 프로이트만큼 큰 영향을 끼친 인물은 없다고 평가되며, 심리학·정신의학에서 뿐만 아니라, 사회학·사회심리학·문화인류학·교육학·범죄학·문예비평에도 큰 영향을 끼쳤다.

주요 저서에는 『히스테리 연구(Studien über Hysterie)』(1895), 『꿈의 해석(Die Traumdeutung)』(1900), 『일상생활의 정신병리학(Zur Psychopathologie des Alltagslebens)』(1902), 『성욕에 관한 세 편의 에세이(Drei Abhandlungen zur Sexualtheorie)』(1905), 『토템과 터부(Totem und Tabu)』(1913), 『정신분석입문(Vorlesungen zur Einführung in die Psychoanalyse)』(1917), 『쾌락 원칙을 넘어서』(1920), 『새로운 정신분석입문(Neue Folge der Vorlesungen zur Einführung in die Psychoanalyse)』(1932), 『정신분석학 개요(Abriß der Psychoanalyse)』(1940) 등이 있다.

3. 정신분석상담의 핵심 개념

1) 정신분석이론의 개요

정신분석이론(psychoanalytic theory)은 20세기 서구문명의 지적 충격이라고 할 수 있는 프로이트에 의해 최초로 개발된 성격발달이론이다. 정신분석이론이란 인간의 정신세계의 대부분을 차지하고 있는 무의식에 초점을 두어 무의식적인 성적·공격적 충동에 의해 발생하는 갈등을 파악하고 이를 분석한 이론이다. 프로이트 이론의 특징은 인간의 성격발달에서 성적 욕망을 강조하고 있다(정서영 외, 2017b: 36).

정신분석이론은 프로이트의 학설로 그의 이름을 따서 '프로이트주의(Freudism)'라고도 부른다. 그의 학설은 '자유연상법(free association)'을 사용한 신경증 치료기술로서, 또 인간심리의 해명으로서 성립하였다. 프로이트의 자유연상법이란 꿈이나 말의 차이, 글의 차이 등의 현상을 포착하여 그때 마음속에 떠오르는 것을 계속 해서 서술하는 것으로, 의식되지 않고 심리 깊숙한 곳에 감추어져 억압되어 온 심리활동을 읽어내고, 그에 기초하여 신경증의 치료법을 세우는 것을 말한다. 1896년 그는 이런 방식을 '정신분석(psychoanalysis)'이라고 명명했다. 그는 신경증의 치료에서 얻은 지견을 꿈, 남 앞에서 빗나간 말을 하는 것, 농담이라는 형식으로 방출시키는 속마음 등을 연구하여 1900년 이후 자기 나름의 심리학 체계를 세우고 이를 정신분석이라고 불렀다. 여기서 '학'을 붙이지 않은 것은, 자기의 학설이 처음부터 가설에서 출발한 것이고 과학적인 입증이 불가능한 것이어서 감히 정신분석학이라고 하지 못했던 것이다.

정신분석기법을 응용한 분야를 굳이 심리학으로 표현하자면, 의식보다 더 깊은 무의식영역의 연구를 강조하였기 때문에 '심층심리학(depth psychology)'이라고 부른다. 심층심리학은 무의식적 요인이 어떤 방식으로 의식이나 행동에 영향을 주는가를 살펴보기 때문에, '정신역동학(psychodynamics)' 또는 '역동심리학(dynamic psychology)'이라는 용어로도 표현한다. 감각 및 지각 또는 사고에 대한 초점을 맞추는 초창기 심리학 연구가 마음이나 영혼(psyche)에 대한 정적인(static) 접근방법이라면 심층심리학은 정신과정에서의 동적인(dynamic) 요소, 즉 동기나 경향성, 관심, 정서, 갈등 등을 비롯하여 그들의 상호작용에 초점을 맞추는 접근방법이다. 곧 '동적'이라는 용어는 내적인 에너지의 '상호작용'이라는 의미를 내포하고 있다. 심층심리학 분야는 인간의 성격이 형성되거나 발달하는 것을 비롯하여 정상 범주에서 벗어난 행동의 원인을 설명하는 데 주로 응용되고 있다(윤가현 외, 2016: 29-30).

그의 심층심리학(depth psychology)은 심리를 의식 · 전의식 · 무의식의 세 층으로 구별하고, 그것에 따라 심리현상을 설명하려고 하는 것이다. 그 방법은 생물학주의적이며, 기계론적인 기법이 특징이다. 심리의 기초를 본능에 두고 본능은 '불쾌'를 회피하고 '쾌'를 추구하는 것이라고 보는데, 이것을 객관적으로 말하면 종 및 개체 보존본능이라고 할 수 있다. 프로이트는 이 두 본능을 거론하고 있는데, 그가 주로 논했던 것은 종족보존본능, 즉 성욕이었으며, 그것으로 심리의 모든 것을 설명하려고 시도하였다. 그러나 성욕 그대로의 발현은 사회적 제약에 부딪혀 그 충족이 억압된다. 거기서 성욕이라는 '본원적 욕구(이것을 'Id' 또는 'Es'라고 하며, 그 발현

에너지를 'Libido'라고 부른다)'는 현실생활에 적응하는 힘에 의해 '억압'된다.

이와 같이 그는 무의식의 근저로부터 오는 성적 본능과 그것을 억압하는 힘을 기계론적으로 설명하고 있다. 본원적 욕구 '에스'와 그것을 받고 있는 '자아', 그리고 자아가 스스로를 제어하는 '초자아'가 있어, 이 초자아에 반하는 경우에 자책감이 생기고 여기로부터 우울이나 열등감 등이 생기게 된다. 억압되어 있는 '에스'에 의한 욕구의 힘(콤플렉스)을 어떤 방법으로든 해방시키는 것에 신경증 요법의 의미가 있다.

이러한 프로이트의 학설은 현대에는 융이나 아들러 등에게 수용되어 변용도 되며, 또한 사회사의 해석에도 적용되고 있는바, 이들을 가리켜 신프로이트학파라고 한다. 신프로이트학파(neo-Freudians)로는 히틀러에 쫓기어 독일로부터 미국으로 건너간 호나이(K. Horney), 프롬(E. Fromm), 설리번(H. S. Sullivan), 카디너(A. Kardiner) 등이 대표적이고, 여기에 린턴(R. Linton), 달라드((J. Dollard), 미드(George Herbert Mead) 등을 꼽기도 한다. 물론 프로이트는 죽는 순간까지 그의 생각을 계속해서 수정하였다. 신프로이트학파는 정통 정신분석학이론에 중요한 변화를 가져오고 또 중요한 것들을 첨가하였다. 이런 생각의 유입은 전체 정신분석적 운동에, 특히 환경적 변인의 영향과 자아의 역할에 관하여 더욱 현대적인 맛을 주었다. 신프로이트주의의 공헌은 다음과 같다.

첫째, 종합적·역학적 퍼스낼리티 형성론이라고 할 수 있다. 여기에서 심층심리학의 계승이라고 하는 프로이트의 특징이 잘 나타나고 있다. 그러나 이것은 단순한 계승이 아니고 대인관계 또는 사회적 요인을 도입한 완전히 새로운 퍼스낼리티론으로 나가고 있다.

둘째, 사회심리나 사회이론의 분야에 있어서 사회적 성격의 개념의 제창과 그것에 의한 파시즘 및 대중화 현상의 분석이다. 신프로이트학파의 업적은 사회심리학·인류문화학에 지대한 영향을 끼쳤다.

2) 인간관

프로이트에 의해서 창시된 정신분석은 인간심리에 대한 결정론과 무의식이라는 두 가지 기본적인 개념에 기초를 두고 있다. 인간행동은 비합리적인 힘, 무의식적 동기, 생물학적이고 본능적인 충동에 의해 영향을 받는다(Freud, 1914, 1920a, 1920b). 19세기에 다윈(Charles Robert Darwin, 1809~1882)은 『종의 기원(On the Origin of Species)』(1859)을 통해 진화론을 주창하였는데, 프로이트의 정신분석은 인간을 생물학적 존재로 보는 당시의 시대정신을 반영하고 있다.

프로이트는 인간을 갈등의 존재로 보았다. 본능이 추구하는 쾌락과 현실의 갈등, 자아와 외부세계와의 갈등, 적극성과 수동성의 갈등이 우리를 지배한다. 때문에 프로이트는, 인간은 삶이 지속되는 한 갈등을 겪는다고 주장한다. 즉, 삶이 지속되는 동안 우리가 가진 세 가지 자아인 원초아(id), 자아(ego), 초자아(superego)가 서로 갈등을 겪는다는 것이다. 이러한 세 가지 자아는 고대 그리스의 철학자인 플라톤(Plato, BC 427~347)이 제안한 서로 갈등을 겪는 정신의 세 가지인 욕구(appetite), 이성(reason), 영혼(spirit)과 유사한 개념이다. 플라톤은 사람들이 쉽게 이해하도록 인간의 정신을 두 마리의 말이 이끄는 이륜마차의 전차에 비유하여 설명하였다. 이 비유에서 두 마리 말 중에서 길들여지지 않은 '거친 말'은 욕구를, 철저하게 훈련된 '순종의 말'은 영혼을, 말을 통제하며 전차를 이끄는 '마부'는 이성을 나타낸다(노안영, 2018: 179).

프로이트의 인간관은 기본적으로 결정론적이다. 즉, 비이성적인 힘인 본능적 충동이나 무의식적 동기가 인간의 행동을 결정한다고 본다. 프로이트의 결정론적 관점에 의하면, 아무런 원인도 가지지 않는, 즉 저절로 발생하는 현상이란 없다. 그 어떤 원인이 반드시 있었기 때문에 그 결과로 인간은 기쁘고, 괴롭고, 또 분노한다. 사람들의 희로애락을 결정하는 것은 외부의 환경적 조건이라는 견해를 가진 학자들도 있지만, 프로이트는 이와 정반대의 입장을 취했다. 즉, 인간행동을 결정하는 것은 환경의 외적 조건보다 오히려 개인의 심리 내적 조건이다. 이러한 심리결정론(psychic determinism)에서는 개인의 사고, 감정, 행동이 심리 내적 원인에 의해 결정된다. 개인이 겪는 갈등은 내부에 존재하는 어떤 정신적 원인이 작용한 결과이므로 그 원인이 제거되지 않는 한 심리적 문제는 결코 해결되지 않는다. 따라서 개인의 사고, 감정, 행동을 결정하는 정신적 원인의 실체를 규명하고자 하는 것이, 정신분석이 추구하는 궁극적 목표다.

인간은 현재 자신의 행위를 결정하고 그에 따른 책임을 질 수 있는 주체적 존재라기보다는, 과거 성장기 동안의 생활 경험에 의해 전적으로 영향을 받는 존재다. 정신분석에서는 생애 초기 6년 동안의 발달적 경험을 강조하고 있는데, 과거 어린 시절의 경험과 심리성적 에너지는 무의식적인 동기와 갈등으로 잠재되어 있다가 개인의 현재 행동에 영향을 미친다(Arlow, 1989 ; Baker, 1985). 인간에 대한 이러한 결정론적인 관점은, 우리로 하여금 주어진 어떤 현상을 있는 그대로 이해하는 것에서 한 걸음 더 나아가, 이면의 그 무엇을 발견하려는 '분석적 태도'를 취하게 한다. 적절하고 타당한 원인을 이해할 때까지는 '원인이 무엇인가?'라는 질문을 끊임없이 던지는 자세가 필요하다.

정신분석에서는, 개인이 즉각적으로 자각하거나 통제할 수 있는 범위를 넘어서 있는 그 어떤 힘, 즉 무의식의 영향을 받는다. 프로이트는 비이성적인 힘인 본능적 추동(drive)이나 무의식적 동기가 인간의 행동을 결정한다고 주장한다. 삶의 목표가 고통을 피하고 쾌락을 추구하는 데 있으므로, 인간행동은 생물학적인 욕구와 본능을 충족시키려는 욕망에 의해 동기화되며 비합리적인 무의식의 지배를 받는다. 본능은 프로이트이론의 핵심으로서 원초아 내에 저장되어 있는 심리 에너지로 구성된다(김춘경 외, 2016: 73-74).

프로이트는 이중본능이론(dual instinct theory)을 통해 본능을 크게 삶의 본능(life instinct)과 죽음의 본능(death instinct)을 강조한다. 삶의 본능은 '에로스(Eros)'라고도 하며, 배고픔과 같이 삶을 유지시켜 주는 것, 종족을 번식시키는 성과 같은 것 등을 말한다. 성에 대한 본능은 개인의 정신구조에서 상당히 중요한 역할을 하므로 이것이 영향력이 가장 큰 삶의 본능이다. 성 본능에 내재된 리비도(Libido, 라틴어의 '소망', '욕구'에서 유래)라는 것인데, 이는 생존본능의 힘을 일컫는 것이 되었다. 그리고 다른 하나는 '타나토스(Thanatos)'라고 하는 죽음의 본능이다. 이것은 인간 모두가 가지고 있는 죽음과 파괴에 대한 경향을 말한다. 타나토스는 소리를 지르거나 욕을 함으로써, 또는 영화 관람이나 운동경기를 관람하면서 평상시에 조금씩 화를 밖으로 내보내야 한다고 프로이트는 말한다. 만약 그렇게 하지 않으면 댐 둑이 한방에 무너지듯, 한꺼번에 감정이 폭발하게 되어 폭력, 살인, 방화 등을 하게 되거나 사이코패스 같은 정신분열병에 걸리게 된다는 것이다(이우언 외, 2017:

150-151). 원시적 본능의 파괴적 힘을 잘 다루지 못하는 경우에는 다음과 같은 것들이 있다(김계현 외, 2016: 178). 첫째, 현실적 제약을 무시할 정도로 본능적 욕구를 통제하지 못하는 경우다. 이때 개인은 매우 충동적이 된다. 둘째, 본능적 욕구 자체를 부정하여 그것이 없는 것처럼 억압하는 경우다. 개인은 자신의 본능적 욕구가 드러날 것 같은 상황이 되면 불안해지면서 그러한 불안을 피하거나 그로부터 자신을 보호하려는 기제(방어기제)를 작동시킨다. 그런데 이 기제가 현실 적응에 도움이 되지 않거나 지나치게 경직되어 있을 때 그 사람은 심리사회적 문제를 경험한다. 따라서 심리사회적으로 건강하려면 성욕이나 공격성 같은 본능적 욕구를 과도하게 따르거나 완전히 부정할 것이 아니라, 자신에게 본능적 욕구가 있다는 사실을 인정하면서 적절한 수준에서 충족할 수 있어야 한다.

삶과 죽음의 본능은 서로 영향을 미치며, 서로 융합되어 있기도 하다. 예를 들어, 음식을 먹는 것은 배고픔을 해결하고자 하는 삶의 본능적 표현이지만, 음식물을 파괴하여 섭취한다는 점에서 죽음의 본능이다. 그리고 삶의 본능과 죽음의 본능이 병적으로 혼합되면 인간은 강간 또는 피학적 성행위, 수간 등 변태적 성행위를 하기도 하고, 성행위를 몰래 훔쳐보기 등과 같은 행동을 하게 된다.

3) 인간의 의식수준

프로이트가 제시한 지형학적 모델은 그의 저서 『꿈의 해석(Die Traumdeutung)』(1900)에서 처음으로 언급되었다. 프로이트는 정신분석학의 이론을 정립시키는 과정에서 지형학적인 모형을 가지고 성격(personalty)의 구조를 설명하고 있다. 즉, 우리 인간은 많은 층의 의식을 가지고 있다. 프로이트는 임상 초기 마음을 세 가지 영역으로 구분하는 지형학적 모형(topographic model)을 구상하였다. 즉, 프로이트는 눈에 보이지 않는 인간의 정신을 이해하기 위하여 인식의 수준을 가시화한 일종의 지도를 제시하였다.

일반적으로 정신분석학에서는 인간의 전체의식을 '의식', '전의식', '무의식'으로 나눈다. 의식은 각성상태의 의식을 말하고, 전의식은 의식 바로 밑에 있어 보통 때는 인식되지 않지만 쉽게 끄집어 낼 수 있는 생각을 말한다. 전의식의 내용은 종종 백일몽이나 몽상에 빠져 있을 때 의식의 표면에 떠오르기도 한다. 이에 비해 무의식은 잘 알려진 것처럼 의식에 의해 인식되지 않는 부분으로서 의식의 기저를 이루는 것으로 이해되어 왔다.

(1) 의식

의식(Consciousness)은 개인이 현재 자각하고 있는 생각을 포함한다. 의식의 내용은 새로운 생각이 정신에 들어오고, 오래된 생각은 정신에서 물러나면서 계속적으로 변한다. 의식은 어떤 순간에 우리가 알거나 느낄 수 있는 모든 경험과 감각을 말한다. 이것은 지각·운동·활동·감정 등을 통해 외부세계와 접촉하며, 꿈·심상·사고 등과 같은 개인의 내적 세계와 접촉한다. 생리적 욕구나 심리적 욕구가 존재할 때 또는 외부 자극이 존재할 때, 개인이 그 욕구나 자극대상에게 관심을 집중함으로써 의식작용이 발생한다. 그러나 의식 속에 있던 내용은 개인의 주의나 관심이 다른 것으로 돌려지게 되면 곧 전의식이나 무의식 속으로 사라져 버린다.

프로이트는 정신세계의 극히 일부만이 의식의 범위에 포함된다고 보았다. 우리가 어떤 순간에 경험하는 일들은 선택적 여과과정을 거쳐 극히 일부만이 의식으로 나타나게 된다.

의식은 정신생활의 중심이 아니며, 수면 위에 떠올라 있는 빙산의 일부에 지나지 않는 것으로 비유되고 있다. 정신생활의 더 큰 부분은 수면 아래에 잠겨 있는 것으로 비유되는 무의식이며, 무의식적인 내용이나 동기를 의식적인 것으로 나타내기 위한 방법이 정신분석의 중요한 과제가 되었다.

(2) 전의식

전의식(Preconscious)은 현재 의식되지는 않지만 주의집중을 통해 지난 경험이나 생각이 의식의 상태로 돌아올 수 있는 상태를 의미한다. 전의식은 무의식과 의식을 연결하는 역할을 하는데, 정신분석치료에 의해 무의식 속에 잠재되었던 내용이 전의식으로 나오고 전의식수준에서 다시 의식될 수 있다. 예를 들어, 길을 가다 만난 동창생의 이름, 지난주에 일어났던 사건, 자신의 생일, 부모의 고향, 자신이 좋아하는 음식 등과 같이 조금만 신경 쓰면 알아낼 수 있는 정신세계이다.

전의식은 의식과 무의식의 중간에 있는 자각으로서 꽤 용이하게 의식으로 가져올 수 있는 정신의 부분이다. 엄격히 말하면, 전의식은 무의식의 부분이지만 쉽게 거기에 저장된 기억, 지각, 생각이 의식으로 변화될 수 있는 의식의 아래 부분이다.

전의식은 개인이 그 내용을 의식하지 못하기 때문에 어떤 의미에서 무의식의 일부라고 할 수 있다. 그러나 전의식의 많은 부분은 개인이 조금만 노력하면 자발적으로 회상할 수 있기 때문에 의식의 일부로도 나타낼 수 있다. 이와 같이 전의식은 마음속에서 무의식과 의식을 연결해 주는 통로가 되고 있다.

(3) 무의식

프로이트의 가장 큰 공헌은 무의식에 대한 인식이다. 무의식(Unconscious)은 우리가 자각하지 못하는 경험과 기억, 억압된 재료들, 의식영역 밖의 욕구나 동기로 구성되어 있으며, 인간행동을 결정하는 주된 원인이 된다. 무의식에 대한 임상적인 증거는 꿈, 말실수, 망각, 자유연상이나 도출된 자료, 최면 암시, 정신적 증상의 상징적 내용 등이다. 또한 의식과 무의식 사이에 존재하는 전의식은 현재 의식하지는 못하지만 조금만 노력하여 회상하려고 마음을 집중하면 전의식에 저장된 기억이나 지각, 생각 등을 의식으로 전환할 수 있는 정신이다.

프로이트에게 무의식은 정신병리에서 지배적인 힘으로 보았으며, 성격의 일부분으로서 반드시 탐구해야 하는 것으로 생각했다. 그는 성격의 이러한 영역에 인간행동의 중요한 인과적 요인이 존재한다고 믿었기 때문에, 인간행동을 이해하려면 반드시 무의식을 밝혀내야 한다고 했다. 그러나 무의식적 내용은 변장되고 상징화된 형태로 나타나기 때문에 이러한 무의식을 연구하는 수단으로 환상과 꿈을 해석할 것을 강조하였다(Hjelle & Ziegler, 1994).

이러한 무의식의 존재는 직접적으로 알 수 없으므로 다음과 같은 다양한 임상적 증거를 통해 간접적으로 확인할 수 있다(김춘경 외, 2016: 77-78).

① 최면 후 암시(post-hypnotic suggestion)

상대방에게 최면을 건 상태에서 “당신은 오늘 2시에 아무개에게 전화를 걸게 될 것입니다."라고 하면, 그는 최면에서 깨어난 후 시계가 2시를 알리면 최면에서 지시받은 행동인 전화를 거는 행동을 하게 된다. 왜 전화를 걸었는지 그 이유를 물으면 그는 "나도 몰라요. 괜히 전화를 하고 싶었어요."라든지 또는 다른 그럴듯한 이유를 들어 자신의 행동을 설명하려고 한다.

② **꿈**(dream)

무의식적인 욕구, 소망, 갈등은 꿈이라고 하는 상징적인 표상을 통해 간접적인 충족을 시도한다. 배고픈 사람은 흔히 맛있는 음식이 가득 차려진 잔칫상 앞에 앉아 있는 꿈을 꾼다. 그렇게 해서라도 현실에서 즉각적으로 충족될 수 없는 음식에 대한 욕구를 부분적으로 또 일시적으로나마 해결하고 욕구를 충족시키려고 한다.

③ **말의 실수**(slips of the tongue)

질병이나 피로에 의해 주의력이 분산되는 경우가 아님에도 불구하고 실언을 하게 된다. 예를 들어, 의장이 개회인사에서 "의회의 '폐회'를 선언합니다."라고 말했다는 것은 그가 의회를 빨리 폐회해 버리고 싶었던 의도가 공공연하게 표현되어 나온 것이다.

④ **망각**(oblivion)

자아를 위협하거나 또는 의식수준에서 용납되기 어려운 불쾌한 생각은 쉽게 잊힌다.

이와 같이 프로이트는 인간의 심리세계를 3개의 층으로 구분하고 가장 깊은 곳에 있는 무의식을 강조했기 때문에 그의 정신분석을 '심층심리학(depth psychology)'이라고 한다. 인간의 정신세계는 마치 빙산처럼 대부분 의식으로 떠오르지 않고 무의식 속에 잠겨 있다. 심층심리학은 이와 같은 무의식을 연구하며, 일상적인 정신생활을 무의식에 근거하여 설명한다.

4) 인간의 성격구조

프로이트의 초기 성격구조이론의 중심이 되는 개념은 무의식적인 정신과정이었다. 그러나 프로이트는 인간의 다양한 행동을 설명할 수 있는 좀 더 정교한 성격이론을 개발하기 위해 끊임없이 노력했다. 그는 1923년에 발표한 『자아와 원초아(The Ego and the Id)』에서 마음의 지형학적 모델을 성격의 삼원구조이론으로 발전시켰다. 그는 원초아, 자아, 초자아라는 세 가지 심리적 구조를 제안했으며, 특히 자아의 기능을 중요하게 여겼다. 인간의 정신세계는 매우 충동적이고 비합리적인 마음, 현실을 인식하는 합리적인 마음, 도덕과 양심을 중시하는 마음이 서로 충돌하고 타협하면서 외부세계와 상호작용한다고 하였다(이우언 외, 2017: 153).

인간의 정신이 원초아(Id), 자아(Ego), 초자아(Superego)의 세 가지 부분으로 되어 있다는 가설을 프로이트가 최초로 사용한 후, 지금은 정신병리를 논할 때 이 생각의 방법이 필요불가결하게 되었다. 이것으로 인해 성격의 각각 다른 부분이 상충하는 역동도 잘 이해될 수 있고 또 구조도 설명이 되지만, 이를 구체적인 현실로 잘못 인식해서는 안 된다. 오히려 세 가지의 각기 다른 기능과 '힘의 할거'라고 하겠다. 프로이트에 따르면, 구조학적 모형의 원초아, 자아, 초자아는 비록 세 부분이 밀접하게 상호작용하더라도 각 부분들은 그 자체의 특징을 가지고 있다.

인간의 성격구조는 다음과 같다(노안영, 2018: 180-181).

(1) 원초아

원초적 자아(Id) 또는 자아의 원초라는 뜻의 이 한자 조어는 프로이트에서는 '그것'이라는 독일어 3인칭 대명사인 'Es'이다. '그것'의 내용은 유전된, 신체조직에서 유래하는 충동으로서, 심리학적으로 중요한 것은 배고픔과 목마름 같은 생리적 욕구보다는 성과 공격의 충동들이다.

원초아는 인간이 생물학적 존재로서 태어나면서 유전적으로 가지고 온 것으로 본능의 지배를 받는다. 원초아는 세 가지 자아 중 가장 막대한 힘을 가진다. 원초아는 무의식이 지배하며 쾌락의 추구가 주요한 목적이다. 주요한 유기체의 본능적 욕구는 삶을 위해 필수적인 생물학적 욕구이다. 심한 갈증을 느낄 때 마시는 물은 갈증해소의 만족을 준다. 몹시 허기질 때 먹은 음식은 또 우리에게 큰 만족을 준다. "배고픔에 장사 없다.", "금강산도 식후경이다." 등의 말들은 식욕 본능을 반영한 말이다. 인간은 살기 위해서 먹고, 잘 먹고 살기 위해서 열심히 일한다. 배고픔의 서러움과 고통을 겪어보지 않은 요즈음의 젊은 세대는 보릿고개란 말을 이해하지 못한다. 북한의 식량난은 생사의 문제이다. 식도락가가 아닐지라도 먹는 기쁨이 얼마나 중요한가를 매일매일 느낄 것이다. 먹고사는 것과 더불어 중요한 생물학적 욕구가 성욕이다. 인간의 종 보존과 쾌락을 주는 주요한 본능적 욕구는 성욕이다.

(2) 자아

자아는 의식의 세 수준인 의식, 전의식, 무의식으로 구성되어 있으며 출생 이후에 개인의 경험을 통해 형성된다. 자아도 역시 쾌락을 추구하지만 현실을 고려하면서 쾌락을 추구한다. 즉, 외부세계에서 경험하는 현실과 쾌락을 원하는 원초아를 조정하며 쾌락을 찾는다. 자아는 욕구를 만족시키거나 긴장을 감소시킬 대상을 발견할 때까지 에너지 방출을 미루는 현실 원리에 의해 작동한다. 원초아는 막무가내로 충동을 표출하지만 자아는 긴장을 참고 만족을 지연시킬 수 있다. 자아의 지배자는 원초아, 초자아, 현실이다. 자아는 이 세 지배자를 조정하며 기능하는 성격의 집행자이다.

(3) 초자아

초자아도 자아처럼 의식, 전의식, 무의식으로 구성되어 있다. 초자아는 부모의 가치기준을 동화함으로써 자아에서 발달된다. 즉, 초자아는 주로 부모나 사회환경의 영향을 받아 인생 초반기에 오이디푸스나 엘렉트라 콤플렉스를 겪으면서 형성된 것이다. 초자아는 성격의 도덕적·사회적·판단적 측면을 나타낸다. 초자아는 쾌락이나 현실 원리보다는 도덕이나 완벽 원리에 의해 작동한다. 역시 초자아도 인간으로서 지켜야 할 외부적 요구와 원초아의 쾌락 추구 간에 갈등을 겪고 있다.

프로이트에 따르면, 원초아와 초자아가 가진 한 가지 공통점은 과거의 영향으로 인해 형성되었다. 즉, 원초아는 유전의 영향을 받았으며, 초자아는 의존적인 어린 시절에 부모나 의미 있는 다른 사람들에 의해 영향을 받아 형성되었다.

표 2-1 인간의 성격구조

구조	의식성	내용과 기능
원초아(Id)	무의식적	기본적인 충동(성과 공격), 결과와 관계없이 즉각적인 만족 추구, 이성과 논리는 통하지 않음. 즉각적 · 비합리적 · 충동적
자아(Ego)	현저하게 의식적	원초아의 충동과 초자아의 억제 사이를 중재하는 집행부, 현실을 검증, 공간과 시간을 합리적이고 논리적으로 고려함
초자아 (Superego)	의식적 및 무의식적	이상과 도덕, 완전 추구, 부모로부터 내면화됨. 관찰한다 · 지시한다 · 비평한다 · 금한다. 만족에 대한 한계를 지움. 개인의 양심이 됨

출처: 표갑수 외(2016: 172).

(4) 원초아, 자아, 초자아의 관계

우리 내면의 이 세 구조는 각각 고정되어 있는 것이 아니라, 어느 것이 강해지면 다른 것이 약해지는 관계에 있다. 어린애 같이 원하는 것은 즉시 가져야 하고, 현실도 도덕도 무시하는 사람이 있는가 하면, 현실논리만 따지는 지극히 이성적이고 계산적인 사람이 있다. 옳고 그름만 따지며 욕망도, 자기 이익도 초월한 사람이 있는데, 이는 각각 원초아, 자아, 초자아가 다른 구조에 비해 상대적으로 강한 경우가 된다. 원초아와 자아만 기능하고 초자아는 발달하지 않은 사람을 생각해 보면, 사기꾼, 조직폭력배 두목 같은 유능한 범죄자가 생각난다.

세 구조의 세력관계에는 발달적 변화도 있어서, 사춘기와 갱년기같이 호르몬 변화가 클 때, 원초아 추동이 강해지면서 자아와 초자아 기능이 일시적으로 교란, 약화되기도 한다. 훨씬 짧은 시간 범위에서 주기적이거나 일시적인 변화도 있다. 잠잘 때 자아의 기능이 약해져서 원초아적 일차과정이 우세해지는 것처럼, 술에 취하거나 몸이 아플 때 또는 외적 유혹(예: 밤에 도승의 암자에 찾아온 황진이)이 있을 때에도 평소의 세력균형이 일시적으로 흔들린다.

세 구조 중 대들보는 물론 '집행자' 자아이다. 자아는 우선, 원초아의 무차별적 요구를 상대하여 즉각적 긴장해소를 미루고 개체의 안전을 지켜야 한다. 원초아가 어린애처럼 막무가내로 보챈다면 초자아는 부모처럼, 흔히 실제의 부모보다 더 엄격하게 자아를 감시하고 옳고 그름을 따진다. 현실을 전혀 고려하지 않는 두 구조의 요구를 자아는 현실 속에서의 행위를 통해 충족시켜야 하는데, 현실세계는 현실세계대로 나름의 제약과 요구가 있다. 이를 테면, 배가 고프다고 돈 없이 남의 물건을 가져가면 교도소가 기다리고 있고 부모가 쫓아낼지도 모른다.

원초아, 초자아, 현실의 요구를 감당하기 어려울 때, 자아는 불안으로 반응하는데, 위험의 출처에 따라 이를 각각 원초아 불안(신경증적 불안), 초자아 불안(죄책감), 현실불안(공포)이라고 부른다. 불안은 위험이 있으므로 대책을 찾아야 한다는 신호이다. 현실불안 또는 공포를 느낄 때 자아는 객관적 위험을 피하거나 공격할 가능성 등을 찾아내려 한다. 나머지 두 유형의 불안에는 대처하기가 힘들다. '위험'이 무엇인지 보이지 않기 때문이다(한국심리학회, 2004: 426).

왜 어떤 사람은 유난히 초자아가 강하거나 혹할 정도로 엄격한 것일까? 왜 어떤 사람은 이성의 접근을 받아들이지 못하는 것일까? 이러한 물음은 '성격은 어떻게 발달하는가'라는 물음이 된다.

5) 심리성적 발달단계

프로이트는 성격이 심리성적 발달단계(psychosexual development)에 따라 형성된다고 보았다. 심리성적 단계의 주요한 특징은 정신에너지인 리비도가 신체 부위의 어디에 집중되느냐에 따라 다섯 단계로 구분된다. 이러한 다섯 단계는 구강기, 항문기, 남근기, 잠복기, 생식기이다. 인간이 출생하여 이러한 다섯 단계에 따라 성격을 형성하지만, 때로 어떤 사람은 지나친 좌절 또는 만족 때문에 심리성적 발달단계의 어떤 단계에 머물러 있는 경우가 있다. 이렇게 리비도가 신체의 다른 부위로 이동하지 않는 것을 '고착(fixation)'이라고 한다(노안영 · 강영신, 2011: 76).

여기서는 프로이트가 제안한 심리성적 발달단계의 주요한 특징을 살펴보고자 한다.

(1) 구강기

구강기(oral stage)는 태어나서부터 18개월까지를 말한다. 이때 영아는 리비도가 입에 집중되어 있어 입으로 빨고, 삼키고, 깨무는 행위를 통해 쾌감을 느낀다. 이 때의 영아는 배가 고프지 않아도 손에 잡히는 모든 것을 입에 넣고 빤다. 보통 영아는 6개월이 되기 전까지는, 대상부재(objectless)의 상태로 자신의 욕구를 만족시켜 주는 사람이 자신과 분리된 다른 사람이라는 생각을 하지 못한다. 즉, 욕구가 만족되지 못하면 두려워 울지만 그러한 욕구를 만족시켜 주는 사람이 바로 자신이라고 생각한다. 그러나 6개월이 지나면서 영아는 자신과 분리된 타인, 즉 어머니의 존재를 느끼고 자신의 욕구를 채워 주는 대상으로 어머니가 존재한다는 것을 인지한다. 이때부터는 어머니가 보이지 않으면 불안해지면서, 어머니에 대한 욕구불만을 가지는 따위의 최초 '양가감정(ambivalence)'을 느낀다. 즉, 어머니에게 애정과 동시에 적대적인 태도를 갖는다는 것이다. 이 시기에 고착된 성인이 심리적 갈등에 처하면 퇴행하여 음식에 집착하거나, 연필과 같은 사물을 물어뜯거나, 구강기적 쾌감을 위해 흡연이나 음주에 몰두하는 행동을 보인다.

(2) 항문기

항문기(anal stage)는 생후 18개월에서 3년까지를 말한다. 이때는 리비도가 항문에 집중되어 영아는 괄약근을 조절하면서 최후의 순간까지 배설을 참아 내장의 압력을 증가시켜 마지막 방출의 쾌감을 높이려 한다. 또한 이 시기에는 배설물에 흥미를 느껴 그것을 가지고 놀려고 한다. 그러나 이러한 행동은 양육자에 의해 강하게 통제되면서 영아는 배변훈련(toilet training)을 받는다. 이런 배변훈련이 지나치게 엄격할 경우, 영아는 배변을 참게 되고 이러한 행동이 일반화되면 항문적 보유(anal-retentive) 성격이 되어 지나치게 인색하고 완고한 성격의 소유자가 될 수 있다고 한다.

항문기에 고착된 성격은 두 가지로 나타난다. 첫째, 항문기의 폭발적 성격으로 물건을 낭비하고 자신을 지저분하게 함으로써 반항하는 것이다. 둘째, 부모가 정한 규율에 지나치게 동조하여 발달된 성격인 항문기의 강박적 성격으로 깨끗하고 질서정연하며 정돈하고 싶은 욕구에 집착한다. 이 시기에 고착된 사람은 반동형성의 방어기제를 많이 사용하여 배변훈련을 시키는 부모와 권위적 인물에게 분노를 느끼지만 분노 대신에 철저한 복종을 표현한다.

그러나 배설 행동을 두고 부모와 갈등을 겪으면서 부모에 대한 애증, 즉 양가 감정을 갖게 되기도 한다. 배변훈련에 따른 칭찬과 처벌은 영아의 성격 형성에 큰 영향을 미친다. 배변훈련을 둘러싼 부모와 영아 간의 갈등은 다음과 같은 상황에서 유발되거나 한층 더 심각해질 수 있다(김춘경 외, 2016: 77-78).

① 배뇨·배변에 관여하는 척추신경은 보통 생후 1년 반에 발달이 완료되는데, 간혹 이러한 신경조직 발달이 채 완성되지 않은 상태의 아동에게 부모가 무리하게 대소변을 가리라고 요구할 때
② 영아가 바지를 벗고 입을 능력이 생기기 전에, 또는 화장실·변기 등이 어디에 있는지 알지 못하는 경우에 부모가 무리하게 대소변 가리기를 요구할 때
③ 대소변을 싼다고 부모가 벌주거나 야단칠 때
④ 혼자서 화장실 가는 것을 겁내거나 양변기 속이나 재래식 화장실 안에 자기가 통째로 빠져 버리지 않을까 하고 겁내는 것은, 이 시기 영아들에게서 일반적으로 나타나는 현상인데도 이를 이해하지 못하는 부모가 계속 배변 가리기를 요구할 때

그러므로 이 시기에 배변훈련이 적절하게 이루어지면 자율적이고 창조적인 성격이 형성되어 긍지감이 높고, 독립적이며, 수치심이 없고, 자기주장을 하는 원만한 성격이 된다. 그러나 배변훈련을 너무 빨리 시작하거나 지나치게 엄격하면 오히려 완고하고, 완벽을 추구하며, 고집스럽고, 때로는 지나친 순종을 보이는 등 항문고착형 성격을 갖게 된다.

(3) 남근기

남근기(Phallic stage)는 3~6세까지를 말한다. 남아의 경우에는 오이디푸스 콤플렉스(Oedipus Complex)를 갖는 시기라 하고, 여아의 경우에는 엘렉트라 콤플렉스(Electra Complex)를 갖는 시기인데, 프로이트는 이 시기를 주로 오이디푸스 콤플렉스로 설

명하였다. 이 시기는 리비도가 유아의 성기에 집중되어 자신의 성기를 남의 것과 비교하고 싶어 하고, 남녀의 성기가 서로 다른 것에 많은 호기심을 갖는다.

이 시기에 남아는 갑자기 어머니에게 달려들어 키스하고, 함께 자려는 행동을 보이고, 커서 어머니와 결혼할 것이라고 이야기하지만, 이미 어머니가 아버지와 결혼하였다는 사실을 알고 실망한다. 어머니에 대한 애정을 구하는 경쟁자로서 아버지는 너무 크고 결국 아버지로부터 보복을 당할지 모른다는 '거세불안(Castration Anxiety)'을 느낀다.

특히, 여아들은 이미 거세당해 남성의 성기가 없다고 생각하면서 더 불안을 느끼고, 결국 어머니에 대한 근친상간적 욕구를 포기하면서 아버지를 동일시한다. 여아의 경우 남아와 비교하여 자신에게 남성의 성기가 없음을 알게 되며 '남근선망(Penis Envy)'을 가지게 되고 이런 실망을 아버지에게서 보상받고자 아버지와 결혼하고자 하지만, 그것이 현실적으로 불가능하다는 것을 알면서 아버지에 대한 근친상간적 욕구를 포기한다. 프로이트는 남아의 경우 거세불안 때문에 근친상간적 욕구를 포기하지만, 여아의 경우 포기 이유가 뚜렷하지 않아 남성이 여성보다 초자아가 더 많이 발달되었다고 주장하여, 최근 여권주의자들로부터 강한 비판을 받고 있다.

이 시기에 고착된 사람은 남성의 경우 대부분 경솔하며, 과장되고, 야심적이며, 항상 남자다움을 나타내려고 노력한다. 또한 여성의 경우에는 난잡하고, 유혹적이며, 경박한 기질을 갖거나, 아니면 강하게 자기주장을 하여 남성을 능가하고자 하는 노력을 한다.

그림 2-1 오이디푸스 콤플렉스(Oedipus complex)

(4) 잠복기

잠복기(latency period)는 6세부터 사춘기 이전의 12~13세까지를 말한다. 이때는 아동의 성적·공격적 환상이 무의식 속에 잠복하여 리비도가 특정 신체부위에 집중되지 않는다. 이때의 에너지는 신체의 발육과 성장, 지적 활동, 친구와의 우정 따위에 집중되어 성적 관심은 줄어들며, 따라서 이드보다 자아와 초자아가 강해진다. 그러나 잠복기에 고착되면, 성인이 되어서도 이성에 대한 정상적 관심을 발달시키지 못하고 동성 간의 우정에 집착할 수 있다. 이에 따라 성적 에너지도 특별히 한정된 곳이 없으며, 성적인 욕구가 억압되어 심리적으로 비교적 평온하고 잠잠하다. 그러나 아무런 변화가 없다는 뜻은 아니며, 성적으로 잠시 침체된 시기이다.

이 시기를 무난히 넘기면 학업이나 활동에 있어서 성취감을 느끼고 대인관계도 원만해져 자신감과 적응능력이 높아진다. 그러나 이전 발달단계의 과제가 미해결 상태로 남아 성적·공격적 충동이 잘 제어되지 못한다면, 학업에 지장을 받게 되고, 누적된 학업 실패는 열등감을 유발한다. 또한 두려운 나머지 내면의 충동을 과도하게 제어하다 보면, 오히려 성격발달을 정체시키게 되고, 외현상 조숙한 듯 보이지만 실제로는 심각한 강박적 성격으로 발전할 가능성이 높다.

(5) 생식기

사춘기가 시작되어 이성에 대한 관심이 생기면서 생식기(genital stage)가 시작된다. 이 시기에는 호르몬과 생리적 요인으로 인해 그동안 억압되었던 성적 감정이 크게 강화되어 성적 에너지가 성인과 마찬가지로 직접적으로 표현된다. 이때 다시 오이디푸스 감정이 의식 속으로 올라와 청소년들은 부모 앞에서 불안하고, 오히려 떨어져 있어야 편안한 안정감을 느낀다.

프로이트에 따르면, 사춘기 이후 중요한 과제는 '부모로부터 자유로워지는 독립'이며, 이러한 독립이 오랫동안 부모에게 의존하여 오던 상태에서 쉽게 이루어지지 않고 독립이 매우 고통스럽게 받아들여질 수 있다. 정신분석이론에 의하면, 생식기적 성격을 가장 이상적인 성격 유형으로 보고, 이런 성격의 사람은 일하고 사랑할 수 있는 능력을 갖추어 사회적·성적 인간관계가 원만하며 책임감이 잘

발달되어 이성과의 사랑이 만족스럽다.

프로이트의 심리성적 발달단계는 〈표 2-2〉와 같다.

표 2-2 프로이트의 심리성적 발달단계

단계	연령	주요 특징
구강기	0~18개월	• 구강활동을 통한 쾌를 추구 • 원초아가 지배함
항문기	18개월~3세	• 배설활동을 통한 쾌를 추구 • 자아와 원초아가 지배함
남근기	3~6세	• 성기를 통한 쾌를 추구 • 자아, 원초아, 초자아의 완성
잠복기 (잠재기)	6세~사춘기	• 성적 본능의 욕구에서 자유로운 시기 • 탐색, 기술의 습득에 관심
생식기 (성기기)	사춘기 이후	• 이성에 대한 호기심 • 성숙한 성관계 확립

출처: 신명희(2013: 33) 재인용.

4. 상담과정

정신분석상담에서는 우선 내담자가 정신분석상담에 적합한지를 파악하는 것으로 시작하여, 적합한 사람으로 판단이 되면 내담자가 호소하고 있는 문제가 무엇인지 확인한다. 문제가 확인되면 이것과 관련이 있는 억압된 무의식이 무엇인지 최면술, 자유연상법, 꿈의 해석 등과 같은 방법을 이용하여 의식으로 불러낸다. 이 과정에서 내담자는 상담자에게 과거 자신의 삶에서 주요 인물에 대하여 가지고 있는 감정을 투사하게 되는데, 이것을 '전이'라고 한다. 전이는 상담자가 내담자의 과거 주요 인물에 대하여 중립적 자세를 취함으로써 쉽게 유발된다. 중립적 자세를 취한다는 것은 내담자의 편에 서서 과거 인물을 보지 않는다는 의미이다. 전이를 통해서 내담자는 더 많은 자료를 내어 놓게 되며, 상담자는 전이를 분석하여 해석을 하게 된다. 이러한 해석을 통해 내담자는 통찰을 얻게 된다. 통찰이 얻어졌다고 해서 내담자의 문제가 해결된 것은 아니다. 내담자가 통찰한 것을 실제 생활로 옮기는 과정이 필요한데, 이것이 훈습이다. 긴 훈습과정을 통해 내담자의 행동 변화가 안정되게 일어나면 종결을 하게 된다.

내담자를 선정하고 상담상황을 구성하면, 다음과 같이 시작, 전이, 훈습, 전이 해소의 4단계를 거친다(강갑원, 2006: 40-43).

1) 시작단계

이 시기에는 내담자의 중요한 과거 역사에 대하여 청취한다. 3개월 또는 6개월에 걸쳐 내담자의 광범위한 무의식적 갈등을 파악한다. 이때에는 자유롭게 마음속에 떠오르는 생각이나 기억, 감정을 숨김없이 이야기하도록 격려한다. 그리고 솔직하게 말하는 것이 치료에 도움이 된다는 점을 이해시킨다. 내담자의 생각, 기억, 경험에 대하여 보다 세부적으로 관심을 가지고 자세하게 질문한다. 여기서는 내담자의 비합리적 반응이나 모순이 있더라도 지적하지 않는다. 지적하면 자유로운 표현이나 연상이 방해를 받기 때문이다.

이처럼 중립적 입장을 유지하면 내담자는 상담자가 자신의 경험 세계와 정서 세계를 깊이 이해하려고 노력하고 있다는 점을 알게 되어, 자신의 비합리적이거나 왜곡되어 있던 정서를 표현하게 된다. 이렇게 되면 상담자는 점차 내담자의 세부 내용에 대하여 질문을 통하여 그것을 명료하게 하여 여러 가지 갈등요소가 존재한다는 것을 지적해 나간다. 이러한 과정을 거치면서 내담자는 차차 자신이 말하고 느낀 것에 대하여 스스로 관찰하게 된다.

초기 면접에서는 내담자의 과거 생활사보다는 현재의 경험, 대인관계, 감정 등에 관심을 가지고 현재의 대인관계나 상황이 어떤 의미를 지니고 있는지에 대하여 함께 논의해 보는 것이 중요하다. 상담이 진전되면서 상담자는 내담자의 어려움을 이해하려는 한 인간으로서 모범을 보이고, 내담자는 이에 동화되면서 차츰 상담자에게 관심이나 감정을 표현하기 시작한다. 만약 상담자가 이러한 모습을 보이지 않는다면 내담자는 상담자가 자신에게 관심이 없는 것으로 간주할 것이다. 상담상황이 잘 구성되어 내담자가 자신의 정서를 직접 체험할 수 있고 내담자 자신이 스스로 정서 반응을 잘하는 자신을 관찰할 수 있게 되기까지를 시작단계로 보면 된다.

2) 전이 및 통찰단계

이 단계는 전이가 나타나는 시기부터이다. 전이란 내담자가 상담자에게 중요 타인과 연합되어 있는 생각이나 감정을 투사하는 것을 말하는데, 내담자는 상담자와 전이관계를 맺는다. 정신분석에서는 전이를 장려한다. 상담자는 내담자가 자유연상(Free Association)을 통해서 편하게 과거의 경험이나 감정을 이야기하도록 하며 무의식적인 문제를 표출하게 한다. 즉, 내담자는 정서적 반응이 상담자를 향하여 나타나게 되고, 내담자가 상담에 대한 전이감정을 느끼고, 표현하며, 그 전이에 대하여 분석한다(한미희, 2013: 74).

전이는 미해결된 갈등을 표면화시키는 중요한 역할을 한다. 전이가 일어나면 갈등은 안전하고 지지적인 상담관계 내에서 해결될 수 있다. 전이분석은 정신분석의 초석이다. 전이분석을 함으로써 과거의 관계와 경험이 현재 관계의 문제를 어떻게 일으키는지를 통찰할 수 있다. 또한 내담자로 하여금 현재 관계에 대하여 적절하고 성숙된 결정을 할 때 통찰을 어떻게 이용할 것인지를 알도록 해 준다. 전이가 일어나면 상담자는 해석을 해준다. 이것을 통해서 내담자는 과거에 상습적으로 잘못 사용해 왔던 방어기제의 제한점이나 그릇된 점을 인식하고 그 속박에서 벗어나 새로운 방어기제나 새로운 적응방식을 활용할 수 있게 된다. 이것을 '통찰'이라고 한다.

이 과정에서 역전이가 발생할 수 있는데, 역전이란 내담자로 인하여 상담자에게 왜곡된 관념이 생긴 경우를 말한다. 이러한 왜곡된 관념은 상담의 진전을 방해한다.

내담자의 분노, 사랑, 아첨, 비판 등의 강력한 감정을 받을 때 발생하기 쉬운 역전이를 객관적으로 처리할 수 있어야 한다. 실제로 역전이는 대부분 발생하므로 항상 이를 의식하고 처리할 수 있는 능력을 갖추어야 한다.

내담자는 의식적으로는 도움을 받으려고 하지만, 무의식적으로 갈등을 의식하고 직면하기를 꺼리는 저항을 보이기도 한다. 상담자는 이 저항을 신속히 식별하고 대처할 수 있어야 한다. 과거에는 저항을 부정적으로 보아 되도록 빨리 해결하려고 하였으나, 오늘날에는 내담자가 자신의 방어와 저항의 영향을 이해하면 자기 이해가 넓어진다는 것이 알려짐에 따라 저항을 더 수용해 주며 관심을 보여 준다. 상담자는 저항이 일어나면 내담자에게 해석을 해준다. 저항을 해석해 준다는 것은 저항이 무엇을 의미하는지, 왜 저항을 하는지 등에 대하여 설명을 해주는 것이다. 이러한 과정 속에서 내담자는 자신을 폭넓게 이해하고 내적 갈등과 대인관계, 현실 지각과의 관계를 바르게 인식하고 감정으로 체험하는 통찰을 얻게 된다.

3) 훈습단계

내담자가 통찰한 것을 실제 생활로 옮겨서 변화를 일으키는 단계이다. 상담은 통찰만 얻었다고 모든 것이 해결된 것은 아니다. 예를 들어, 우리가 부모님께 존댓말을 써야 한다는 것을 아는 것만으로는 충분하지 않고, 지속적으로 존댓말을 반복하여 사용하는 경험이 뒤따를 때, 부모님께 존댓말을 쓸 수 있는 논리와 같다. 이 단계에서는 통찰하고 학습한 것을 공고히 하기 위하여 역시 추가적 전이 분석도 이루어진다. 이처럼 상담에서 얻은 통찰을 현실 생활에 적용해 봄으로써 과거보다 효과적으로 적응하도록 해나가는 과정을 '훈습(Working-through)'이라고 한다. 이 과정은 비교적 긴 시간이 소요된다. 이때 상담자는 내담자의 행동을 지지해주고 강화해 주는 것이 필요하다. 이러한 과정이 성공적으로 이루어지면 내담자의 갈등이 해소되고 현실적 적응생활도 가능하게 된다.

5. 상담기법

정신분석학의 원리는 사례의 성질에 따라 다양하게 변하는 치료절차에 적용되며, 동일한 내담자를 치료하는 동안에도 가변적으로 적용될 수 있다. 매일매일의 면접이 몇 달 또는 수년간 계속되는 전통적인 정신분석학의 방법은 단지 하나의 기법에 지나지 않으며, 모든 사례에 가장 효율적이고 효과적인 방법이라고는 할 수 없다. 이 방법이 적합한 것은 심한 만성적 신경증과 성격장애이지만, 이러한 경우에도 개인 내담자의 변화하는 욕구와 치료시기에 적합하도록 절차를 수정한다면, 치료는 더욱 효과적일 것이다. 상담기법은 다음과 같다(김충기 · 강봉규, 2003: 95).

1) 자유연상

자유연상(Free Association)기법은 내담자에게 의식적인 선택이나 생각의 흐름에 논리를 적용하지 않고, 마음에 떠오르는 대로 이야기하도록 하는 것이다. 환상, 꿈, 감정 및 사고는 무의식적 재료의 근원이며, 따라서 자유연상의 실험재료이다. 자유연상은 과거를 회상하고 과거의 외상적 사건과 결합된 정서를 배출하는 방법이다.

내담자 편에서 보면 자아평가를 도모하는 수단이므로, 이것은 상담치료자의 객관적이고 이해하는 태도에 의해 촉진된다. 자유연상의 법칙은 의식적인 억압의 소재를 무의식에 머무르도록 하는 요인이라고 간주하여 이것을 제거하고, 단지 억압만을 요인으로 남겨두며, 이렇게 된 억압은 그 자체가 강력하지 못해서 어떤 소재가 의식적으로 들어오는 것을 제지하지 못한다. 일정한 기간에 걸쳐서 과거의 억압된 재료와 충동이 많이 나타나게 된다. 억압된 경향이 의식되어야만 그들은 자아의 통제 아래 수정과 승화를 거칠 수 있다.

2) 감정전이

감정전이(Emotional Transition)는 상담자에 대한 내담자의 정서적 반응인데, 여기서 내담자는 상담치료자에게 자신의 충동과 태도를 보여 주게 된다. 감정전이에서 내담자는 재차 자신의 외상적 과거를 연상하고, 그럼으로써 상담치료자에게 접근하게 된다. 사실, 정신분석학은 본질적으로는 감정전이 신경증의 발달과 그 해결로 구성되는 것이다.

전이란 내담자가 어릴 때 어떤 중요한 인물에 대하여 가졌던 사랑이나 증오의 감정을 상담자에게 전위시킬 때 나타나는 현상이다. 전이현상의 장면에서 내담자는 사랑의 대치대상의 역할을 하게 된다. 전이는 직접 언어적인 의사소통으로 나타날 수도 있고, 자유연상이나 꿈의 내용으로 나타나기도 한다(김형태, 2006: 59).

내담자는 자연스럽게 상담치료자에 대해서 감정전이를 발전시키며, 상담치료자는 다시 자기의 태도와 기술을 통해서 감정전이의 발달을 저지하는 것이 아니라 격려한다. 감정전이의 핵심은 의존적 태도이며, 이것은 내담자가 상담치료자에게 도움을 받으러 오는 식의 생리적인 것이다.

감정전이 신경증의 해결은 상담치료의 중요한 부분이다. 내담자의 생각에 상담치료자가 자기 아버지나 또는 다른 중요한 인물이 된다는 점이 내담자에게 자신의 반응을 의식할 수 있는 기회를 마련해 주는 것이다. 내담자는 과거의 갈등과 적절한 이유 없이 상담치료자에게 대했던 감정전이 갈등을 구별할 수 있게 된다. 상담치료자는 내담자의 초기생활에 나타난 인물과는 다르게 반응함으로써 이러한 구별을 촉진시킨다. 그는 복수하거나, 위험하거나, 억압하지 않는다. 상담치료자가 내담자의 아버지처럼 반응하지 않는다는 바로 그 이유 때문에, 감정전이 반응은 비현실적이며 원래의 장면과 대조될 수 있다.

3) 저항

상담치료의 진전을 방해하고 상담치료자에게 협조하지 않으려는 내담자의 무의식적 행동을 저항(Resistance)이라고 한다. 이를테면, 약속을 어긴다거나 특정한 생각 · 감정 · 경험을 털어놓지 않는 것도 저항의 한 형태이다. 내담자가 저항하는 이유는 자신의 억압된 충동이나 감정을 알아차렸을 때 느끼게 되는 불안으로부터 자아를 보호하기 위해서이다. 따라서 내담자의 갈등을 근본적으로 해결하기 위해서는 상담치료자가 이를 지적해 주어야 한다. 상담치료는 내담자가 보이는 가장 큰 저항에 내담자의 주의를 환기시킨 후에, 내담자가 수용할 수 있도록 배려하면서 해석을 가한다.

저항이란 내담자가 상담에 협조하지 않는 모든 행위를 말한다. 정해진 시간에 상담에 오지 않거나, 상담과정에서 아무런 의미도 없는 말만 되풀이하거나, 중요한 내용을 빠뜨리고 사소한 이야기만 하거나 등이 그 예이다. 정신분석에서는 이러한 저항이 큰 의미를 지닌다고 본다. 그것은 저항을 하는 데에는 그럴 수밖에 없는 이유가 있다고 보기 때문이다.

가기 싫은 곳을 가야 할 때 사람들은 온갖 핑계를 다 대서 끝내 가지 않으려 한다. 알게 되었을 때 고통이 온다는 것을 미리 예상할 수 있는 사람은 차라리 모르는 채로 지내려 한다. 알아봤자 좋을 게 없다는 것이다. 정신분석에서 내담자가 바로 그러하다. 무의식의 저장고에 숨겨진 내용을 인식하는 것은 내담자에게 고통스러운 일이다.

대개 사람들은 고통스러운 것은 피하려 한다. 저항은 고통스런 무의식적 자료가 의식의 표면으로 올라오려 하고 있음을 나타낸다. 상담에 대한 협조는 고통스러운 무의식에 직면해야 함을 의미하며, 반면에 상담에 대한 비협조는 고통스런 무의식을 직면하지 않으려는 내담자의 태도를 반영하는 것이다. 따라서 상담자는 내담자가 보이는 저항의 의미를 이해하고, 이를 내담자에게 적절히 해석해 줌으로써 상담에 대한 내담자의 협조를 이끌어 낼 수 있어야 한다. 그렇게 하지 않으면 상담은 진전되기 어렵다(김헌수 · 김태호, 2006: 114).

4) 해석

내담자는 감정전이 사태가 원래의 사태와 다르다는 것을 경험한다. 그러나 상담자는 내담자의 태도가 과거 어린 시절에 뿌리 박혀 있어서, 내담자에게 적합한 반응이 아니라는 점을 지적하거나 해석(Interpretation)해 준다. 이것 때문에 통찰이나 지적 인지가 생긴다. 해석은 이렇게 구별을 촉진시킨다. 분석자의 해석은 내담자가 오래되고 자동적인 초자아 기능 대신 의식적 판단으로 대체하도록 보조한다. 다시 말하면, 초자아의 기능을 자아의 기능으로 대체하는 것이다.

해석은 치료를 촉진시킨다. 해석이 무의식 소재를 내담자가 이미 이해한 것과 결합시키며, 따라서 해석은 이전의 통찰에 주목하게 해야만 한다. 해석은 어린 시절의 마음에 따라 형성되었던 관계를 지적하며, 이에 따라 환자는 그릇된 동일시와 일반화를 파악할 수 있게 된다. 내담자가 아무런 도움을 받지 않고서도 유아적인 일반화를 자명한 것으로 인식할 수 있으리라고 기대하는 것은 너무 지나친 것이다. 그러나 오래되고 유아기적인 관계가 해체된 후, 자신의 자아의 통합력 때문에 내담자가 조만간 새로운 통합만을 확립시킬 것이라는 점은 분명하다. 상담자는 해석을 통해서 이와 같은 통합과정에 박차를 가할 수 있으며, 그럼으로써 과정의 능동적 참가자가 된다.

해석을 통해서 자아의 통합하는 기능에 도움을 줄 수 있다. 개개의 내담자들이 얼마나 많은 능동적 협조를 바라는지는 가장 시기적절한 문제의 하나이다. 해석의 일반 원칙은 이것이 항상 표면으로부터 출발해서 내담자가 그 장면을 정서적으로 경험하면서 나아갈 수 있는 한, 깊숙이 파고 들어가는 것이다.

실제의 생활 장면을 과거경험 및 감정전이 장면으로 연결시키는 해석은 전반적 해석이다. 이것은 해석의 이중 목표, 즉 자아에 의한 새로운 재료의 동화의 촉진과 나아가서 무의식 소재의 가동을 달성하는 것이다.

그러므로 해석이란 내담자의 사고나 감정, 행동의 이면에 감추어진 욕구나 의미, 동기 등을 파악해서 이런 것을 내담자가 깨닫도록 하기 위해 언어적으로 대응하는 기법을 말한다. 내담자의 내적 세계에 대한 이해만큼, 해석도 심리치료사의 중요한 역할이다. 내담자의 통찰을 유도하기 위해 다음과 같은 방법을 사용한다(현정환, 2016: 81).

① 이야기 내용의 일부를 강조한다.

② 이야기 내용을 요약한다.

③ 놓쳐버린 상황이 있다면 그것을 명확히 하기 위해 이야기 내용을 반복한다.
④ 이야기에 수반되는 감정을 반사한다.
⑤ 증상과 감정과 갈등의 관계를 연결해 본다.
⑥ 문제를 깊이 있게 생각하도록 하기 위해 긴장상태를 유지한다.
⑦ 무의식적 내용을 의식시키기 위해서 해석하는 방법을 사용한다.

5) 꿈의 해석

꿈(dream)은 위장된 형태로 내담자의 용납되지 않는 충동과 욕망을 표시한다. 꿈은 충동이 일으킨 저항에 의해 왜곡된다. 꿈의 표출(공개적인) 내용은 잠재적(억압된) 요소를 압축이나 간략화한 것이다. 세부적인 것이 숨겨진 개인적인 암시로 나타날 때가 많다. 인과관계는 감정적인 순서로 대치되며, 어떤 것은 그 반대적인 것으로 표시된다. 꿈은 두 가지 상반되는 힘이 타협한 결과이다. 즉, 욕망을 표현하거나 긴장을 완화시키고자 하는 욕구와 욕망을 거부하는 경향의 타협이다. 고통스러운 꿈일 때 꿈꾸는 사람은 놀라서 깨는데, 이것은 꿈이 반대될 만한 내용을 충분히 위장하는 데 실패한 것이거나 죄책감의 결과로 인한 것이다.

꿈의 표출내용에 관해 자유연상을 시키는 것으로 내담자에게 분석된다. 또한 상담치료자의 도움으로 잠재적 요소가 발견되며 자유연상과 치료 장면이 내담자의 무의식적 검열을 완화시키고, 그럼으로써 억압된 욕망의 압력이 터져 나온다. 꿈의 요소 가운데 어떤 것은 보편적인 인간 경험의 공통적 표상이다.

한 가지 꿈에 상담치료자의 해석에 대한 저항은 해석을 거부하는 다른 꿈을 가져온다. 두 번째 꿈은 저항의 성질에 대한 단서를 마련해준다. 꿈은 치료가 진행됨에 따라 정신 역동적 장면을 훌륭하게 측정할 수 있도록 해준다.

6) 면접의 빈도

매일의 면접은 바람직한 선 이상으로 내담자의 의존욕구를 만족시키는 경향이 있다. 한없이 매일의 면접을 받고자 하는 기대는 퇴행과 지연을 조장한다. 퇴행적 소재의 시간상의 원격은 분석의 깊이의 측도로 나타낼 수 없지만 신경증적 후퇴, 저항 및 도피를 나타낼 수는 있다. 오래되고 깊은 퇴행은 피해야 하며, 또한 피할 수 있다.

매일의 면접이 내담자의 정서적 참여의욕을 감소시키며, 판에 박은 일과가 되어 버리는 수가 많다. 면접 횟수를 줄임으로써 충동의 강도를 내담자가 의식할 수 있는 시점에 집결시킬 수 있다. 정서적 강도의 최적수준은 사례에 따라 다르다. 따라서 분석은 내담자의 자아가 통찰능력을 상실하지 않고 낼 수 있을 정도의 높은 수준을 유지해야 한다.

그러므로 관계성의 확립이 잘 된 후에는 이 수준을 유지하고 치료가 생활의 참여로부터 후퇴하지 않도록 하기 위해서, 면접 횟수를 변경시킬 수 있다. 내담자의 요구에 따라 면접 횟수를 변화시킴으로써, 횟수와 시간을 적게 들이고도 심리치료는 더욱더 경제적으로 수행될 수 있다.

7) 상담치료의 중단과 종결

내담자는 상담치료에 과도한 불편이 없는 한, 타성 때문에 상담치료를 무한으로 계속 받고자 한다. 상담치료를 받지 않고서도 발휘하는 내담자의 능력을 살펴보기 위해서, 상담치료 횟수를 차츰 줄여 중단해 버릴 수 있다. 이때 내담자는 다시 상담치료를 받으러 올 수 있다는 언질을 받는다. 중단은 종결로 나아가는 터전을 마련해 준다. 상담치료의 기간은 미리 예언할 수 없으므로 상담치료를 받지 않고서도 발휘하는 내담자의 능력을 살펴보아야만 하는데, 이것은 환상에 빠지는 신경증적 후퇴를 저지하고, 내담자를 실제 생활 장면의 장애에 직면하게 함으로써 알 수 있다.

감정전이 신경증은 의존욕구를 채워주며, 내담자가 상담치료를 받으러 처음 왔을 때 경험한 갈등이나 원래의 갈등에 비해 그다지 불쾌하지 않다. 따라서 내담자는 안심을 하면서 감정전이에 빠져들며, 무한정 계속하는 경향이 있다. 중단을 통해 내담자가 퇴행할 감정전이 관계성에 의존하고 있는지의 여부를 검증할 수도 있다.

6. 평가

정신분석상담이 공헌한 점은 다음과 같다(임상록 외, 2012: 62-63).

① 정신분석상담은 우리의 많은 행동이 발달 초기단계에서 형성된 패턴의 반복이라는 사실을 이해하는 데 기여하였다. 영유아기의 초기 경험은 대상관계 이론으로 발전했으며 중요한 타인과 초기에 어떤 경험과 교류를 했으며 그 경험이 현재의 관계에 어떤 영향을 미치는지를 밝히는 데에 도움을 주었다. 분리와 개별화, 친밀성 대 불신, 의존과 독립, 정체감 문제는 발달의 어느 부분이 고착되었는가를 이해하고 통찰하는 데 기여하였다(Corey, 2008).

② 정신분석상담은 치료나 훈련의 일부를 통해 집중적으로 정신분석치료를 받는 것을 강조한다. 이는 역전이의 근원을 알아내는 데에 도움을 준다. 정신분석상담에서는 치료자의 역전이를 인식하고 알아차리며 훈습하는 것을 강조한다. 상담자는 자신의 편견과 편향을 인식하고 직면할 필요가 있다.

③ 정신분석이론은 정신의학이나 심리학뿐 아니라, 인문사회과학 분야인 문학과 예술에도 많은 영향을 미쳤고 후에 융, 아들러, 에릭슨 같은 신프로이트 학파들이 발전하는 계기가 되었다. 프로이트의 심리성적 발달단계의 개념은 심리사회적 요소를 강조한 에릭슨의 발달단계에 결정적으로 영향을 미쳤고, 에릭슨의 이론은 더 완전한 모습을 보여 주고 있다. 프로이트와 에릭슨의 두 관점은 성격발달에 대한 핵심 주제로 인간을 생물학적·심리학적·사회적 존재로 확장하여 바라보았고, 이것이 프로이트 정신분석이론의 공헌이라고 본다.

정신분석상담의 탁월성과 우수함에도 불구하고 한계와 비판은 다음과 같다.

① 치료나 상담에서 기간과 비용이 많이 든다.

② 치료자가 숙달된 전문가가 되기 위해서는 장기간의 훈련과 자기분석을 받아야 한다.

③ 인간의 병리적 문제원인을 유아기 초기의 외상 경험에서 찾으려고 한다.

④ 인간의 성격형성을 심리성적 발달에만 근거하여 바라봄으로써 가족의 구조나 사회제도, 문화적인 측면을 간과하였다.

⑤ 인간의 병리적인 측면을 강조하여 신경증, 강박증, 불안증 등 제한된 병리적인 증세만을 다루었다.

⑥ 인간의 자아를 정신 내적 갈등의 결과로 보아서 원초아의 보조적 역할의 수행자로만 이해한다.

3

Chapter

개인심리상담

개요

개인심리상담은 의학적 모델이 아니라 성장모델에 기초하며, 치료한다는 측면보다는 건강한 개인과 사회를 재교육하고 재조형하는 데 더 많은 관심을 갖고 있다. 그러므로 아동지도 센터, 부모-아동상담, 부부상담, 가족상담, 집단상담과 치료, 아동과 청소년의 개인상담, 문화적 갈등, 정신건강 운동 등 다양한 영역에 적용된다. 본 장에서는 개인심리상담에 대해 논의하고자 한다.

학습목표

1. 개인심리학에 대한 이해
2. 정신분석이론과의 차이점
3. 아들러에 대한 관심

학습내용

1. 개인심리상담의 개요
2. 아들러의 생애와 사상
3. 개인심리상담의 핵심 개념
4. 상담과정
5. 상담기법
6. 평가

1. 개인심리상담의 개요

개인심리상담으로 불리는 아들러식 상담은 아들러의 개인심리학을 기초로 하여 개발된 상담치료체계이다. 프로이트가 인간을 의식, 무의식, 원초아, 자아, 초자아로 분류해서 본 데 반하여, 아들러는 인간을 더 이상 분류하거나 분리·분할할 수 없는 그 자체로, 완전한 전체로서 볼 것을 강조하였다. 즉, 사람 개개의 행동은 그가 총체적으로 선택한 생활양식의 관점에서 보아야 한다는 것이다. 그에 따르면, 인간이 어떤 요소로 구성되고 형성되느냐 하는 점보다 그가 어떻게 자기 자신을 창조적으로 조직해 나가느냐에 따라 외계에 대한 반응이 결정된다고 한다(김충기·강봉규, 2003: 151).

개인심리상담은 정신병리적 입장을 거부하며, 신경증적 문제가 있는 사람들을 병에 걸린 사람이라기보다 '낙담한' 사람이라고 본다. 상담자의 역할은 자기 패배적 행동으로 귀결될 수 있는 내담자의 잘못된 목적을 평가하고, 내담자의 사회적 관심을 활성화시켜 줌으로써 자기중심성, 이기주의 및 사회적으로 무용한 행동을 소멸시키고, 그 대신에 성실하고, 의미 있으며, 긍정적인 생활양식을 발달시킬 수 있도록 하는 것이다. 이 접근에서의 집단상담 과정은 서로에게서 배우고 학습하는 일종의 교육과정이다. 또한 행동지향적이고 상담자 중심적이며 '지금-여기'에 초점을 둔 현상학적이며 인간 중심적인 것이라 할 수 있다.

개인심리상담은 의학적 모델이 아니라 성장모델에 기초하며, 치료한다는 측면보다는 건강한 개인과 사회를 재교육하고 재조명하는 데 더 많은 관심을 가지고 있다. 그러므로 아동지도센터, 부모-아동상담, 부부상담, 가족상담, 집단상담과 치료, 아동과 청소년의 개인상담, 문화적 갈등, 정신건강 운동 등 다양한 영역에 적용된다(장혁표, 2000: 62).

상담목표

열등 콤플렉스와 그릇된 생활양식의 발달과정에 대한 이해를 통하여 잘못된 생활목표를 변화시켜 새로운 생활양식을 구성하고 사회적 관심을 가지게 한다. 상담치료의 기본적 목표는 사회적 관심의 증진이다. 사회적 관심은 자기인식을 넓히고, 기본전제나 생활 목표 그리고 기본적 개념을 공박하고 수정함으로써 증진된다. 내담자를 '병든' 존재나 '치료되어야 할' 존재로 보지 않는다. 그것보다는 사회에서 동등하게, 즉 다른 사람과 주고받을 수 있는 사람이 되도록 재교육하려는 목표를 가지고 있다.

상담의 교육적 과정에서 내담자는 자기에 대한 관심과 사회에 대한 관심에 기초해서 삶의 목표를 자유롭게 추구한다. 상담자의 역할은 내담자의 대인관계를 향상시키도록 훈련시키는 것뿐만 아니라, 개인의 사회적 관심을 증대시키고, 열등감을 극복하도록 도우며 내담자의 견해나 목표를 수정함으로써 그들의 생활방식을 바꾸고 사회구성원으로서 기여하도록 돕는 데 목표가 있다(김충기 · 강봉규, 2003: 153).

상담자의 역할은 자기 패배적 행동으로 귀결될 수 있는 내담자의 잘못된 목적을 평가하고, 내담자의 사회적 관심의 폭을 확대하도록 함으로써, 자기중심성, 이기주의 및 사회적으로 무용한 행동을 소멸시키고 성실하고 의미 있으며, 긍정적 대인관계를 가질 수 있도록 하는 것이다.

개인심리상담의 주요 목표는 다음과 같다(Mosak, 2013).

첫째, 내담자의 사회적 관심을 증진시킨다.

둘째, 열등감과 낙담을 제거한다.

셋째, 내담자의 관점과 목표를 수정하고 인생 각본을 바꾼다.

넷째, 좋지 못한 동기를 바꾼다.

다섯째, 타인과의 동등감을 계발시킨다.

여섯째, 내담자가 사회에 기여하도록 한다.

2. 아들러의 생애와 사상

알프레드 아들러

아들러(Alfred W. Adler, 1870~1937)는 오스트리아의 정신의학자이자 심리학자이다. 그는 오스트리아 빈에서 곡물상을 하던 아버지로부터 6남매 중 둘째로 태어난 유대인으로, 후에 미국으로 이주했다(Adler, 1931: 11). 그는 프로이트와 달리 자신이 유대인임을 별로 의식하지 않았다. 빈대학교(Universität Wien) 의학부 졸업 후, 트로츠키(Leon Trotsky)의 친구인 러시아 여성과 결혼하여 친구 중에는 사회주의자가 많았고, 그 자신도 사회주의자였다. 프로이트의 강연에 매혹되어 문하로 들어갔으나 프로이트의 범성욕설을 받아들이기 어려워 분파하여 사회 감정을 중요시하게 되었다. 다시 말해서, 어떠한 형태의 사회도피든 간에 모두 불건강의 징후이다. 그는 아동기에 매우 병약했다. 구루병(rickets)을 앓았으며, 때때로 후두 경련을 일으켜서 큰소리로 비명을 지르거나 할 때는 질식의 위험이 따르기도 했다. 아동기에 가장 의미심장한 사건은 바로 밑의 동생이 그의 옆 침대에서 죽어간 사건이었다. 그로 인해 어린 아들러에게 삶과 죽음이라는 문제가 커다란 마음의 과제로 움트기 시작했던 것이다. 병약한데다 2남이고 형과 사이가 나빴던 데에서 출생 순위와 성격의 관계에 주목하던 중 열등감을 특히 중요시하게 되었다. 곧 인간은 누구나 여러 가지 원인으로 열등감을 가지고 있으며, 이를 보상하려고 노력하는 과정에서 그 사람의 생활양식이 형성되어 가므로, 만일 보상될 수 없는 열등감이나 과도하게 보상된 열등감이 있으면 인격의 왜곡이 생긴다고 생각하여 이를 시정하기 위한 재교육이 중요하다고 하였다. 그 때문에 정신분석에 관심을 가지면서도 성욕주의를 혐오하고 있는 교육자 · 사회사업가 · 종교가 등에게 환영받았다(Sweeny, 2015).

아들러는 프로이트의 강연에 매료되어, 그의 문하에 들어가 빈 정신분석학회(Wiener Psychoanalytische Vereinigung, Vienna Psychoanalytic Society: WPV)를 결성하고 초

대 회장을 맡았다. 아들러는 1902년부터 프로이트와 함께 '수요모임'에서 활동하였고, 프로이트의 저서인 『꿈의 해석』을 서평했으나, 근본적인 견해 차이로 프로이트의 이론을 거부하고 분파하여, 1912년 프로이트를 비판하는 동료들과 함께 '개인심리학회'를 설립하였고, 이를 중심으로 독자적인 학문 세계를 구축해 나갔다. 프로이트의 범성욕설에 반대한 것인데, 덕분에 성에 대해 보수적인 교육자, 종교인들에게 그의 정신분석은 환영을 받았다.

제1차 세계대전 이후 빈에서 정신병원을 시작했으나, 나치당은 아들러가 유대인이라는 이유로 강제 폐쇄시켰다. 그 결과, 그는 1934년 미국으로 이주했다. 아들러는 이론적인 문제에만 관심을 기울인 학자가 아니었다. 그는 직접 사람들을 만나 상담과 치료를 하는 데 더 역점을 두었고, 구미 전역에서 수많은 강연을 하였다. 1937년 5월 강연차 영국 스코틀랜드 북부 에버딘대학교(University of Aberdeen)를 3주일 예정으로 찾았었는데, 강연 뒤 심근경색으로 길거리에서 돌연사했다. 그는 평생을 '인간이해의 심리학'을 체계화하는 데 전념하였으며, 인간을 이해하는 것이 곧 삶의 주인이 되는 길임을 알려준 최초의 인본주의 심리학자이다.

프로이트의 원인론적 분석에서 탈피하여 목적론적 분석을 기반으로 자신의 학설을 세웠다. 대표적인 것이 '개인심리학(Individual Psychology)'인데, 개인심리학은 신프로이트학파에 큰 영향을 끼쳤다. 아들러와 입장을 같이하는 흐름을 '아들리안 학파' 또는 '아들리안'이라고 부른다.

아들러의 주된 관심은 우월함의 추구, 육체적 허약함이 개인에게 미치는 영향, 권력의 추구, 출생순위에 따른 성격의 형성 등이었으며, 프로이트의 환원적인 관점과도 거리를 두었다. 아들러의 관점은 이후 의미치료의 창시자인 프랑클(Viktor Frankl)에 의해 비판받기도 했다. 그리고 과학의 기준으로서 반증주의를 제시한 포퍼(Karl Popper)의 첫 번째 공격대상이 되기도 했다. 포퍼는 빈대학교 사회주의 서클에서 활동했으며, 아들러심리학에도 빠져 관련 사회사업까지 함께 할 정도였으나, 마르크스주의와 아들러심리학의 도그마성에 회의를 느껴 둘 다 포기하게 되고, 반대로 빈대학교에서 아인슈타인의 상대성이론 강의를 듣고 과학의 방법에 대해 영감을 받았는데, 결국 자신이 내놓은 반증주의에 대한 최초의 문헌에서 마르크스주의와 아들러심리학을 반증불가능한 대표적인 비과학이라고 비판했다.

아들러는 성년기 중 많은 기간 동안 모든 형태의 탄압과 싸웠고, 열등감이 어떻게 권력의 남용을 낳는가를 보이기 위해 애썼다. 사실 아들러는 여성의 권리를 위해 캠페인을 벌였고, 소수자를 향한 부당함에 대해 자주 발언하였다. 평화활동가로도 알려진 아들러는 개인적으로는 딸 발렌타인이 나치로부터 탈출하기 위해 러시아로 건너갔다가 잘못된 정치적 고발로 스탈린 정권에 억류되었을 때, 전쟁의 황폐함과 권력의 남용을 겪었다. 첫딸인 발렌타인은 시베리아 수용소의 매우 혹독한 상황에서 1942년에 사망하였다(Neukrug, 2010).

아들러는 생애에 걸쳐 300권 이상의 책과 저작을 남겼는데, 동시대 다른 무의식을 정립하여 사상계를 뒤흔든 프로이트나 종교학, 문화인류학 분야에 새로운 관점을 제공한 융(Carl Gustav Jung)에 비해 아들러는 교육학 · 교육심리학 · 사회복지 분야에서 종종 언급되거나 프로이트나 융을 언급할 때 같이 언급될 뿐 그다지 인지도가 높지 않았다. 그러다가 아들러의 목적론을 기반으로 일본인 철학자 기시미 이치로(岸見一郎)와 작가 고가 후미타케(古賀史健)의 저서 『미움 받을 용기(嫌われる勇氣)』(2014)라는 책이 베스트셀러 반열에 오르면서 최근 일본뿐만 아니라, 우리나라에서 아들러와 그의 목적론이 각광을 받기 시작했다.

주요 저서에는 『기관 열등성의 연구(Studie uber die Minderwertigkeit der Organe)』(1907), 『신경질 성격에 대해서(Uber den nervosen Charakter)』(1912), 『개인심리학의 실제와 이론(The Practice and Theory of Individual Psychology)』(1920) 등이 있다.

3. 개인심리상담의 핵심 개념

1) 개인심리학

아들러는 프로이트와 같이 인생 초기 5년 동안의 경험에 의해 삶이 많이 결정된다고 보았지만, 생물학적이고 결정론적인 관점을 비판하고 인간을 전체적인 관점에서 보려고 하였다. 또한 개인이 자신을 어떻게 주관적으로 지각하느냐에 따라 행동이 결정된다고 보았기에 자신의 이론을 '개인심리학(Individualpsychologie,

Individual Psychology)'이라고 명명하였다(신기원 외, 2016: 169).

개인심리학은 아들러가 주창한 성격 · 정신병리 · 심리치료 등의 이론과 방법론을 다룬 심리학을 말한다. 아들러는 성격발달과 과정에서 개인성격의 통일과 통일하는 양식, 열등감의 역할을 강조했다. 심리적 특징의 개인차의 본질과 기원에 관심을 둔 '차이심리학(Differential Psychology)'과 같은 말로도 쓰인다. 그러나 차이심리학이 개체의 차 · 성차 · 민족차 등 여러 형태의 차이를 광범위하게 취급하는 데 비해 개인심리학은 개인을 중점적으로 다룬다.

아들러는 개인의 독자적 전체성을 강조하면서 인간을 움직이는 최대의 동기로 '우월에 대한 욕구'를 꼽았다. 프로이트가 인간의 기본적인 동기를 생물학적 성적 본능으로 간주하고 결정론적인 관점으로 설명한 반면, 그는 인간이 사회심리학적이며 목적론적인 동기에 의해 움직인다고 보았다. 이렇게 볼 때, 인간은 이드, 자아, 초자아라는 분리된 내적 요인의 갈등에 의해 구성되는 것이 아니라, 기억과 정서, 행동의 총체적인 합으로서 구성되는 것이다. 이렇듯 그는 인간을 개인의 통합성, 총체성, 분리불가능성 등의 개념으로 설명하였다.

개인심리학의 주된 주장은 인간의 모든 행동이 목적성을 지니고 있고, 미래의 목표를 향해 창조적으로 삶을 개척해 나간다는 것이다. 이때 목적은 관념에 불과하지만 실제 삶에 큰 영향을 미치기 때문에 중요하며, 이렇게 누구나 가지고 있는 궁극적인 목표를 '가상적인 최종목표(fictional finalism)'라 부른다. 또한 인간은 선천적으로 열등감을 극복하려 하는데, 이때 개인의 열등감은 그것을 극복한 우월성, 안정성, 숙련을 통한 유능감 등을 통해 보상된다. 인간은 이를 통해 더욱 발전되고 확장된 자기 모습을 경험할 수 있다.

그렇기 때문에 개인심리학에서는 의식이 무의식보다 중요하며, 각 개인이 지닌 신념체계 및 감정과 행동방식을 구성하는, 개별적이며 주관적인 해석이 강조된다. 이를 '생활양식(life style)'이라 하며, 이를 통해 개인의 일상생활과 장기 목표, 역경에 대처하기 위한 고유의 행동 패턴을 파악할 수 있다.

2) 인간관

아들러이론에서 보면, 인간은 단순히 유전형질이나 환경에 의해 결정되는 것도 아니며, 또 어떻게 태어났는가 하는 것이 중요한 것이 아니라, 단지 우리가 가진 능력으로 무엇을 어떻게 하느냐 하는 것이 중요한 것이라고 믿었다(권육상, 2008: 167). 개인심리학이라고 불리는 아들러의 이론은 인간을 유일하고, 분해할 수 없으며, 자아일치적이고 통합된 실체로 보았다. 아울러 인간은 창조적인 능력이 있기 때문에 인생의 목표를 달성할 수 있고, 현실과 세상을 고유하게 해석하는 자기만의 눈을 가지고 있으며, 목적과 가치에 일치되는 삶의 방식을 선택할 수 있는 합리적인 존재, 즉 사회에 기여할 수 있는 사회적 존재로 보았다.

그러므로 아들러는 인간을 성장 모형에 근거하고 있기 때문에 가치, 신념, 태도 목표, 관심, 개인의 현실적 지각과 같은 내적 결정인자를 강조한 사람으로서, 심리학에 있어 접근의 선구자로 총체적, 사회적, 목표지향적, 인본주의적 접근의 개척가라고 할 수 있다(강진령, 2013b: 64).

개인심리상담의 관점에서 본 인간 본성은 다음과 같다.

(1) 사회적 존재

사회적 존재(social being)란 개인이 성욕이 아니라 사회적 관심(social interest)에 의해 동기화되고, 본능욕구보다는 목표추구 행동을 통해 생애 과제를 처리한다는 의미이다. 인간은 또한 결정론적 운명의 희생자가 아니라 사회에서 협동적으로 살아가는 주체자이다. 생의 초기 5~6년간의 경험을 통해 독특한 생애 유형을 발달시키며, 일생을 통해 일관성 있게 유지하는 것 또한 인간의 본성이다. 이 가정은 행동의 의식적인 측면이 개인 성장의 중심으로 보는 성장 모형에 근거한다. 즉, 인간은 완전하고자 하는 욕구를 가지고 성장을 위해 노력하며, 성공을 위해 목표 지향적이고 의도적 행동을 나타낸다.

(2) 총체적 존재

총체적 존재(whole being)란 통일되고 자아 일치된 유기체로, 의식과 무의식, 원초아 · 자아 · 초자아로 분리할 수 없는 완전한 전체를 뜻한다. 아들러는 자아 일치된 통합적 성격구조를 개인의 생활양식으로 보았다. 이는 인간을 전체적·총체적 존재로 보고자 하는 아들러의 입장을 함축하고 있다.

(3) 창조적 존재

창조적 존재(creative being)란 개인마다 창조적 힘이 있어서 자유롭고 의식적인 활동을 통해 자신의 인생을 좌우할 수 있음을 의미한다. 개인의 사고, 감정, 신념, 확신, 태도, 특성, 행위 등은 바로 자신의 독특성의 표현이면서 동시에 스스로 선택한 삶의 목표를 향해 나아갈 수 있게 하는 삶의 계획을 반영한 것이다. 성격은 유전과 환경의 이상의 산물로, 창조적 힘은 개인의 지각, 기억, 상상력, 환상, 꿈 등의 모든 면에 영향을 미쳐, 개인이 자율적 결정을 통해 생활을 설계하도록 하는 원동력이다.

(4) 주관적 존재

주관적 존재(subjective being)란 개인은 자신의 통각도식(apperception schema)과 일치하는 방향으로 자신이 설계한 세계 속에서 살아가게 됨을 의미한다. 이는 현상학에 기초한 것으로, 개인이 자신과 적응해 나가야 하는 환경을 어떻게 보느냐에 따라 행동이 결정된다는 기본 가정이다. 그 예가 현재와 미래에 대한 개인의 사적 신념인 허구적 목적원인론이 행동을 규제하고, 개인은 이 목표에 따라 동기화되는 것이다. 따라서 행동은 개인의 주관적 현실지각이 반영된 것으로 간주된다.

3) 열등감과 보상

인간은 누구나 어떤 측면에서 열등감을 경험한다. 왜냐하면 사회적 존재로서 다른 사람들과 비교하여 자신을 평가하기 때문이다. 그리고 인간은 현재보다 나은 상태인 자기완성을 위해 노력하는 존재이기 때문이다. 아들러는 열등감은 원래 좋은 것도 나쁜 것도 아니지만, 우리 각자가 자기완성을 위해 자신이 느끼는 열등감을 극복해야 한다고 보았다. 아들러는 "인간이 된다는 것은 열등감을 느낀다는 것을 의미한다(To be a human being means to feel his inferiority)."라고 말한다. 즉,

아들러는 열등감을 긍정적이며 자기완성을 위한 필수요인으로 보았다. 개인이 열등감을 어떻게 처리하느냐에 따라 심리적 건강에 이르기도 하고 열등감 콤플렉스라고 하는 신경증에 빠지기도 한다. 먼저, 개인이 열등감을 자기완성을 위한 우월성 추구를 위해 사용하면 건설적 생활양식을 갖게 되어 심리적 건강을 달성한다. 이러한 사람은 심리적 건강을 위해 열등감을 지배하고 있다고 할 수 있다. 반면, 개인이 열등감에 사로잡혀 열등감의 노예가 된다면 열등감이 우리를 지배하게 되고, 결국 우리의 삶은 열등감 콤플렉스에 빠지게 된다(김종운, 2013: 149).

아들러는 열등감 콤플렉스의 원인을 동기에 부모 등 의미 있는 타인들과의 상호작용에 의해 나타난다는 것을 발견했다. 그는 열등감 콤플렉스의 세 가지 원인을 기관열등감(inferior physical organs), 부모의 과잉보호(parental overindulgence), 부모의 양육태만(parental negligence)이라고 보았다.

(1) 기관열등감

이 열등감의 원천은 개인의 신체와 관련된 것이다. 즉, 개인이 부모에게서 물려받은 자신의 신체에 대하여 어떻게 생각하는가와 관련된 것이다. 외모에 대해서 어떻게 생각하는가, 신체적으로 건강한가, 아니면 자주 아픈가, 신체적으로 불완전하거나 만성적으로 아픈 아이들은 다른 아이들과 성공적으로 경쟁할 수 없다. 그래서 이런 아이는 열등감이라는 소라 껍데기 속에 움츠러든다.

(2) 과잉보호

이 원천은 부모의 자녀교육과 관련된 것이다. 자녀를 얼마나 독립적으로 키우느냐, 의존적으로 키우느냐는 부모의 교육방식에 따라 달라진다. 가족이 핵가족화됨으로써 '내 자식 위주'의 사고를 가진 부모들이 많아졌다. 아이가 학교나 사회에서 어떤 문제를 일으켰을 때, 아이 스스로 해결할 수 있도록 기회를 주기보다는 부모들이 먼저 나서서 모든 일을 해결해 버리는 경우가 많다. 과거 한동안 유행했던 '마마보이'라는 말은 부모의 과잉보호로 인해 부모 없이는 아동 스스로 아무 것도 결정할 수 없다는 것을 비꼬는 말이었다. 과잉보호로 자란 아이들은 다른 사람들이 항상 그를 위해 모든 것을 해주기 때문에 자신감이 부족하다. 그 결과, 그들 자신이 인생의 어려운 고비에 부딪쳤을 경우 해결할 능력이 없다고 믿고 깊은 열등감에 젖게 된다.

(3) 양육태만

이 원천은 부모가 자녀에 대한 최소한의 도리를 하지 않는 것과 관련된다. 아이들의 성장에 있어서 부모의 사랑과 관심은 매우 중요한 요소이다. 아이들은 부모와의 신체접촉, 놀이를 통해 안정된 정서를 갖게 되며 자신의 존재 가치를 느끼게 된다. 사회의 급격한 변화와 더불어 이혼율과 여성의 사회참여가 증가하면서, 자녀에 대한 사랑과 관심이 줄어들고 있다. 특히, 가정에서 비디오 교육이라는 명목으로 아이들에게 홀로 비디오를 보게 함으로써 부모의 역할을 태만히 하는 경우가 많다. 이렇게 양육태만된 아이들은 근본적으로 자신이 필요하지 않다고 느끼고 있기 때문에 열등감을 극복하기보다는 오히려 문제에 대해 회피하거나 도피한다. 즉, 이러한 아이들은 자신의 능력을 인정받고 애정을 얻거나 남으로부터 존경을 받을 수 있다는 자신감을 잃고 세상을 살아간다.

그러므로 이러한 세 가지 어릴 때의 상황에서 비롯된 열등감 콤플렉스의 원인은 성년이 된 후에 신경증을 일으키는 중요한 요인이 된다(Adler, 1956).

4) 생활양식

생활양식(Life style)이란 개인의 독특성과 존재를 특징지우는 것으로 삶에 대한 개인의 방식, 즉 삶의 목적, 생활의 전략, 가치, 태도 등을 포함하는 것으로 삶의 목표를 향해 나아가는 방식이다. 이러한 생활양식은 우리의 독특한 열등감을 극복하기 위한 노력이며, 프로이트의 영향으로 6세경에 틀이 형성되어 그 후에는 거의 변화하지 않고 기본구조 위에 수정이나 확대만 이루어진다. 가족 내에서의 경험이나 형제관계, 사건에 대한 개인의 태도가 더 큰 영향력을 미친다. 생활양식의 진정한 형태는 생활과제에 접근하고, 이를 해결하는 태도에 따라 구별된다고 하였다. 아들러는 인생의 과업을 직업, 우정, 사랑과 결혼으로 보았다.

이 세 가지 인생과업에 대한 태도인 자신의 활동수준과 사회적 관심이라는 대인

관계의 두 가지 차원을 통하여 네 가지 생활양식을 구분하였다(Hjelle & Ziegler, 1992).

첫째, 지배형은 사회적 관심이 낮고 활동수준이 높아 공격적이며 활동적이다. 인생과업에 있어서 반사회적이며 독단적으로 다른 사람에 대한 배려는 고려하지 않는다. 알코올중독자, 약물이나 마약중독자, 자살의 가능성이 있는 사람이다.

둘째, 획득형은 부모가 지나치게 과잉보호와 간섭하며 지배를 한 방식이다. 사회적 관심은 낮고, 활동수준은 중간 정도로 외부세계와 관계를 맺으며, 다른 사람에게 의존하여 욕구를 충족하는 방식이다. 다른 사람을 자신의 욕구충족을 위한 도구로 사용하려고 한다.

셋째, 회피형은 사회적 관심도 낮고, 인생에 참여하는 활동수준도 낮다. 인생의 모든 문제를 직면하려는 용기가 전혀 없고 회피함으로써 한 치의 실패 가능성도 모면하려는 것이다. 주로 신경증 환자나 정신병 환자에게서 볼 수 있다.

넷째, 사회형은 심리적으로 건강한 사람의 모델이다. 개인의 활동수준과 사회적 관심이 높은 사람으로 자신의 욕구는 물론 다른 사람의 복지에도 관심을 가진다. 일과 우정, 사랑 같은 사회적 관심을 중요시한다. 또한 문제를 해결하기 위하여 다른 사람을 존중하며 협력하는 태도와 용기를 가지고 적극적으로 대처한다.

5) 사회적 관심

아들러이론에서 가장 중요한 개념 중 하나인 공동체감(Gemeinschaftsgefiihl)은 각 사람의 삶은 세상의 일부분이며 다른 모든 사람과 함께 가치 있는 존재라는 느낌을 의미한다. 이 개념을 직역하면 공동체감(community feeling)에 더 가까워 이 개념이 미국으로 들어오면서 '사회적 관심(Social interest)'으로 번역되었다(Ansbacher & Ansbacher, 1982).

사회적 관심은 아들러에 있어서 가장 중요한 개념으로 인간은 태어나는 그날부터 사회적 맥락 속에서 살게 된다는 것이다. 아들러가 말하는 사회적 관심이란 각 개인이 이상적인 공동사회의 목표를 달성하고자 할 때 사회에 공헌하려는 성향을 의미한다. 또한 그는 사회적 관심을 상대방에 대한 공감과 동일시하고 있어,

'상대방의 눈으로 보는 것', '상대방의 귀로 듣는 것', '상대방의 마음으로 느끼는 것' 등은 인간이 사회의 일원이기 때문에 사회구조를 떠나 고립된 존재로서 이해될 수 없다는 것이다(정성화 외, 2016: 85).

일반적으로는 사회적인 관심은 가족관계 및 다른 아동기 경험의 맥락에서 발달하게 되는데, 특히 협동심이나 연대의식 또는 동료의식 같은 사회적 관심의 발달에 가장 큰 영향을 주는 사람은 바로 어머니이다. 아버지는 어머니 다음으로 사회적 관심에 영향을 미치는 사람으로서, 아버지가 배우자나 직업, 사회에 대해 긍정적 태도로 성숙된 사회적 관심을 보여 준다면, 아동이 사회적 관심을 발달시키는 데 있어 보다 쉽고, 긍정적으로 발달시킬 수 있다(김청자 · 정진선, 2006: 156-157).

아들러는 사회적 관심을 개인의 장래에 모든 적응이 달린 중요한 문제로 간주하여, 그는 개인의 사회적 관심에 대한 수준을 가지고 그 개인의 심리적 건강을 추정하는 척도로 사랑하였으며, 사회적 관심이 부족한 사람은 적응이 어렵다고 주장하였다(Adler, 1956).

6) 우월 추구

아들러는 초기에 인간행동을 좌우하는 위대한 역동적인 힘을 공격성, 즉 방해물을 극복하기 위한 강한 동기라고 믿었다. 그러나 곧 그는 공격적인 충동을 포기하고, 권력에 대한 의지(will to power)로 생각을 바꾸게 된다. 아들러는 남녀가 부족감과 열등감을 대체하려는 노력으로 갖게 되는 과잉보상의 한 형태인 남성적 추구(Masculine Protest)라는 개념을 제시하였다. 그러나 아들러는 남성적 추구의 개념이 정상인의 동기유발을 만족스럽게 설명하지 못한다고 보고 이를 포기하고, 그 대신 우월에 대한 추구(striving for superiority)의 개념을 채택하게 된다.

아들러는 우월에 대한 추구가 인간 생활의 기초라고 결론을 내리고 있다. 즉, 모든 사람은 위대한 향상의 동기(great upward motive), 즉 마이너스(-)에서 플러스(+)로, 아래에서 위로, 미완성에서 완성으로 나아가는 동기를 공유하고 있다. 이러한 우월이나 완성을 향한 추구의 동기는 선천적으로 타고난다(Adler, 1964). 그러나 우월에 대한 추구가 선천적으로 타고난 것이긴 하지만 인생발달단계에서 적절히 신장되어야만 한다. 출생 시 그것은 실제가 아닌 잠재력으로 존재하며, 이 잠재력을 자기 나름으로 현실화하는 것은 각 개인에게 달려 있다(권중돈, 2014: 259-260). 이런 잠재력을 실현하는 과정은 아동들이 자신의 인생목표를 설정하기 시작하는 다섯 살 때부터 시작된다. 인생목표가 유년기에 처음 형성될 때는 어느 정도 모호하고 일반적으로 무의식적이지만, 차츰 동기의 방향을 결정하고 심리적 운동을 구체화하며 또 의미를 부여한다.

이러한 우월의 목표는 인간 사회발달에 기여하는 측면에서 긍정적인 경향과 부정적인 경향으로 나타날 수 있는데, 긍정적인 경향은 사회적인 관심이나 다른 사람의 행복을 지향하는 이타적 목표이며, 부정적인 경향은 개인적인 우월성을 추구하는 자기존중, 권력, 개인적인 허세와 같은 이기적인 목표들이다(권육상, 2008: 168).

7) 가족구도와 출생순위

아들러는 가족구도(family constellation)와 출생순위(birth order)가 우리의 생활양식 형성에 중요하다는 것을 강조하였다. 가정에서 부모를 중심으로 자녀와의 가족관계가 어떠한 가족구도를 형성하고 있는가는 자녀의 생활양식을 형성하는 데 중요하다(Sweeny, 2015). 역시 자녀의 수가 몇 명인가와 출생순위도 성격형성에 영향을 준다. 결혼을 해서 낳은 첫째 아이가 부부가 정말 원해서 출생하였는가의 여부, 첫째 아이가 남자인 경우 또는 여자인 경우, 독자인 경우 등에 따라 부모가 자녀에게 대하는 심리적 태도가 다를 수 있다. 우리나라는 유교문화의 전통 속에서 오랫동안 부모들이 아들을 선호해 왔다. 요즘에는 자녀들이 하나 아니면 둘이지 세 명 이상인 경우는 많지 않다. 하지만 세 명 이상인 경우에는 자녀가 딸, 딸 그리고 아들이거나 딸, 딸, 딸 다음에 아들일 확률이 대부분이다. 이것은 꼭 아들이 있어야 한다는 우리의 문화적 풍토를 반영한 것이라 본다. 부모를 중심으로 한 가족구도 속에서 부모가 민주적으로 모든 자녀에게 대등한 관계에서 자녀를 양육하지 못할 경우 어떤 자녀는 심리적 상처를 받을 수 있다(노안영 · 강영신, 2011: 98).

그러므로 출생순위와 가족 내 위치에 대한 해석은, 어른이 되었을 때 세상과 상호작용하는 방식에 큰 영향을 미친다. 아동기에 타인과 관계하는 독특한 스타일을 배워서 익히게 되며, 그들은 성인이 되었을 때도 그 상호작용 양식을 답습한다. 아들러학파 치료에서는 가족역동, 특히 형제간의 관계를 다루는 것을 매우 중요시한다. 따라서, 어떤 유목으로 전형화하는 것은 피해야 할 일이지만 아동기에 형제간의 경쟁의 결과로 생겨난 성격 경향이 개인의 남은 삶을 통해서 재현되는가를 살피는 것도 도움이 될 것이다.

4. 상담과정

아들러의 개인심리상담의 과정은 4단계로 형성된다(Sweeny, 2015).

1) 관계형성단계

첫 번째 단계로 아들러학파에서는 상담자와 내담자 상호 간의 합의된 목표를 향해 적극적인 파트너로서 일하는 평등하고 상호 협력적인 관계를 추구한다. 이를 통해 내담자와 상호 신뢰와 존경을 가지도록 하는 것을 중요시한다. 아들러학파의 상담자들은 평등한 존경, 평등한 권리, 평등한 책임을 가지는 평등한 관계를 유지하면서, 내담자가 스스로 독립적인 선택을 할 수 있는 역량과 힘을 지닌 점을 존중해 준다. 내담자는 '상담받는' 소극적인 수용자가 아니라 협력적인 관계에서 적극적으로 개입해야 하는 당사자다.

평등과 책임을 강조하는 것은 '치료받기 위해 상담받으러 간다'는 일반적인 생각과는 반대의 것이다. 아들러상담에서 내담자는 그들 자신의 행동에 책임이 있다는 것을 인식해야 한다.

아들러상담의 기본 개념은 다음과 같은 지침을 가지고 있다.

① 상호존중을 유지하라.

② 관계를 형성하기 위해 분명하고 간단한 목표를 설정하라.

③ 내담자가 낙담해 있고 목표를 지향하고 있다고 이해하라.

상담에서 가장 기본적인 것은 상담자와 강요받은 내담자 간의 치료적 동맹을 형성하는 것이다. 1단계에서 주로 사용하는 상담기술은 참여, 경청, 목표의 확인과 구체화, 공감이다. 다른 상담과 마찬가지로 내담자와의 치료적 관계는 무엇보다 내담자에게 관심을 가지는 것과 주의 깊은 경청이다. 적절한 관심과 경청은 상담관계에서 상호 신뢰와 존경을 개발하는 데 필수적이다. 이러한 분위기는 내담자로 하여금 분명히 이해되고 수용되는 변화와 움직임에 대해 상담자가 강조하는 가정에 잠재력을 증강시킨다. 내담자를 무조건적으로 수용하고, 내담자가 누구인지에 대한 이해를 함께 발달시키며, 내담자의 강점과 능력을 알려 주고 스스로가 원한다면 변화할 수 있다는 것을 믿도록 격려한다. 내담자들은 그들 자신이 변화의 힘을 가지고 있다고 믿는 상담자의 신뢰를 알아차리게 된다. 이러한 믿음은 내담자로 하여금 그들이 종종 '할 수 없는' 것이라고 보았던 방식이 실은 '하지 않았던' 것이라는 사실을 깨닫도록 돕는 것으로 입증된다. 또한 아들러상담의 기본 개념에서 강조했던 인간행동의 목적성 이해는 상담 초기부터 나타난다.

상담 초기에 상담자는 내담자들에게 도움을 구하고자 하는 이유에 대해서 질문한다. 이때 가장 많이 쓰는 질문은, "만약 이러한 문제가 없었다면, 당신의 인생은 어떻게 달라졌겠습니까?" 이러한 질문의 다른 형태로 "당신은 지금 무엇을 하고 있습니까?", 또는 "만약 문제가 없다면, 당신이 지금 할 수 없는 것 중 무엇을 할 수 있겠습니까?"라고 말할 수도 있다. 이러한 질문은 내담자가 '자신이 가진 문제'로 인해서 어떤 기본적인 생활과제를 회피하고 있는지를 파악하려는 의도에서 하는 것이다.

2) 생활양식 탐색단계

두 번째 단계는 생활양식을 이해하고 생활양식이 삶의 과업에 어떠한 영향을 미치는지를 이해하는 것이 중요한 목표다. 개인심리상담에서는 내담자가 과거에 어떤 생활을 하였는지를 우선 탐색한다. 아들러상담에서 생활양식은 기본 개념이다. 생활양식은 그 자신과 타인에 관한 신념, 지각, 감정에 의거해 세워진 구조, 그리고 개인의 구성개념이다. 상담자는 내담자의 신념, 지각, 감정을 확인하기 위해 노력하며 그의 이야기를 주의 깊게 듣는다. 다시 말해서, 잘못 형성된 생활양식은 무엇이며, 그 원인이 무엇인지 분석하고 평가한다. 이것을 알면 내담자의 지각, 신념, 감정, 목표, 동기를 알 수 있다. 구체적으로 가족구도 초기 기억, 과거의 꿈, 내담자의 우선적 욕구, 기본적 오류 등을 분석한다.

아들러 상담자는 가족과 다른 사회적 환경 내에서 생활양식이 처음부터 어떻게 개발되었는지, 어떤 기본적 확신이 작동하고 있는지, 생활양식이 내담자의 공동체, 직업, 사랑 등에 참여하는 것을 어떻게 방해하고 있는지 등이 포함된 내담자의 생활양식을 이해해야 한다. 이는 대체로 자유 형식 또는 구조화된 형식으로 진행된다. 아들러 상담자는 새로운 내담자에게 자신의 삶의 이야기를 해보라는 간단한 질문을 한다. 삶의 이야기를 한꺼번에 모두 할 수 없기 때문에, 대략 자신이 겪어 온 사건과 사람들에 관해서 지금 중요하다고 여기는 것들을 먼저 이야기하게 된다. 상담자는 삶의 이야기에서 포기나 성취 같은 주제를 골라낼 수도 있고, 이야기의 전반적인 정서적 색채에 이름을 붙일 수도 있다. 이런 것들이 생활양식에 대한 주제와 색채가 된다. 생활양식은 자기 자신과 타인, 세계, 현실에 대한 주관적인 인식이나 신념에서 비롯된다. 생활양식은 자아개념, 자아이상, 세계상, 윤리적 확신으로 설명할 수 있다. 생활양식에 관한 조사에서 주로 쓰이는 기법은 가족구도사정, 초기회상, 꿈분석, 기초적인 실수에 관한 분석 등이 있다. 아들러는 내담자를 전체적으로 사정하기 위해 구조화된 면접을 사용했다. 구조화된 면접을 통해 그는 내담자들이 삶의 이야기 중에서 놓치는 것(고의이거나 아니거나)을 빠뜨리지 않으려 노력했다.

면접은 가족구성을 조사하고, 가족구성원들의 특정 사회적 위치(성좌 속 별들의 위치처럼)를 조사하는 것에 중점을 두고 있다. 면접 질문에는 아들러학파의 주요 개념이 많이 반영되어 있다.

3) 통찰단계

세 번째 단계는 통찰력을 가지는 것이다. 통찰은 장기 변화의 필수 조건이다. 통찰을 획득하면 자기 파괴적 행동 패턴을 알아 재교육을 통해 수정할 수 있다.

통찰을 획득하게 하기 위한 가장 주요한 방법이 해석이다. 이 단계에서 상담자는 내담자의 생활양식, 현재의 심리적 문제, 잘못된 신념, 자기 파괴적 행동을 깨닫게 하여 그것이 어떻게 내담자에게 문제가 되는지 해석해 준다. 해석할 때에는 원인보다는 목적, 설명보다는 그것이 작용하는 방향, 소유하고 있는 것보다는 현재 활용하고 있는 방식에 초점을 둔다. 해석을 통해 내담자 자신이 대처할 방식을 볼 수 있도록 해 주는 것이다. 그러면서 동시에 내담자의 언행 불일치, 이상과 현실 간의 불일치 등에 직면시켜 자신에 대하여 통찰을 얻을 수 있도록 한다.

상담자는 내담자의 가족 내에서의 위치와 초기현상, 꿈, 삶의 우선순위 등에 대한 자료들이 수집되면 각 영역을 분리해서 요약하여 내담자의 자신에 대한 관점, 세상에 대한 관점, 그리고 생애 동안 어떻게 행동할지에 관한 무의식적인 결정에 대한 몇 가지 가설을 형성한다. 이러한 가설은 내담자와 함께 확인할 필요가 있다. 대부분의 사람들은 자신이 뭔가 잘못되었다고 생각하고 상담을 받으러 온다. 상담은 개인이 자신의 잘못된 생각을 자각하고 왜 자신이 그런 방식으로 행동하는지를 이해하도록 돕는 것이다. 상담자는 내담자를 만나서 사정과정을 통해 모은 증거들을 가지고 함께 해석을 해 나간다. 내담자가 자신의 생활양식, 현재의 심리적인 문제, 잘못된 신념 등 기본적 오류를 깨닫도록 하고, 그것이 내담자에게 어떻게 문제가 되는지 해석한다. 이것에 대해 내담자는 동의할 수도 있고 그렇지 않을 수도 있다. 상담자는 내담자가 말을 통해 또는 웃는 것과 같은 비언어적인 반응을 통해 인지한 것을 나타낼 때 자신이 맞게 추측한 것인지를 알게 될 것이다.

내담자는 통찰력을 가져야 하는데, 이때 상담자는 자신의 제안을 강요해서는 안 된다. 상담은 공동작업이다. 일단 상담자가 내담자의 말을 적극적으로 듣고 전체적 통합의 원리를 적용하여 내담자의 생활양식을 이해하게 되면, 상담자는 내담자가 생활양식에 영향을 주는 그의 기본 신념과 인식을 자각하게 함으로써 상담자와 같은 이해에 도달하도록 도울 수 있다. 내담자에게 생활양식을 이해시키고 그것이 어떻게 해서 그렇게 된 것인지를 분명히 보여 주는 그런 과정이 상담 관계에 깊은 치료적 영향을 준다. 무엇이 내담자로 하여금 좀 더 효율적으로 행동하지 못하도록 하는지에 대한 이러한 통찰은 내담자가 겉으로 드러난 모순을 해결할 수 있도록 도움을 준다. 이로써 내담자는 그들의 잘못된 목적을 버리고 효율적인 행동양식을 추구하게 된다. 내담자는 자신의 느낌, 신념 그리고 사고를 인식하게 되고, 어떻게 그것들을 가지게 되었는지를 이해함으로써 더 이상 그것에 대한 신비도 갖지 않게 된다. 내담자는 자신의 사적인 논리가 어떻게 그를 제지하는지 인식할 수도 있고, 자신의 생각과 목표가 변화되기를 원할 수도 있다. 상담자는 내담자가 자신의 사적인 논리가 아닌 상식으로서 자신의 목표를 조준할 수 있도록 그들의 목표와 생각에 도전할 수도 있다. 상담자는 내담자가 현재 제시한 문제들이 자신의 생활방식에 어떻게 맞아떨어지는지를 내담자가 알도록 돕게 된다.

4) 재정향(행동 전환)단계

네 번째 단계는 해석을 통해 획득된 내담자의 통찰이 실제 행동으로 전환되게 하는 단계로 행동을 유발하기 위한 다양한 능동적(적극적) 기술이 사용된다. 상담자는 내담자가 잘못된 생각을 계속해서 유지하고자 할 때 그것을 지적할 수 있다. 그리고 달성할 수 있는 과제를 내담자와 함께 정한다. 과제는 사적인 논리에 대한 도전이고, 내담자가 자신의 삶에서 가지고 있던 장애물을 깨뜨리는 것이어야 한다. 과제는 내담자를 위한 새로운 행동이기에 상담자는 내담자가 새로운 행동을 어떻게 경험했는지 들을 수 있어야 하고 내담자가 변화를 성취해 가는 것을 축하해 주어야 한다. 내담자의 성취는 변화를 시도하고자 하는 내담자의 열망이 얼마나 강한지에 달려 있다. 내담자는 과거의 잘못된 신념, 행동, 태도를 버리고 새로운 생활양식과 사회적 관심을 갖도록 부단히 노력해야 한다. 상담자는 내담자에게 사회적 접촉을 시범으로 보여 주고, 내담자가 이를 다른 사람에게 실시해 보도록 격려한다.

내담자는 삶의 요구에 직면할 용기를 얻어야 한다. 내담자의 새로운 행동은 오랫동안 지녀온 회피적 행위와 지금까지 추구해 왔던 잘못된 목표 추구를 포기하는 일이 될 수도 있다. 재정향은 통찰을 행동으로 전환시키는 것이다. 내담자는 회피해 왔던 위험을 감수하는 것이 생각보다 나쁘지 않다는 것을 발견하게 된다. 유리한 점에 초점을 두는 것이 또 하나의 재정향 임무다. 많은 내담자가 자신의 문제에 너무 깊이 몰두하여 자신의 강점을 개발하는 것을 잊어버린다. 약점을 받아들이는 것도 필요하지만, 강점을 보충하는 것에 더 많이 집중해야 한다.

아들러상담은 행동수정체계가 아니라 동기수정체계다. 상담의 초점을 태도, 신념, 인식, 목적의 변화에 두고, 이를 통해 행동도 바뀔 것으로 본다. 변화에 초점을 맞추는 것은 내담자로 하여금 그들의 자기패배적인 잘못된 신념, 잘못된 인간관계에 대한 생각, 생의 요구에 대한 잘못된 생각, 그리고 잘못된 목적과 목표를 깨닫도록 돕는 것을 포함한다. 상담자가 이러한 요소들 간의 상관관계를 알게 될 때, 내담자는 변화의 선상에 있게 되고 긍정적인 방향으로 움직이게 된다.

이 단계에서는 실제로 한 사람의 행동과 관계들이 어떻게 그 사람의 의도와 신념과 관련이 있는지를 본다. 상담자는 내담자에게 어떻게 그들 고유의 목적과 의도를 선택하는지, 그리고 그것들이 그들의 모든 행동, 느낌, 생활과제를 해결하는 데 어떤 영향을 미치는지를 반영해 준다. 아들러 상담과정에서 상담자와 내담자는 그들의 목적을 제시하고, 가능한 대안과 결과를 고려하며, 이러한 대안들이 내담자를 어떻게 도와서 목적을 성취하게 하는지를 평가하고, 그러고 나서 행동의 과정을 취함으로써 재방향 설정을 한다. 이때 상담자는 자기패배적이고 잘못된 인식이 내담자가 효과적인 결정을 내리는 데 있어서 얼마나 방해가 되는지를 생각해 보도록 도와야 한다.

5. 상담기법

아들러의 개인심리상담의 기법은 다음과 같다(김충기 · 강봉규, 2003: 160-165).

1) 상담 초기에 요구되는 기법

상담의 초기에 쓰이는 주요 기법은 주목하기, 경청, 목표의 확인과 구체화, 공감의 제공 등이다. 주목하기는 내담자와 눈을 맞추고, 내담자를 심리적으로 인정하는 행동이다. 경청은 내담자의 언어적 · 비언어적 메시지를 포착하기 위해 듣는 것이다. 주목하기와 경청은 내담자의 목소리, 자세, 안면 표정, 몸짓, 주저하는 말투 등에서 전달되는 메시지에 주의를 기울이는 것이다. 공감적 이해는 내담자의 주관적 세계를 파악하고 이런 이해를 내담자에게 전달하는 상담자의 능력을 말한다. 이러한 기법들은 대부분의 효과적인 상담기법에서 모두 강조하고 있는 것들이다.

2) 일반적 기법

(1) 즉시성

이는 현재 이 순간에 무엇이 일어나고 있는지를 다루는 기법이다. 이것은 내담자로 하여금 상담시간에 일어나는 것이 일상생활에서 일어나는 것의 표본이라는 점을 깨닫도록 돕는 것이다. 예를 들어, 내담자가 계속 중요한 결정을 내릴 때마다 상담자의 조언에 의지한다고 가정할 때, 그가 상담자를 어떻게 생각하고 있는지를 그에게 명확하게 말해 준다면 그것은 즉시적인 것이 된다. 내담자가 자기에게는 결정할 능력이 없다는 잘못된 신념에 집착함으로써 어떻게 자신을 패배시키고 있는가를 '지금-여기'에서 보여 줄 수 있기 때문이다.

(2) 충고하기

여기서는 충고를 사용하되 내담자의 의존성을 부추기지 않도록 해야 한다. 그리고 내담자의 자기지도력과 자립능력을 격려하도록 조심하면서 충고를 해야 한다.

(3) 격려하기

격려(encouragement)는 전 상담과정을 통해 적용되는 기본적인 기법이다. 내담자는 병에 걸린 것이 아니라, 의기소침한 사람이라는 아들러의 기본개념은 상담자의 주된 과제가 격려하는 것을 의미한다. 효과적인 상담과 심리치료의 중요한 치료적 요건 중의 하나가 희망이라고 할 때, 격려는 내담자들이 희망을 갖게 하는 중요한 수단이 된다. 격려의 의미는 내담자에게 자기 가치감을 심어주고 내담자들을 그들이 되어야 하는 모습이나 그들이 될 수 있는 모습이 아닌 현재 있는 그대로 수용하는 것이다.

내담자가 혼자가 아니라고 느끼고, 치료자의 힘과 유능성에서 안전감을 느끼며, 긍정적인 것을 확대하고 부정적인 것을 제거하면서 희망을 가지게 되는 것은 모두 낙담을 상쇄시켜 준다. 내담자에 대한 믿음을 표현하고, 그를 비난하지 않고, 그리고 그에게 과다한 요구를 하지 않는 것 등은 내담자에게 희망을 제공할 수 있다.

(4) 역설적 의도

플랭클(Frankl, 1967)이 활용한 기법으로서 내담자가 두려워하는 행동이나 사고를 의도적으로 과장하도록 하는 기법이다. 반 암시 또는 부정적 연습기법이라 할 수 있다. 예를 들어, 일을 미루기만 하고 끝내지 못하는 내담자에게는 일을 더 미루도록 요구한다. 시간의 대부분을 걱정으로 보내는 내담자에게는 하루를 온통 모든 것을 걱정하는 데 소비하도록 하는 과제를 준다. 이 절차를 쓸 때는 내담자가 그 실험으로부터 무엇을 배우는가를 알 수 있도록 하기 위해 특정한 시간 동안 어떤 행동 유형을 과장하도록 해야 한다.

내담자로 하여금 이러한 행동이 얼마나 어리석은가를 명확하게 인식하도록 함으로써 만족스러운 생활양식으로 유도하게 되면 내담자는 그 행동을 변화시키거나 포기하게 될 것이다.

(5) 시범 보이기

상담자는 내담자에 대해 사회적 관심의 대표자로서, 그리고 '진실한 인간(being for real)', 완전한 인간이 아닌 실수할 수 있는 보통의 인간으로서의 역할을 보여 주어야 한다. 결국 상담자는 내담자가 모방하려 할 가치를 행동으로 나타내 보여야 한다.

(6) 역할놀이

상담자들은 내담자가 자신이 원하는 자기가 되어 있는 것으로 상상하고 그렇게 행동하도록 역할놀이(role play) 상황을 설정한다. 내담자가 "만약 내가 ~을 할 수 있다면"이라고 말하면 최소한 일주일 동안 그 환상 속의 역할을 실제로 행동해 보고 무슨 일이 일어났는지를 보고하도록 한다.

이 기법의 예로서 Mr. Kim을 보면, 그는 자신의 사회적 억제로 고통을 겪고 있으며 여성과 만나서 이야기하는 데 대한 심한 두려움을 없애고 싶은 마음이 간절하다고 말했다고 해보자. 상담자는 다음과 같이 말할 것이다.

> "Mr. Kim, 다음 일주일 동안 당신은 재치 있고, 매력적이고 멋있는 사람인 것처럼 행동해 보라. 당신은 많은 것을 가지고 있고 여성들이 당신과 알고 지내고 싶어 안달인 것처럼 행동하라. 당신이 접촉하기를 원했던 여성 중 적어도 3명에게 접근해 보아라."

3) 특수기법

(1) 초인종 누르기

초인종 누르기(push button technique) 기법은 내담자가 유쾌한 경험과 유쾌하지 않은 경험을 번갈아 가면서 생각하도록 하고 각 경험과 관련된 감정에 관심을 가지도록 하는 것이다. 이 기법의 목적은 내담자에게 그들이 무엇을 생각할지를 결정하여 자신이 원하는 감정은 무엇이든지 만들어 낼 수 있다는 사실을 가르치려는 것이다. 초인종 누르기 기법을 통해서 아들러 상담자는 내담자가 자신이 우울을 선택했으며, 우울은 자기 생각의 산물임을 인식하도록 도와준다.

상담자는 내담자에게 아주 즐거운 사건을 회상하도록 하고, 다음에 아주 불쾌한 사건을 회상하고, 그 다음에는 또 사건이 자신이 바라는 식으로 이루어지게 되는 것을 상상하게 하는 선택적 과정을 사용할 수도 있다. 내담자에게 마지막 사건을 재현하고, 사고의 산물로 창출된 감정을 덧붙이라고 한다.

상담자는 그 사람에게 두 가지 초인종, 즉 '우울' 초인종과 '행복' 초인종을 가지고 집에 가라고 하며, 그에게 앞으로 겪게 될 사건에 어느 초인종을 쓸 것인지는 자기가 통제할 수 있다고 말한다.

(2) 내담자의 수프에 침 뱉기

상담자는 목표를 정해서 어떤 행동을 종식시키며, 내담자의 눈앞에서 어떤 행동의 유용성을 감소시킴으로써 게임을 망치게 하기도 한다. 그 행동을 함으로써 치러야 할 대가를 그에게 보여 주는 것이다.

내담자의 자기 패배적 행동에 감추어진 동기를 밝혀냄으로써 상담자는 접근-

회피상황을 설정하게 된다. 내담자의 행동(수프)에 침을 뱉음(spitting in the soup)으로써 상담자는 극히 거슬리는 존재가 된다. 내담자는 여전히 그 수프를 먹으려고 하지만(그 행동을 수행하려고 하지만), 이제는 결코 그 맛이 이전과 같지 않다. 요약하면, 상담자가 내담자의 수프(행동방식)를 못 먹도록 만드는 것이다.

(3) 마이더스 기법

마이더스 기법(Midas Technique)은 내담자의 신경증적 요구를 과장하는 것이다. 이 기법은 황금에 대한 미칠 듯한 욕망과 그가 원하는 모든 것을 가질 수 있는 능력이 곧 축복이 아니라, 저주가 된다는 것을 발견했던 마이더스 왕의 이야기에 근거를 두고 있는 것이다. 이 기법에서는 내담자의 욕구를 충족시켜 주기 위하여 상담자가 과잉 대응을 하는 것이다. 이렇게 하면 내담자가 자신의 욕구를 덜 추구하게 된다. 이 기법은 재치 있게 하며 웃음거리의 대상이 내담자 자신이 아니라, 내담자의 부질없는 행동이라는 것을 깨닫게 해준다(강갑원, 2015: 122).

이와 같은 방식으로 상담자는 내담자를 동정하고, 내담자의 요구를 충족시키기 위해 내담자를 과잉 동정한다. 이러한 맞대결 접근법은 유머러스하게 수행되어야 하며, 그 결과 내담자 자체가 아니라 그의 행동을 웃음거리로 만드는 것이어야 한다.

(4) 타인을 즐겁게 하기

사회적 관심의 상실은 내담자를 실망시키는 주요 요인 중의 하나이기 때문에, 상담자는 내담자에게 밖으로 나가 다른 사람을 위해 '좋은 일(Pleasing someone)'을 하라고 지시한다. 이 방식은 내담자를 사회적인 주 흐름 속으로 되돌아오도록 촉진한다. 항상 우울한 상태에 있는 사람에게 때로는 다른 사람들을 즐겁게 하는 일을 시도해 보도록 하면, 그들에게서 돌아오는 긍정적 피드백이 내담자에게 큰 격려가 될 수 있다. 때로는 자기 자신이 아무런 즐거움이 없기 때문에 다른 사람을 즐겁게 하는 것이 불가능하다고 생각하는 사람들도 있다. 그럴 경우에는 실제로 타인을 즐겁게 하는 일을 하기보다는 어떻게 하면 즐겁게 만들 수 있을까 생각해 보도록 요청할 수도 있다.

(5) 저질의 아이 피하기

내담자는 일상생활에서 사용하는 자기패배적인 행동 유형을 상담상황에 가져온다. 그는 왜곡된 지각이 없어질지도 모른다고 생각하기 때문에 잘못된 가정에 집착할지도 모른다. 예를 들어, 어떤 내담자는 아무도 그를 돌보아 주는 사람이 없다고 생각하기 때문에 다른 사람이 그에게 하는 것처럼 반응하려고 한다. 상담자는 그런 덫에 걸리지 않도록 조심해야 하며, 그런 오래된 행동 유형을 계속 지키려는 내담자의 행동을 강화하지 않도록 주의해야 한다(avoiding the tar baby).

그 대신에 상담자는 보다 심리적인 성숙으로 이끄는 그런 행동을 격려하도록 해야 한다.

(6) 스스로 억제하기

이는 내담자가 원하지 않는 행동을 하고 있는 순간에 자신의 모습이나 행동을 억제하게 하는 방법(catch oneself)이다. 억제하기의 결과는 마치 어머니가 몰래 숨겨놓은 음식을 아이가 훔쳐 먹다가 들켰을 때 어찌할 줄 모르고 당황하여 움직이지 못하고 꼼짝없이 서 있는 경우와 같다. 이러한 억제하기를 반복 연습하다 보면 부적응행동의 좋지 않은 결과가 상상이 되고 그래서 행동을 변화시킬 수가 있게 된다.

내담자가 자신이 추구하는 가공적 목적을 이해하게 된 후 그것에 관련된 어떤 것을 하고자 할 때 상담자는 정신적인 '억제신호'들의 목록을 제공한다. 이러한 억제신호는 내담자로 하여금 비난이나 죄책감 없이 행동수행과정 중에 말로써 자신을 억제할 수 있도록 하여, 불합리한 행동을 중지시킨다. 이 기법은 대체로 처음 시도할 때에는 내담자가 자신을 억제시키는 것이 너무 늦기 때문에 연습이 필요하다. 그러나 연습을 계속하면 사건을 예상할 수 있게 되어 그것이 일어나기 전에 중지시킬 수 있게 된다.

6. 평가

개인심리이론이 정신분석이론만큼 포괄적·체계적이지는 않지만 성격발달에 있어 사회적 요인의 중요성과 행동의 목적성을 강조함으로써 생물학적 충동과 무의식적 갈등을 강조한 프로이트의 정신분석이론을 극복하였다. 특히, 프로이트가 무시한 개인의 사회적 위치에 대한 고찰을 통해 성격발달에 대한 사회적 측면의 영향을 강조하고 있다. 또한 인간을 스스로 의식하지도 못하는 성적·공격적 욕구에 지배되는 존재가 아니라, 개인적 우월의 목표를 추구하는 존재로 인식하고 있다. 클라이언트가 자신의 문제를 이야기하면 치료자는 거기서 클라이언트의 생활양식을 알 수 있게 되며, 클라이언트가 자신의 문제를 직시할 수 있게 해주기 위해 클라이언트를 지지하고 안심시킨다. 이것은 클라이언트가 자신의 문제에 직면할 수 있는 용기와 상식을 찾는 데 도움을 준다. 그러나 아들러의 초기 공식들은 기본 가설을 경험적으로 확인하기가 어렵게 되었고, 우월을 향한 노력, 자기의 창조적인 힘이나 열등감 등의 개념이 명료하지 않다는 지적을 받고 있으며, 지나치게 간결하게 보았다는 비판을 받고 있는 것도 사실이다(장수한 외, 2017: 194).

아들러는 프로이트의 제자로 알려져 있지만 다음과 같은 점에서 많은 차이가 있다(김계현 외, 2016: 190-191).

첫째, 그는 인간이 사회적 존재임을 강조한다. 아들러에게 사회적 관심 또는 공동체 느낌은 인간 존재의 기본이다.

둘째, 그는 개인을 독특하고 통합적인 개체로서 부분으로 나눌 수 없고 전체라고 본다. 따라서 인간을 이해하기 위해서는 환원적 접근(reductionism)보다 전체적 접근(holism)이 유용하다.

셋째, 그는 인간이 과거보다 미래의 목표를 중심으로 심리적·신체적 행동을 구성한다고 본다. 모든 행동은 그것들이 추구하는 목표를 정점으로 하여 그 의미를 이해할 수 있는데, 그 목표는 힘, 수월성, 완전성의 추구, 즉 열등감을 극복하는 방향으로 지향된다.

넷째, 인간은 자신의 행동, 사고, 감정을 선택하며, 그 선택에 대해 책임지는 창조적인 존재다. 즉, 사람들이 외적 자극 자체는 통제할 수 없지만 그에 대한 반응은 통제할 수 있으며, 물리적 환경조건은 동일해도 개인은 창조성을 발휘하여 자신의 존재방식에 맞도록 자신의 경험을 지각하고 형태를 부여한다. 이와 같은 관점은 생리학적 욕구 충족을 강조하고, 성격구조의 분석에 무게를 두며, 과거 경험을 중시하고 무의식적 과정을 강조했던 프로이트의 관점과는 사뭇 다르다. 이러한 점에서 아들러는 프로이트의 제자라기보다 자신의 독자적 영역을 구축한 사람으로 이해하는 편이 더 적합하다.

개인심리상담의 공헌점과 비판점을 종합해 보면 다음과 같다(강갑원, 2015: 123).

1) 공헌

첫째, 내담자를 신경증 환자로 보지 않고 낙담한 사람으로 보고 이들을 격려하기 위한 다양한 방법을 시용하거나, 상담자와 내담자 간의 평등관계를 조성하는 등 긍정적 상담관계 형성에 기여하였다.

둘째, 다른 상담이론에 영향을 주었다. 즉, 성격 형성에 사회성이라는 새로운 관점을 제시하여 성격심리학의 폭을 확대하였고, 자유 현상학적 해석, 성장, 책임과 같은 개념은 실존치료, 형태주의치료, 현실치료, 합리적·정서적 치료 등의 주요 이론에 영향을 주었다.

셋째, 가족구도의 개념이 유용하고 이것을 사용하여 중요한 연구가 이루어졌다.

넷째, 개인차를 이해하는 데 필요한 생활양식, 가족의 역동성, 출생순위, 형제간 경쟁의식 같은 개념을 소개했다.

2) 한계와 비판

첫째, 치료가 언어표현능력, 논리적 사고 통찰력에 의존하고 있어 지적 수준이 낮은 내담자에게는 적합하지 않다.

둘째, 지나치게 인지, 특히 기본적 오류를 강조하였다.

둘째, 효과를 검증한 경험적 연구가 부족하며, 상식에 기초하고 있다.

넷째, 민주적 가족구도와 같은 개념은 종적 사회를 강조하는 동양 문화권에서는 맞지 않아 문화 편중적이다.

다섯째, 급히 해결해야 할 문제가 있는 사람에게는 적합하지 않다.

4

Chapter

분석심리상담

개요

분석심리상담은 융이 창안한 상담이론으로 '융 심리학'으로도 불리며 무의식을 개인 무의식과 집단 무의식으로 나누고, 개인이 집단 무의식 속에 포함되는 것을 가정한다. 융의 분석심리학에 있어서는 개인의 경험이 무의식에 억압되어 있는 것을 의식화하는 것만이 아니라, 집단 무의식을 의식화하는 것을 중시하고 있다. 본 장에서는 분석심리상담에 대해 논의하고자 한다.

학습목표

1. 분석심리학에 대한 이해
2. 융과 프로이트의 차이점
3. 융에 대한 관심

학습내용

1. 분석심리상담의 개요
2. 융의 생애와 사상
3. 정신분석상담의 핵심 개념
4. 상담과정
5. 상담기법
6. 평가

1. 분석심리상담의 개요

인간의 무의식을 프로이트보다 더 구체적으로 연구한 학자가 융이다. 융은 프로이트가 주장한 심리성적 발달과 결정론에 반대하여 인간 정신에 대한 분석을 주관적 체험과 현상에 두었다. 인간 정신의 소인인 원형이 유전된다는 것과 원형들로 구성된 '분석심리(Analytical Psychology)상담'은 융이 창안한 상담이론으로 '융 심리학'으로도 불리며 무의식을 개인 무의식과 집단 무의식으로 나누고, 개인이 집단 무의식 속에 포함되는 것을 가정한다. 즉, 꿈이나 신화의 분석을 통하여 무의식적인 내용을 의식화하는 과정을 중시하는 상담방식이다. 융은 인간의 내면에는 무의식의 층이 있다고 생각하였고, 개체로 하여금 통일된 전체를 실현하게 하는 자기 원형이 있음을 강조했으며, 자기실현을 향한 충동이나 경향성은 타고난 것이나, 경험과 학습에 의해 촉진될 수도 있고 방해될 수 있다고 보고, 인간의 목적은 개성화, 자아실현에 있다고 보았다(장성화 외, 2016: 158).

융은 상담을 자기(self)인식과정, 성격의 재구성, 심지어는 교육 등으로 다양하게 생각하였다. 특정한 이론에 짜 맞추려는 어떠한 미숙한 시도에도 반대하였으며, 모든 상담 접근법에 내재하고 있는 경험적인 성질을 강조하였다. 그의 좌우명은 '효과가 있는 한, 그 어떤 것이라도 사용될 수 있다'이며, '할 수 있는 한 이론을 배우라. 그러나 살아 있는 영혼의 신비를 접할 때는 이론을 제쳐놓으라'(Jung, 1954)는 표현에서 융의 심리 관점이 잘 나타나 있다.

분석심리상담에서 유일한 과제는 내담자 개개인이 자신의 무의식을 의식화하여 정신의 정체성과 개인의 개성을 실현하는 데 있다. 그러나 이것도 분석의 깊이가 다를 수 있고, 오히려 의식화 과정이 포기되어야 할 때도 있다. 내담자가 개성화를 추구하듯 상담 또한 개성화를 지향하는 것이다. 그런데 이 개성화과정은 인생의 전반기와 후반기에 이루어야 할 과제가 다르다. 즉, 인생의 전반기에는 자아를 강화함으로써 외적 세계에 적응하고 집단화를 이루는 것이 과제이지만, 후반기에는 무의식을 의식화함으로써 자기를 강화·실현하여 자신의 내면세계에 적응하고 개성화를 이루는 것이 그 과제이다. 지나친 자아 강화는 자기의 실현을 저해한다고도 볼 수 있으나, 자아의 강화 없이는 자아실현도 있을 수 없다. 따라서 인생의 전반기에는 자아를 생성·발달시키고, 태도 유형을 형성하며, 의식 기능을 분화시키고, 페르소나를 형성하는 과정을 통해 자아가 강화된다. 그리고 인생의 후반기에는 무의식의 내용을 의식화함으로써 중심이 되었던 자아를 객체가 되게 하고, 자기가 주체가 되게 해야 한다. 여기서 볼 수 있듯이 내담자로 하여금 무의식적으로 작동하는 정신원리를 의식화하고 개성화 혹은 자기 실현화 과정을 촉진시킨다(장성화 외, 2016: 172-173).

상담목표

분석심리학은 내담자로 하여금 무의도적으로 작동하는 정신원리를 의식화하고 개성화 과정을 촉진하는 것을 상담목표로 한다. 융에게 있어서 상담의 목표는 개성화, 혹은 자기실현이나 자기(self)는 끊임없이 자아(ego)를 향해 전체성을 요구한다. 그리고 자아의 결여를 직시하고, 미래의 혹은 현재의 치명적인 손실을 극복하기 위하여 부단히 자기를 드러내려고 한다. 그렇기 때문에 갑작스레 다가오는 기이한 조짐을 잘 포착해 내는 것, 그리고 무의식의 미세한 음성을 귀담아 듣는 것이 매우 필요하다.

융은 프로이트 못지않게 꿈의 분석을 상담 및 심리치료의 방법으로 중요시하였다. 무의식이 보내는 상징적 메시지를 파악하는 데 있어서 꿈은 가장 의미 있는 자료라고 보았다. 무의식은 꿈을 통해 우리에게 무엇인가 중요한 것을 알리려고 한다. 따라서 현상학적 관점에서 꿈을 해석함으로써 자신의 무의식적 주인의 목소리에 귀를 기울이는 태도가 자신의 문제를 해결하는 데 있어서 일차적으로 요구된다고 할 수 있다(노안영, 2018: 234).

오랜 세월 이어져 내려온 인류의 정신적·문화적 유산을 통해 오늘의 우리가 존재한다. 우리가 지닌 수없이 많은 집단 무의식의 원형을 파악하여 부단한 자기분석을 통해 개성화 혹은 자기실현을 이루는 게 필요하다. 이를 통해 융이 "심리치료는 끊임없는 나의 분석의 반영이다."라고 말한 것처럼 내담자의 문제를 이해하고 돕는 데에도 기여할 수 있다(김종운, 2013: 179-180).

2. 융의 생애와 사상

칼 구스타프 융

융(Carl Gustav Jung, 1875~1961)은 1875년 스위스 바젤(Basel)에서 출생하였다. 그의 집안은 의사와 종교인이 많았으며, 바젤에서 명망 있는 집안에 속했다. 융의 할아버지는 의사였으며, 바젤대학교 의과대학 학장을 지냈다. 외할아버지는 바젤지역의 개신교목사협회 회장을 지냈다. 그의 부친은 스위스 개신교 교회의 목사였고, 경제적으로는 어려운 형편이었다. 어머니는 독실한 기독교 신자로 건강이 좋지 않았다. 어머니가 요양원에 자주 입원해서 융은 어려서부터 홀로 시간을 보내는 일이 많았다. 1895년 아버지가 사망한 이후, 어머니의 병세가 호전되면서 어머니의 관심과 영향 속에서 성장하였다. 하지만 가정형편이 어려워 자신이 생계와 학업을 병행해야만 했다.

청년기에는 바젤 후마니스티셰스 김나지움에서 그리스어와 라틴어를 공부하였다. 이 시기에 아버지가 정신병원 상담목사로 활동하면서 정신분석에 관심을 가지게 되었다. 1895년 바젤대학교 자연과학부에 입학하여 해부학, 생물학 등 의학 공부에 필요한 과정을 배웠으며, 정신의학을 전공 분야로 선택했다. 그가 정신의학을 선택하는 데 가장 큰 영향을 미쳤던 것은 에빙(Kraft-Ebbing)의 저서들이라고 회고했다. 1900년 12월 졸업한 후, 취리히대학교(The University of Zurich) 부속 부르크휠츨리 정신병원(Burghölzi Asylum)의 블로일러(Eugen Bleuler, 1857~1939) 교수를 보조하는 보조의사이자 연구원이 되었다. 이 시기에 활발하게 정신의학을 연구하였다. 한편, 1903년 IWC 상속녀인 엠마 라우센바흐와 결혼하였으며, 엠마는 그의 비서이자 연구를 돕는 내조자로 충실한 역할을 하였다.

1904년경 정신병 환자를 치료하기 위해서 정신분석의 유효성을 인식하고 단어를 통한 연상실험을 창시하였다. 그는 단어연상법으로 프로이트가 『꿈의 해석』을 통해서 제기한 억압된 것, 즉 억압이론을 입증하고, 그것을 '콤플렉스(Complex)'라고 이름 붙였다. 1906년 조현병(정신분열병)의 증상을 이해하는 데 정신분석이 유효하다는 것을 증명하였다. 1907년 융은 오스트리아 빈에 살고 있는 프로이트를 찾아가 교류하면서 서로의 연구에 공감하며 친분을 나누게 되었고, 자신의 연구업적으로 프로이트의 두터운 신뢰와 인정을 받게 되었다. 이후 콤플렉스라는 개념은 정신분석학과 심리학에서 사용하게 되었고, 융과 부르크횔츨리 병원은 세계적인 명성을 얻기 시작했다.

1908년 4월 오스트리아의 잘츠부르크(Salzburg)에서 개최된 최초의 국제정신분석학회 제창자가 되었으며, 이 회의에서 발행하기로 결정한 기관지 「정신분석학 · 정신병리학 연구연보」의 편자로 뽑혔다. 1909년에는 미국 보스턴 클라크대학교(Clark University)의 초청을 받아 프로이트와 함께 미국을 여행하였다. 그러나 그 후 그는 '리비도(Libido, 성본능 · 성충동)'의 개념을 성적이 아닌 일반적인 에너지라고 하였기 때문에 프로이트와 의견이 대립되어, 1914년에 정신분석학회를 탈퇴하고, 그 이후 자신의 심리학(분석심리학이라 일컬음)을 수립하는 데 노력하였다. 그의 심리학은 신비적인 색채를 지니고 있는 데다 난해하였기 때문에, 심리학 일반에 대해서는 영향을 끼치지 못하였으나, 인간의 유형을 '외향형'과 '내향형'으로 나눈 유형론(Typology)은 그의 큰 공적이다. 융은 1961년 6월 6일 색전증으로 자택에서 사망했다. "부르든 부르지 않든, 신은 존재할 것이다."라고 융의 묘비에 적힌 문구는 언젠가 그가 인터뷰에서 한 말을 상기시킨다. '신을 믿느냐'는 질문을 받자, 융은 이렇게 대답했다. "나는 그분을 믿는 게 아니라, 그분을 압니다."

융은 개인의 인생은 무의식의 자기실현의 역사이고, 무의식에 있는 모든 것은 표현되려고 노력하며, 성격은 무의식의 조건에서 발현되기를 갈망한다고 보았다. 또한 융은 언제나 '마음과 영혼의 의사'로서 무의식의 자기실현을 몸소 실천하였고, 20세기 유럽이 낳은 정신 과학자 중에서 동양 사상을 누구보다도 깊이 이해함으로써 동서에 다리를 놓았으며, 인류가 무엇을 보고 어떻게 살아야 할 것인가를 제시하였다(김종운, 2013: 169).

융은 이미지로서 나타난 집합적 무의식의 내용을 이해하거나 그것에 접근하기 위해 옛날 이야기, 신화학, 문화인류학, 종교학 등을 학제적으로 연구하였다. 특히, 연금술은 융이 생각하는 개성화에 있어서 중요한 모델이 되었다. 나중에 융과의 작업이 제시하고 있는 바와 같이, 정치도 집합적 무의식의 작용으로서 고찰의 시정에 포함시킨 것이다. 또한 역으로 융심리학은 신화학이나 종교학 분야의 연구에 큰 영향을 미쳤다.

대표적인 저서로는 『변용의 상징』(1914~1952), 『심리유형론』(1920), 『심리학과 연금술』(1944~1951) 등이 있다.

3. 분석심리상담의 핵심 개념

1) 분석심리학

1913년의 어느 강연에서 융은 자신의 이론을 '분석심리학'이라고 명명했다. 이는 프로이트의 '정신분석학'이나 블로일러의 '심층심리학'과 대비되는 개념이었다. 분석심리학(Analytische Psychologie, Analytical Psychology)은 무의식을 개인무의식과 집단무의식으로 나누고, 집단무의식 속에 고태형을 가정한다. 꿈이나 신화의 분석을 통하여 무의식적인 내용을 의식화하는 과정을 중시하였다. '융심리학'이라고도 불린다. 프로이트로부터 무의식의 중요성에 대해 영향을 받은 융은 무의식의 개념을 확장하여 체계적 이론을 구축하였다.

분석심리학은 인간 정신의 구조를 의식과 무의식으로 구분하며, 나아가 무의식을 개인무의식과 집단무의식으로 세분화한다. 먼저, 의식은 자아(ego)에 의해 지배되는 부분으로, 인간이 자신을 외부에 표현하고 외부 현실을 인식하는 기능을 한다. 개인이 자신의 의식을 능동적으로 외적 세계에 초점을 맞추는 경향을 '외향성'으로 칭하며, 내적 주관적 세계로 향하는 성향을 '내향성'이라 한다. 융은 우리 모두가 두 가지 상반되는 태도를 가지고 있으며, 하나의 지배적인 경향에 따라 우리의 성격 및 태도가 달라진다고 보았다. 의식이 외부세계를 인식하는 방식은 감각과 직관으로 구성된 비합리적 차원, 그리고 외부세계를 판단하는 방식은 사고와 감정으로 구성된 합리적 차원으로 나뉜다. 융은 심리적 태도와 의식의 기능을 조합하여 여덟 가지 심리적 유형을 정리하였다. 융의 성격유형이론을 근거로 하여 브릭스(Katharine C. Briggs)와 그의 딸 마이어스(Isabel B. Myers)가 고안한 자기보고식 성격유형검사(Myers-Briggs Type Indicator, MBTI)가 있다.

발달 개념은 융 이론의 핵심이었음에도 불구하고, 그는 초기 아동기 발달에는 거의 관심이 없었다. 그 대신 그는 삶을 두 기간으로 나누어 생각했다. 전반부는 세상에서 자신의 자리를 확립하고 직업을 갖고, 배우자를 선택하고, 가치관을 확립하고, 흥밋거리를 발견하는 기간인 반면, 후반부는 주로 죽음에 직면하기 전에 수행해야 할 개성화라는 과제와 관련되어 있다. 개성화란 생애 전체에 걸친 과정으로서, 개인이 심리적으로 분할할 수 없는 개별적인 존재 또는 전체(whole)가 되는 것을 말한다(Jung, 1961). 개성화는 원래의 구조 안에 잠재된 가능성을 의식에서 사용할 수 있게 하고, 긴장 안에 내재된 상반된 요소들을 서로 화해시키거나 조절할 수 있게 하는 과정이다. 이상적일 경우, 개성화는 개인으로 하여금 자기 성격의 전체 잠재력을 실현할 수 있게 하고, 순조롭게 기능하는 원만한 인격의 소유자가 되게 한다. 융에 따르면, 개성화는 보편적인 인간과정이며, 인류는 상징, 종교제도와 의례 등을 통해서 이 개성화 과정에서 발생하는 심리적 문제를 다루어 왔다.

프로이트학파의 개념과 융학파의 개념들 중에는 서로 중복되는 것들이 있다. 콤플렉스 개념과 리비도의 방향이 내부로 향하느냐 외부로 향하느냐의 문제인 내향(introversion)과 외향(extroversion) 개념은 융이 정신분석학파에 속해 있는 동안 제안한 것이지만, 나중에 그는 집단무의식의 개념을 확장하면서 이 개념의 범위를 확장시켰다. 아니마와 아니무스, 페르소나, 원형, 자기, 그림자 등의 개념은 분석심리학의 주요 개념이지만, 이것들이 프로이트학파의 개념과 관계가 있음이 분명하다. 예를 들어, 아니무스와 아니마 개념은 프로이트가 관찰한 보편적 양성 개념을 확장한 것으로 볼 수 있다.

융심리학의 집단무의식과 원형의 개념은 신화학이나 민속학, 종교학이나 문화인류학의 연구자에게 큰 영향을 주었다.

2) 인간관

융의 이론은 무의식에 강조점을 두었다는 점에서 정신분석이론과 유사하지만 인간에 대한 관점은 매우 뚜렷한 차이를 보인다. 융의 이론에서 인간의 행동은 개인적인 것과 종족의 역사(인과론), 목적, 욕망(목적론)에 따라 좌우된다고 보기 때문에 결국 실재했던 과거와 가능성을 지닌 미래가 동시에 인간의 현재 행동을 이끈다(정서영, 2017a: 139-140).

분석심리학에서 보는 인간에 대한 이해나 관점은 전인적이며 총체적인 관점이다. 융은 성격발달이 전 생애를 걸쳐 발달하며, 타고난 정신적 소인도 후천적으로 변할 수 있다고 본다. 프로이트가 인간을 불변적 존재로 보았다면, 융은 가변적 존재로 삶의 과정을 통하여 변화 가능하다고 본다. 융은 의식을 통해서 다양한 경험과 사고의 확장으로 무의식의 동기나 갈등, 문제도 해결할 수 있다고 본다. 인격의 발전을 위한 자기인식은 자기인생에 의미를 주며, 성격을 형성해 가는 길이고, 세계관을 형성하는 길이다. 감정도 의식화됨으로써 세련된 감정으로 변형될 수 있다. 감정기능이 독립하여 합리적 판단력으로 작용하는데, 감정생활이 통일성이 있고 안정적이며 적절하게 표현되어 타인과의 관계에서 아름다운 감정의 교류가 이루어진다.

프로이트가 인간의 병리문제를 인과관계로 과거에 초점을 두고 풀려고 했다면, 융의 방법은 대상을 종합적으로 다루어 심리적 균형을 세우며 의식과 무의식정신의 양극 사이를 현재의 상황으로 통합하므로 미래를 지향한다. 융은 인간의 갈등은 조화를 이루고 있는 인간의 심리 속에서 혼란이 생겨서 나타나는 결과로, 의식과 무의식의 균형을 이루지 못하거나 전체심리를 구성하는 개인적 요소와 집단적 요소 사이에 혼란이 생길 때 발생한다고 보았다. 따라서 융은 갈등의 문제를 상황 속에서만 보지 않고 갈등을 전체 속에서 '현재의 의미'로 해석하려고 한다. 동일한 갈등이나 문제라도 개인에 따라서 의미부여도 다르고 방법도 역시 다르게 접근하는 것이다.

융의 인간관은 다음과 같다(강기정 외, 2015: 59).

① 인간은 미래지향적인 목표와 성장지향주의적 존재이다.

② 인간은 변화 가능하고 창조적이며 긍정적인 측면이 있다.

③ 인간은 생체-심리-사회적 총체적이며 전인적이고 조화를 이루는 존재다.

(1) 성격의 구조

① 자아

융은 인간의 마음의 구성요인으로 자아(ego)라는 단어를 사용한다. 자아는 내가 의식하는 세계로 지각, 기억, 생각, 감정으로 구성되어 있다. 자아는 의식에 대한 수문장 역할로 생각, 감정, 기억, 지각 결과가 자아에 의하여 인정받지 못하면 그것들은 지각될 수 없다. 자아는 많은 정신자료를 취사·선택함으로써 인격의 동일성이나 지속성을 갖게 해준다. 오늘의 자기와 내일의 자기가 동일하다고 느끼는 것은 자아 덕분이다(강기정 외, 2015: 58).

자아는 지각, 사고, 감정 및 기억과 관련된 정신의 일부분인 의식적인 마음이다. 이것은 우리 자신에 대한 의식뿐만 아니라, 외부세계에 대한 우리들의 자각도 포함한다. 자아는 우리 스스로의 지각이며, 의식세계의 정상적인 활동을 이행하는 책임과 관련되어 있다. 자아는 우리에게 노출된 자극의 일부를 의식적인 지각으로 받아들이는 선택적인 방법으로 행동한다. 이것은 우리가 우리 자신의 세계를 지각하는 방법에서의 안정성이라 할 수 있는 연속성, 일관성 및 정체성을 제공한다(Schultz & Schulhz. 1994).

② 의식

우리가 직접 알고 있는 정신의 부분이 의식이다. 의식은 자아에 의해 지배된다. 자아는 비록 정신 전체 속에서는 작은 부분을 차지하고 있지만 의식에 이르는 문지기라는 대단히 중요한 역할을 하고 있다. 인간은 자아를 통해 자신을 외부에 표현하고 외부 현실을 인식한다. 의식과 관련하여 중요한 내용인 태도와 기능을 이해하는 것이 필요하다.

첫째, 태도는 의식의 주인인 자아가 갖는 정신적 에너지의 방향이다. 즉, 자아가 외부 대상에 지향하는 방향이 수동적인가 능동적인가에 따라 성격태도가 결정된다. 능동적인 태도를 외향성(extraversion)이라고 한다. 외향성은 의식을 외적 세계 및 타인에게 향하게 하는 성격태도이다. 내향성(introversion)은 의식을 자신의 내적 주관적 세계로 향하게 하는 성격태도이다. 융은 우리 모두가 이러한 두 가지 성격태도를 모두 가지고 있으며, 둘 중 어느 태도가 지배적이냐에 따라 태도가 결정된다고 보았다.

둘째, 의식의 기능은 주관적 세계와 외부세계를 지각하고 이해하는 서로 다른 방식을 의미한다. 융이 제안한 정신적 기능의 구성요소는 사고, 감정, 감각, 직관이다. 이러한 구성요소는 그가 제안한 정신의 반대의 원리에 따라 합리적 차원(사고-감정)과 비합리적 차원(감각-직관)으로 구분된다. 이러한 기능 중 어느 것을 우선적으로 사용하는가에 따라 기본적인 성격이 달라진다고 하였다. 융은 심리적 태도와 기능을 조합하여 여덟 가지 심리적 유형인 외향적 사고형, 외향적 감정형, 외향적 감각형, 외향적 직관형, 내향적 사고형, 내향적 감정형, 내향적 감각형, 내향적 직관형이 결정된다고 보았다. 인간의 타고난 성격 유형을 검사하는 데 현재 많이 쓰이는 MBTI는 이러한 융의 이론에 기초하고 있다(노안영 · 강영신, 2011: 117).

③ 개인무의식과 집단무의식

융은 무의식이 두 개의 층으로 이루어져 있다고 하였다. 하나는 개인무의식(personal unconsciousness)으로 여기에는 상실된 기억이나 억압된 불쾌한 여러 표상 등 의식 위에 오르지 않은 내용들이 포함된다. 개인무의식의 자료들은 자아와 지속적으로 상호작용하여 꿈 따위로 지각되는데, 이는 프로이트의 전의식과 유사하다. 개인무의식 속에 하나의 공통된 주제에 관한 감정, 사고, 지각, 기억 등의 조직된 무리를 융은 복합(Complex)이라고 하였다. 예를 들어, 모성복합(mother complex)은 어머니에 관한 생각, 감정, 기억 등이 핵심으로 모여 복합을 형성한 것이다. 부정적인 모성 콤플렉스를 가진 남자는 모든 여성을 과도하게 부정적으로 보는 경향을 가지게 된다. 복합은 전적으로 무의식이므로 자아는 복합의 지배를 받는다는 사실을 깨닫지 못한다.

또 다른 층의 무의식이 집단무의식(collective unconsciousness)이다. 이는 모든 인류에게 유전되어 오는 잠재된 기억의 저장소이다. 집단무의식이 존재한다는 증거는 멀리 떨어진 지역에서의 상징 신화들이 서로 비슷하다는 것이다. 집단무의식이 조직적으로 구성되어 있는 형태를 원형(archetypes)이라고 하는데, 이는 세계 여러 민족의 신화, 예술, 종교 따위에서 발견되는 공통된 이미지에서 그 존재를 알 수 있다. 예를 들어, 어느 민족이나 태양에 관한 신화가 있고 뱀이나 어둠에 대한 두려움이 있는데, 이는 경험 이전의 것으로 융은 이것을 원시시대로부터 전승된 기억의 산물이라고 하였다. 이처럼 집단무의식에서 나온 심상은 모든 사람들에게 공유되지만 개인적 경험에 따라 그 내용이 변형된다. 따라서 집단무의식의 심상이 개인에게 나타나는 양상은 다를 수 있다(최옥채 외, 2015: 49).

④ 페르소나

페르소나(persona)는 극중에서 배우가 썼던 가면이라는 의미를 가진 말로 자신의 인격(personality), 인물(person)도 같은 어원에서 유래한 것이다. 페르소나는 개인이 대중에게 보여 주는 가면처럼 겉모습으로 잘 보이려고 하는 의도가 포함되어 있으며, 집단이 개인에게 준 역할, 의무, 약속 그 밖의 여러 활동양식을 페르소나라고 한다. 즉, 페르소나란 한 개인이 세상에 적응하기 위해서 사용하는 체계 또는 그가 사용하고 있다고 생각되는 태도를 가리킨다(김성민, 2001: 34 재인용). '얼굴을 들 수 없다'든지 '낯이 뜨겁다'든지 하는 표현은 어떤 사람이 그에게 기대되는 페르소나와 어울리지 않는 행동을 했을 때 하는 말이다. 이 외에도 학생, 교수, 목사 등 여러 가지 직책에 따라서 각각의 페르소나가 있으며, 사회생활을 하려면 어느 정도 페르소나를 따라야 한다. 그러나 페르소나는 한 개인의 본성이 따르는 것이 아니라, 사회와의 타협이기 때문에 페르소나와의 과도한 동일시는 사람들에게 활력을 저하시키고 형식적인 행동을 하게 하는 폐단이 있다.

많은 사람들은 자신의 사회적 위치에 따라 페르소나의 지배를 또 한편으로는 다른 정신적 욕구를 충족시키기 위하여 애쓰는 이중생활을 한다. 사회적 역할에 지나치게 사로잡혀 자아가 오직 사회적 역할만 동일시하다 보면, 성격의 다른 측면은 발달하지 못하고 오히려 내면의 세계를 왜곡시키거나 억압하게 되는 것이다.

융은 자아가 페르소나와 동일시되는 것을 '팽창'이라고 하였다. 즉, 사회적으로는 성공하였지만 갑자기 자신의 삶이 너무 허무하고 공허하다고 고백하고, 지금까지 자신의 욕구나 감정을 속이고 기만하며 외부에 보인 모습으로만 살았다는 것을 깨닫기 시작한 것이다. 보통 중년기의 위기가 팽창된 페르소나를 경험한다.

페르소나를 수축시켜 자신의 내면의 감정이나 욕구를 적절하게 표현하고 표출할 수 있어야 한다(강기정 외, 2015: 62).

⑤ **아니마(Anima), 아니무스(Animus)**

페르소나가 자아와 외부세계의 접촉을 중재해 주는 요소라면 자아와 내면세계의 접촉을 중재해 주는 것은 아니마와 아니무스이다.

남성의 무의식 속에 있는 여성적 요소를 아니마(anima)라고 하는데, 아니마는 남성에 있어서 조상 대대로 여성에 관해서 경험한 모든 것의 침전물이다. 즉, 인간 정신 속에 전승된 여성적 요소로 남성에서의 아니마는 기분(mood), 감정(emotion)으로 나타나는데, 여러 느낌과 기분, 예견적 육감, 비합리적인 것에 대한 감수성, 개인적 사랑의 능력, 자연에 대한 느낌, 무의식과의 관계 등과 같은, 남성의 마음에 숨은 모든 여성적인 심리적 경향이 인격화된 것이다. 남성 속의 아니마로 인해 남성은 여성을 볼 때, 현실적인 여성을 보는 것이 아니라 자기의 무의식에서 투사된 여신상을 본다고 한다. 아니마는 이념이나 물질에 투사되기도 한다. 아니마의 발전은 4단계이며, 1단계는 이브(eve)상으로 본능적이고 생물학적인 여성상이다. 2단계는 낭만적이고 미적인 수준의 성적인 이미지이다. 3단계는 성모마리아상에서 표현되는 영적 헌신으로 지양된 에로스이다. 4단계는 거룩하고 가장 순수한 지혜, 모나리자상이다.

여성의 무의식 속에 있는 남성적 요소를 아니무스(animus)라고 하는데, 아니무스는 여성에 있어서 조상 대대로 남성에 관해서 경험한 모든 것의 침전물이다. 즉, 인간 정신 속에 전승된 남성적 요소로 여성에서의 아니무스는 생각, 의견, 판단으로 나타난다. 여성 속의 아니무스로 인해 여성이 남성을 볼 때 남성에게서 신화에 나오는 영웅상, 성자상 같은 것을 본다. 아니무스는 4단계의 발전단계를 갖는데, 첫 단계는 육체적인 영웅이며, 두 번째는 낭만적인 남성, 행동적인 남성으로 전쟁 영웅의 이미지이다. 세 번째는 교수나 목사의 상으로 '말씀'의 사자이며, 네 번째는 종교적 체험의 중개자이며 영적 진리로 이끌어 가는 지혜로운 안내자의 이미지 단계이다.

이 두 용어는 자신 안에 있는 반대 성적인 요소를 가리키는 분석심리학 용어이다. 아니마와 아니무스는 우리 정신 안에서 자아를 집단적 무의식의 이미지와 연결시켜 자아가 좁은 의식세계에만 몰두하지 않고, 정신의 전체적인 통합을 지향해 나아가게 하고, 그것을 바탕으로 하여 역동적인 삶을 살게 하는 정신요소이다(김성민, 2001: 34 재인용).

융은 사회적인 성차 때문에 남성에게는 여성적인 측면이, 여성에게는 남성적인 측면이 억압되어 있다고 본다. 사고, 영웅적 생각, 지적, 스포츠맨적인 명성, 자연의 정복은 남성의 원리이며, 양육, 감정, 예술 및 자연과의 일치는 여성적 원리로 보았다. 남자가 남성적 특성만 나타내면 그의 여성적 특성은 무의식에만 머물러서 발달하지 못한다. 흔히 겉으로는 남자답게 행동하는 사나이가 내면으로는 연약하고 고분고분한 것은 무의식의 나약함 때문이다. 한 남자가 한 여성에게 낭만적인 매력을 느끼는 경우는 여자에게 그 남자의 아니마, 여성성과 같은 성향이 있기 때문에 가능하다. 그리고 남자가 갈등이나 혐오감을 느끼는 것도 그 남자의 아니마 여성상과 갈등을 유발하는 성향을 가지고 있는 경우이다. 여자가 아니무스를 투사하는 경우도 마찬가지이다. 인격이 잘 적응하고 조화롭게 균형을 유지하고 있으면 남성인격의 여성적 측면과 여성인격의 남성적 측면이 의식 및 행동에 표현되는 것이 허용된다(강기정 외, 2015: 62-63).

⑥ 그림자

그림자(shadow)의 원형은 성격의 어두운 면을 나타낸다. 사람들은 이 부분을 자신에게서 인식하는 것을 좋아하지 않는다. 인간은 기본적으로 동물적 본성을 가지고 있어서 가장 강력하고 잠재적으로 가장 위험하다. 인간은 사회생활을 무리 없이 하기 위해 그림자에 포함된 동물적 본성을 자제하느라 페르소나를 발달시킨다. 따라서 인간이 동물적 본성을 억제하면 문명인이 될 수 있지만 자발성, 창조성, 통찰력, 깊은 정서 등 인간성에 필수적인 원동력을 잃어버릴 수 있다. 반면, 자아와 그림자가 조화를 이루면 생기와 활력이 넘친다. 그림자에 대한 통찰은 자기 자각과 성격 통합의 첫걸음이 된다. 그러나 투사 때문에 그림자를 인식하기가 쉽지 않다. 융은 인간관계의 모든 갈등은 그림자 투사에 의해 발생한다고 보았다. 자신의 일부임에도 불구하고 외면했던 그림자가 상대방에게서 발견될 때 질투심이나 적개심을 느끼게 된다는 것이다. 그림자 이미지는 신화에서 악마와 괴물, 악 등으로 등장한다.

3) 심리적 유형

융은 태도와 기능의 결합에 따라 〈표 4-1〉과 같이 여덟 가지 심리적 유형을 제시한다.

표 4-1 융의 심리적 유형

유형	외향적	내향적
사고 유형	객관적 세계를 탐구하는 데 전력투구하는 형으로, 자연현상의 이해, 자연법칙의 발견 따위에 관심을 보인다. 외향적 사고 유형은 감성적 측면을 억압하므로, 다른 사람에게는 인간미가 없고 냉혹하며 교만하게 보일 수 있다.	내면적 존재에 대한 관심이 많아 철학적이고 사색적이다. 때로는 완고하고 극단적인 경우, 이들의 내적 탐구는 현실성이 없을 수 있다.
감정 유형	변덕스럽고 상황에 따라 감정이 빠르게 변한다. 사람에게 강한 애착을 보이기도 하지만 쉽게 변하고 과시적이며 기분파이다.	말이 없고, 우울해 보이며, 감정을 잘 표현하지 않는다. 때로는 침착하고 자신 있는 인상을 주기도 한다. 가까이 하기 어렵고, 그 마음을 헤아리기 어려운 유형으로, 여성에게서 많이 보이는 유형이다.
감각 유형	현실적이고 실제적이며, 깊이 있는 생각을 하지 않으려는 유형으로, 남성에게서 많이 나타난다. 별반 고민 없이 세상을 있는 그대로 받아들이고 쾌락과 스릴을 즐긴다.	자신의 정신적 감각에 몰두하는 유형이다. 예술을 통해 표현되는 경우를 제외하고는 타인에게 자신을 이해시키는 데 어려움이 있다. 남이 보기에는 수동적이고 자제력이 있는 것처럼 보이지만 사실은 무관심한 것이다.
직관 유형	엉뚱하고 불안정한 유형으로, 여성에게서 많이 나타난다. 뭔가 새로운 것을 찾아 여기저기 관심을 보이지만, 오랫동안 끈기 있게 추구하지 못하고 싫증을 잘 느낀다. 호기심이 많고 열정적이지만 신뢰를 주기 어렵다.	대표적으로 예술가들이 여기에 해당한다. 이 유형의 사람들은, 남들에게는 현실감이 부족한 수수께끼 같은 사람으로 보이지만 자신의 직관에 따라 새로운 가능성을 찾고, 이로 인해 정신과정을 이해하는 데 많은 기여를 할 수 있다.

출처: 최옥채 외(2015: 51-52) 재구성.

4) 삶의 단계

융은 인간의 성격발달에 영향을 주는 요인으로, 개인의 기질적인 면에서 환경적 요인으로 모의 역할, 교육의 영향, 개인이 속한 사회의 영향을 지적하며, 그 사회에서 시대적으로 요구하는 성격이나 인간성도 문화에 따라 다르다고 주장한다.

융은 인생의 단계를 아동기, 청소년기, 중년기, 노년기로 구분하였으며, 중년기와 노년기의 발달을 중요하게 다루었다(Feist & Feist, 2006; Nelson-Jones, R., 2014).

(1) 아동기(childhood): 출생~사춘기

이 단계는 출생에서부터 사춘기까지의 시기를 말한다. 출생 후 정신이 본능에 의해 지배되는 몇 해 동안, 아동은 전적으로 부모에게 의존하여 부모에 의해 조성된 정신적 분위기에 휩싸여 살아간다. 행동은 규율과 통제가 없고 무질서와 혼란 상태에 있다. 본능 덕분에 약간의 질서는 있다. 아직 자아가 형성되지 않았기 때문에 심리적 문제나 의식의 연속성, 자아정체감에 대한 감각이 없다. 아동기 후반에 이르러서야 어느 정도 기억이 지속되고 동일성 감각과 결부된 지각이 쌓여 자아가 형성되기 시작한다. 학교에 들어가면서 부모로부터 심리적 분리가 시작된다.

(2) 청소년기(youth): 사춘기~35-40세

이 단계가 시작되는 것을 보여 주는 것은 사춘기에 일어나는 생리학적 변화다. 융에 따르면, 생리학적 변화는 정신적 혁명을 가져온다. 융은 이 시기를 '정신적 탄생(psychic birth)'이라고 불렀다. 청년기는 본인도 부모도 감당하기 어려운 시기이다. 개인의 각오, 자각, 적응이 충분히 발달된다면 큰 어려움 없이 보낼 수 있지만, 아동기의 환상에 매달려 현실을 인식하지 못하면 많은 문제에 부딪히게 된다. 청년기는 활동량이 증가하고, 성적으로 성숙하며, 의식이 증대되고 걱정거리가 없는 아동기는 영원히 돌아오지 않는다는 것을 인정하는 시기라고 융은 지적했다. 인생의 두 번째 단계에서 개인이 직면하는 문제는 외향적인 가치와 관계가 있다. 세상에서 자신의 위치를 구축해야 하는 이들에게는 굳센 의지가 필요하다.

(3) 중년기(middle life): 35-40~최고령기

세 번째 단계로 35~40세에 해당된다. 대체로 외적 환경에 적응하고 있고, 안정된 지위와 가정을 배경으로 사회구성원으로서 적극 참여하며 지낼 수 있을 것이라 생각하지만, 새로운 가치체계를 중심으로 하여 생활을 변화시켜 나갈 준비가 아직 되어 있지 않다. 융은 35세가 지나서 인식해야 하는 가치를 '정신적인 가치'라고 보았다. 중년기의 심리를 이해하려는 소수의 심리학자 중 한 사람으로서 그는 중년기의 남성은 여성적 측면을, 여성은 남성적 측면을 나타낸다고 지적하였다. 융은 중년기 이전에는 전형적으로 외적인 사회체계에 적응하는 데 온 힘을 기울이지만, 중년기에 들어서면서 무의식으로부터 오는 내면의 소리, 즉 자신의 다른 측면에 주의를 기울이게 되고, 점차 내면세계로 향하게 되면서 중년의 위기를 경험하게 된다고 보았다.

(4) 최고령기

최고령기가 되면 인간은 자신이 살아온 인생을 되돌아보게 된다. 노인은 명상과 반성을 많이 하게 됨에 따라 자연적으로 내적 이미지를 갖게 되며, 자기 자신에 대해 진지하게 생각하게 된다. 노인은 죽음 앞에서 생의 본질을 이해하려고 애쓴다. 노인은 죽음의 불가피성을 받아들여야 하며, 인간적인 온정을 베풀고 보람 있는 삶을 위해 최선을 다하는 자세를 보여야 한다.

융은 내세에 대해 아무런 이미지도 가지고 있지 않은 사람들은 죽음을 건전하게 직면할 수 없다고 믿었으며, 내세에 대한 원형적인 이미지에 대한 어떤 모습을 얻으려고 노력했다. 그는 원형적인 이미지에 대한 이해를 하는 데 있어서 주로 자신의 마지막 꿈과 죽음을 앞둔 사람들의 꿈에 근거를 두고 있다. 그는 죽은 후 의 삶도 삶 그 자체의 연속으로 보았으며, 죽은 자도 노인과 마찬가지로 존재에 대한 물음을 계속 갖는다고 하였다.

비록 유년기와 최고령기는 근본적으로는 다르지만, 융은 두 시기가 무의식적인 정신적 사태에 잠긴다는 점에서 공통점이 있다고 보았다. 아이들의 마음과 에고(ego)는 무의식으로부터 성장한다. 나이가 많은 노인은 다시 무의식에 빠져들고, 점진적으로 무의식 속으로 사라진다. 융은 유년기와 최고령기를 아무런 의식적 문제가 없는 삶의 단계라고 여겼고, 그렇기 때문에 그 시기는 그의 주된 관심사가 아니었다.

4. 상담과정

융의 분석은 결코 진단, 예후, 처치라는 의학적 모형을 따르지 않는다. 융은 임상적 진단은 무의미하며 신경증의 진정한 본질은 오직 치료과정에서 드러난다고 생각했다.

융은 고백(confession), 해명(elucidation), 교육(education), 변혁(transformation)이라는 분석적 정신치료의 네 단계를 상정하였다. 비록 각 단계가 최종적 상태에 대한 호기심을 자극하지만, 정상적 적응은 대개 처음 세 단계를 거치기만 하면 이루어진다. 네 번째 단계인 변혁은 다른 단계의 범위를 넘어서는 요구를 충족시키지만 최종적인 진리는 아니다.

융의 분석은 개인에 초점을 맞추고 있다. 치료과정은 내담자의 삶의 단계, 성격 특징, 문제의 속성과 같은 요소에 따라 다양하다. 치료의 네 단계는 처방이라기보다는 지시적이다. 예를 들어, 내담자에 따라 전이와 투사를 다룰 때 요구되는 작업량이 다르다. 덧붙여, 네 번째 단계인 변혁은 삶의 후반기에서 자기실현의 문제에 직면한 사람들에게 보다 적합하다.

힘든 사례인 경우, 융은 매주 서너 번의 회기를 진행하곤 하였다. 그는 대부분의 내담자들을 일주일에 두 번씩 보는 것으로 시작하였다. 그러나 분석치료가 일단 시작되면 일주일에 한 번으로 회기를 줄였다. 융은 내담자들에게 회기 중간 활동으로 꿈을 기록하거나 그리도록 하도록 하였는데, 이는 그들로 하여금 평범한 일상으로 돌아가는 데 도움이 되곤 하였다. 융은 내담자들이 너무 의존적으로 변하는 것을 막기 위해 그리고 시간이 치료요소가 되도록 하기 위해 10주에 한 번 정도 치료를 중단하였다. 분석치료의 전 과정은 몇 년 동안 지속될 수도 있었다. 융은 대부분의 경우 매우 잦은 만남이 치료기간을 줄인다고 생각하지 않았다. 제한적인 수단을 갖는 내담자들인 경우, 융은 만남 사이에 공백을 두고 내담자들 스스로 활동하도록 하기도 하였다.

분석심리학에서 추구하는 상담 및 심리치료의 목표는 내담자로 하여금 무의식적으로 작동하는 정신원리를 의식화하고 개성화 혹은 자기실현을 촉진하는 것이다. 이러한 목표에 도달하기 위해서 융이 제안한 분석심리학의 상담과정은 다음과 같다(Nelson-Jones, 2014).

(1) 1단계: 고백

분석치료의 원형은 고백(confession)이다. 치료과정의 첫 단계는 비밀을 공유하고 억제된 정서를 드러내는 것이다. 카타르시스적 고백은 보통 에고(ego)의 일부가 되어야 하지만 의식적 상태가 될 수 있는 에고의 내용을 부활시킨다. 그러나 고백이 만병통치약처럼 간주되어서는 안 된다.

(2) 2단계: 해명

해명(elucidation)은 전이에 의해 유도된 내용을 조명하면서 명료화하는 과정이다. 부분적으로 내담자들의 꿈을 분석함으로써 치료사들은 내담자들이 그들에게 제시한 것을 해석하고 설명한다. 해명의 효과로는 내담자들이 자신의 개인무의식과 투사의 초기 원인에 대한 통찰을 얻고 그래서 자기결점에 대해 보다 수용적이게 하는 것이다.

(3) 3단계: 교육

해명은 내담자들을 지적으로 만들지만 여전히 무능력한 아이의 상태로 남겨둔다. 교육(education)은 내담자들로 하여금 새로운 적응 습관을 끄집어 내도록 해 자신의 신경증에 대한 자기방어적 습관을 교체하도록 돕는 일을 수반한다. 이 단계에서 치료는 통찰을 넘어 책임성 있는 의뢰인으로 훈련시키는 것이다.

(4) 4단계: 변혁

많은 사람에게는 처음 세 단계를 완료하는 것으로도 충분할지 모른다. 하지만 어떤 사람들은 자신의 가장 깊은 욕구가 '비정상적인' 삶에서 건강해지는 것이기 때문에 정상화되어 적응할 수 있는 존재 그 이상이 되고 싶어 한다. 이러한 내담자들과의 변혁(transformation)단계에서는 내담자들뿐만 아니라, 치료사도 '분석 속'에 있다. 내담자와 치료사 간의 개인적 관계에는 최종적인 이슈를 결정할 수 있는 보다 강력하고 안정된 성격과 더불어, 상호 간의 변혁을 가져오는 헤량하기 힘든 요인들이 있다. 치료사의 성격은 치유적일 수도 해로울 수도 있는 요인이며, 치료사는 이제 자신의 인격이 내담자에게 비호의적으로 작용하지 않도록 고백, 해명, 교육의 단계를 경험하는 자기교육자여야만 한다.

5. 상담기법

분석심리학자들이 개인을 이해하고 조력하기 위해 사용하는 기법은 객관적 검사와 투사법에서 꿈 분석의 사용에 걸쳐 다양하다. 융이 개인을 이해하는 데 사용한 주요한 평가방법은 꿈분석, 상징의 사용, 단어연상검사, 증상분석, 사례사이다. 꿈 이외에 다른 많은 상징을 이용하여 내담자를 조력하였다. 또한 융은 개인의 성격태도와 기능을 바탕으로 한 심리 유형을 분류하였다. 이러한 융의 이론을 기초로 하여 만들어진 표준화된 성격검사로, 현재 광범위하게 적용되는 성격유형검사인 MBTI(Myers-Briggs Type Indicator)가 있다. 그 내용은 다음과 같다(노안영, 2018: 236-240; 이경숙, 2014: 96-101; Nelson-Jones, 2014).

1) 꿈분석

꿈분석은 융의 분석심리학에서 가장 중요한 방법으로 환자의 무의식을 이해하는 데 사용된다. 융은 꿈이란 무의식에 이르는 왕도라는 점에서 프로이트의 견해에 동의하였다. 하지만 융의 꿈분석은 꿈의 원인 이상에 관심을 두었다는 점에서 프로이트의 관점과 달랐다. 융은 꿈이란 무의식적 소망 이상의 의미를 가지고 있다고 믿었다. 프로이트와 달리,

첫째, 융은 꿈이 미래를 예견해 준다. 꿈은 개인으로 하여금 그가 일어나리라고 기대하는 경험과 사건을 준비하도록 도와준다고 믿었다. 융이 제안했던 자기실현으로 이끄는 주요한 개념인 동시성(synchronicity)은 꿈의 예견성을 뒷받침해 주는 것이다. 동시성은 두 사건이 동시에 혹은 근접한 시간에 독립적으로 일어나지만, 서로 밀접하게 관련된 의미를 가지는 현상이다. 즉, 동시성은 두 사건이 논리적으로 인과관계가 없이 독립적으로 일어나지만 서로 밀접하게 관련된 의미를 가지는 현상을 의미한다. 예를 들어, 당신이 오랫동안 보지 못했던 친구를 꿈에서 보았는데, 다음날 당신이 그 친구가 전날 밤에 죽었다는 소식을 듣는 것이다.

둘째, 융은 꿈이 보상적이라고 믿었다. 즉, 꿈은 어떤 정신구조의 지나친 발달을 보상함으로써 상반되는 정신과의 균형을 유지하도록 도와준다고 생각하였다. 이런 점에서 꿈은 적응을 위한 노력이며, 성격의 결함을 교정하려는 시도이다. 예를 들어, 몹시 수줍어하는 사람은 자신이 파티에서 매우 활동적인 역할을 하는 꿈을 꿀 수 있다. 또한 사업에 실패한 사람이 벤처기업을 하여 성공한 꿈을 꿀 수 있다.

융은 꿈을 해석하는 데 있어 프로이트처럼 각각의 꿈을 따로따로 해석하지 않고, 일정한 기간에 걸쳐 환자가 보고하는 일련의 꿈을 함께 분석하였다. 이러한 방식으로 융은 환자의 무의식에 지속된 반복되는 주제, 문제를 발견할 수 있다고 믿었다. 또한 융은 꿈이 보여 주려고 하는 가능한 의미를 밝히기 위해 확충법을 사용하였다. 특별한 상징으로 시작하여 그것에서 점점 발전해 가는 자유연상과 다르게, 확충법은 환자와 분석자가 상징의 이해를 확장하려는 시도로 어떤 주제가 탐색될 때까지 같은 상징을 계속해서 재평가하고 재해석하는 치료기법이다. 융은 단일 꿈의 분석은 잘못된 해석으로 이끌 수 있지만, 일련의 꿈들의 분석은 환자가 직면하는 문제에 대한 보다 정확한 해석을 달성하는 수단으로서 기여할 수 있다고 믿었다.

2) 상징의 사용

융의 정신모델은 자기와 원형의 개념에 의존한다. 융은 내담자의 사고, 감정, 행동을 추동하는 역동성과 패턴을 상징적으로 생각하고 이해할 능력을 강조하였다. 이러한 패턴은 내담자의 꿈, 증상, 환상 등에서 상징적이거나 간접적 형태로 나타날 수 있다. 치료자가 이러한 심리적 숨은 의미를 이해할 능력은 문화적 저장고라고 할 수 있는 신화, 동화, 예술작품, 문학, 종교 등에서 발견되는 많은 상징을 이해함으로써 향상될 수 있다.

3) 단어연상검사

이 검사는 개인이 어떤 자극단어에 마음속에 떠오르는 어떤 단어로 반응하는 투사기법이다. 1900년대 초에 융은 정서를 야기하리라고 믿었던 100단어 목록을 가진 단어연상검사로 그의 환자들이 갖는 콤플렉스를 밝히는 데 사용하였다. 융은 각 자극단어에 환자가 반응하는 데 걸리는 시간 및 자극단어의 정서적 효과를 결정하기 위해 생리적 반응을 측정하였다. 융에 의해 시작된 이래로, 피험자가 자극단어에 즉각적으로 마음속에 떠오르는 어떤 단어로 반응하는 단어연상검사는 실험적 및 임상적 도구로 심리학 연구에 적용되어 왔다.

4) 증상분석

이 기법은 환자가 보고하는 증상에 초점을 둔다. 즉, 분석자는 환자로 하여금 증상에 대한 자유연상을 하도록 하여 그러한 내용을 해석하는 것으로, 프로이트의 정화방법과 유사하다. 환자의 증상은 분석자의 증상 원인에 대한 해석을 통해 감소되거나 사라지게 된다. 융은 이 기법이 단지 '외상 후 스트레스장애'에 도움이 된다고 생각하였다.

5) 사례사

이 방법은 심리적 장애의 발달사를 추적하는 데 사용된다. 융은 이 방법이 자주 환자로 하여금 태도 변화를 야기하는 데 도움이 된다는 것을 발견하였다. 융은 자신의 사례연구를 '생애사 재구성'이라고 불렀다. 융은 환자로 하여금 과거 경험에 대해 회상하도록 하여 조사함으로써 현재의 신경증을 설명할 수 있는 발달 패턴을 확인하여 생애사 재구성을 하도록 한다.

6) 심리유형검사(MBTI)

MBTI 성격 유형을 측정하는 검사로서 MBTI(Myers-Briggs Type Indicator)가 광범위하게 사용되고 있다. MBTI는 융의 심리유형론을 근거로 하여 보다 쉽고 일상생활에 유용하게 활용할 수 있도록 고안한 자기보고식 성격유형지표이다. 융의 심리유형론은 인간행동이 그 다양성으로 인해 종잡을 수 없는 것같이 보여도, 사실은 아주 질서정연하고 일관된 경향이 있다는 데서 출발하였다. 그리고 인간행동의 다양성은 개인이 자각하고 판단하는 특징이 다르기 때문이라고 보았다.

MBTI의 바탕이 되는 융의 심리유형론의 요점은 각 개인이 외부로부터 정보를 수집하고(인식기능), 자신이 수집한 정보에 근거해서 행동을 위한 결정을 내리는 데(판단기능) 있어서 각 개인이 선호하는 방법이 근본적으로 다르다는 것이다. 융의 심리유형론을 경험적으로 검증하여, 실생활에 적용하기 위해 만들어진 MBTI에서는 인식과정을 감각(sensing)과 직관(intuition)으로 구분하여 사물, 사람, 사건, 생각을 지각하게 될 때 나타나는 차이점을 이해할 수 있도록 해주며, 판단과정은 사고(thinking)와 감정(feeling)으로 구분하여 우리가 인식한 바에 의거해서 결론을 이끌어 내는 방법들 간의 차이점을 알 수 있도록 해준다. 그리고 이러한 기능을 사용할 때 어떤 태도를 취하는가에 따라 외향성(extroversion)과 내향성(introversion) 및 판단(judging)과 인식(perceiving)으로 구분하여 심리적으로 흐르는 에너지의 방향 및 생활양식을 이해할 수 있도록 해준다.

MBTI는 융의 이론에 바탕을 둔 성격유형검사로서 네 가지 차원을 조합한 것이다. 이러한 네 가지 차원은 다음과 같다(노안영 · 강영신, 2011: 128).

첫째, 자아(ego)와 대상(object)과의 관계에서 자아가 주체가 되어 반응하는 외향성과 외부 자극이 왔을 때만 반응을 나타내는 내향성이다(내향성-외향성).

둘째, 자아와 관련된 정신적 기능에서 합리적 차원인 사고-감정이다.

셋째, 자아와 관련된 비합리적 차원의 직관-감각이다.

넷째, 감각과 직관을 통한 인식과 사고와 감정을 통한 판단으로 이루어진 인식-판단 차원이다.

그러므로 MBTI는 대인관계나 부부관계의 갈등에서 서로 다른 성격 유형을 서로가 이해하게 되고, 상대방의 독특성을 수용하고 인정함으로써 해결의 실마리를 제공할 수 있게 한다.

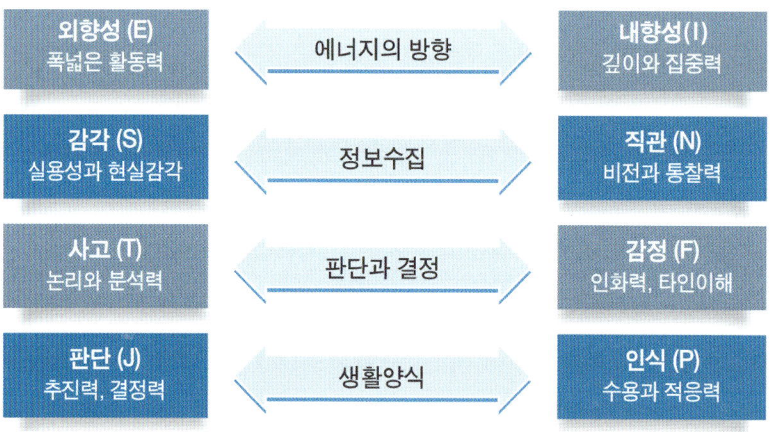

출처: 김종운(2013: 187).

그림 4-1 MBTI의 네 가지 선호성

6. 평가

분석심리상담에 대한 평가는 다음과 같다(김종운, 2013: 188-189).

1) 강점

분석심리상담의 강점은 다음과 같다.

첫째, 분석심리상담은 인간의 정신, 특히 무의식 세계에 대한 보다 심층적인 접근과 이해를 가능하게 했다는 점이다. 융은 자신만의 독특한 경험과 통찰을 근거로 무의식의 구조와 내용을 더욱 풍부하게 제시하였다.

둘째, 분석심리상담은 무의식과 원형이라는 개념을 통해서 사회·문화적인 특수성을 넘어서 정신장애 환자를 포함한 모든 인간이 공통적 심상 구조를 지닌 인류 공동체임을 인식하게 해주었다는 점이다.

셋째, 분석심리상담은 개성화 혹은 자기실현이라는 개념을 통해서 상담 및 심리치료의 목표뿐만 아니라, 인생의 의미와 목적을 새로운 관점에서 바라볼 수 있도록 해주었다는 점이다. 융은 환자를 병적인 문제를 지닌 존재가 아니라, 스스로 전체성을 실현하고자 하는 전인적인 인간으로 볼 것을 강조하였다.

2) 한계

분석심리상담의 한계는 다음과 같다.

첫째, 분석심리상담은 이론으로부터 유도된 가설들이 실험적으로 검증될 필요가 있다는 점이다. 분석심리학의 이론과 관련된 대부분의 연구는 성격 유형론에 관한 것이며 분석심리학적 상담의 효과에 대한 실증적인 연구는 미비한 실정이다.

둘째, 분석심리학적 상담이 정신분석과 마찬가지로 수년에 걸친 장기간의 상담 및 심리치료 기간과 많은 비용을 요한다는 점이다.

셋째, 분석심리상담의 대상이 지적 수준이 어느 정도 높고 문제의 해결보다 자신의 삶에 대한 이해를 심화시키려는 동기를 지닌 사람이어야 한다는 점이다. 이런 점에서 융의 분석심리학적 상담은 엘리트를 위한 접근법이라는 비판을 받아왔다. 따라서 분석심리상담은 현실적인 문제와 증상의 해결을 넘어서 자신의 정신세계와 인생에 대한 깊은 성찰을 원하는 내담자에게 적합한 상담접근법이라 할 수 있다.

5

Chapter

행동주의상담

개요

행동주의상담은 부적응 행동을 치료하기 위하여 행동주의 학습이론을 체계적으로 적용하는 접근법이다. 행동주의상담은 20세기에 발전된 행동주의 심리학의 학습이론에 그 근거를 두고 있다. 행동주의 심리학자들은 학습이론을 실증적 방법에 의해서 행동의 일반이론을 확립하는 데에 크게 공헌하였다. 본 장에서는 행동주의상담에 대해 논의하고자 한다.

학습목표

1. 행동주의 심리학에 대한 이해
2. 행동주의상담의 핵심 개념 파악
3. 스키너의 조작적 조건형성에 대한 깊은 이해

학습내용

1. 행동주의상담의 개요
2. 스키너의 생애와 사상
3. 행동주의상담의 핵심 개념
4. 상담과정
5. 상담기법
6. 평가

1. 행동주의상담의 개요

행동주의상담은 부적응 행동을 치료하기 위하여 행동주의 학습이론을 체계적으로 적용하는 접근법이다. 다른 상담이론과 달리 행동주의상담은 한 학자에 의하여 제창된 단일 이론이 아니라, 여러 행동주의 학습원리를 상담에 체계적으로 적용하는 접근법이다. 부적응 행동은 학습된 것이기 때문에 이것을 치료할 때에도 학습 원리로서 가능하며, 이것을 '행동수정' 또는 '행동치료'라고 한다. 행동주의 심리학과 마찬가지로 주로 관찰 가능한 행동에 초점을 두며, 초기에는 자극과 반응의 연합, 강화, 반복 등과 같은 행동주의 심리학의 원리를 상담에 적용하였으나, 나중에는 의지, 통찰, 사고와 같은 인지주의 심리학의 주요 학습원리의 개념도 받아들였다(강갑원, 2015: 137).

행동주의상담(Behavioral Counseling)이라는 용어는 1964년 미국심리학회 연차대회에서 크룸볼츠(J. D. Krumboltz)가 처음 사용하였으나(LaFleur, 1979), 오늘날의 행동적 상담과는 거리가 있었고, 그 이전부터 '행동치료(Behavioral Therapy)'라는 용어가 사용되어 왔다. 행동주의상담에서는 인간행동의 원인을 감정, 사고, 신념 등과 같은 것으로 보지 않는다. 모든 인간의 행동은 경험에 의하여 학습된 것으로 본다. 인간의 행동을 이해하는 데 전통적으로 사용해 왔던 내적 동기, 욕구, 충동과 같은 관찰이 불가능한 가설적 개념은 배제하고 관찰 가능한 행동에만 관심을 갖는다(강갑원, 2006: 179).

행동주의상담은 20세기에 발전된 행동주의 심리학의 학습이론에 그 근거를 두고 있다. 이 계통의 심리학자들은 학습이론을 실증적 방법에 의해서 행동의 일반이론을 확립하는 데 크게 공헌하였다. 스키너(Skinner, 1938)의 『유기체의 행동』과 『과학과 인간행동』 그리고 헐(Hull, 1943)의 『행동의 원리』 등의 발간이 계기가 되어 행동의 실험연구가 활기를 띠게 되었고, 그 원리들은 서서히 인간행동의 변화에 적용하고자 하는 응용행동분석연구의 토대가 되었다. 근본적으로 변화시키려는 대상이나 방법적 절차에 의해 규정되는 행동수정(Applied Behavioral Analysis)에 기초한, 행동주의상담은 인간의 행동을 보다 바람직한 방향으로 조성하거나 바람직하지 못한 행동을 소멸시키기 위하여, 특히 학습심리학적 원리를 응용하는 특수한 절차와 기법을 의미한다. 종래의 심리요법은 보이지 않는 마음을 대상으로 삼았기에 내면적 동기를 변화시키면 행동은 변한다는 추론적 전제를 가지고 있으며, 그 변용방법은 자기 내성이나 추측(해석)이었다. 그러나 과학은 추론이 아니라 사실에 입각해야 된다는 것이 행동주의상담의 주장이다. 그래서 이론적으로 행동주의상담은 정신분석, 자아이론, 실존주의적 상담과 대조를 보인다. 이러한 면으로 볼 때 행동주의상담의 특징은 두 가지로 볼 수 있다. 즉, 행동주의상담은 행동 자체의 변화에 초점을 두고 있다는 것과 행동을 변화시키기 위한 절차와 기법은 학습심리학적 원리에 바탕을 두고 있다는 것이다. 이 경우 행동이라는 말은 내면적 행동도 포함하는 광범위한 행동을 의미한다(김헌수 · 김태호, 2006: 127).

이러한 행동주의이론은 초기엔 행동의 일반이론을 확립하는 데 그 궁극적인 목표가 있었으나, 점차 인간행동의 변화와 관련된 교육학, 심리학, 간호학, 재활의학, 체육심리학, 경영학, 심리요법 등 광범위한 분야로, 그리고 정상인, 정신박약자, 성인 및 아동 정신병 환자, 비행청소년 또는 알코올중독자 등의 치료에까지 확대되어 나가고 있다.

상담목표

상담목표가 행동상담에서 가장 중요한 위치를 차지한다. 행동상담의 일반적인 목표는 학습의 새로운 조건을 창출하는 것이다. 그 가정은 그런 학습 경험이 문제 행동을 개선시킬 수 있다는 데 근거한 것이다. 내담자가 상담목표를 선택하고 선택된 목표는 상담과정의 초기에 구체적으로 정의된다. 전 상담과정을 통해 지속적으로 평가함으로써 목표달성의 정도를 그때그때 확인한다. 상담과 치료는 동시에 일어난다(김형태, 2006: 82). 즉, 행동주의상담의 목적은 바람직하지 못한 또는 부적응적인 행동을 소거시키고 바람직한 행동을 학습시키는 것인데, 원래는 비현실적인 공포나 불안의 제거와 학습을 통한 행동수정이 중요한 목표였으나, 최근에는 자기지도가 강조되고 있는 추세다.

행동주의상담에서는 바람직한 행동은 더욱더 증강시켜 주며, 바람직하지 못한 행동은 약화 또는 감소시킴으로써 이상 행동자의 적응력을 높이게끔 도와주는 데 근본

목표가 있다. 행동주의상담의 목표는 내담자가 결정하며, 하나의 상담목표는 구체적인 세부단계의 목표로 나누어진다. 행동주의상담에서는 상담을 통한 계속적인 평가에 의해 이 목표들이 이루어지게 되는 정도를 결정하게 된다.

상담과정에서의 구체적인 목표는 부적응 행동을 제거하고, 보다 효율적인 행동을 학습하게 하며, 행동에 영향을 주는 요인을 발전시키고, 문제 행동에 대해 무엇을 할지를 결정하는 데 초점을 맞춘다. 내담자는 목표를 설정하고, 이 목표가 잘 실행되는지 평가하는 상담의 전 과정에서 적극적인 역할을 수행하게 된다. 구체적인 상담목표는 다음과 같다(김춘경 외, 2016: 312).

첫째, 자신의 감정이나 생각 및 희망을 필요한 일상 장면에서 자유롭게 표현할 수 있도록 훈련하는 것이다.

둘째, 사회적인 활동을 저해하는 비현실적인 공포를 제거하는 것이다.

셋째, 내담자가 중요한 의사결정을 내리는 데 방해가 되는 내면의 갈등을 해소하도록 도와주는 것이다.

2. 스키너의 생애와 사상

벌허스 프레데릭 스키너

스키너(Burrhus Frederic Skinner, 1904~1990)는 1904년 미국 펜실베이니아 주의 작은 마을 서스쿼해너에서 출생하였다. 부친은 변호사였다. 해밀턴대학교(Hamilton College)에서 영문학을 전공한 후 시와 소설을 습작하였으나 성과 없이 지내다가 파블로프와 왓슨(John B. Watson, 1878~1958)의 글에 매료되면서 하버드대학교(Harvard University)에 재입학, 심리학을 공부하여 석사, 박사 학위를 취득하였다. 1931~1936년 하버드대학교 연구원, 1936~1945년 미네소타대학교(University of Minnesota)에서 전임강사·조교수·부교수를 역임하였다. 1945~1948년 인디애나대학교(Indiana University) 교수를 거쳐 1948~1974년 하버드대학교 교수, 1974년부터 명예교수로 있었다. 헐(C. Hull), 톨먼(E. Tolman) 등과 함께 신행동주의자의 한 사람으로 일컬어진다. 스키너 상자(Skinner Box), 티칭머신(Teaching Machine)의 고안으로 유명하다.

스키너는 또한 인간과 동물을 동일시함으로써 심리학의 역사에서 가장 많은 논란을 일으킨 장본인이기도 하다. 인간을 환경과 상호작용하는 동물로 인식하고 분석해야 한다고 주장함으로써 인간은 단순한 반사기계가 아닌 행동의 결과로 자신의 행동까지도 바꿀 수 있는 대상으로 보았다. 스키너는 가설의 구성이나 설명보다도 조작주의적 분석에 의해, 선행조건과 귀결과의 관계만을 기술하는 입장을 주장하여 스키너학파를 이루었다. 행동은 이 입장에서는 레스폰던트(respondent)와 오퍼런트(operant)로 나뉘는데, 오퍼런트의 상세한 강화 스케줄에 의한 실험 연구는 일반 심리학뿐만 아니라, 생리심리학·약리심리학·교육심리학·임상심리학에도 이용된다. 1968년 국가 과학 훈장이 수여되었으며 1990년 백혈병으로 사망하였다.

주요 저서로는 『유기체의 행동(Behavior of Organism)』(1938), 『과학과 인간의 행동(Science and Human Behavior)』(1953), 『언어적 행동』(1957), 『자유와 존엄을 넘어서(Beyond Freedom and Dignity)』(1971), 『행동주의자가 되다』(1979), 『결과의 문제』(1983), 자서전 3부작 『나의 인생사』(1983) 등이 있다.

3. 행동주의상담의 핵심 개념

1) 행동주의이론

심리학의 제2세력인 행동주의는 인간행동을 연구하는 심리학의 주요한 세력으로서 20세기 후반을 지배해 왔다. 행동주의자들은 인간의 관찰될 수 있는 행동만이 과학적 심리학의 연구주제가 된다고 주장하였다. 특히, 행동주의는 실용주의가 지배하는 미국의 학문적 토양에 부합하여, 1930~1960년대까지 미국에서 전성기를 이루었다.

행동치료 지지자들은 확고히 자신들의 실제가 실험에서 도출된 학습원리에 뿌리를 두고 있다. 그러나 행동주의이론은 인간행동에 대한 특정 법칙이나 원리를 기술하려는 실험에 기초할 뿐만 아니라, 포괄이론이기도 하다. 포괄이론으로서의 이 접근은 행동 습득과 유지에 막대한 영향을 미치는 환경적 상황조건의 역할에 초점을 둔다. 가장 급진적 형태의 행동주의 모델은 인간행동의 원천을 단지 배고픔이나 성적 긴장과 같은 생물학적 박탈, 개인의 학습사, 환경적 맥락의 특징 및 그 맥락에 의해 제공되는 상황조건에서 찾으려 한다. 마음이나 자유의지와 같은 개념은 들어설 자리가 없다. 그러나 행동치료에서도 조건화(급진적 행동치료)에 기반한 접근과 인지적 중재 변인을 강조하는 접근 간의 구분이 출현했으며, 전자가 후자보다 더욱 결정주의적이다(Nelson-Jones, 2014).

행동주의 접근의 기초가 되는 중요한 학습이론으로 파블로프(Ivan M. Pavlov)의 실험에 근거한 고전적 조건형성(Classical or Respondent Conditioning)과 스키너(B. F. Skinner)의 조작적 조건형성(Operant Conditioning)을 들 수 있다. 초기에, 행동치료는 이러한 학습원리를 인간활동에 논리적으로 확장한 것으로 간주되었다. 그러나 오늘날의 행동치료는 더 이상 고전적 조건형성과 조작적 조건형성이론의 임상적 적용이라고 단순히 정의할 수 없을 정도로 다양한 발전을 이룩하였다.

행동주의와 사회학습이론의 전통을 이어 받은 반두라(A. Bandura)는 급진적 행동주의의 단점을 보완하고자 하였다. 이들은 인지의 중요성을 내포한 사회적 행동과 학습이론을 행동주의 원리에 따르면서, 심리학의 다른 개념을 행동주의에 통합시키려고 노력하였다. 이들의 이론은 매우 단순한 실험실 상황에서 벗어나 보다 복잡한 사회적 맥락에서 연구되어야 함을 강조하였다. 또한 동물을 연구하기보다는 인간을 대상으로 연구하여 행동의 원리를 밝혀야 한다고 주장하였다(노안영·강영신, 2011: 365).

그러므로 행동주의자들은 인간이 조건형성의 산물이라고 보며, 모든 인간학습의 기본적 유형으로서 자극-반응의 패러다임을 주장하였다. 행동주의의 주요한 변화는 1960년대 학습에 인지에 대한 중요성이 점차 수용되면서 사회적 학습이론으로 발전되었다.

2) 인간관

행동주의에서는 인간을 동식물과 같은 하나의 유기체로 보면서 환경에 대한 작용과 반작용을 강조한다. 또한 행동주의 심리학자 및 상담자들은 인간의 행동이 자연현상과 마찬가지로 일정한 법칙성을 지니고 있다고 가정한다. 이에 따라 인간의 행동은 여러 가지 변인에 의해 결정되므로 이 변인과 행동을 지배하는 법칙을 밝혀낼 수 있다면 인간의 행동을 예언하고 수정할 수 있다고 본다. 또한 행동주의상담이론은 대부분의 행동이 학습된다는 전제하에 인간의 행동은 학습의 법칙을 따른다고 본다. 따라서 인간의 행동이 환경적 사건에 의해 형성되고 결정된다는 입장을 취한다. 초기 행동주의 연구자들은 과학적 법칙성에 의해 인간의 행동을 설명할 수 있다는 점을 강조하였다. 초기 행동주의자들의 인간관은 주로 인간을 환경에 반응하는 수동적인 존재로 보는 기계론적이고 결정론적인 입장이었다. 즉, 행동주의 상담자는 인간의 조건형성 산물이라고 보며 모든 인간학습의 기본적 유형으로서 자극-반응의 패러다임을 주장했다(김춘경 외, 2016: 302-303).

행동주의의 대변자인 왓슨은 심리학에서의 인간행동에 대한 객관적인 연구가 필요함을 주장했다. 그는 개인의 모든 행동은 학습의 결과로 이해될 수 있다고 주장했다. 그러나 최근에 들어와서는 인간이 환경에 영향을 줄 수 있다는 면이 강조되면서, 행동주의 심리학자들의 인간관은 인간의 자유의지에 의한 선택을 중심으로 인간의 능동적인 측면이 강조되는 경향으로 변화하였다. 이에 따라 최근 행동주의상담에서는 자기지도, 자기관리, 자기통제 등의 개념이 나오면서 인간이 자신의 행동을 스스로 수정할 수 있는 능력이 있다는 점이 더 강조되고 있다.

행동주의상담이론에서는 비교적 일관성 있는 인간의 행동에는 관심이 적다. 인간의 행동을 학습원리에 의해 생겨나기도 하고 없어지기도 하는 것으로 본다. 따라서, 바람직한 행동과 바람직하지 못한 행동은 모두 같은 학습원리에 의해 학습된다고 보는 것이다.

행동주의상담에서는 인간의 본성을 다음 세 가지로 설명한다(강진령, 2013a: 114).

첫째, 학습결과에 따라 행동하는 존재이다. 즉, 행동주의상담의 관점에서 긍정적이지도 부정적이지도 않으며, 다만 학습결과에 따라 행동하는 존재다. 따라서,

행동치료에서는 주로 관찰·측정·계량화할 수 있는 행동에 초점을 맞춘다.

둘째, 성격이 특성으로 구성된다고 볼 수 없는 존재이다. 즉, 행동주의상담은 관찰할 수 없는 성격구조, 발달, 역동, 특성보다는 관찰 가능한 구체적인 행동과 그 변화에 관심이 있다. 따라서, 인간의 성격이 특성 또는 특질(trait)로 구성된다는 입장을 거부한다. 왜냐하면 행동주의상담은 성격특성보다는 행동에 초점을 맞추는 한편, 행동 변화를 성격구조에 의한 것이 아니라, 자극과 반응, 반응결과, 그리고 인지구조의 상호관계에 의한 것이라고 믿기 때문이다.

셋째, 학습원리에 의해 행동 습득이 가능한 존재이다. 즉, 행동주의상담은 정상행동과 마찬가지로 신경증적 행동을 포함한 문제행동이나 증상 역시 병적으로 발생한 것이 아니라, 특정 환경조건하에서 일어난 학습의 결과로 보고 학습원리에 의해 소거될 수 있다고 믿는다. 따라서, 행동치료는 구체적인 행동상의 목표, 치료방법, 그리고 일정 설정을 치료를 위한 재교육·재학습과정으로 간주한다. 이 과정에서 적응적·생산적 행동은 강화되고, 부적응적·역기능적 행동은 소거시킨다.

3) 조작적 조건형성

고전적으로 조건화되는 반응은 불수의적인 것이다. 파블로프의 개는 타액분비를 스스로 조절할 수 없다. 그리고 우리는 일반적으로 손바닥에 땀이 나는 것이나 부끄러울 때 얼굴이 붉어지는 것을 마음대로 조절하지 못한다. 그러나 대부분의 인간행동은 수의적인 것이다. 우리는 좋은 결과를 가져다주는 것을 추구하고, 반대로 나쁜 결과를 가져다주는 것을 피한다. 또한 우리의 이러한 행동성향은 그 결과가 변경될 때 그에 따라 적절하게 변화한다. 이와 같이 결과를 바탕으로 행동을 변화시키는 능력은 조작적 조건화 원리로 설명할 수 있다(현성용 외, 2015: 148).

파블로프의 고전적 조건형성은 자극에 의해 통제되는 반사적 반응을 가장 잘 설명한다. 그러나 많은 행동은 고전적 조건형성으로 설명할 수 없는 경우가 많다. 고전적 조건형성은 불수의적 반응(involuntary response)이기 때문이다. 파블로프의 개는 타액 분비를 스스로 조절할 수 없다. 그러나 인간행동은 대부분 수의적인 행동이다. 예컨대, 학생이 열심히 공부를 하거나 회사원이 직장에서 열심히 일하는 행동은 반사적인 반응이 아니라 성적이나 취직 또는 승진이나 보너스 등과 같은 결과의 영향을 받는다. 이와 같이 유기체가 자신의 행동과 그 결과 사이의 관계를 학습하는 것을 '조작적 조건형성(Operant Conditioning)'이라고 한다(이주희 외, 2013: 179).

(1) 조형

스키너 상자 안의 동물(흰쥐 또는 비둘기)은 처음부터 지렛대를 누르지 않는다. 그래서 실험자가 원하는 행동을 유도하기 위해서는 목표 행동을 단계적으로 조작할 필요가 있다. 예컨대, 상자 안의 동물(흰쥐 또는 비둘기)에게 지렛대를 누르는 반응을 유도하기 위해서는 최초에 동물이 지렛대 쪽으로 고개를 돌릴 때, 다음에는 지렛대에 접근하려 할 때, 다음에는 지렛대에 아주 가까이 다가갔을 때, 마침내는 지렛대를 눌러야만 먹이를 주는 식으로 단계적으로 일련의 반응에 대해 강화물을 제공하는 절차가 필요하다.

조작적 조건형성에서는 조성(Shaping, 조형), 또는 계기적 근사법(Successive Approximation, 점진적 접근법)이라는 과정을 통해서 조작적 반응을 유도한다. 즉, 조형이란 바라는 목표 행동을 이끌어 내기 위해 목표 행동에 가까운 반응을 단계적으로 조작하는 과정으로, 목표반응과 조금이라도 가까운 반응을 강화하여 새로운 행동을 유도하는 것을 말한다. 예컨대, 조형을 통하여 서커스에서 돌고래가 여러 가지 재주를 부리거나 원숭이가 자전거를 타는 등의 재주를 부리도록 학습을 시킨다.

조형은 두 가지 요소를 통하여 이루어진다. 첫째, 차별강화(Differential Reinforcement)로, 어떤 반응은 강화를 주고 어떤 반응은 강화를 주지 않는 것이다. 둘째, 계속적 접근(Successive Approximation)으로, 실험자가 원하는 반응에 접근할 때만 강화를 주는 것이다.

(2) 소거와 자발적 회복

고전적 조건형성과 마찬가지로 조작적 조건형성에서도 보상을 제거하면 소거(Extinction)가 일어난다. 조작적 조건형성에서 소거란 피험자가 아무리 반응을 해도 더 이상 강화물이 제공되지 않아 반응경향성이 감소되어 사라지는 것을 말한다. 예컨대, 스키너 상자에서 동물이 지렛대를 누르는데도 먹이를 주지 않으면 소거가 일어난다. 소거과정이 시작되면 동물의 조작반응은 급상승하다가 점진적으로 감소하여 더 이상은 반응하지 않게 된다.

조작적 조건형성에서 한 가지 중요한 현상은, 강화물을 중단할 때 소거에 대한 저항과 관련된 문제이다. 소거에 대한 저항(Resistance to extinction)이란 강화물을 철회한 뒤에도 조작반응을 계속하려는 경향을 말한다. 소거에 대한 저항이 크면 클수록 반응을 계속할 가능성도 크다. 예컨대, 지렛대를 누르는 조작 행동을 더 이상 강화하지 않는데도 반응이 아주 서서히 감소한다면 소거에 대한 저항이 강한 것이다. 그러나 조작반응이 빨리 감소한다면 소거에 대한 저항이 약한 것이다.

지렛대를 누르는 반응이 소거된 동물을 일정 기간 동안 다른 곳에 있도록 한 뒤에 다시 스키너 상자에 넣으면 동물은 다시 지렛대를 누르는 반응을 한다. 이러한 현상을 자발적 회복(Spontaneous Recovery)이라고 한다. 이때 스키너 상자의 동물에게 다시 보상을 주면 처음 조건형성을 시킬 때보다 빠르게 지렛대를 누르는 것을 학습한다. 이와 같이 처음 학습 때보다 학습시간이 단축된 현상을 '재조건형성(Reconditioning)'이라고 한다.

(3) 미신적 행동

유기체는 좋은 결과를 초래한 반응은 계속하고, 나쁜 결과를 초래한 반응은 중지한다. 즉, 유기체는 자신의 반응이 그 결과의 원인인 것처럼 행동하는 것이다. 그런데 만약 어떤 반응에 강화가 우연히 뒤따르면, 즉 우발적 강화가 주어지면 어떻게 될까?(윤가현 외, 2016: 123).

스키너는 상자 안의 동물에게 행동과 상관없이 매 15초마다 무조건 먹이를 제공하였다. 흥미롭게도 동물은 매우 독특한 나름대로의 행동을 학습하는 것을 발견하였다. 즉, 매번 먹이가 떨어지기 전 어떤 동물은 시계방향으로 두 바퀴 돌고, 또 어떤 동물은 상자의 구석에 머리를 박아 넣는 등 독특한 행동이 반복적으로 일어나는 것을 발견하였다. 이와 같은 동물의 행동은 먹이가 떨어지는 것과 전혀 관계가 없음에도 마치 이것이 먹이를 이끌어 내는 것으로 착각하고 있는 것 같았다. 이는 우연히 특정 행동과 그 결과가 조건화되었기 때문이다. 이러한 의식적 행동을 스키너는 '미신적 행동(Superstitious Behavior)'이라고 불렀다. 미신적 행동이란 보상과 아무런 관련이 없으면서 우연히 한 어떤 행동이 강화에 선행한 경우 그 행동을 고정적으로 계속하려는 경향성을 말한다.

스키너가 제안한 미신적 행동의 원리는, 특정 행동이 일어난 후 우연히 어떤 강화가 주어지면 그 특정 행동은 강화될 가능성이 높다는 것을 보여 준다. 인간에게 있어서도 미신적 행동을 찾아볼 수 있다. 예컨대, 시험 준비를 하는 수험생이 시험 당일 미역국을 먹지 않는다거나, 시험 보는 날 우연히 속옷을 뒤집어 입고 갔다가 좋은 결과를 얻은 사람은 매번 시험 볼 때마다 속옷을 뒤집어 입는 미신적 행동을 지속한다. 중요한 시합이 있기 전에는 수염을 깎지 않는 운동선수, '13'이라는 숫자를 피함으로써 불행을 멀리하는 것 등 인간은 일상생활에서 많은 미신적 행동을 한다.

(4) 강화와 처벌

① 강화와 강화물

스키너의 조작적 조건형성은 반응-자극 학습원리, 즉 유기체에 의해 행동이 먼저 발생하고 그 결과로서 자극이 따르게 된다는 원리로 볼 수 있다. 그는 행동주의에 '강화(Reinforcement)'라는 개념을 도입하였다. 강화는 반응에 이어서 주어지는 자극을 말하는데, 이 자극이 어떠냐에 따라서 그 반응의 빈도가 증감된다.

강화는 두 가지로 구분할 수 있는데, 긍정적 강화(Positive Reinforcement)와 부정적 강화(Negative Reinforcement)이다. 긍정적 강화는 유기체가 선호하는 것을 제공함으로써 바람직한 행동의 강도와 빈도를 증가시키는 것을 의미한다. 예컨대, 노트 정리를 잘하는 학생에게 칭찬을 해줌으로써 더욱 노트 정리를 잘하도록 유도하거나, 미술시간에 그림을 잘 그린 학생의 작품을 교실 게시판에 전시하여 학생이 그림에 더욱 흥미를 갖도록 하는 것 등이다. 반면에, 부정적 강화는 유기체가 바라지 않거나 혐오하는 것을 제거하여 바람직한 행동의 강도와 빈도를 증가시키는 것을 의미한다. 예컨대, 수업시간에 집중을 잘하고 좋은 질문을 하는 학생들에게 청소당번을 면제해주는 경우가 부정적 강화에 해당된다.

한편, 강화물은 선천적으로 강화의 기능을 가지고 있는가 아니면 후천적인 학습을 통하여 강화의 기능을 획득했는가에 따라 일차적 강화물(Primary Reinforcer)과 이차적 강화물(Secondary Reinforcer)로 구분할 수 있다. 일차적 강화물이란 아무런 학습과정을 거치지 않고도 생물학적 욕구를 만족시켜 주기 때문에 그 자체가 강화속성을 지닌 강화물을 말한다. 예컨대, 인간의 경우 음식, 물, 성, 수면, 온도 등은 일차적 강화물의 예이다. 이차적 강화물은 일차적 강화물과 결합되어 강화물의 기능을 하는 강화물을 말한다. 이차적 강화물은 학습과정에 의존하기 때문에 '학습된 강화물(Learned Reinforcer)'이라고 부르기도 한다. 인간의 경우 칭찬, 인정, 성적, 지위, 자격증 등이 이차적 강화물의 예이다. 이차적 강화물 중 여러 개의 일차적 강화물과 결합된 강화물들이 있는데, 이를 '일반화된 강화물(Generalized Reinforcer)'이라고 한다. 인간의 경우 돈, 지위, 권력, 명예 등이 일반화된 강화물이다. 특히, '돈'은 무수히 많은 일차적 강화물과 결합되어 있으므로 가장 대표적인 일반화된 강화물이라고 할 수 있다.

② 강화계획

강화계획(Reinforcement Schedule)이란 구체적인 강화물을 언제 어떻게 줄 것인가 하는 규칙 또는 방식을 말한다. 유기체에게 새로운 학습을 시키고자 할 때는 원하는 반응을 할 때마다 강화를 하는 것이 가장 효과적이다. 그러나 이러한 계속적 강화(Continuous Reinforcement)는 학습을 촉진시키지만 강화가 중지되면 학습된 것이 빨리 소거된다. 이에 비해 목표반응 중에서 일부만 강화하는 방식인 부분강화(Partial Reinforcement) 또는 간헐적 강화(Intermittent Reinforcement)는 계속적 강화보다 소거에 대한 저항이 강하기 때문에 쉽게 소거가 느리다. 따라서 새로운 학습을 시키는 초기에는 계속적 강화를 주고 완전히 학습한 뒤에는 부분강화계획으로 바꾼다면 행동이 쉽게 소거되지 않는데, 이러한 현상을 부분강화효과(Partial Reinforcement Effect, PRE)라고 한다.

부분강화계획은 매우 다양하지만 강화를 주는 기준에 따라 크게 일정한 시간간격에 따라 강화물을 제시하는 방식인 간격강화(Interval Reinforcement)와 사전에 정해진 수만큼의 조작반응이 있어야 강화물을 제공하는 비율강화(Ratio Reinforcement)

로 구분할 수 있다. 그리고 시간 또는 반응횟수를 고정시키느냐 변동시키느냐에 따라 다음과 같이 네 가지의 강화계획이 가능하다.

첫째, 고정간격 강화계획(Fixed Interval Schedule, FI)은 일정한 시간이 지난 후에 나타나는 첫 번째 반응에 강화를 주는 강화계획이다.

둘째, 변동간격 강화계획(Variable Interval Schedule, VT)은 강화를 주는 시간간격을 변화시키는 강화계획이다.

셋째, 고정비율 강화계획(Fixed Ratio Schedule, FR)은 반응하는 데 걸린 시간에 관계없이 항상 일정한 수만큼의 반응을 할 때마다 강화를 주는 계획이다.

넷째, 변동비율 강화계획(Variable Ratio Schedule, VR)은 정해진 수의 반응이 있을 때마다 강화하지 않고 평균 몇 번의 반응이 있을 때 강화를 주는 계획이다.

③ 강화지연

조작적 조건형성에서 반응에 수반하여 즉각적인 보상이 주어질 때 학습효과가 높다. 만일 반응과 보상의 시간 간격이 지연되면 그 반응은 강화받지 못할 수도 있다. 그러므로 반응과 강화물 제시 사이의 시간간격이 길어질수록 조건형성의 속도는 느려진다(Church, 1989). 왜냐하면 강화물을 지연해서 제시하면 반응과 결과 간의 수반관계가 모호해지기 때문이다.

동물에게 있어서는 강화가 지연되면 학습이 늦어지며, 30초 이상 지연되면 학습이 이루어지지 않는다. 그러나 인간은 강화가 지연된다고 해서 항상 행동이 감소하지는 않는다. 예컨대, 먼 훗날 합격을 위한 수험생들의 공부, 내 집 마련을 위한 장기적인 저축 등과 같은 경우는 즉각적인 만족을 지연함으로써 먼 훗날의 보상을 기대할 수 있기 때문이다. 그러나 인간에게 있어서도 즉각적인 보상은 매력적이다. 예컨대, 체중을 줄이기 위한 다이어트가 어려운 것도 이런 이유 때문이다. 먹는 것에 대한 보상은 즉각적이지만 날씬해진 몸매에 대한 보상은 몇 달 후에나 나타난다.

④ 처벌의 유형

강화는 특정한 반응확률을 증가시킨다. 반면에, 처벌(Punishment)은 반응에 수반해서 혐오적인 자극을 제시하거나 선호자극을 제거함으로써 반응경향을 감소시키는 것을 말한다. 스키너 상자의 동물이 지렛대를 누를 때마다 전기충격을 주면 지렛대를 누르는 반응률은 급속하게 감소한다. 이와 같이 전형적인 처벌은 혐오적인 자극을 제시하는 것이지만 보상적인 자극의 제거도 포함한다.

처벌은 제시형 처벌(Presentation Punishment)과 제거형 처벌(Removal Punishment)로 구분할 수 있다. 제시형 처벌은 바람직하지 않은 행동을 감소시키기 위해 혐오자극을 제시하는 처벌의 형태로서 정적 처벌(Positive Punishment)이라고도 한다. 예컨대, 교실바닥에 습관적으로 휴지를 버리는 행동을 제거하기 위해 교사가 꾸지람을 하거나 체벌을 하는 것은 정적 처벌에 해당한다. 반면, 제거형 처벌은 바람직하지 못한 행동을 할 때 선호자극을 제거함으로써 행동을 약화시키거나 감소시키는 것을 말하며, 이를 부정적 처벌(Negative Punishment)이라고 한다. 예컨대, 떠드는 학생을 교실에서 다른 장소로 격리시키거나 방과 후에 학교에 남아 있도록 하는 것은 부정적 처벌이다.

표 5-1 강화와 처벌의 종류

구분	선호자극	혐오자극
제시	긍정적 강화	긍정적 처벌
제거	부정적 처벌	부정적 강화

출처: 이주희 외(2013: 190).

⑤ 처벌의 효과

처벌은 인간이나 동물의 행동을 통제하기 위해 오래 전부터 가장 보편적으로 사용되어 왔다. 그러나 행동을 교정하고 바람직한 결과를 유도하려는 목적으로 사용하더라도 언제 어떻게 시용하느냐에 따라 다른 결과를 가져올 수 있기 때문에 주의 깊게 사용하여야 한다. 스키너도 처벌은 반응강도를 약화시키는 것이 아니라, 일시적으로 억제하는 것이기 때문에 행동을 통제하는 강력한 수단이 아니라고 주장하였다(Skinner, 1938).

훈육수단으로서 처벌을 사용할 때 생기는 가장 큰 문제점은 의도하지 않은 부작용이 생긴다는 점이다. 그 내용은 다음과 같다.

첫째, 처벌은 처벌하지 않은 다른 행동까지 억압할 수 있다. 스키너 상자에서 전기충격을 받은 동물은 지렛대를 누르지 않을 뿐만 아니라, 마치 얼어붙은 것처럼 보였다. 마찬가지로 아주 심한 처벌을 받은 아동은 사람을 피하고, 감정을 억제하고, 소극적으로 행동하였다. 뿐만 아니라, 처벌은 공포, 불안, 분노와 같은 부적인 정서반응을 유발하기도 한다.

둘째, 이런 강한 부정적인 정서는 일시적이나마 정상적인 기능을 방해하고, 처벌자에 대한 적대감을 유발한다.

셋째, 신체적 처벌을 많이 받은 아동들은 다른 아동들에 비해 훨씬 더 공격적이다. 이러한 처벌의 부작용을 고려할 때 처벌을 효과적인 훈육수단이라고 보기 어렵다.

처벌은 훈육수단으로 잘못 사용되기도 하지만 처벌의 효과가 반드시 나쁜 것만은 아니다. 처벌을 기술적으로 사용하면 처벌의 부작용을 최소화하고 훈육수단으로 유용할 수 있다. 처벌을 효과적으로 사용할 수 있는 방법은 다음과 같다(김보기 외, 2017: 133 재인용).

첫째, 가능한 한 즉각적으로 처벌해야 한다. 강화를 지연하면 그 효과가 감소하듯이 처벌도 지연시키면 효과가 없다.

둘째, 처벌은 효과가 있을 정도로 강해야 한다. 처벌이 강할수록 바람직하지 않은 반응을 약화시키는 데 효과적이지만 그만큼 부작용을 일으킬 가능성도 증가한다.

셋째, 처벌은 일관성이 있어야 한다. 이런 측면에서 처벌은 강화와 다르다. 바람직하지 않은 행동을 없애려면 그러한 행동을 할 때마다 처벌해야 한다. 간헐적 처벌은 혼란만 초래될 뿐이다.

넷째, 처벌의 이유를 설명해야 한다. 특정 행동을 처벌할 때 가능하다면 자세히 그 이유를 설명해 주어야 효과적이다.

다섯째, 대안적인 반응을 제시하고 정적 강화를 주어야 한다. 처벌은 어떤 행동을 못하게 하는 것일 뿐 대안적 반응을 제시하지 않는 단점이 있다. 예컨대, 아동들의 문제 행동은 부모의 관심을 끌기 위한 것이 많다. 이럴 경우 부모의 관심을 받을 수 있는 다른 바람직한 행동을 제시해 주고, 이를 정적으로 강화하면 문제 행동은 감소할 것이다.

여섯째, 신체적 처벌은 최소화해야 한다. 왜냐하면 신체적 처벌은 적대감과 공격성을 유발한다. 뿐만 아니라, 기대하는 만큼 효과적이지도 않다. 아동의 경우, 아주 심한 체벌을 하더라도 한두 시간 지나면 잊어버리는 경향이 있다. 오히려 소중히 여기는 특권을 철회하면 아동들은 그 특권을 되찾기 위한 방법을 생각할 것이므로 이 방법이 더 효과적일 수 있다.

(5) 조작적 조건형성의 실험

스키너는 행동주의의 대표이며, 현대심리학자 중 가장 유명하고, 가장 영향력을 미치는 심리학자라 말할 수 있다(한국교육심리학회, 2000: 217).

스키너는 행동을 반응적 행동(Respondent Behavior)과 조작적 행동(Operant Behavior)으로 구분하였다. 파블로프의 고전적 조건형성은 어떤 자극에 따라 나타나는 반응적 행동을 학습하는 것이기 때문에 유기체의 의도와 상관없이 이루어지는 학습이다. 반면, 조작적 행동은 유기체가 다양한 환경조건에서 능동적으로 적절한 반응을 함으로써 보상을 받거나 유리하게 적응하는 것이다. 즉, 유기체의 자발적 반응에 대하여 강화(보상)를 함으로써 학습을 하는 것이다. 스키너는 이러한 종류의 학습을 '조작적 조건형성(Operant Conditioning)'이라고 하였다. 여기서 조작적이란 유기체가 자극에 대해 단순히 반응하는 것이 아니라, 환경을 조작하여 변화시킨다는 의미이다. 즉, 학습은 반응에 수반하는 결과의 영향을 받는다는 것이다. 따라서 조작적 조건형성은 수의적 반응이 그 결과에 의해 통제된다는 의미를 갖는다. 이러한 조작적 조건형성은 자발적인 인간 행동의 설명에 더 큰 비중을 차지하고 있다(이주희 외, 2013: 181).

스키너는 유기체가 어떠한 반응을 한 후에 보상이 있느냐 없느냐에 따라 조작 행동은 강해지거나 또는 약화된다고 보고 자신의 이름을 딴 실험상자인 스키너 상자(Skinner Box)를 고안하였다. 실험상자 안의 동물(흰쥐 또는 비둘기)이 지렛대를 누르면 먹이가 나온다. 먹이가 나오게 되면 갈수록 지렛대를 누르는 횟수가 증가하게 되었다. 이 실험은 유기체가 스스로 어떤 반응을 하고 그 반응이 긍정적 보상을 가져다주게 되면, 그 후에도 그와 비슷한 반응을 나타낼 확률이 높아진다는 것을 보여 주는 것이다.

이와 같이 보상(reward)을 유기체의 특정 반응 뒤에 얻어지게 함으로써 반응률을 높이는 과정을 스키너는 '강화(Reinforcement)'라고 한다.

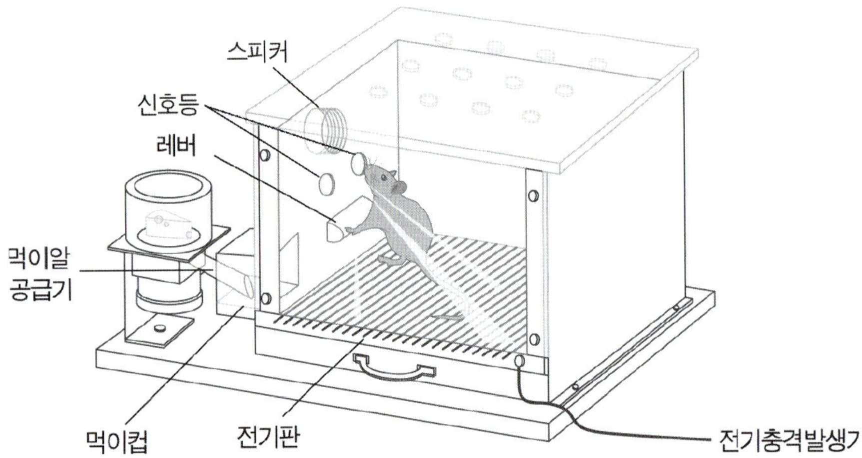

출처: 정서영(2017b: 120) 재인용.

그림 5-1 스키너상자

(6) 조작적 조건형성의 적용

조작적 조건형성의 원리를 이용하여 스트레스에 대한 신체반응을 제어하도록 학습하고 훈련할 수 있다. 신체 내의 생물학적 상태에 대한 정보를 얻는 방법으로 바이오피드백(Biofeedback)이 있다. 바이오피드백은 몸에 감지기를 붙이고 근육 긴장도, 혈압, 심박동 수, 뇌파 등에 따라 달라지는 생리신호를 환자가 컴퓨터 화면을 통해 직접 관찰할 수 있도록 만든 것이다. 즉, 바이오피드백은 자발적인 제어가 불가능한 생리활동을 공학적으로 측정하여 지각이 가능한 형태의 정보로 생체에 전달하고, 그것을 바탕으로 학습과 훈련을 되풀이하여 심리적 안정상태를 유도할 수 있도록 해준다.

바람직하지 못한 행동을 변화시키기 위한 방법으로 행동수정(Behavior Modification)이 있다. 행동수정은 잘못된 행동을 수정하는 데 초점을 두고 고전적 조건형성,

조작적 조건형성, 관찰학습 등의 학습원리에 기초하여 조직적인 프로그램을 통해 행동을 변화시키는 방법이다. 즉, 행동수정에서는 환경적인 변화를 통하여 인간의 행동을 변화시키고자 한다,

행동수정을 위해서 가장 먼저 해야 할 일은, 현재 수준에서 도달할 수 있는 표적 행동(Target Behavior)을 정하는 것이다. 표적 행동은 변화시키려고 선택한 행동으로, 표적 행동을 변화시키는 데는 어떤 행동을 증가시키는 것과 제거시키는 두 가지 방법을 사용할 수 있다. 표적 행동이 정해지면 행동을 변화시키기 위한 시도를 하기 전에 발생한 행동의 빈도 수 등을 그래프로 기록해 준다. 강화를 통하여 수정이 되면 바람직하지 않았던 행동의 빈도수는 줄어들고 반대로 바람직한 행동의 빈도수는 증가된 그래프가 나타나게 되어 행동수정의 효과를 검증할 수 있게 된다. 행동수정의 방법으로는 바람직한 행동을 가르치는 방법인 행동조성(Shaping), 행동연쇄(Behavior Chaining), 용암법(Fading), 프리맥의 원리(Premack Principle), 토큰경제(Token economy) 등의 방법과 바람직하지 않은 행동을 수정하는 방법인 격리(Timeout), 포만(Satiation), 반응대가(Response Cost), 과잉교정(Overcorrection) 등이 있다.

4. 상담과정

상담의 과정은 상담관계의 형성 → 문제행동의 구명 → 현재의 상태 파악 → 상담목표의 설정 → 상담기술의 적용 → 상담결과의 평가 → 상담의 종결이다. 그 내용은 다음과 같다(김충기 · 강봉규, 2003: 131-133).

1) 상담관계의 형성

행동주의상담을 처음 접하는 사람은 내담자와 충분히 상담관계가 형성되지 않은 가운데 상담기술을 적용하는 오류를 범하기 쉽다. 그렇게 되면 내담자는 자신이 이해받고 있지 않으며, 자신의 인격이 존중받고 있지 못하다고 느낄 수 있다.

행동주의상담이 비록 내담자와의 관계에서 기계적이라는 말을 종종 듣고는 있지만 행동주의 상담자도 인간중심상담에서처럼 내담자가 온정을 느끼도록 내담자를 존중하며, 공감하고, 진실하게 상담에 임하는 정도가 다른 상담 접근에 못지않다는 연구결과가 있다. 어떤 경우에는 내담자와 더 깊은 내면적 접촉을 하는 것으로 평가되고 있다. 이러한 친밀관계를 형성하면 내담자가 직면하게 될 과제를 해결하는 데 도움이 된다. 상담자가 온정적이지 않고 자신에게 관심도 보이지 않고, 자신을 존중해 주지 않는다고 내담자가 느낀다면 어떤 상담기술도 의미가 없다.

행동주의상담에서 상담관계가 잘 형성되어야 내담자가 자신의 관심사를 자유롭게 이야기할 수 있고, 내담자의 문제를 규명할 수 있으며, 문제에 대한 내담자의 느낌을 상담자가 이해할 수 있다. 상담관계의 이러한 측면이 중요하지만 행동주의 상담자들은 공감이나 온정 등의 변인을 행동 변화의 충분조건으로는 보지 않는다.

2) 문제 행동의 규명

내담자와 상담자 간의 상담관계가 형성되면 내담자의 문제 행동을 규명한다. 내담자가 자신의 문제를 알고 있을 수도 있지만 그렇지 못할 수도 있다. 상담자는 내담자가 자신의 문제를 잘 알도록 도와주어야 하는데, 상담관계가 잘 형성되지 않았으면 내담자가 상담자를 믿지 못하여 자신의 문제를 밝히기를 꺼릴 수 있다. 상담관계 형성이 잘 되지 않은 상태에서 너무 문제 행동만 규명하려고 집착하다 보면 상담이 중단될 수도 있다. 내담자가 자신의 문제를 잘 알고 있다고 보지만, 대체로 추상적으로 알고 있는 경우가 많다. 이러할 경우 상담자는 내담자가 관찰할 수 있는 구체적 행동으로 나타낼 수 있도록 한다(강갑원, 2006: 189).

실제로 행동수정에 착수하기 위해서는, 습득시켜야 할 행동(약화 또는 제거시켜야 할 행동)을 선정해서 객관적 용어로 정의하는 일이 선행되어야 한다. 다시 말해서, 행동을 효과적으로 수정하기 위해서는 먼저 그 행동을 정확하게 파악하고, 서술적 용어로 정의해야 한다는 말이다(김충기 · 강봉규, 2003: 132).

이와 같은 행동의 선정과 정의는 눈으로 관찰한 최종 행동의 기술에서 끝내는 것이 좋으며, 정의된 내용만 보고도 두 명 이상의 독립된 관찰자에 의해서 동일한 하나의 행동으로 관찰 기록될 수 있어야 한다. 행동수정의 표적은 환자의 행동 그 자체이기 때문에, 분석적 용어로 정의된 행동은 구체적이고 관찰 가능하며 측정이 가능한 행동으로 세분화되어야 한다. 세분화한다는 말은 정의된 행동을 구체적인 작은 행동으로 나눈다는 말이다.

3) 현재상태의 파악

행동의 정의가 행동수정의 방향과 목표를 지시해 주는 것이라면 행동의 시발점 측정은 행동수정의 시발점을 가리켜 주는 것이라고 할 수 있다. 행동의 시발점 측정이라 함은 실제 행동수정에 들어가기 직전까지의 행동이 얼마나 빈번하게 또는 오랫동안 일어나고 있느냐를 측정하는 것이다(김충기 · 강봉규, 2003: 132).

이러한 측정의 결과는 수정작업이 끝난 후 내담자의 행동에 얼마만큼의 변화가 일어났느냐를 알기 위한 기준이 되기도 한다. 시발점에는 크게 두 가지가 있다. 그 첫째는, 행동의 빈도를 측정하는 것으로 밤에 얼마나 자주 오줌을 싸는가 등이다. 둘째는, 어떤 행동을 얼마나 오랫동안 지속하는가 하는 것이다. 이것은 시간으로 측정해야 할 것이다(김헌수 · 김태호, 2006: 153). 파악할 내용을 구체적으로 제시하면 다음과 같다(LaFleur, 1979).

① 내담자가 제시한 문제 행동을 분석한다. 이때에는 내담자가 지나치거나 부족한 행동에 초점을 맞춘다.

② 문제 행동이 일어나는 장면을 분석한다. 여기에서 문제 행동과 관련된 선행조건과 결과를 분명히 밝힌다.

③ 동기를 분석한다. 내담자에게 강화를 주고 있는 사태를 밝힌다.

④ 발달과정을 분석한다. 문제 행동을 변화시키는 데 도움이 될 만한 생물학적, 사회적, 행동적 정보를 수집한다.

⑤ 자기 통제력을 분석한다. 내담자가 자신의 문제 행동을 어느 정도 스스로

통제할 수 있는지를 분석한다. 이때 통제가 어떻게 이루어지고 있고 자기 통제에 제한을 주는 사태가 무엇인지를 파악한다.

⑥ 사회적 관계를 분석한다. 내담자 생활에 의미 있는 영향을 주는 사람과 내담자와의 관계를 파악한다. 그리고 이러한 관계를 유지하는 데에 사용된 방법도 분석한다.

⑦ 사회적, 문화적, 물리적 환경을 분석한다. 사회적·문화적 규범이나 환경의 제한점을 분석한다.

4) 상담목표 설정

앞 단계에서 얻은 정보를 바탕으로 상담목표를 설정한다. 목표가 상담의 방향을 결정하기 때문에 중요하다. 목표는 상담자와 내담자의 행동 표적이 된다. 상담목표는 어떤 상담기술을 선택할 것인지, 어떤 기술을 체계적으로 조직하여 사용할 것인지에 대한 해답은 물론 내담자로 하여금 자신의 행동을 바꾸도록 하는 동기를 제공해 주기도 한다. 목표를 설정하는 방법은 다음 몇 단계로 생각할 수 있다(Stewart et. al., 1978).

첫째, 목표의 성질과 설정의 취지를 내담자에게 얘기해 준다.

둘째, 달성하고 싶고, 달성 가능한 목표를 생각해 내도록 도와준다.

셋째, 내담자가 바라는 구체적 목표를 일단 설정한다.

넷째, 목표가 달성 가능한 것인지 나중에 측정 가능한 것인지 따져본다.

다섯째, 목표에 대하여 얻은 정보를 기초로 하여 상담을 계속할 것인지 목표를 수정할 것인지 결정한다.

여섯째, 상담을 계속하기로 결정하였으면 최종 목표를 구체적 목표로 다시 세분하여 순서를 정한다.

이상에서 설정된 목표는 내담자가 바라는 목표이어야 하고, 상담자가 도와주고 싶은 것이어야 하며, 측정 가능한 것이어야 한다.

5) 상담기술의 적용

상담목표가 정해지면 목표를 가장 효율적으로 달성해 줄 수 있는 상담기법을 또는 치료방법을 찾는다. 기법은 바람직하지 못한 행동을 중지하도록 돕는 것, 바람직한 행동을 학습하도록 하는 것, 자기 행동을 스스로 통제하고 지도할 수 있도록 돕는 것으로 나눌 수 있다. 상담자는 이 중에서 내담자의 문제상태에 맞는 기법을 찾는다(강갑원, 2015: 146). 이 단계에서 중요한 것은 내담자가 행동을 수정하고 싶어 하는 환경에서 상담기술을 적용한다는 것이다. 상담이 상담실에서만 이루어져야 하는 것은 아니다.

행동주의상담에서는 여러 기술을 적용할 수 있다. 언어를 통해서 할 수도 있고, 매체를 통해서도 할 수 있다. 어느 쪽이든 초점은 내담자가 효과적으로 학습하도록 하는 데에 있다. 행동주의상담에서는 상담자와 내담자가 함께 상담기술을 개발하여야 할 때가 있다. 대부분의 상담전략은 몇 가지의 학습 개념을 상담목표에 적절하게 사용한다. 여러 학습 개념에 기초한 상담기술은 분류하기는 어렵지만 내담자가 제시한 문제나 상담목표를 기준으로 여러 학자들이 제시한 것을 종합해 보면 세 가지로 나눌 수 있다(강갑원, 2006: 192).

첫째, 바람직하지 못하다고 생각되는 행동을 하지 않도록 돕는 기술

둘째, 바람직하다고 생각되는 행동을 하도록 돕는 기술

셋째, 자신의 행동을 스스로 통제하고 지도할 수 있도록 돕는 기술이다.

6) 상담결과의 평가

상담을 했으면 목표가 얼마나 달성되었는지를 점검하는 것이 필요하다. 이 과정은 반드시 상담이 끝난 뒤에 하는 것이 아니라 중간점검형태로 할 수도 있고 그 결과는 다시 상담과정에 반영한다. 평가결과, 어떤 기술이 효과가 있으면 지속하고, 없으면 다른 것으로 교체하여야 한다(강갑원, 2015: 146).

상담결과의 평가는 상담 끝 무렵에 한 번으로 끝나는 것이 아니라, 전체 상담과정에서 지속적으로 이루어지는 과정이다. 내담자의 행동에 대한 평가는 상담이

얼마나 효과적으로 이루어지고 있었는지, 특정 상담기술이 효과가 있었는지 알아보는 데에 사용된다. 평가결과에 따라 이전에 효과가 있었다고 생각되는 기술이라고 할지라도 언제든지 바꿀 필요가 있다.

7) 상담의 종결

종결은 최종 목표 행동에 대한 평가가 이루어진 뒤에 하지만, 이것이 상담목표가 달성되어 그만둔다는 것만을 의미하지는 않는다. 종결되더라도 추가적 상담이 필요할 수도 있다.

행동주의상담에서는 어떤 상담목표가 달성되었더라도 상담과정에서 배운 원리가 내담자의 다른 행동을 안내하는 데에도 전이될 수 있도록 하면서 상담 종결한다. 즉, 상담이 끝난 후에도 지속적으로 그 원리를 내담자 자신의 삶에 적절하게 적용할 수 있도록 하는 데 초점을 두고 종결을 한다(강갑원, 2006: 192).

5. 상담기법

행동주의상담에서는 다양한 기술이 사용되고 있다. 어느 것이라도 효과가 확실히 보증된 것은 없다. 이러한 기술은 다양한 학습이론에 근거하고 있다. 이러한 기술은 그중에서도, 특히 파블로프의 고전적 조건형성, 스키너의 조작적 조건형성, 반두라의 사회학습이론에 근거하고 있다. 행동주의상담에서 사용되는 상담기법 중 조작적 조건형성에 의한 상담기법을 소개하면 다음과 같다(강갑원, 2015: 147-154).

(1) 강화법

강화란 어떤 행동을 한 뒤에 수반되는 결과가 만족스러울 때 그 행위가 지속되거나 증가하는 것을 말한다. 강화는 긍정적 강화(정적 강화)와 부정적 강화(부적 강화)로 나눌 수 있다(김춘경 외, 2016: 315-316).

① 긍정적 강화

내담자의 바람직한 행동에 대해 보상을 주어 그 행동을 증강하는 경우 그 보상을 긍정적 강화(Positive Reinforcement) 자극이라고 한다. 흔히 사용되는 긍정적 강화에는 음식, 돈, 승진, 인정, 주목, 칭찬, 자유시간, 사탕, 어떤 특혜를 주는 것, 좋아하는 활동을 할 수 있도록 허용하는 것 등이 있다.

스키너는 강화를 일차적 강화와 이차적 강화로 구분했다. 일차적 강화는 무조건적 강화라고 하며 애초부터 고유하게 강화의 속성을 보유한 사건이나 대상을 말한다. 예를 들어, 사탕을 좋아하는 내담자의 경우 바람직한 행동을 할 때 사탕을 준다면 사탕은 일차적 강화물(Primary Reinforcer)이라 할 수 있다. 일차적 강화물이 대상자에게 강화의 효과를 가지는 것은 학습효과와는 무관하다. 이차적 강화인(Secondary Reinforcer)은 대상에게 강화효과를 갖기 위해서 대상자의 과거 경험 속에서 일차적 강화물과 연합되는 경험을 해야만 한다. 예를 들어, 대표적으로 돈은 그 자체로 강화의 효과를 갖지 못하지만 여러 가지 기본적인 만족을 주는 옷, 음식, 집 등을 얻을 수 있는 강한 강화인이 된다. 스키너가 주장한 또 다른 이차적 강화물로는 주목, 인정, 호의, 타인에 대한 복종 등이 있다. 이것은 인간의 행동을 통제하는 데 매우 강한 효과를 갖는다. 사람은 자신만의 고유한 조건화의 역사를 가지고 있으므로 모든 사람들이 동일한 강화인의 통제를 받는 것은 불가능하다. 예를 들어, 어떤 사람은 성공으로 인해 다른 사람들에게 인정받는 데서 보상을 받으며, 또 다른 사람들은 타인의 다정한 반응에서 더 보상을 받고, 또 다른 사람들은 성취로 인해 스스로 갖는 만족감에서 가장 큰 보상을 받는다.

일상생활에서는 물론 상담장면에서 효과적으로 사용할 수 있는 긍정적 강화방법으로 '프리맥의 원리(Premack's Principle)'가 있다. 프리맥의 원리는 낮은 확률의 활동, 즉 내담자가 싫어하는 행동을 증가시키기 위해 높은 확률로 나타나는 행동, 즉 내담자가 좋아하는 행동을 할 기회를 강화로 제공하는 것이다. 숙제의 효과는 달라질 수 있으므로 상담자는 내담자의 강화인을 다양하게 파악하다 마치면 밖에 나가서 친구들과 놀게 한다든지, 게임을 할 수 있게 해주는 것이 프리맥의 원리를 적용한 예가 된다.

② 부정적 강화

스키너의 행동수정이론에서는 인간의 많은 행동이 개인의 어떤 반응과 연관된 고통, 불쾌, 불안을 가져오는 혐오 자극을 통해 통제될 수 있다고 본다. 혐오 자극을 통한 통제방법은 크게 부정적 강화와 벌로 나뉜다.

부정적 강화(Negative Reinforcement)는 어떤 바람직한 행동을 할 때 내담자가 싫어하는 대상물을 제거해 주는 방법으로서 이때 제거되는 것을 부정적 강화 자극이라고 한다. 긍정적 강화나 부정적 강화 모두 바람직한 행동의 발생빈도나 강도를 증가시킨다는 점에서는 동일하다. 부정적 강화가 긍정적 강화와 다른 점은 긍정적 강화가 바람직한 행동을 함으로써 어떤 바람직한 것을 얻게 되는 반면, 부정적 강화는 바람직한 행동을 함으로써 꾸중, 벌로서의 청소, 구속 등 어떤 불쾌한 자극을 피할 수 있다는 점이다.

부정적 강화가 효과를 발휘하기 위해서 내담자는 회피 행동과 도피 행동을 학습해야 한다. 회피 행동은 이미 존재하고 있는 혐오 자극에서 벗어나기 위한 행동으로서, 극장에서 주변에 시끄럽게 떠드는 십대 청소년들이 있을 때, 소음을 피하기 위해 그 무리로부터 멀리 떨어진 자리에 가서 앉는 것을 예로 들 수 있겠다. 도피 행동은 이 행동을 함으로써 혐오 자극의 출현을 미리 방지하는 것으로서, 다음에 극장에 갔을 때, 십대 청소년들이 모여 앉은 것을 보면 미리 멀리 떨어져 앉는 것을 예로 들 수 있다.

벌은 바람직하지 않은 행동을 감소시키거나 제거할 때 사용되는 것이라는 점에서 부정적 강화와는 구별된다. 벌은 현대사회에서 일반적으로 사용되는 행동통제 방법으로서 일상생활 속에서 규칙을 위반하면 벌금을 물거나 교도소에 가거나 어린아이가 야단이나 매를 맞는 것, 학생이 시험에서 부정행위를 하면 성적에서 감점을 받거나 제적되는 것 등이 그 예다. 벌은 그 반응이 다시 발생할 가능성을 감소시키는 데 그 효과가 있다.

(2) 행동조성법

행동조성(Shaping)은 복잡한 행동을 습득시키기 위하여 그 행동을 작은 단위로 나누어 각 단위를 강화하여 차례로 학습하도록 함으로써 행동을 학습하도록 하는 방법이다. 작은 단위의 행동은 학습하기 쉽고 학습에 성공하면 그 결과 자체가 강화를 하기 때문에 이것 역시 강화의 원리를 깔고 있다. 예를 들어, 어떤 부모가 자녀가 집에서 하루 2시간 정도 공부하게 하고 싶다고 할 때, 이러한 행동은 몇 가지 세부 행동으로 분할할 수 있다. 즉, 놀이터에서 집에 오도록 하는 것, 공부방에 들어가게 하는 것, 책상에서 시간을 보내게 하는 것, 책상에서 공부를 30분 정도 하게 하는 것, 책상에서 1시간 정도 공부하게 하는 것, 책상에서 2시간 정도 공부하게 하는 것으로 세분할 수 있다. 그런 다음에 제일 먼저 아이가 집에 오도록 강화하고 집에 오는 것이 학습되면 공부방에 들어가는 행동을 하도록 강화하고 그 다음에는 책상에서 시간을 보내도록 강화하는 식으로 하여 최종적으로 2시간 동안 공부하도록 하는 것이다.

(3) 상표제도(토큰 강화법)

상표제도(Token Economy)는 집단 속의 각 개인의 다양한 행동을 수정할 때 효과적으로 사용되는 방법이다. 행동주의적 기법 중에 광범위하게 사용되고 있는 기법의 하나인 상표제도는, 스키너의 강화원리를 포함하여 조작적 조건형성의 원리를 적용시킨 것으로, 직접적으로 강화인자를 쓰는 대신, 후에 내담자가 원하는 다양한 물건과 교환할 수 있는 상표를 보상으로 제공하는 것이다. 즉, 적절한 행동을 할 때마다 직접 확인될 수 있는 강화물로 상표가 주어지는 체계적인 기법이다. 이 상표제도는 개인적으로 실시되기보다는 보통 교실에서나 가정, 정신과병동 등과 같은 집단상황에 적용된다(Corey, 2008).

토큰강화 자극으로는 별표, 스티커 등이 사용된다. 토큰은 돈처럼 교환가치가 부여된다. 개인은 각자 바람직한 행동을 할 때마다 토큰을 받고, 토큰은 개수에 따라 다양한 강화 자극과 교환된다. 다른 강화 자극보다 토큰제도는 내담자의 행동관리에 많은 이점을 지니는데, 첫째, 심리적 포화현상을 방지할 수 있으며, 둘째, 내담자가 토큰의 개수에 따라 다양한 강화 자극과 교환하거나 장기간 토큰을 저축해서 좀 더 값진 강화 자극으로 교환할 수 있으며, 셋째, 토큰은 내담자의 행동을 강화할 때 간편하게 처리할 수 있으며, 넷째, 토큰제도는 강화의 지연을 예방해서 강화의 효과를 높일 수 있다(김춘경 외, 2016: 318).

6. 평가

행동주의상담의 강점과 한계는 다음과 같다(강진령, 2013a: 137-139).

1) 강점

행동주의상담의 강점과 기여한 바는 다음과 같다.

(1) 다양한 행동기법 및 전략 적용

행동주의상담의 가장 큰 장점은 내담자의 행동 변화를 위해 다양한 행동 중심의 기법과 전략을 활용한다는 것이다. 상담자는 내담자와 문제에 대한 의논을 통해 통찰을 유도하기보다는, 실행에 초점을 두고 다양하고 구체적인 기법들을 선택·적용하여 내담자의 행동 변화를 꾀할 수 있다. 이들 기법은 대부분 1967~1976년까지 집중적으로 개발된 것으로, 학교, 정신병원, 보호시설 등의 다양한 장면에서 활용 가능하다.

(2) 특정 장애에의 효과

행동주의상담은 주의력결핍 / 과잉행동장애(Attention Deficit/Hyperactivity Disorder, ADHD), 약물오남용, 성기능 장애, 충동조절장애, 공포장애 등에 특히 효과가 높다. 또한 불안, 스트레스, 주장성, 육아, 사회적 상호작용과 관련된 어려움을 다루는 데 유용한 것으로 보고되었다(Seligman, 1997).

(3) 구체적·직접적·개별적 접근 가능성

행동주의상담은 문제행동 혹은 증상해결을 위해 구체적이고 직접적인 접근을 한다는 점이다. 이러한 접근은 상담과정의 모호성을 제거하는 한편, 상담이 과학의 한 영역으로 자리매김하게 되는 발판을 마련하였다. 또한 구체적인 성취와 결과를 필요로 하는 목표지향적인 내담자에게 특히 효과적이며, 구체적인 반응이나 행동 변화를 원하는 내담자에게 적합하다.

(4) 안정적 연구기반

행동주의상담은 기법과 절차를 비롯한 이론적 접근이 상담과정에 어떤 영향을 주는지에 관한 경험적 연구들이 이를 뒷받침하고 있다. 특히, 학습이론은 행동주의 접근의 공통요소인 객관성과 평가에 안정적인 이론적 기반을 제공하고 있다.

2) 비판

행동주의상담에 대한 비판과 한계는 다음과 같다.

(1) 내담자의 총체적 인간성 무시

행동주의상담에 대한 비판은 무엇보다도 겉으로 드러난 행동만을 중시한다는 점에 집중된다. 인간 고유의 깊은 사고와 감정을 무시한 나머지 내담자를 총체적으로서 이해하기 어렵고 내담자의 문제에 대한 통찰과 심오한 이해에 한계가 있다.

(2) 부적응 행동의 발생과정 무시

행동치료는 현재의 증상에 초점을 맞출 뿐 인간의 발달과정, 내담자의 과거사, 무의식적인 힘, 그리고 증상 발생의 과정에는 관심이 없다는 비판을 받고 있다.

(3) 기계적 접근 가능성

행동치료에 대한 세 번째 비판은 기계적인 접근이다. 특히, 초보상담자들의 가장 공통적인 실수는 너무 빨리 기법을 적용하는 것이다(Goldstein, 1973).

(4) 실험실 동물대상 연구결과의 인간에의 적용

행동주의상담에 대한 또 다른 비판은 행동주의이론이 대부분 정상적인 상담장면보다는 동물을 대상으로 조작된 상황하에서 실시된 실험을 토대로 성립되었다는 점이다. 즉, 개, 쥐, 비둘기와 같은 동물을 사용해 공식화된 이론이라는 것이다. 이러한 이유로 행동주의상담의 기법과 전략을 인간에게 적용하는 것에 대한 윤리적 문제가 제기되거나 그 효과성에 의문이 제기되기도 한다.

(5) 고도로 훈련된 상담자 수의 한계

행동주의상담은 오랜 기간의 교육과 경험을 요구하기 때문에 다양한 내담자들이 전문적 도움을 필요로 하지만, 실제적이고 효과적으로 도움을 제공할 수 있는 전문적 능력과 임상경력을 갖춘 상담자들이 크게 부족하다는 한계를 안고 있다.

6

Chapter

인간중심상담

개요

인간중심상담은 1940년대 로저스에 의해 창시된 상담이론이다. 인간중심상담은 정신분석상담, 행동주의상담과 더불어 대표적인 상담이론으로 자리매김하였다. 이 이론은 상담분야뿐만 아니라 교육, 가정, 기업체등 우리 삶의 전 영역에 큰 영향을 미치고 있다. 본 장에서는 인간중심상담에 대한 논의를 하고자 한다.

학습목표

1. 인간중심상담에 대한 이해
2. 내담자 연구
3. 로저스에 대한 관심

학습내용

1. 인간중심상담의 개요
2. 로저스의 생애와 사상
3. 인간중심상담의 핵심 개념
4. 상담과정
5. 상담기법
6. 평가

1. 인간중심상담의 개요

인간중심상담(Person-centered Counseling)은 1940년대 로저스에 의해 창시된 상담이론이다. 이 인간중심상담은 초기 1940년대에는 '비지시적 상담'으로, 1950~1960년대에는 '내담자중심상담'으로, 그리고 1970년대 이후부터 '인간중심상담'으로 불리게 되었다(Groddeck, 1987).

인간중심상담에서는 인간은 누구나 내담자를 인간 유기체로서 계속해서 변화하고 성장하려는 동기를 가진 선한 존재로 본다. 모든 내담자는 자신의 환경 속에서 자신을 실현하려는 동기를 가지고 움직이고 있으며, 환경이 이를 촉진하기만 하면 스스로 자기실현의 경향성을 실현하는 방향으로 움직여 나가는 긍정적이고 능동적인 존재라는 것이다(김춘경 외, 2016: 231).

인간중심상담에서는 소위 정상이든 비정상이든 모든 인간은 각자의 계속적인 성장에 궁극적 관심을 가지고 있으며, 인간은 누구나 이와 같은 계속적인 성장을 위한 잠재능력을 가지고 있다는 인간관을 가정하고 있다. 따라서, 상담 또는 심리치료란 이처럼 개인 속에 이미 존재하고 있는 잠재능력을 제약되고 왜곡된 상태로부터 해방시킴으로써 충분히 기능을 발휘할 수 있는 인간으로서의 정상을 조력하는 것으로 보고 있다(김헌수 · 김태호, 2006: 165).

인간중심상담에서는 구체적인 상담방법이나 기법보다 내담자에 대한 상담자의 태도를 더 중요시한다. 그 이유는 이 상담이론이 갖는 인간관과 철학적 배경에 근거한다. 인간중심상담에서는 인간을 정신분석학에서처럼 과거 경험에 의해 성격이 결정되고, 자신도 의식하지 못하는 무의식에 의해 지배받는 그런 존재로 보지 않는다. 또한 행동주의상담이론에서처럼 인간을 외부자극에 의해 성격이 형성되고 행동이 좌우되는 수동적인 반응체로 보지 않는다. 인간중심상담에서는 인간을 태어나면서부터 자기잠재력을 실현하려는 경향성과 가능성을 가지고 있는 존재로 본다. 따라서 상담자의 역할은 내담자가 가진 자기실현경향성을 탐색하고 계발하도록 최적의 분위기나 환경을 제공하는 것이다. 또한 인간중심상담은 현상학과 실존주의 철학적 배경을 가진다. 인간중심상담에서는 인간을 현상학적 장에서 이해해야 한다. 그리고 인간을 실존적으로 도와야 한다. 즉, 상담자는 내담자가 지각하는 참조체계에 따라 그를 이해해야만 내담자를 이해할 수 있고, 내담자를 돕기 위해서는 그의 입장에서 그와 그의 문제를 보고 또 그가 처해 있는 실존적 상황에서 해결책을 모색해야 한다(양명숙 외, 2013: 201-202).

인간중심상담은 내담자의 잠재성을 실현하도록 도와주며, '완전히 기능하는 사람'이 되도록 돕는다. 과거의 문제보다 현재의 경험을 강조하는 이 접근은 상담에 대한 기존의 사고방식을 완전히 바꾸어 놓았다. 현재 인간중심상담은 상담에서 상담자의 태도의 중요성을 가르쳐 주며, 다른 접근과 자주 통합되어 사용된다(유영달, 2017: 127).

이러한 인간중심상담은 정신분석상담, 행동주의상담과 더불어 대표적인 상담이론으로 자리매김하였다. 그리고 이 이론은 상담 분야뿐만 아니라 교육, 가정, 기업체 등 우리 삶의 전 영역에 큰 영향을 미치고 있다. 그 실례로, 아동중심상담, 학습자중심학습, 배우자중심상담, 국민중심정치, 노동자중심 기업운영, 환자중심 진료 등을 들 수 있다. 즉, 인간중심상담이론은 단지 상담이론으로만 머물지 않고 교육, 정치, 경제 등 모든 분야에 적용되어 하나의 인간중심적 삶의 원리이자 삶의 철학으로까지 발전하고 있다.

상담목표

인간중심상담에 따르면, 모든 인간은 자기실현 경향성을 타고난다. 상담에서 가장 중요한 목표는 내담자의 자기실현 경향성을 막고 있는 장애물을 제거하여 타고난 실현 경향성을 되찾도록 하는 데 있다. 이를 위해 상담자는 상호 신뢰적인 분위기를 조성하여 내담자가 거리낌 없이 자기를 공개하여 자신의 내면세계를 이해할 수 있도록 돕는다. 또한 상담에서 내담자가 자신의 환경에 대한 왜곡된 지각을 수정하고 현실적 경험과 자기개념 간의 조화를 이루며 유기체적 경험 간의 불일치를 제거하게 된다.

인간중심상담의 목표는 로저스가 말하는 인간관을 가진 사람이 될 수 있도록 하는 데 있다. 상담자는 상호 신뢰적인 분위기를 조성하여 내담자가 거리낌 없이 자기를 개방하도록 함으로써, 내담자 자신의 내면세계(감정, 욕망 및 가치판단 등)를 이해하고, 자신의 문제를 파악할 수 있도록 돕는다. 이런 관계 속에서 내담자는 자신의 환경에 대한 왜곡된 지각을 수정하고, 현실적 경험과 자아개념 간의 조화를 이룬다. 이러한 과정을 통해 내담자는 자기에 대한 위협과 방어하려는 방어기제를 해체함으로써 충분히 기능하는 사람이 되어 자신의 능력과 개성을 최대한으로 발휘하는 자기실현을 촉진하게 된다(김계현, 2016: 265).

이런 자아실현을 이룬 사람의 특징은 첫째, 자기방어를 위해 현실을 왜곡하지 않으며, 둘째, 자기 자신에 대한 올바른 이해에 바탕을 둔 신뢰감과 융통성 있는 마음의 자세를 가지고 있고, 셋째, 실존문제에 대한 해답을 자신의 내부에서 찾으려 하며, 인간적인 성숙이 지속적인 과정임을 아는 사람이다(이현림, 2011: 58).

이러한 목표의 기저에는 성장을 촉진하는 적절한 양육환경을 만들어 주기만 하면 스스로 문제를 해결할 수 있는 능력이 발휘된다는 내담자에 대한 신뢰와 믿음이 깔려 있다. 다시 말해서, 내담자들이 자신의 경험을 부정하거나 왜곡하지 않고 있는 그대로 수용할 수 있게 되면 심리적 문제는 저절로 해결될 수 있다. 이를 위해서는 무엇보다 내담자가 사회화 과정을 통해 발달시킨 가면을 벗어 던지도록 도와야 한다. 성장과정에서 가치 조건에 물들여져 위축되고 왜곡된 자기개념을 보다 확장시키고 융통성 있게 변화시켜야 한다는 것이다. 이렇게 될 때, 내담자는 현실의 장에서 하게 되는 모든 경험을 위협이나 불안감 없이 자신의 것으로 받아들일 수 있다. 바로 '지금-여기'에서 진행되는 모든 내적인 경험을 왜곡 없이 수용할 수 있을 때, 비로소 내담자는 이제까지는 보지 못했던 자신의 참 모습을 발견할 수 있게 된다.

외적으로 규정된 채로만 살아가게 된다면 진실한 자기를 발견할 수 없다. 내담자가 자기의 진실한 모습을 발견하고 거기에서 참다운 의미를 발견할 수 있기 위해서는 자신에게 부여된 가치 조건에서 벗어나야 한다. 그러나 이러한 가치 조건은 오래전부터 수많은 습관화 과정을 거쳤기 때문에 혼자 힘으로 벗어 던지기에는 힘들 수도 있다. 바로 이 시점에서 상담자의 '촉진'이 필요하다(이장호 외, 2009: 95-96).

그러므로 상담자는 아무런 가치 조건도 부여하지 않고 내담자를 있는 그대로 존중하고 수용함으로써 내담자에게 부여된 가치 조건을 해제해 나간다. 따라서 그 어떠한 예외도 없이 상담자가 이러한 태도를 일관되게 유지해 나갈 때 내담자는 비로소 참다운 자기를 발견하고 거기에 의미를 부여할 수 있다.

2. 로저스의 생애와 사상

로저스(Carl Ransom Rogers, 1902~1987)는 1902년 미국 일리노이 주 오크마크(Oak Park)에서 태어났다. 그의 부모는 자상한 반면에 철저한 종교적인 입장을 지니고 있었기 때문에, 로저스의 소년시절은 엄격하고 비타협적인 종교적인 규율의 분위기였다. 가족 이외에는 친구가 없어서 고교시절까지 대부분의 시간을 혼자서 독서와 사색으로 보냈다. 1919년에 위스콘신대학교(University of Wisconsin)에 입학한 후, 3학년 때에 그의 인생을 변화시킬 만한 일이 생겼다. 그는 중국 북경에서 개최된 세계기독학생연합회에 참가하는 12명의 미국 학생 중 한 사람으로 선발되어 6개월 동안 중국에 머물렀다. 그곳에서 다양한 종교와 문화적인 특성을 지닌 많은 외국인들과 만나게 되었고, 그러한 경험은 그로 하여금 자신의 인생관을 보다 자유롭게 다시 결정할 수 있게 하였던 것이다. 로저스는 그때의 경험을 통하여 "나는 나 자신의 사고방식대로 생각할 수 있고, 나 자신의 결론에 도달할 수 있으며, 나 자신이 믿는 바에 따라 행동할 수 있다."는 인식을 갖게 되었다.

칼 로저스

그는 위스콘신대학교 사학과를 졸업한 후, 콜럼비아대학교(Columbia University)에서 아동철학으로 전공을 바꾸었고, 듀이(John Dewey, 1859~1952) 철학의 영향으로 어린이들과 함께 실제적인 임상실험을 하여 교육심리학으로 석사(1928)와 박사학위(1931)를 받았다. 그 후 로체스터(Rochester)의 아동학대방지협회에서 연구원으로서 12년간 비행아동과 불우아동을 위하여 치료활동을 하다가, 1940년 오하이오 주립대학교의 심리학 교수로 초빙되었다. 그는 이 대학에서 학생들에게 자신의 경험들을 토대로 하여 당시 임상가들이 활용하고 있던 원리 가운데서 정수를 뽑아다 분명한 상담의 실제적인 방법으로 도출해낸 아이디어를 가르쳤다. 그러한 강의과정에서 그는 자신의 아이디어가 상담 및 심리치료에 있어서 하나의 새로운 접근임을 깨닫게 되었다. 이 아이디어들을 1940년 12월에 미네소타대학교에 한 논문으로 발표하였다. 이것은 로저스가 상담에 대한 자신의 아이디어를 처음 발표한 논문이었는데, 이 논문이 놀라운 반응을 일으켰던 것이다. 이를 토대로 하여 1942년에 그는 『상담과 심리치료(Counseling and psychotherapy)』를 출판하였다. 그 당시만 해도 미국을 지배하고 있었던 상담 및 심리치료의 방법론자들은 지시적 접근과 정신분석적 접근이었고, 이들은 모두 상담자의 지식과 기술에 의존하는 것이었으며, 내담자를 진단하고 해석하는 방법이었다.

그 후 1945~1957년까지 시카고대학(The University of Chicago)의 심리학 교수와 상담소장의 일을 맡았다. 이 기간 동안에 『내담자 중심치료(Client-centered therapy)』를 출판하였다. 1957년에는 모교인 위스콘신 대학 교수로서 활동하였으며 1964년에는 캘리포니아의 라호야(La Jolla)에 있는 서부행동과학연구소와 인간연구소로 자리를 옮겼다. 그는 1956년, 1972년에 미국심리학회(American Psychological Association, APA)의 우수과학 공로상과 우수공로자상을 각각 수상하였다. 그는 미국응용심리학회·미국심리학회 회장도 지냈다. 그는 인간의 잠재력에 접근하는 심리요법과 상담요법을 고안하여 실행한 성격 연구의 혁신자이며 참만남운동(encounter movement)의 개척자로서 활동하다가 1987년에 사망하였다.

그는 미국 역사상 가장 영향력 있는 심리학자이다. 교육, 상담, 심리치료, 갈등 해결 및 평화 분야 모두에 크게 공헌했으며, 인본주의 심리학의 창시자로서 공감적인 삶, 실험적인 연구, 16권의 저서, 200편이 넘는 학술논문을 통해 전 세계에 영향을 미쳤다. 그의 주요 저서로는 『문제 아동의 임상치료(The Clinical Treatment of the Problem Child)』(1939), 『상담과 심리치료(Counseling and psychotherapy)』(1942), 『인간의 잠재력(Carl Rogers on Personal Power: Inner Strength and Its Revolutionary Impact)』(1977) 등이 있다.

3. 인간중심상담의 핵심 개념

인본주의(현상학)는 개인의 주관적 경험, 감정, 그리고 세계와 자신에 대한 개인적 견해 및 사적 개념을 연구한다. 로저스는 현상학적 심리학자의 한 사람으로서 사람의 행동은 그 사람이 세계를 어떻게 지각하느냐에 달려 있다고 보았다. 행동이란 개인이 세계를 지각하고 해석한 직접적인 사건의 결과로 생기므로 인간의 행동을 잘 이해하기 위해서는 그 개인의 내적 준거틀(internal frame of reference)을 이해하는 것이 필요하다고 보았다. 현상학적 이론이 지니고 있는 주요 개념에 대하여 살펴보고자 한다.

1) 인본주의이론

인본주의는 1940년대에 로저스(Carl Rogers)에 의하여 개발되어 지금까지 계속 발달하고 있는 인간의 성장과 변화에 대한 접근법이다. 이 이론은 내담자 및 인간의 변화 및 성장을 존중하며, 일치성, 공감 및 긍정적 존중의 태도를 존중한다.

인본주의에서는 잠재적으로 능력이 있는 개인 안에 이미 존재하는 능력을 해방시키는 것을 심리치료의 목표로 삼는다. 만일 어떤 특정한 조건이 제시된다면 개인은 점차로 실현의 능력을 가지고 그가 조건부 가치에 의해 내사시켜 온 한계를 극복해 나갈 수 있을 것이다. 여기에서 특정한 조건이란 치료적인 관계 내에서 개인이 진솔성이나 일치성, 정확한 공감적 이해 및 무조건적인 긍정적 존중을 지각하는 것이다. 이때 내담자의 성격 변화는 그의 존재가 자신의 내적 경험을 좀 더 많이 인식하는 방향으로 자신의 내적 경험이 유동적이고 변화할 수 있도록 허용하는 방향으로, 그리고 그의 내적 경험과 일치하게 행동하는 방향으로 일어날 것으로 보고 있다(장수환 외, 2017: 259).

인본주의이론은 정신역동학파에서 말하는 본능적이고 역동적인 개념을 거부하고, 자기(Self)에 관한 것에 초점을 두기 때문에 '현상학적 이론' 또는 '자아실현이론'이라고 불린다. 현상학적 이론은 개인이나 생활사건에 대한 자기인식은 성격발달을 이해하기 위한 준거틀을 제공한다는 사실을 강조하고 있다. 현상학적 입장에 따르면, 각 개인은 행동의 주체이며, 행동이란 단지 내부세계의 관찰 가능한 표현일 뿐이기 때문에 인간의 경험에 대한 연구를 하는 것이 필요하다. 또한 생활사건에 대한 개인적인 해석에 기반을 두고서 환경에 반응을 나타내는 개인을 이해하는 것이 중요하다는 입장이다(최옥채 외, 2015: 131).

인본주의이론은 무의식적 결정론에 근거한 정신분석이론과 환경결정론에 근거한 행동주의이론의 입장에 반대하는 '제3세력의 심리학'에 속한다. 인본주의 이론에서는 사랑, 선택, 창조성, 의미, 가치, 자아실현과 같은 인간의 자아실현경향과 긍정적 측면에 초점을 둔다(Corey, 2008).

인본주의이론의 발달에 기여한 주요 인물들 중에서 로저스는 모든 인간이 긍정적 방향으로 성장하고자 하는 경향과 자기결정 및 자아실현경향을 가지고 있으며, 자신의 운명을 스스로 결정하고 자유롭게 선택하는 존재라는 점을 중시하는 '인간중심적' 접근방법(Personal-centered Approach)을 제시하였다 또한 매슬로(Abraham Maslow) 역시 인간을 자아실현을 위하여 노력하는 존재로 규정하고 '욕구위계이론'을 제시하였다.

정신분석상담을 제외하고 인간중심상담, 실존주의상담, 게슈탈트상담 등 정서와 감정에 초점을 두는 상담이론은 기본적으로 '인본주의적(humanistic) 이론'으로 간주된다. 이들은 다음과 같은 공통적인 믿음을 공유한다(유영달, 2017: 131).

① 인간은 전체적으로 보아야 한다.
② 각각의 인간은 자기실현 경향성을 타고났다.
③ 인간은 자유의지(free will)가 있으며, 자유롭게 선택할 수 있다.
④ 인간은 자유의지가 있기 때문에 선택에 대한 책임도 있다.

2) 인간관

로저스 이전의 상담영역에서 일반적인 인간관은 인간이 비합리적이고, 사회화하기 어려우며, 자기 자신이나 타인에 대해 파괴적이라고 보았다. 이에 반해, 로저스는 인간을 근본적으로 합목적적이고, 전진적이며, 건설적이고, 긍정적이며, 독립적이고, 수용적이며, 현실적인 존재인 동시에 아주 신뢰할 만한 선한 존재로 보는 인간관을 가지고 있다. 또한 프로이트와는 달리, 한 인간을 결정론적인 입장에서가 아니라 자유로운 존재로 보았다. 즉, 인간은 사회적이고 미래지향적인 존재이며, 자아실현의 의지와 더불어 선한 마음을 가지고 태어난다. 또 인간은 본래 부적응상태를 극복하고 건강한 정신상태를 되찾을 수 있는 능력을 가지고 있다고 믿기 때문에 상담 진행의 책임을 내담자에게 맡긴다. 그래서 상담자는 상담과정에서 최선의 해결책을 모두 다 알고 있는 권위적 존재로 상담에 임하지는 않는다. 따라서 내담자 역시 상담자의 지시에 단순히 따르기만 하는 수동적인 존재라는 생각을 갖지 않고, 상담과정에서 일차적 책임을 지는 능동적인 존재로 본다(이현림, 2011: 54-55).

로저스는 오랜 임상 경험을 바탕으로 하여 인간은 기본적으로 자유로우며, 자신의 행동에 책임을 지고, 유목적적이며, 합리적이고 건설적인 방향으로 지속적으로 성장해 나가는 미래지향적 존재라고 보고 있다. 인간은 스스로 자신의 문제를 해결하고 이해할 수 있는 능력을 가지고 있으며, 또한 사람의 발달은 고정된 것이 아닌 되어가고 있는 진행 중의 단계로 보고 있다. 따라서 이러한 선천적 잠재력을 발휘할 수 있는 조건들이 적절히 갖추어진다면 인간은 무한한 성장과 발전이 가능하다고 결론지었다. 이러한 로저스의 인간관을 자세히 살펴보면 자유, 합리성, 그리고 자아실현의 경향이 서로 연결되어 있다(장성화 외: 2016: 138-39).

결론적으로 로저스는 인간을 통합적 존재로 규정하고 있다. 이러한 로저스의 인간에 대한 전체주의적 관점은 그의 자아 개념에 잘 반영되어 있다. 로저스(Rogers, 1961)는 유아의 미분화된 현상학적 장에서 출발하여, 자아개념의 발달로 그 장(field)이 자아와 환경으로 분화되고, 각 개인이 자아일치성(Self-consistency)을 계속 추구하는 데서 발달의 최정점에 이를 수 있다고 하였다. 이와 같이 로저스는 인간을 항상 전체성과 통합성을 향하여 발전해 가는 존재로 보고 있다.

3) 유기체

로저스의 인간 이해를 위한 철학적 입장은 현상학(phenomenology)의 영향을 받아 형성되었다. 철학에서 현상학은 즉각적인 경험에 대한 자료를 기술하는 것을 추구하는 것을 의미하지만, 심리학에서 현상학은 인간의 자각과 지각에 대한 연구를 의미한다. 즉, 현상학자에게 중요한 것은 대상 또는 사건 그 자체가 아니라 개인이 대상 또는 사건을 어떻게 지각하고 이해하는가이다. 현상적 장은 경험의 전체를 의미한다.

유기체의 긍정적인 방향으로 경험학대, 거부당하는 경험은 선택하지 않는다. 이 과정은 자기실현을 보충하는 것으로서 실현화 과정과 관련되어 있으며, 유기체의 긍정적인 성장 방향으로 도움이 된다. 어릴 때의 이 과정은 매우 효율적인데, 그것은 어린이의 가치 관념이 매우 분명하기 때문이다. 그러나 경험이 계속되고 확대되면, 유기체는 자기가 거부당하는 경험은 선택하지 않으려고 한다. 즉, 아기는 배가 고프면 음식에 긍정적인 가치를 부여하는 반면, 배가 부르면 부정적인 가치를 부여하게 되는데, 이는 긍정적인 가치 개념이 따뜻함이나 돌봐줌과 관련되어 있기 때문이다(권육상, 2008: 232).

대체로 우리는 좋아하고 싫어하는 것을 구별하면서 살게 된다. 다시 말해서, 우리 인간은 우리에게 좋은 것과 나쁜 것을 구분할 수 있다. 어릴 때에는 가치부여 과정이 계속되며 융통성 있게 작용하고 긍정적이냐 부정적이냐의 기준은 유기체를 유지 또는 확대하느냐 않느냐가 되어, 한 번 발달하게 되면 이것은 자아가 된다. 가치부여과정은 개인 속에서 발생하는데, 그 개인이 바람직하다고 느끼는 경험이나 바라직하지 않다고 느끼는 경험이 함께 연결되어 있는 것이다. 어른이 되면 대부분이 이 유기체적인 가치부여과정과 고리가 끊어지게 되어, 우리의 가치에 있어서 불분명하고 불안하게 되는 것이다.

4) 자기실현 경향성

자기실현 경향성(Self Actualization)이란 인간이 본능적으로 타고나는 자신을 보호하고 고양시키며, 자신의 잠재력을 최대한 실현시켜 개인의 유지나 향상을 위해 노력하는 인간의 본성을 말한다. 인간은 선천적으로 자신을 유지시키거나 향상시키기 위하여 자신의 능력을 개발하는 경향성을 지니고 있다. 이러한 자기실현 경향이 아기로 하여금 경험적 잠재력을 확대하도록 하여 부모와 같은 중요한 타인과의 상호작용이 일어나게 되고, 이러한 상호작용의 결과 아기의 유기체적 경험의 일부가 '자기' 또는 '자기 개념'으로 분화된다. 인간 행동의 근원을 자기실현의 욕구로 보았는데, 이 욕구는 다양성을 가지고 있다.

그 내용은 다음과 같다(신기원 외, 2016: 208).

첫째, 자기유지로 자기의 자아상을 훼손시키지 않고 최소한 현재 상태를 유지하려는 욕구이다.

둘째, 자기향상으로 자기의 자아상을 현재의 것보다 긍정적인 이미지로 변화시키려는 욕구이다.

셋째, 자기실현으로 자기실현의 과정은 자신을 창조하는 과정이고 점진적으로 완성되며 현실적 자아와 미래의 이상적 자아의 차이를 줄여나가는 과정이다.

로저스는 자기실현 경향성이 성장과 퇴행 중 어느 하나를 선택해야 하는 상황에 처하게 될 때, 더욱 두드러지게 나타난다고 보았다. 즉, 그는 모든 인간이 퇴행적 동기도 지니고 있지만 그보다는 성장지향적 동기, 즉 자기실현욕구가 기본적 행동동기라고 보았다. 그런데 현실지각이 왜곡되어 있을 경우, 퇴행적 동기가 더 우세하게 유아적 수준의 행동을 나타내는 경우도 있다. 그렇지만 자기실현의 과정은 완전한 최종상태를 말하는 것이 아니라, 죽을 때까지 보다 유능한 인간으로 되어가는 과정이므로, 이러한 과정을 통하여 모든 인간은 삶의 의미를 찾고 주관적인 자유를 실천해 나감으로써 점진적으로 완성되어 간다는 점을 로저스는 강조했다(이우언, 2017: 255).

5) 일관성과 위협

사람은 현실적 자기와 경험 사이의 일관성을 유지하려고 노력한다. 자기구조와 일관되는 경험들은 지각되어 그 구조의 일부가 된다. 어떤 것들은 자아와 아무런 상관이 없어 보이므로 그냥 지나쳐 버리게 된다. 자아와 상치하거나 자아에 위배되는 체험은 개인에게 위협을 준다. 이 위협에 대항하기 위해 사람들은 흔히 이 체험을 거부하거나 그 의미를 왜곡시킨다.

문제가 되는 것은 거부나 왜곡 때문에 문제의 본질을 제대로 파악하지 못할 수 있다는 데 있다. 개인은 자신의 자아를 유지하고, 보호하고, 고양시키려는 강력한 욕구를 지니고 있으므로, 자아에 위배되는 것을 쉽게 걸러내 버리고자 하는 유혹을 받는다. 이는 개인의 자아정체성 확립에 크게 도움이 되는 특성이기도 하지만, 성격이나 행동이 변하기 어려운 측면을 설명해 주는 측면도 가지고 있다. 많은 가치의 조건들도 위축된 자아개념을 형성하게 한다. 그러한 경우 그 사람은 경험에 개방적이지 못하게 되고, 따라서 자아에 위배되는 많은 체험, 지각, 기억들이 우리의 의식에 포함되지 못하고, 결국 개인의 성장 또한 그렇게 위축될 가능성이 높다(안범희, 2011: 366).

그러므로 로저스의 내담자 중심 치료의 핵심이 되는 것은 바로 이러한 '왜곡된 자아상'의 실체를 본인 스스로가 깨닫게 하는 데 있다.

6) 성격발달

로저스는 실제로 체계적인 성격발달단계에 대한 이론을 가지고 있지 않았으며, 이에 관한 장기간의 연구나 부모-자녀 상호작용 등에 관한 연구를 하지 않았다. 기본적으로 로저스는 성장의 힘은 모든 개인들 안에 존재한다고 믿었다. 자아는 현상학적 장에서 분리된 부분이고, 점차적으로 복잡하게 성장한다. 자아가 출현할 때 개인은 긍정적 존중에 대한 욕구를 발달시킨다. 만약 타인에 의한 긍정적 존중에 대한 욕구가 자신의 감정에 맞추어지는 것보다 더 중요하게 되면 개인은 다양한 경험을 의식 밖으로 내보내게 되고 부조화의 상태에 빠지게 된다.

근본적으로 로저스에 대한 주요 발달적 관심은 아이가 자아실현을 위한 조화의 상태에서 자유스럽게 성장했느냐 아니면 아이가 방어적이 되거나 부조화의 상태에서 기능하느냐는 것이었다. 자아의 건강한 발달은 부모들이 아이의 특정 행동을 용납하지 않을 때에도 아이가 충분히 경험하고 그 자체를 수용할 때 이루어진다. 또한 부모도 아이의 특정 행동을 용납하지 않을 뿐이지 아이의 전부를 거부하지 않는 분위기에서 아이는 건강하게 발달한다. 이러한 점은 대부분의 아동정신의학자와 심리학자들에 의해 강조되었다. 이는 아이에게 '나는 네가 하고 있는 행동을 좋아하지 않는다'와 '나는 너를 좋아하지 않는다'라고 말하는 부모의 자녀 양육에 대한 차이를 살펴보면 더욱 잘 이해할 수 있다. '나는 너의 행동을 좋아하지 않는다'라고 말하는 부모는 아이의 행동을 용납하지 않는 반면에, 아이 자체는 수용한다는 것을 알 수 있다(Pervin & John, 2001).

7) 성격이론의 적용

비록 성격이론이 로저스의 상담 및 심리치료 경험으로부터 발전했을지라도, 그의 중심내용은 치료적 과정 그 자체에 근거한다. 로저스의 주요 관심은 성격의 변화가 일어나는 방법이다. 초기에 로저스는 치료 시에 감정 반영의 기술을 매우 중요하게 생각하였다. 이러한 비지시적(nondirective) 접근에서는 내담자가 말하는 것에 대해 치료자의 활동과 지도가 최소화된다. 비지시적 상담자가 종종 수동적인 사람처럼 지각되기 때문에 로저스는 자신의 관심을 내담자 중심으로 바꾸었다. 궁극적으로 로저스는 치료에서의 중요한 변인이 치료적 환경이라고 믿었다. 만약 치료자들이 내담자에게 현상학적인 의미 있는 방식으로 내담자와의 관계에서 세 가지 조건을 제공할 수 있다면, 자연스럽게 치료적 변화가 일어날 것이라고 생각했다. 상담자가 내담자를 조력하기 위해 상담자가 갖추어야 할 세 가지 태도 혹은 특성은 일치성(Congruence or Genuineness), 무조건적 긍정적 존중(Unconditional positive Regard) 그리고 공감적 이해(Empathic Understanding)이다(노안영 · 강영신, 2011: 333).

(1) 일치성

진정한 상담자는 있는 그대로의 자신이 되려고 한다. 상담자는 겉치레를 하지 않고, 개방적이며 진솔하다. 그래서 내담자는 상담자가 진실하다고 느낀다. 일치성이 있는 상담자는 내담자와 인간 대 인간으로 만날 수 있다. 진실한 관계에서 상담자는 내담자와 부정적인 감정조차도 자유롭게 공유한다.

(2) 무조건적 긍정적 존중

상담자는 내담자를 한 인간으로 깊고 진실하게 돌봐 준다는 것을 의미한다. 상담자가 내담자에게 무조건적 긍정적 존중 또는 수용을 제공할 때, 내담자가 스스로 자아탐색을 할 수 있게 된다.

(3) 공감적 이해

상담자가 마치 내담자라는 가정을 결코 잃지 않으면서 내담자의 내적 참조틀에 의해서 파악한 내담자의 주관적 가치나 감정을 되돌려 주는 것을 의미한다. 공감적 이해의 조건은 경험을 지각하는 상담자의 능력과 그 순간의 내담자의 의미가 된다. 내담자의 경험이나 내담자가 하는 말에 대한 기계적인 반응이 아니라, 내담자 그 자체를 하나의 존재로 보고 내담자와 함께 하는 것이다. 경청은 내담자에 의해 경험된 감정, 그리고 개인적인 의미를 이해하는 활동이며, 공감의 필수적인 요소이다.

8) 충분히 기능하는 사람과 조력자의 특성

로저스(Rogers, 1961)는 임상 경험을 통해 '충분히 기능하는 사람(Fully Functioning Person)'에 대한 몇 가지 사항을 제시하고, 심리치료에 있어서 조력을 주는 관계에 있는 치료가 지녀야 할 몇 가지 자질을 들고 있다. 그는 최적의 도움을 주는 관계는 심리적으로 원숙한 사람에 의해 창조되는 어떤 생각을 가짐으로써 조력자의 특성은 곧 원숙한 인간의 특성과 일치되는 것임을 시사하고 있다.

로저스가 주장하는 '훌륭한 삶(good life)을 살아가는 충분히 기능하는 사람'의 특성은 다음과 같다(Schultz, 1977).

(1) 경험에의 개방성

가치의 조건에 아무런 제재를 가하지 않는 사람은 모든 감정과 태도를 결정함에 있어서 자유스럽다. 위협받는 것이 없으므로 방어할 것도 없고, 따라서 개방성(An openness to experience)은 방어와 반대의 개념이다. 이러한 사람은 자기 본성에 대해 잘 알고 있고, 성격의 어떤 부분뿐만 아니라, 지각과 경험의 새로운 길을 열기 위해 활용하는 데도 융통성을 보인다.

이와는 대조적으로, 자기 방어적인 성격의 사람은 조건부적인 가치감에 따라 작용하여 정체되어 있고 부분도 차단하지 않는다. 성격은 삶이 제공하는 경험을 수용하는 데 있어서, 역할 뒤로 숨어 어떤 경험을 소화해 내거나 인정조차 하지 못한다.

(2) 실존적인 삶

충분히 기능하는 사람은 실존의 어느 순간에 있어서나 완전히 존재한다(Existential living). 새로이 접하는 각기의 경험은 이전에는 똑같은 방식으로는 존재하지 않았던 것이므로 늘 신선하고 새로운 것으로 지각된다. 그 결과, 모든 경험이 전개될 때마다 신선한 흥분감을 느낀다. 충분히 기능하는 사람은 자아구조가 새로운 경험에 항상 개방되어 있으므로 현실과 실존에 대한 적응력이 강하다.

(3) 자기 자신에 대한 신뢰

이는 로저스 자신의 경험을 참고하는 것이 이해를 돕는 방법일 것 같다. 그는 "어떤 활동이 가치 있고 할 만한 일이라고 느껴질 때 그 일은 할 만한 일이다. 다시 말해서, 상황에 대한 나의 유기체적 감각 전체가 나의 지적 능력보다 믿을 만한 것임을 알았다(A trust in one's own organism)."고 말한 바 있다.

옳다고 느끼는 대로 행동한다는 것이다. 이는 이성적이거나 지적인 근거에 의해서만 움직이는 사람은 결정에 이르는 과정에 정서적인 요소를 무시하기 때문에 불리한 입장에 처할 수도 있음을 의미한다. 자신에 충실하라는 뜻으로 해석해도 무방할 것 같다.

(4) 자유감

사람이 심리적으로 건강할수록 선택이나 행동에 자유로움(A sense of freedom)을 경험한다고 로저스는 확신한다. 심리적으로 건강한 사람은 억제나 금지 없이 생각과 행동의 대안 가운데서 자유롭게 선택할 수 있다. 이들은 삶에 대한 개인적인 지배감을 즐기며, 일시적 생각이나 주변환경, 과거의 사건에 의해 미래가 결정되는 것이 아니라, 자기 자신의 의지에 의해 결정됨을 확신한다.

4. 상담과정

인간중심상담이론은 그 특성상 상담과정이 명확히 구분되지 않는다. 단지 편의상 구분지어 이해하기도 한다. 여기서는 인간중심상담의 과정을 내담자가 변화하는 과정에 초점을 맞추어 7단계로 구분하여 살펴보고자 한다(김형태, 2006: 71-72; 김춘경 외, 2016: 248-251).

1) 1단계: 소통의 부재

1단계에 있는 내담자는 수많은 장벽으로 인해 자신과 대화하지 않으며, 소통은 외부로만 열려 있다. 이 단계의 내담자는 느낌을 자신의 것이 아닌 것으로 인식하고 자신에게는 문제가 없다고 생각하거나, 문제에 대한 자신의 몫이 극히 일부분이라고 생각한다. 자신이 하는 경험에 대해 개인적 의미로 인식되지 않거나 인식되더라도 흑과 백의 논리로 표현된다. 다시 말해서, 경직된 상태에 있는 개인이 자발적으로 상담하러 오기가 쉽지 않다. 이 단계에서의 의사소통은 피상적이다. 자신에 대해 기꺼이 털어놓지 않는다.

2) 2단계: 도움의 필요성 인식 및 도움 요청

이 단계에서 내담자들은 도움을 자발적으로 요청한다. 그러나 2단계의 내담자는 여전히 1단계의 특성을 가지고 있다. 표현은 되지만 자기와 관련되지 않은 주제에 대한 것이고 문제 역시 자신의 외부에 존재하는 것으로 표현되어 문제에 대한 개인적 책임을 느끼지 못한다. 그래서 이 단계에서 상담을 통해 이룰 수 있는 성과는 상당히 작다. 1, 2단계에서는 상담자가 촉진적 환경을 제공하는 반응을 보이더라도 그 효과를 가시적으로 확인하기 어렵다.

3) 3단계: 대상으로서의 경험 표현

3단계에서 내담자는 자신의 경험을 표현하고 받아들이지만, 그러한 경험은 대상화되어 있어서 대상과의 관계 속에서 표현되거나, 타인의 것처럼 묘사되기도 한다. 과거의 경험으로서 느낌이나 의미에 대해 주로 이야기하기도 한다. 대상으로서의 경험이 아닌 자신의 것으로서 경험을 받아들이더라도 그것은 모순되고 갈등 있는 것으로 인식된다. 내담자는 이 단계에서 대상으로서의 자기를 탐색하면서 상당한 시간을 보내기도 한다.

4) 4단계: '지금-여기'에서 좀 더 유연한 경험 표현

4단계에서 여전히 내담자들이 표현하는 것은 대상으로서의 자기의 감정이나 경험이고 자신의 감정과 느낌을 자신의 것으로 받아들이기 어렵지만, 경험의 경계와 구조는 다소 느슨해지고 지금-여기에서의 감정을 표현하거나 과거의 경험이 '지금-여기'에 주는 개인적 의미가 탐색되기도 한다. 4단계에서 이제 내담자는 자신에 대한 불신이나 상담자에 대한 불신을 더 쉽게 표현한다. 이는 그만큼 상담의 분위기를 안전한 것으로 지각한 증거가 된다.

5) 5단계: 감정 수용과 책임 증진

5단계에서 내담자는 감정을 현재 시제로 자유롭게 표현하기 시작하고 감정은 충분한 경험에 가까워진다. 여전히 두려움이나 불안이 있지만 내담자들은 대체로 자신의 감정을 강렬하게 경험하게 되고 이러한 감정에 대해 자기의 것으로 수용하고 이에 대해 책임지려는 경향을 보인다. 이들은 자신이 경험하는 것을 모순되거나 갈등됨에도 불구하고 자신의 것으로 모두 받아들이면서 통합하려는 경향을 보인다. 5단계는 나타났다가 다시 3, 4단계로 후퇴하기도 하는 반복을 보이거나 더 이상 나아가지 않는 것처럼 보이기도 하지만 마침내는 앞으로 나아가게 된다.

6) 6단계: 경험과 인식의 일치

6단계에서 대상으로서의 자기는 사라지고 내담자의 경험은 모두 자기의 것으로 통합된다. 따라서 내담자가 하는 경험의 순간이 더 명확해지고 확실해진다. 이 단계에서 더 이상의 외부, 내부의 문제는 없어지고 내담자는 주관적으로 살아가며 자신의 문제에 자기 자체로 매 순간 직면한다. 내적 의사소통과 외부와의 의사소통이 상당히 자유로워진다. 6단계에서 내담자는 자신을 더 부드럽게 돌보고 자신이 이것이면서 동시에 저것이라는 완전한 지각과 받아들임을 나타낸다. 많은 경우 내담자는 상담자의 도움이 없이도 7단계로 이행해 간다.

7) 7단계: 자기실현의 경험

7단계에서 내담자는 상담실 안에서와 밖에서 새로운 감정을 세부적인 부분까지 풍부하게 즉각적으로 경험하게 된다. 내담자는 자신이 누구인지, 무엇을 원하는지 자기 태도가 무엇인지 명확하고 색다른 방법으로 알기 위해 노력한다. 내담자는 자신의 감정이 변화해 가는 것에 대해 책임을 지고 이러한 변화의 과정을 신뢰하며 그것 자체로 경험하고 그러한 과정 안에서 자기를 더 확실하게 느낀다. 내담자는 자신의 행동과 행동의 흐름, 변화의 특징을 그의 모든 심리학적인 삶 속에 통합시키고 이것이 그의 새로운 구조의 성격이 된다. 그래서 자신의 다양한 측면 사이의 내적 의사소통도 자유롭고 막힘이 없다 이러한 내적 의사소통은 다른 사람과의 소통에서도 마찬가지로 나타나며 계속되는 변화 속에서도 자신의 책임감을 지각하고 그 자신의 삶을 살아간다. 그러나 로저스에 따르면, 상담을 종결하지 않은 상태에서 7단계까지 도달하는 특징을 보여 주는 사람은 흔하지 않다.

이는 6단계의 끝에 도달한 내담자들이 이제 상담자의 도움이 없이도 자신의 삶을 살아갈 수 있다고 믿을 정도로 자신을 신뢰하게 되기 때문이다.

인간중심상담의 과정에서 내담자가 어떻게 치료를 경험하는가를 살펴보면 다음과 같다(김형태, 2006: 73).

(1) 책임감의 경험

내담자는 자기가 상담관계에서 책임감이 있다는 것을 발견하며, 이것은 고독감, 괴로움, 분노 책임감이 증가되고 이를 수용하는 등의 여러 가지 감정이 되기도 한다.

(2) 탐색의 경험

치료가 진전됨에 따라서 내담자는 자기의 태도와 감정을 탐색한다. 그는 모순성이 자기 자신에게서 발견될 때 불안한 마음이 일어나는 동시에, 긍정적 관심이 생기기도 한다. 위협이 없는 상담관계에서 내담자는 자신을 드러내는 데 있어서 정직해진다.

(3) 부정직 태도의 발견

탐색한 결과 경험은 했으나 자각되는 것을 거부하는 태도가 발견된다. 긍정적 태도와 부정적 태도가 생긴다. 전에 부정되었거나 왜곡된 자아개념과 모순되는 경험들이 상징화되어 지각이 된다.

(4) 자기를 재조직하는 경험

부정된 경험을 자각하게 하는 데는 자아를 재조직하는 것이 필요하다. 자아의 재조직은 자신에 관한 지각과 태도의 변화로 시작된다. 내담자는 자신을 더욱 긍정적으로 보고 자신을 점차 더 많이 수용한다. 이렇게 자아를 지각하는 것이 변화되면서, 자기가 부정했던 경험을 자각하고 수용할 수 있게 된다. 경험적인 자료를 왜곡 없이 자각함에 따라, 자신과 자기의 환경과의 관계를 한층 현실적으로 평가하게 되고, 자기 안에 준거의 기초를 두게 된다. 자아의 변화는 클 수도 있고 작을 수도 있으며, 혼란을 많이 수반하기도 하고 적게 수반하기도 한다. 재조직하는 과정에 있는 정서들은 주로 두려움, 불행, 우울의 정서로 나타난다.

(5) 진전의 경험

거의 처음부터 내담자는 진전되고 있다는 것을 느낀다. 이와 같은 진전은 심지어 혼란과 우울이 존재할 때에도 느끼게 된다. 논쟁점에 직면하여 해결하고, 성격의 요소를 재구성하는 것은 진전을 나타내며, 탐색이 계속 곤란해져도 내담자가 자신을 계속 탐색하는 데 자신감을 가지게 한다.

(6) 종결 경험

내담자는 언제 상담을 마치는지를 결정한다. 때때로 이것은 면접 간의 시간이 길어진 후에 이루어진다. 가끔 상담을 끝마치는 것을 두려워하거나 혐오하는 감정이 있을 수 있다. 이런 경우에는 면접의 횟수를 한두 번 연기하기도 한다.

5. 상담기법

인간중심상담의 주된 기법은 상담관계, 즉 내담자에 대한 상담자의 태도를 말한다. 상담자가 내담자에게 제시하는 상담관계는 지적관계가 아니다. 상담자는 결코 그가 가진 지식으로 내담자를 도울 수 없다. 내담자에게 그의 성격이나 행동을 설명해 준다든지, 내담자가 취해야 하는 행동을 처방하는 것은 별 가치가 없다. 내담자에게 도움이 되거나 또는 내담자로 하여금 변화하고 성장하게 하기 위해서, 그 자신 속에 있는 능력을 발견하도록 만드는 상담관계란 인지적인 것도 아니고 지적인 것도 아니다.

가장 중요한 것은 상담자와 내담자와의 관계형성이다. 따라서 내담자 중심 구조 속에서 '상담기법'이란 수용, 진실성, 공감적 이해를 보여 주고 전달하는 것이며 내담자와 함께 생각하고, 느끼고 탐색하여 내적 준거체제를 발전시키려는 시도이다. 그 구체적인 내용은 다음과 같다(김충기 · 강봉규, 2003: 121-122).

1) 무조건 수용

무조건적 긍정적 수용(Unconditional Positive Acceptance)이란 내부적으로 외부적으로 비판적인 언동을 보이지 않는 것을 의미한다. 그러니까 상담자가 조사를 하거나 해석을 하지 않고 또 시인이나 부정하는 태도를 보임이 없이 내담자를 전적으로 신뢰하여 수용하는 것을 말한다. 특히, 그에게는 자기 이해 및 긍정적인 변화의 잠재력이 있음을 믿는 것이다.

상담자는 내담자를 갈등과 부조화, 그리고 좋은 점과 나쁜 점을 모두 갖추고 있는 그대로의 개인으로서 수용한다. 이러한 태도는 중립적으로 수용하는 것 이상을 말하는데, 즉 내담자를 가치 있는 인간으로 받아들이고 또한 존경을 표시하는 것까지 가리킨다. 수용은 또한 내담자에게 호감을 가지거나 온정으로 대하거나, 그를 칭찬해주는 것까지 포함한다.

상담자는 긍정과 부정을 막론하고 내담자를 평가하거나 판단하지 않는다. 내담자는 어떠한 조건도 필요로 하지 않고 무조건 수용된다. 즉, 상담자는 내담자를 무조건 긍정적으로 존중한다.

2) 진실성

진실성(genuineness)은 상담자가 내담자와의 관계에서 나타내는 반응이 순간순간 그가 내적으로 경험하고 느끼는 바와 합치되는 상태를 의미한다. 그러니까 상담자는 상담관계 속에서 내담자에게 단순히 상담자로서의 역할을 수행하는 행동을 취하며 가식하거나 "~체" 하지 않고 인간으로서의 자신의 모습을 진솔하게 나타내는 것을 말한다.

그런 의미에서 진실성은 진정성(realness), 진솔성(authenticity)이라고 하며, 일반적으로는 일치성(congruence)이라는 말과 많이 쓰인다. 진실성이 있는 상담자는 속으로 생각하고 느끼는 것과 드러나는 언행이 같다. 그는 자신의 마음속 깊은 곳의 느낌을 각성하고 그것을 받아들이며 또 그것에 맞추어 적절한 언어적 · 비언어적 의사소통(verbal and nonverbal communication)을 정확하게 구사할 수가 있다.

3) 공감적 이해

공감(Empathy)이란 상담자가 내담자의 생각, 감정, 경험에 대하여 상담자 자신의 주관적인 입장에서가 아니라, 내담자의 입장에서 듣고 반응하는 것이다. 그러니까 공감은 "타인의 입장에 서게 되는 것" 또는 "타인의 눈으로 사물을 바라보는 것"이라고 할 수 있다. 그런데 공감은 상담자가 내담자에게 던져주는 단순한 하나의 언어반응이 아니라, 상담자가 내담자와 "더불어 함께(being with)하는" 과정이라고 할 수 있다.

공감적 이해는 상담자가 내담자의 내면세계를 정확하게, 그리고 감정이입적으로 이해하는 것을 뜻한다. 상담자가 자기 자신을 잃지 않고 내담자의 내적 세계를 마치 자신의 내면세계인 것처럼 느끼게 되는데, 이것이 감정이입이고 또 이 감정이입이 치료에 있어서 본질인 것 같다.

상담자가 이와 같은 이해를 하면 내담자는 자연스럽게, 그리고 깊이 그 자신을 탐색하고 따라서 자신에 대한 이해를 증진시킨다. 이러한 이해는 그 성질상 외적인 진단이나 평가를 포함하지 않는다. 물론 완전한 이해는 불가능하지만 다행히도 그럴 필요까지는 없다. 이해를 하려는 상담자의 욕구를 내담자가 이해로서 받아주면 치료는 진전을 보게 된다.

6. 평가

인간중심상담에 대한 평가는 다음과 같다(장성화 외, 2016: 81-82).

1) 공헌

첫째, 로저스의 인간중심상담이론은 1940년대에 정신분석과 지시적 접근에 대한 강력하고 근본적인 대안이자 혁명적 아이디어를 제시하였다. 로저스는 치료적 초점을 기존의 정신분석적 기법과 치료자, 상담자에 대한 의존에서 내담자와의 관계의 힘으로 돌린 선구자라 할 수 있다. 또한 로저스는 연구의 중요성을 강조하였는데, 자신의 개념을 검증 가능한 가설로 진술하고 연구하려 했다. 그는 치료회기를 비판적으로 검토하고, 상담자와 내담자 간의 대화를 연구하려고 하였고 이런 노력은 인간중심접근의 효과성을 입증하였다.

둘째, 상담에서 공감을 강조한 것은 인간중심상담이론의 최대의 공헌이다. 공감은 모든 치료모형에서 활용하고 있는 상담의 가장 필수적이며 기본적인 기법이자 철학이라고 할 수 있으며, 로저스의 이런 접근은 상담의 패러다임을 바꾸어 놓았다. 이러한 인간중심상담이론은 개인과 부부, 가족, 집단의 어렵고 다양하며 복잡한 문제를 창의적이고 혁신적인 방식으로 상담할 수 있도록 안내하였고, 이후 다양한 영역에서 이 접근을 접목시키거나 발전해 나갈 수 있었다.

2) 한계

첫째, 로저스의 공헌에도 불구하고 일부 학자들에 따르면, 인간중심상담이론에 대한 방법론적 오류, 특히 과학적 약점에 대해 비판을 제기한다. 그들에 따르면, 치료에 참여할 의사가 없는 피험자를 통제집단으로 사용한 것, 치료받지 않은 통제집단을 사용하지 않은 것, 치료효과 평가에서 자기 보고에 의존하고 부적절한 통계방법을 사용한 것 등이 과학적이고 방법론적 오류를 범했다.

둘째, 인간중심상담이론의 제한점으로는 행동 변화를 목표로 하는 기법의 역할을 경시하였다는 점이다. 이는 실존치료와 비슷한 제한점으로, 특히 로저스가 제시한 상담의 기법이 공감, 경청 등 상담에서 사용하고 있는 가장 기본적인 기법으로 자리 잡았음에도 불구하고 경험적 접근이나 검증된 기법이 거의 없다는 것은 큰 제한점으로 보고 있다.

셋째, 상담자가 내담자에 대해 도전보다는 무조건 지지해 주는 경향이 있다는 점이다. 내담자의 말을 진실되게 경청하고, 반영하고 이해한 바를 전달하는 것도 가치가 있지만, 때때로 치료는 그 이상을 필요로 하기 때문에 상담자의 기본적 태도를 기반으로 하여 치료적 중재의 기술을 만들어야 할 수 있다.

넷째, 상담자의 진솔성은 치료관계의 힘을 결정하는데, 이를 소극적이고 비지시적인 방식으로 숨기게 되면 내담자에게 영향을 줄 가능성이 그만큼 줄어든다는 것이다.

7

Chapter

게슈탈트상담

개요

게슈탈트상담은 1940년대 펄스에 의해 창시된 후, 여러 사람들에 의해 발전된 현상학적-실존적으로 접근하는 심리치료이다. 펄스는 우리가 실존적 주체로서 책임을 회피하는 환경지지를 버리고 자기지지를 바탕으로 자신을 신뢰하고 책임지며 살아갈 것을 강조하였다. 본 장에서는 게슈탈트상담에 대해 논의하고자 한다.

학습목표

1. 게슈탈트상담에 대한 이해
2. 펄스와 프로이트의 비교
3. 펄스에 대한 관심

학습내용

1. 게슈탈트상담의 개요
2. 펄스의 생애와 사상
3. 게슈탈트상담의 핵심 개념
4. 상담과정
5. 상담기법
6. 평가

1. 게슈탈트상담의 개요

게슈탈트(Gestalt)란 독일어 gestalten(구성하다, 형성하다, 창조하다, 개발하다, 조직하다 등)의 명사로, 개체가 자신의 욕구나 감정을 하나의 의미 있는 전체로 조직화하여 지각한 것을 뜻한다. 즉, 게슈탈트는 '의미 있게 조직화된 전체'로 이해한다(유영달, 2017: 161). 게슈탈트치료(Gestalt Therapy)를 최초로 발달시킨 펄스는 우리가 실존적 주체로서 책임을 회피하는 환경지지를 버리고 자기지지를 바탕으로 자신을 신뢰하고 책임지며 살아갈 것을 강조하였다.

게슈탈트 심리학자들에 의하면, 개체는 대상을 지각할 때 그것을 산만한 부분의 집합이 아닌 하나의 의미 있는 전체, 즉 '게슈탈트'로 만들어서 지각한다고 한다. 즉, 사물을 볼 때 부분과 부분을 하나하나 따로 떼어 보지 않고 하나의 의미 있는 전체상으로 파악하는데, 그때 그 전체상을 '게슈탈트'라고 한다. 게슈탈트는 홀로 잘 쓰이지 않고, 게슈탈트 심리학(Gestalt psychology), 형태주의적 접근(Gestalt approach) 등 다른 말 앞에 붙어 쓰인다. 이때 '형태주의'라고 번역하거나 그냥 '게슈탈트'라고 한다. 형태주의는 부분 또는 요소의 의미가 고정되어 있다고 보지 않고 부분들이 모여 이룬 전체에 따라 달라진다고 본다. 전체는 또한 부분에 의해 달라지므로, 형태주의는 전체와 부분의 전체성 또는 통합성을 강조한다. 1923년 베르트하이머(Max Wertheimer, 1880~1943)가 처음으로 제기한 것으로, 게슈탈트의 요인이라고도 하며, 이후 쾰러(Wolfgang Köhler, 1887~1967), 코프카(Kurt Koffka, 1886~1941) 등이 연구를 통해 인간이 형태를 지각하는 몇 가지 법칙을 만들어 냈다. 근접의 법칙, 유동의 법칙, 폐합의 법칙, 연속의 법칙 등의 그 예인데, 이 법칙들은 시지각(visual perception)과 관계된 것이나, 이후 연구에서 기억, 학습, 사고 등에도 적용 가능함이 판명되었고, 심리학계뿐만 아니라, 자연과학, 사회과학, 회화·영화·음악 등의 예술 분야에도 영향을 미쳤다.

게슈탈트상담의 창시자인 펄스는 초기에 프로이트의 정신분석에 매료되어 훈련을 받았으나, 프로이트학파가 쌓아온 자기보호 장벽에 그가 발견한 이론을 접목하는 데 한계를 느꼈다. 펄스는 과거를 중심으로 해석을 지나치게 강조하는 정신분석을 비판하고, 경험에서 비롯된 자각을 바탕으로 한 통합을 강조하는 게슈탈트치료를 발전시켰다. 프로이트와의 가상적 자기대화에서 펄스는, 심리적 갈등이나 문제해결을 위해 통합을 강조한 반면, 프로이트는 해석을 통한 이해를 주장하였다.

게슈탈트상담은 1940년대 펄스에 의해 창시된 후 여러 사람들에 의해 발전된 현상학적-실존적으로 접근하는 심리상담이다. 상담의 초점을 '지금-여기'에 두고, 상담대상으로는 전체로서의 유기체를 다룬다.

그러므로 게슈탈트상담은 현재의 성격발달에 영향을 주는 미해결 과제와 감정을 강조하는 '지금-여기'에서의 느낌과 경험을 자신인 스스로가 자각하도록 하여 자신의 존재를 충분히 경험하도록 하는 방법이다.

상담목표

게슈탈트상담(Gestalt Counseling)에 있어서 상담자의 역할은, 내담자로 하여금 성격기능의 조직화한 전체를 회복하도록 돕는 것이다. 게슈탈트상담의 기본목표는, 내담자 자신이 행동하고 경험하는 것을 자각하여 자신의 느낌, 생각, 행동에 대해 책임을 지도록 하는 것이다. 따라서 상담자는 상담과정에서 내담자의 자각이 방해를 받고 있는 상황에서 내담자의 책임에 대한 자각을 높이는 데 중점을 두고 내담자는 자신이 성숙하기 위해서 자신의 길을 스스로 찾아야 하며 개인적인 책임을 스스로 수용해야 한다. 상담자는 내담자가 과거에 가졌던 관심사나 현재의 관심사에 관한 직접적인 경험에 대해 질문을 하며, 어떤 상황에 대한 추상적인 이야기보다 직접적인 경험을 생생하게 드러내게 한다. 내담자의 성장은 상담자의 상담기법이나 내담자에 대한 해석에서 오는 것이 아니라 두 사람 사이의 진실한 접촉에 의하여 이루어지기 때문에 상담자의 자발성을 강조하며, 내담자가 상황에 대해 말만 하는 추상적 접근이기보다는 직접 상황을 경험하도록 도와야 한다(이현림, 2011: 172).

2. 펄스의 생애

프레데릭 펄스

펄스(Frederick S. Perls, 1893~1970)는 독일의 베를린 유대인 중 하류층 출생으로, 비록 7학년에서 두 번이나 낙제하고 학교에서 퇴학당할 뻔했지만, 나중에는 의대에 입학하여 오스트리아 빈에서 정신신경과 의사 쉴더(Paul Ferdinand Schildfr, 1886~1940)에게서 배우고 의학박사 학위를 취득했다. 그는 정신과 의사로 7년간 정신분석 수련을 받았지만, 그때는 매우 혼란스러웠다. 1926년 프랑크푸르트 암 마인(Frankfurt am Maint)에 있는 뇌손상 군인들을 치료하는 신경정신의학자 골드슈타인의 연구소(Goldstein's Institute for Brain Damaged Solder)에서, 펄스는 인간을 개별적으로 기능하는 부분들의 단순한 합으로 보지 않고 전체적으로 보아야 한다는 사실을 처음 알게 되었다. 후에 빈에서 라이히(Wilhelm Reich)와 호나이(Karen Horney)에게 정신분석 수련을 받았다. 라이히는 신체를 통한 자기이해와 성격 변화 방법을 개발한 사람이었다(Corey, 2016).

펄스는 1934년에 나치즘의 반발로 독일을 떠나 남아프리카로 가서 1935년 남아프리카 정신분석연구소를 설립하였다. 남아프리카에서 그의 게슈탈트치료 개발에 영향을 주었던 스멋츠(Jan Smuts)를 만나고, 12년 동안 머무른 후(노안영, 2018: 299), 1946년 미국으로 이주하여 정신분석과 결별하였고 1950년 '알아차림'에 관한 이론 정립과 '게슈탈트 치료'라는 용어를 사용하였다. 1951년 헤퍼린(Ralph Hefferine), 굿맨(Paul Goodman)과 함께 『게슈탈트 치료(Gestalt Therapy)』를 출판하였다. 1952년 뉴욕 게슈탈트 치료연구소(New York Institute for Gestalt Therapy)를 설립하였고, 캘리포니아 빅 서어(Big Sur)에 있는 에살렌연구소(Esalen Institute)에서 연구집회와 세미나를 개최하면서 심리치료자로 명성을 확고히 하였다.

1960년대부터 실존주의 정신의학 사조와 인본주의 심리학의 대두로 제3의 세력의 물결을 타고 1970년대 구미에서는 게슈탈트 치료가 대중 속에서 큰 인기를 얻기 시작하였다. 게슈탈트상담이론은 과정 중심적이고 종합적인 심리학으로 전체 장의 관점에서 통합적으로 이해하는 상담이론으로 발전하였다. 1970년 펄스는 77세의 나이로 적지 않은 연구논문을 남기고 세상을 떠났다.

그의 주요한 저서로는 『자아, 기아 그리고 공격성(Ego, Hunger, & Aggression)』(1947), 헤퍼린(Ralph F. Hefferline) 및 굿맨(Paul Goodman)과 함께 저술한 『게슈탈트치료: 인간성격에 있어 흥분과 성장(Gestalt Therapy: Excitement and Growth in the Human Personality)』(1951), 『게슈탈트치료 축어록(Gestalt Therapy Verbatim)』(1969), 그리고 그의 자서전인 『쓰레기통의 안과 밖(In and Out of the Garbage Pail)』(1969) 등이 있다.

3. 게슈탈트상담의 핵심 개념

1) 게슈탈트

게슈탈트(Gestalt, 형태)는 전체(whole) 또는 형태(configuration), 체계(organization) 등의 의미를 지닌 독일어에서 유래한 용어이다. 형태주의 심리학자들에 의하면, 개인(개체)은 특정 대상을 요소적으로 지각하는 것이 아니라, 하나의 의미 있는 전체, 즉 게슈탈트로 형성하여 지각한다. 따라서 우리는 어떤 자극이나 대상을 접하게 되면 지각의 법칙(체제화의 원리)인 ① 근접성의 원리, ② 연속성의 원리, ③ 유사성의 원리, ④ 완결성(폐쇄성)의 원리 등에 입각하여, 그 자극이나 대상을 조직화하여 지각한다. 이때 만약 개인이 완결된 게슈탈트를 형성하지 못하면 이는 그 개인에게 압력으로 작용하여 계속 그 완결을 요구하게 된다(정서영 외, 2017b: 191 재인용).

게슈탈트상담에서는 게슈탈트의 개념을 치료적인 영역에 적용하여 활용하는데, 여기에서 게슈탈트는 개인에 의해 지각된 유기체의 욕구나 감정을 뜻한다. 개인이 자신의 욕구나 감정을 하나의 의미 있는 전체로 조직화하여 지각했을 때, 이것은 비로소 게슈탈트가 되는 것이다. 개인은 모든 유기체적 활동을 게슈탈트로 형성하려고 노력한다. 개인이 게슈탈트를 형성하는 이유는 자신의 욕구나 감정을 하나의 유의미한 행동으로 형성하여 실행하고 완결 짓기 위함이다. 즉, 환경과의 접촉을 통해 욕구나 감정을 해소하기 위함이다. 여기에서 유념할 점은 개인의 욕구나 감정 자체가 바로 게슈탈트는 아니라는 것이다. 개인이 자신이 처한 상황과 환경을 고려하여 욕구나 감정을 '실현 가능한' 행동 동기로 지각하는 것이 바로 게슈탈트이다. 이는 프로이트의 리비도(Libido) 개념처럼 환경과 분리되어 단순히 그 자체로 존재하는 것이 아니라, 환경과의 관계 속에서 형성되고 해소되는 개인의 행동 동기라고 할 수 있다. 이러한 게슈탈트는 개인이 어느 순간순간에 주어진 상황 속에서 적절한 수단을 동원하여 갈증을 해결하고자 하는 것처럼 아주 단순한 것으로부터, 바쁜 일로 인해 밀린 공부를 하고자 하거나 오랜만에 친구를 만나 몇 시간 정다운 대화를 나누고자 하는 중간 정도의 게슈탈트도 있고, 훌륭한 아버지의 모습을 갖추거나 유능한 유치원 교사가 되고자 하는 것처럼 그 실현에 많은 노력과 오랜 시간이 소요되고 그 구조도 복잡한 게슈탈트도 있을 수 있다(오만록, 2017: 304-305).

만일 개인이 게슈탈트를 형성하는 데 실패하면 그는 심리적·신체적 장애를 겪게 된다. 건강한 삶을 살아가는 사람은 분명하고 강한 게슈탈트를 형성할 수 있는 능력을 가진 사람이라고 할 수 있다. 그는 자기조정능력을 충분히 발휘하여 최적의 각성과 문제해결을 위한 행동을 수행해 나가게 될 것이다.

2) 인간관

게슈탈트 상담자들은 인간을 부분의 집합 이상인 전체적인 존재로 보았다. 성숙한 인간은 자신에게 일어난 일들에 대해 책임을 질 수 있는 책임적 존재다. 펄스는 환경에 창조적으로 반응할 수 있는 능력을 책임이라고 하면서, 개인이 인생에서 자기 자신의 길을 찾아내고 개인적인 책임감을 받아들여야 한다고 주장하였다.

펄스(1973)에 따르면, 인간은 본질적으로 선하지도 악하지도 않다. 인간은 신체·정서·사고·감각·지각 등 모든 부분이 서로 관련을 맺고 있는 전체로서 완성되려는 경향성을 가지고 있다. 인간은 그가 속한 환경을 떠나서는 이해될 수 없으며, 내·외적 자극에 대하여 능동적으로 반응하고, 그에 대하여 책임을 질 수 있다. 인간은 선천적으로 자아실현을 향한 경향성을 가지고 있다. 이 선천적인 자아실현의 경향성은 모든 인간 행동의 동기가 되며, 모든 다른 욕구들은 이에 기초한다. 게슈탈트상담의 인간관은 다음과 같다(Passons, 1975).

첫째, 인간은 통합된 부분들로 이루어진 하나의 전체로서의 존재다. 신체·정서·사고·감각·지각의 기능은 서로 관련되어 있고, 그 어느 것도 전체로서의 인간이라는 맥락을 벗어나서는 이해될 수 없다.

둘째, 인간은 환경의 한 부분이기에 환경과 분리해서는 이해될 수 없는 존재다.

셋째, 인간은 내·외적 자극에 대해 반응할 방법을 스스로 선택하기에 세상에 대한 행위자이지 반응자가 아니다.

넷째, 인간은 자신의 모든 감각·사고·감정·지각을 충분히 인식할 수 있는 잠재력을 가지고 있다.

다섯째, 인간은 인식능력을 통해서 선택할 수 있기에 선택한 내·외적 행동에 대해 책임질 수 있다.

여섯째, 인간은 자기 자신의 삶을 효과적으로 영위할 수 있는 능력을 가지고 있다.

일곱째, 인간은 과거와 미래를 경험할 수 없으며 현재에서만 자기 자신을 경험할 수 있다.

여덟째, 인간은 본질적으로 선하지도 악하지도 않다.

3) 지금-여기

펄스(Perls, 1969a)는 현재를 온전히 음미하고 경험하는 학습을 강조했다. 그에 따르면, 현재만이 유일하게 중요한 시제다. 그러나 대부분의 사람들은 현재의 힘을 상실했다. 대신 그들은 과거를 생각하거나, 미래를 위한 끊임없는 계획과 대비책에 연연한다. '지금-여기'는 게슈탈트상담에서 매우 중요한 개념이다. 펄스에 따르면, 과거는 이미 지나가 버린 것이며, 미래는 아직 오지 않았다. 지금 이외에 존재하는 것은 없으며, 힘은 현실에만 존재한다(Power is in the present).

게슈탈트상담은 언어적이지도 해석적이지도 않은 실험적인 치료이고 집단구성원이 즉시적인 상황에서 자신의 경험과 직접적인 접촉을 하는 것이 그 목적이다.

그러나 현재에 초점을 둔다는 것이 과거에 관심이 없다는 것을 뜻하는 것은 아니다. 과거는 우리의 현재와 관련되어 있는 것으로서만 중요하다. 게슈탈트 치료집단에서 집단구성원은 과거의 문제 상황을 현재에 가져와 마치 그것이 지금 일어나고 있는 것처럼 상황 재연을 한다.

이런 재연과정에서 집단상담자는 기법에 대한 설명을 간단히 제공할 수 있고, 집단 내에서 집단구성원의 부적절한 감정을 보다 전적으로 토론하고, 이러한 감정이 유력한 실험의 참석에 있어서 얼마나 방해가 되는지 이야기해 볼 수 있다. 집단상담자가 집단구성원의 인생에서 중요한 타인과 관련한 많은 미해결의 상황을 아는 것은 유용하다.

출처: 정서영 외(2017b: 193).

그림 7-1 전시회(일러스트레이터 41인展)

우리는 현재 자신이 맡아야 할 책임감을 회피한 것을 정당화하기 위해 과거에 매달리는 경향이 있다. 과거에 머무름으로써 우리의 존재방식에 대해 타인을 비난하는 게임을 끊임없이 할 수 있고, 그래서 다른 방향으로 움직일 자신의 능력과 결코 마주치지 않는다. 우리는 생기 없는 상태의 해결책과 합리화에 사로잡히고 만다.

4) 알아차림과 접촉

유기체의 삶을 게슈탈트의 형성과 해소의 끊임없는 순환과정으로 볼 때, 개체가 자신의 유기체 욕구나 감정을 지각한 다음 게슈탈트를 형성하여 전경으로 떠올리는 행위가 '알아차림(awareness)'이고, 전경으로 떠오른 게슈탈트를 해소하기 위해 환경과 상호작용하는 행위, 에너지를 동원하여 실제로 환경과 만나는 행위는 '접촉'이다.

게슈탈트상담에서 '알아차림'은 긍정적 성장과 개인적 통합을 위한 핵심 개념이다. 게슈탈트 상담자들은 일반 사람들이 통상적으로 사용하는 것보다 더 깊은 뜻으로 그 말을 사용한다. '알아차림'은 ① 자신의 존재에 닿을 수 있고, 자기 주변이나 내부에서 무엇이 일어나고 있는지를 알고, 환경과 타인 및 자신과 연결할 수 있는 능력, ② 자신이 느끼고 있는 것, 감각적인 것 혹은 생각하는 것을 아는 것, ③ 바로 이 순간에 자신이 어떻게 반응하고 있는지를 아는 것이다(Clarkson & Mackewn, 1993). 이렇게 본다면 우리는 일상에서 거의 알아차림 상태에 있지 않다. 이로 인해 우리는 균형을 유지할 수 없고, 자신의 어리석은 행동을 알아차리지 못하고 반복해서 문제에 대한 나쁜 해결책을 시도한다. 행동 변화는 좀 더 나은 자각으로 길러진다는 가설에 따라, 게슈탈트 상담자들은 행동 변화에 직접적으로 영향을 주지 않고 '알아차림'을 격려한다.

우리가 환경과의 접촉(contact)을 통해 가장 시급하게 필요한 게슈탈트를 완성하지 못하면 문제다. 원만하고 건강한 삶을 유지하는 데 가장 시급한 게슈탈트의 완성을 위해서는, 우리의 에너지가 봉쇄되지 않도록 해야 한다. 접촉을 차단하고 에너지의 흐름을 방해하는 것은, 우리가 가지고 있는 잠재력을 충분히 발휘하지 못하도록 하고 게슈탈트의 완성을 방해하기 때문에 문제가 된다. 즉, 학교나 직장에서 자신이 해야 할 일을 수행하는 데 집에서 있었던 좋지 않았던 일이 계속해서 당신을 괴롭힌다면 문제다. 건강한 삶을 위해 시급한 게슈탈트의 완성을 통한 게슈탈트의 순환이 계속되는 것이 필요하다(노안영, 2018: 308-309).

폴스터(Polster, 1987)는 접촉을 '성장을 위한 생명수'라고 표현할 정도로 게슈탈트상담에서 접촉은 중요하다고 주장한다. 접촉은 '지금-여기(Here and Now)'에서 무엇이 일어나고 있는지를 인식하는 것이고 순간에서 순간으로 흘러가는 것을 인식하는 것이다. 함께 대화를 나누고 있는 상대가 멍하니 딴 생각을 하면서 나의 말을 잘 듣고 있지 않을 때 "내 말 좀 들어봐', '나 좀 봐줘'라는 말로 접촉을 시도하는 것이 그 예이다.

펄스(Perls, 1947)는 유기체의 자각 또는 알아차림을 통한 접촉 결여를 주요한 문제로 보았다. 그가 지적한 접촉경계장애는 우리의 성숙과 문제해결을 방해한다. 펄스는 "접촉에서 자각은 강렬하다."고 하였다. 자각을 통한 접촉을 방해하는 장애기제는 프로이트가 제안한 개념인 방어기제와 유사하다. 그에 따르면, 알아차림-접촉 주기의 어느 단계에서든 방해가 일어날 수 있고, 이로써 삶이 정체되고 진정한 만족에 이를 수가 없게 된다. 자신의 진정한 욕구를 충족시키기 위해 알아차림-접촉의 주기에 따르지 않으면 그 욕구는 미해결된 상태로 남게 된다. 미해결과제가 많아질수록 자신의 욕구를 해결하지 못하고 정신 신체적 장애가 생긴다. 예컨대, 아동이 부모의 사랑을 받기를 원하지만 충족되지 않을 때 수치심이나 갈망 혹은 분노를 느낀다. 그 애정 욕구가 해소되지 못하고 미해결 과제로 남게 되면, 이후에 자신감이나 정체감 그리고 대인관계에 부정적인 영향을 미칠 수 있다. 이러한 어린 시절의 미해결 과제를 가진 여성의 경우에 남편이 자신을 사랑하지 않고 자신을 방치할 것이라고 불안해 할 수 있다. 또한 위장장애 등 신체적 증상을 호소할 수 있다.

징커(Zinker, 1998)는 게슈탈트의 형성과 해소과정인 유기체의 자연스러운 순환과정에서 나타나는 '알아차림-접촉 주기'를 여섯 단계로 나누어 설명하였다.

첫째, 처음엔 배경에서 출발하여 유기체의 욕구가 신체감각의 형태로 나타난다(감각단계).

둘째, 이를 알아차려 게슈탈트를 형성한다(알아차림 단계).

셋째, 게슈탈트를 해소하기 위해 에너지가 동원되면서 흥분을 경험한다(에너지 동원 단계).

넷째, 적절한 행동을 선택하고 실행한다(행동 단계).

다섯째, 마침내 환경과의 완전하고 생생한 접촉을 통해 게슈탈트를 해소한다(접촉단계).

여섯째, 게슈탈트가 사라지고 휴식을 취할 수 있다(물러남 단계). 물러남의 단계에서 일시적인 균형의 상태가 유지되다가 잠시 후에 새로운 욕구가 배경에서 떠오르고 이를 알아차려 새로운 주기가 형성된다.

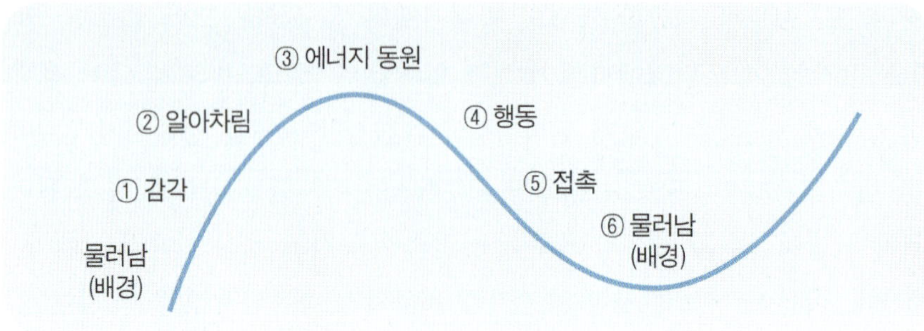

출처: 양명숙 외(2013: 248).

그림 7-2 알아차림-접촉 주기

그러므로 게슈탈트상담에서는 인간이 경험을 통해서만, 즉 사람들, 상황, 자연 등과의 직접 접촉을 통해서만 알아차림을 할 수 있다고 본다. 다른 심리상담에서 말하는 기억하고 설명하고 예측하고 해석하고 분석하는 것으로는 알아차릴 수 없고, 보고 듣고 느끼고 움직이는 직접 경험 또는 접촉을 통해서만 알아차릴 수 있다는 것이다.

4. 상담과정

게슈탈트상담은 내담자의 전경에 떠오르는 것이 무엇인가에 따라 치료과정이 진행되기 때문에 다른 상담에서처럼 치료과정의 형식이 따로 있지 않다. 게슈탈트 상담자들은 내담자의 문제를 파악함에 있어 주로 자신의 직관에 의존하고, 상담자의 창조성과 자발성을 적극 장려한다. 이에 형식적인 과정이나 회기에 대해 미리 결정된 방향이 없고, 어떤 고정된 결과도 없다. 그래서 게슈탈트상담은 상담 현장에서 내담자들의 문제를 변별 진단하여, 그에 따른 세분화된 상담계획을 세우고 상담결과를 평가하는 등의 체계적인 상담과정을 정립하지 못했다.

게슈탈트 상담과정에서 중요한 것은, 알아차림과 접촉을 증진시키는 과정과 부분들로 양극화된 내면의 통합을 이루는 과정이 어떻게 진행되는가를 살펴보는 것이다. 여기에서는 펄스가 제시한 '알아차림-접촉 증진과정'과 피버트(M. S. Fiebert)

가 제시한 '양극화 통합과정'에 대해 살펴보고자 한다(김춘경 외, 2016: 273-277).

1) 알아차림-접촉 증진과정

펄스는 심리상담이 진행되면서 변화되는 성격의 변화단계를 다섯 개의 층으로 설명하였다. 신경증의 층들을 연속적으로 제거하는 것이 변화의 과정이다. 예증의 방법으로 양파의 껍질을 벗기는 이미지를 떠오르게 하였기에 '펄스의 양파껍질 벗기기 과정'이라고도 한다. 이 과정은 한 회기 내에서 일어날 수도 있고 여러 회기를 거치면서 연속적으로 발생할 수도 있다. 각각의 층은 타인을 포함한 환경과의 접촉에서 서로 다른 수준을 표상한다. 성장과 현실화는 알아차림을 통해 일어나고, 알아차림은 말하기, 회피, 자기중심에서가 아니라, 오직 접촉을 통해서만 가능하다. 펄스는 신경증의 층마다 이름을 부여하고, 상담이 진행되면 그 다음 층에 이르게 된다고 하였다.

(1) 제1층: 피상층

피상층(상투층, cliche or phony layer)은 사람들이 서로 형식적이고 의례적으로 반응하고 피상적으로 서로 교류하는 단계다. 이 층계의 사람들은 습관적으로 상황을 처리하고 사회적 관계에서는 판에 박힌 진실하지 않은 방법으로 반응하기에 '가짜층'이라고도 한다. 겉으로 잘 지내는 척하고 자신에게는 아무 문제가 없는 것처럼 행동한다. 피상적으로 지내기에 실제 문제가 있음을 느끼지 못한다. 이 층계는 해소되지 않은 수많은 갈등과 문제를 지닌 층으로, 이 층계에 속한 사람들은 자신에 대한 알아차림이 없기에 변화를 기대하기 어렵다.

(2) 제2층: 공포층, 연기층

공포층(phobic layer)은 사람들이 환경에 적응하기 위해 자신의 욕구를 억압하고 부모나 주위 환경에서 바라는 기대에 맞추어 행동하며 살아가는 단계다. 타인이 기대하는 역할행동을 자신이 원하는 행동이라고 믿으며, 배우와 같이 주어진 역할을 연기하며 살아간다(role playing layer). 그들은 자신에게 주어진 역할을 수행하지 않으면 처벌받을 것이라는 비현실적인 공포와 두려움을 느끼지만, 현실을 유지하려고 애쓰면서 이러한 감정을 숨긴다. 부정하려고 했던 자신의 어떤 모습을 직시하게 될 때 이들은 크게 저항한다. 실제의 자신을 있는 그대로 드러내게 될 때 타인에게 거부당할 것이라는 큰 공포를 가지고 있다. 공포층에 있는 사람은 자기 내면의 깨달음에 저항하고 있다.

(3) 제3층 : 난국층, 막다른 골목

내담자는 이제 역할연기를 그만두고 자립하려고 시도하지만, 여전히 어느 정도의 불안을 함께 체험한다. 즉, 그는 역할연기를 포기하려고 하나, 아직 온전한 자립능력이 생기지 않은 상태이므로 이러지도 저러지도 못하는 실존적 딜레마(dilemma)에 빠지게 되어 심한 불안을 체험하면서 교착상태(impasse layer), 교착층에 머물러 있다. 이때 상담자는 내담자가 이러한 상태를 피하기보다는 적극적으로 직면하여 견뎌내도록 격려해주는 것이 무엇보다도 중요하다.

(4) 제4층: 내파층

자신이 지금까지 스스로를 어떻게 억압하고 차단해 왔는가를 알아차리게 되는 단계이다. 사람들은 자신이 내적으로 죽어 있고, 자신의 이전 자기와 단절된다고 느낀다. 이 단계의 사람들은 지금까지 억압하고 차단했던 욕구와 감정을 알아차려 게슈탈트를 형성하지만, 환경과의 접촉을 통해 게슈탈트를 해소하지 못하고, 분노와 적대감 등의 부정적 감정을 자신에게 돌려 자신을 비난하고 질타하는 행동을 한다. 에너지를 외부로 발산할 경우 타인과의 관계가 악화되는 것을 두려워하는데, 내부로 돌려진 에너지는 내면세계를 분열시키고 피폐하게 만든다. 펄스(1970)는 솔직한 자기에 이르기 위해서는 이 내파층(implosive layer)을 극복해야 한다고 주장한다.

(5) 제5층 : 폭발층

폭발층(외파층, explosive layer)은 사람들이 자신의 욕구나 감정을 더 이상 억압하지 않고 외부로 표출하는 단계다. 이 단계에서 개인은 비로소 자신의 진정한 감정과 욕구를 외부대상에 직접 표현한다. 그리고 자연스럽게 강한 게슈탈트를 형성하고 환경과의 접촉을 통해 완결을 짓는다. 또한 이전에 억압하고 차단했던 미해결과제들을 전경으로 떠올려 완결하기도 한다. 이 단계는 진정한 자기로서 실존할 수 있는 상태로 이어질 수 있다.

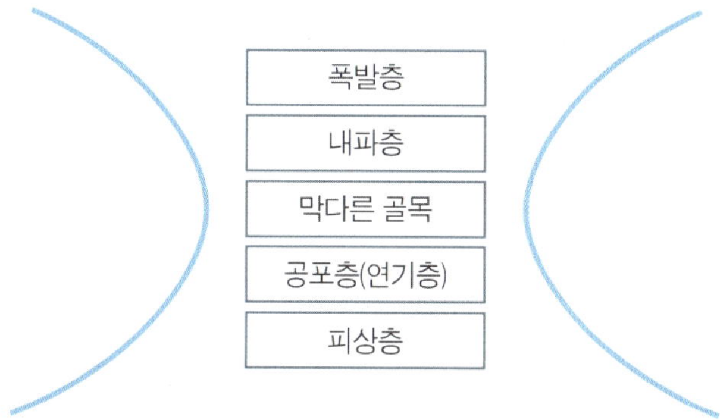

출처: 양명숙 외(2013: 255).

그림 7-3 성격 변화의 5단계

2) 양극화 통합과정

게슈탈트 관점에서 보면, 모든 심리적 문제는 성격의 두 측면 사이의 양극화된 갈등으로 탐색되고 해결될 수 있다. 피버트(Fiebert, 1983)는 갈등을 자각하게 하고, 그 결과와 내적 경험을 드러내고, 그것의 해결을 돕는 치료 회기의 전개와 그에 상응하는 상담자의 행동을 다음과 같이 네 단계로 설명하고 있다.

(1) 제1단계: 문제출현 단계

'지금-여기'에서 주요한 갈등의 강도가 높아지면서 내담자가 그것을 알아차리게 되는 단계다. 첫 번째 개입은 내담자의 즉각적 경험, 즉 행동에 대한 '어떻게'와 '무엇을'에 주의를 기울이게 하고 '왜'에 대한 추론에서 멀어지게 하는 것이다. 이러한 과정에서 내담자는 개인적인 사고와 감정, 감각에 대한 책임(반응할 수 있는 능력)이 증가될 수 있고, 또 언어적 행동과 비언어적 행동 사이의 밀접하고 기본적인 연결을 경험할 수 있게 된다. 제1단계의 핵심은 내담자가 지금 어떠한 자각을 경험하고 있는지를 탐색하는 것이다. 내담자는 대화할 때의 특정 문구, 이를테면 '해야 한다(should)'를 '원한다(want)'로, '할 수 없다(can't)'를 '하지 않겠다(won't)'로, '그것(it)'을 '나(I)'로 바꾸고, 항상 현재시제로 표현함으로써 보다 높은 책임감을 경험할 수 있도록 안내된다. 제1단계가 끝날 때쯤 내담자는 지시에 따라 즉각적으로 알아차림에 집중할 수 있고, 당면한 현재의 감정과 감각을 느끼고 표현할 수 있게 된다.

(2) 제2단계: 외적 대립 작업단계

내담자에게 증가하는 긴장을 받아들이고 외적 대화의 형태로 그것을 탐색해 보도록 요청한다. 대인관계 문제가 있을 때는 두 개의 의자를 사용하여 내담자가 자리를 바꾸어 앉으며 대화를 하게 한다. 이 작업의 주요한 관건은 내적 갈등을 극적으로 표현함으로써 감추어진 감정을 자각하게 하는 것이다. 제2단계가 끝날 때쯤 내담자는 자기발견의 과정에 정말 몰두할 수 있으며, 지도를 받지 않아도 의자를 옮겨 가며 감정을 적절히 표현하고, 행동양식을 검토하고 수정할 수 있게 된다. 이 활동은 내담자가 계속적으로 의미 있는 타자와의 관계에 현존하는 직접적인 쟁점과 감정, 관계 속에서 인지되는 숨겨진 감정과 안건, 진술된 문제와 갈등에 대해 바라는 해결책 등을 표현하는 데 도움이 된다.

(3) 제3단계: 내적 대립 작업단계

제3단계 활동의 주요 초점은 내담자의 인격 내에 존재하는 중요하고도 상충되는 두 가지 면에 대한 직면을 증가시키는 것이다. 긴장의 양극을 충분히 극화하고 경험할수록 갈등이 더 많이 해결될 수 있다. 회기가 진행되면 처음에는 보이지 않던 과거의 외상과 관련된 사고, 감정, 감각, 그리고 신체적 반응으로 점점 강력해지는 내적 갈등을 관찰할 수 있게 된다. 내적 대립의 자각 수준이 증가함에 따라 그 긴장은 내담자가 견디기 힘든 수준까지 고통스럽게 지속될 수 있다. 이 현상은 인격의 '내파층'을 나타내며, 새로운 게슈탈트를 형성하기 위한 전제조건이다.

(4) 제4단계: 통합단계

통합단계는 내담자의 인격 내에 분리되어 있던 요소들의 통합이고, 새로운 게슈탈트의 출현을 알려 주는 신호이며, 이는 음과 양의 대립 속에 도(道)가 있음을 반영한다. 이 단계의 핵심요소는 문제에 대한 주된 재구성과 새로운 인식에서 내적 갈등이 해결되는 것이다. 통합은 지속적이고 발전적이며 삶을 지탱해 나가는 경험이다. 따라서 '최후의' 게슈탈트란 없다. 통합의 과정에서 의식 속에 있는 상반된 요인들이 확인된다. 내담자는 상반된 한 면을 언어로 표현함으로써 다른 상반된 면을 인정하고 존중할 수 있게 된다. 어떤 내담자들은 이러한 태도를 몸짓이나 움직임 등의 비언어적 방법으로 표현할 기회를 가짐으로써 보다 효율적으로 반응할 것이다. 상담자의 안내로 상호 수용의 환상극을 경험할 수 있는데, 그것은 극단적 측면이 서로를 향해 다가가 포용함으로써 양극단의 긍정적 특성을 통합시킨다. 어떤 내담자들은 양극의 긴장을 조화시키고 통합시키는 명상기법을 선택할 수 있다. 내담자의 인지적 재구성을 촉진하기 위해서 상담 회기의 처음부터 끝까지 관찰해 온 내담자의 변화에 대해 상담자가 인식한 것을 제시할 수도 있다.

5. 상담기법

욘테프(Yontef, 1993)는 게슈탈트상담이 상담자가 이해할 수 있고 편안하게 느끼는 어떤 내담자에게도 효과적으로 적용될 수 있다고 보았다. 즉, 상담자가 내담자와 관계를 맺을 수 있다면 대화와 실험 등을 통해 직접 경험하기의 원리를 적용할 수 있다는 것이다. 하지만 게슈탈트상담의 일반적 원리를 내담자의 특정한 임상적 상황에 맞춰 수정하여 적용할 때에는 주의를 기울여야 한다. 전통적으로 게슈탈트상담은 지나친 사회화로 위축된 개인들에게 효과적인 것으로 여겨졌다. 이들은 불안하거나 완벽주의가 강하고 공포증이 있으며 우울한 내담자들이었다. 그러나 현재는 보다 광범위한 문제에 적용되어 개인치료와 부부치료 그리고 더 큰 집단치료의 형태로 실행되고 있다. 게슈탈트상담으로 정신병적이거나 와해되거나 또는 다른 종류의 심각한 정신장애를 가진 환자들과 작업하는 것은, 더 어려울 수 있으므로 상담자의 조심성과 민감성 및 인내심이 요구된다.

게슈탈트 상담기법은 다음과 같다(오만록, 2017: 317-319; 양명숙 외, 2013: 258-266; 한미희, 2013: 148-151).

1) 자기각성

상담자는 내담자에게 "당신의 손으로 지금 무엇을 느끼고 있습니까?", "화가 나면 어떻게 합니까?"라는 단순하고 직접적인 질문을 통해 그의 각성(욕구와 감정의 자각, 신체자각, 환경자각)을 촉진시킬 수 있다. 이에 대한 또 다른 예를 들어보면, 상담자가 "지금 당신의 오른손이 무엇을 하고 있지요?" 또는 "당신의 목소리는 어떻게 들리고 있지요?"라고 질문하는 것이다. 이렇게 되면 내담자는 무심코 던진 말이나 행동을 통해 자신의 진실한 내면세계를 각성하게 된다.

2) 대화게임

이는 내담자의 갈등을 대화로 엮어보는 것(자기 부분들 간의 대화)이다. 예를 들어, 내담자가 애인이 아닌 다른 이성과 데이트를 할까 말까 망설일 때 한 번은 데이트를 하고 싶은 입장에서 이야기해 보고, 또 한 번은 데이트를 해서는 안 된다는 입장이 되어 이야기하게 한다. 이때 전자를 하인, 후자를 상전이라고 하여 하인-상전 간의 대화를 해보게 하는 것이다.

3) 투사연기

내담자는 자신의 지나친 느낌이나 행동을 인정(수용)하지 않고, 그것을 다른 사람들에게 전가시키는 데 많은 노력을 하는 경우가 있다. 만약 내담자가 자신의 잘난 체하는 행동을 의식하지 못하고 다른 사람들이 그가 잘난 체한다고 비난하면, 그로 하여금 잘난 체하는 행동을 직접 해보도록 할 필요가 있다. 또한 남을 신뢰할 수 없다고 말하는 내담자에게 신뢰할 수 없는 사람의 역할을 수행해 보도록 할 수도 있다.

4) 반대행동

이를 반전기법이라고 하는데, 내담자로 하여금 평소에 그가 하는 행동과 정반대되는 행동을 하게 하는 방법이다. 예를 들어, 평소에 공격적인 내담자에게 아주 얌전하고 소극적인 행동을 하도록 하는 것이다. 이 기법은 내담자로 하여금 반대되는 속성을 이해하고 수용하도록 하는 데 도움을 준다.

5) 책임지기

이는 내담자로 하여금 그에게 어떤 말이든 하게 한 후 "나에게 책임이 있다."라고 말하게 하는 것(staying-with), 머물러 있기이다. 이 기법의 목적은 내담자의 생각, 감정, 행동에 대해 다른 누가 아닌 바로 내담자 자신에게 책임이 있음을 인식하도록 돕는 데 있다.

6) 신체표현활용

이는 내담자의 자기각성을 촉진하기 위하여 그의 신체표현을 관찰하여, 그것의 의미를 말하게 하는 방법이다. 예를 들어, 상담 중에 내담자가 고개를 계속 숙이고 있다면 그것을 지적해 주고 그것이 무엇을 의미하는지를 말해 보게 하는 것이다.

7) 과장하기

내담자가 감정을 명확히 자각하지 못할 때, 상담자는 내담자가 하고 있는 표현행동을 과장하도록 요구할 수 있다. 내담자가 신체동작이나 감각을 느낄 때, 현재 감정이나 욕구와 연결되어 있다면 과장해 볼 수 있다. 예를 들어, 아버지에 대한 분노를 억눌러 왔음을 이야기할 때 팔의 통증을 느낀다면, 내담자에게 그 팔이 어떻게 움직이고 싶은지를 느껴 보라고 할 수 있다. 팔이 치고 싶은 욕구를 느낀다면, 쿠션 등을 치면서 어떤 감정을 느끼는지 자각하도록 도울 수 있다. 이를 통해 자신의 분노 감정과 에너지를 접촉할 수 있다. 내담자의 언어표현에 있어서도 내담자가 무심코 한 말을 되풀이해서 말하거나, 큰 소리로 말해서 말 속의 의미를 자각하게 만들 수 있다. 반면에, 내담자가 작은 소리로 말하는 경우에는 더 작은 소리로 말을 하면서 그 순간의 감정이나 욕구를 알아차리게 도울 수 있다.

8) 빈 의자 기법

빈 의자 기법(empty chair technique)은 게슈탈트치료에서 가장 널리 쓰이는 기법 중 하나이다. 내담자가 앉아 있는 맞은편에 빈 의자를 하나 마련하여 두고, 거기에 자신이 직면하여야 할 대상이 앉아 있다고 상상하고서, 그 대상에게 실제로 하고 싶은 말과 행동을 하게 하는 방법이다. 그 빈 의자에 앉게 되는 대상은 내담자가 알아차리지 못한 내면적 자기의 극단적인 한쪽 면이 될 수도 있고, 미해결 상태에 있는 갈등관계에 있는 사람이 될 수도 있다 먼저, 내담자는 자신의 의자에서 맞은편 상대에게 이야기하거나 행동을 하고, 다음에는 그 상대의 자리에 앉아 상대가 되어 아까 앉아 있던 자신에게 대답을 하거나 대응 행동을 하는 식으로 두 의자를 왔다 갔다 하면서 서로 대화를 한다. 따라서 이 기법을 '두 의자 기법(two chairs technique)'이라고도 한다. 그런데 이 기법은 실제로 다음과 같이 두 가지 경우로 세분화된다.

(1) 내적 갈등을 다루기 위한 두 의자 기법

지적인 측면과 신체적인 측면 또는 사랑과 분노와 같이 양극단적으로 나뉘어 서로 갈등하고 있는 두 부분을 나타내기 위해서 두 개의 의자가 사용되며, 내담자는 각각의 의자에 앉아서 각 의자가 나타내는 관점으로 이야기를 한다. 대화는 일반적으로 그 사람의 강자나 지배적인 부분(top-dog)이 방어적이고 취약한 경향이 있는 다른 부분(under-dog)에 강한 비판을 하는 것으로 시작하며, 치료자는 비판자가 더 가혹해지도록 고무시키는 반면, 약자가 고통과 슬픔을 표현하도록 촉진한다. 예전 기억, 오해, 이전에 무시되었던 느낌들이 표면화되면서 뒤이어 '아하' 경험을 만들어 낸다. 비판자는 더 인내하고 수용하게 되는 반면, 약자는 자신감과 직접적인 자기표현의 수단을 얻음으로써 두 부분을 좀 더 인정하고 통합할 수 있게 된다.

(2) 미해결과제를 다루기 위한 빈 의자 기법

빈 의자 대화는 미완성 게슈탈트를 상상을 통해 다루고 해결하는 방법으로, 빈 의자는 갈등관계에 있는 다른 사람이 앉을 수도 있고, 꿈 또는 공상에서 문제가 되고 혼란스러운 부분, 두통과 같은 신체 증상 등이 앉을 수도 있다. 빈 의자에서 내담자는 중요한 미해결 과제가 걸려 있는 어떤 사람을 시각화하고, 차단되었던 마음을 통합시키기 위한 노력으로 그 사람에 대한 자신의 생각과 감정을 표현한다. 이 경험의 목표는 내담자가 자신감을 키워나가는 것뿐만 아니라, 타인이나 사건을 더 잘 이해하고 수용하도록 하는 것이다(유영달, 2017: 184~185).

9) 뜨거운 자리

내담자의 자기각성을 촉진시키기 위하여 널리 활용되는 방법 중 하나인 뜨거운 자리(hot seat) 기법은 내담자로 하여금 자기를 괴롭히는 어떤 구체적인 문제를 이야기하게 하고, 그 후 상담자가 그것에 대하여 직접적으로 그리고 공격적으로 직면(Confrontation, 맞닥뜨리기)기법을 적극 활용하는 것을 말한다. '뜨거운 자리 기법'은 '빈 의자 기법'과 함께 특히 집단상담에서 많이 활용된다.

10) 언어표현 바꾸기

게슈탈트 치료자는 내담자로 하여금 간접적이고 모호한 단어를 사용하는 것 대신에 내담자 자신과 자신의 성장에 책임감을 주는 단어를 사용하게 한다. '그것'과 '당신' 대신 '나'로 바꾸기, 3인칭이나 2인칭으로 시작하는 대명사를 일인칭으로 바꾸는 것은 개인에게 상황에 대한 책임감을 부여한다. '내가 ~할 수 없다' 대신에 '나는 ~하지 않겠다'로 바꾸기 등으로 내담자는 자신의 결정에 책임을 지고 자신의 힘을 수용하게 된다.

11) 꿈 작업

게슈탈트 접근은 꿈을 해석하고 분석하지 않는다. 대신 일상 속에서 꿈을 가지고 와서 그것이 마치 지금 일어난 것인 양 재창조하고 재생시키는 데 목적이 있다. 꿈은 실존적 메시지를 내포한다. 그것들은 우리의 갈등이나 희망, 생의 핵심적 주제를 나타낸다. 꿈의 모든 세부 사항들의 목록을 작성하여 가능한 한 전적으로 이런 부분이 되어 보고, 자신의 감정과 반대되는 면을 서서히 자각해 보는 것이다(한미희, 2013: 148).

12) 시연

시연기법은 구성원들이 고요히 생각하고 있는 것을 큰소리로 말하도록 한다. 게슈탈트 집단에서 구성원들은 그들이 사회적 역할을 수용하는 데 있어서 보다 많은 자각을 위해 시연을 집단에서 공유한다. 그렇게 해서 구성원들은 어떻게 하면 타인을 즐겁게 하고, 인정받고 수용받기 위해서는 어느 정도이어야 하며, 타인과 소외되지 않기 위해서는 얼마나 노력해야 하는지 알게 된다.

6. 평가

1) 공헌

게슈탈트상담은 다음과 같은 공헌을 하고 있다(장성화 외, 2016: 184-185).

첫째, 형태주의상담은 갈등과 삶에 대한 인간의 투쟁을 상담의 장으로 가져오도록 하는 활동 접근이다. 사람들은 문제를 상담의 장면에서 현 순간 실제로 감각적으로 경험함으로써 그들의 경험에 대해 더 잘 인식할 수 있다.

둘째, 적절한 요소를 현재 속으로 가져옴으로써 과거를 활기찬 방법으로 취급하는 방식이다. 상담자는 현재의 기능을 가로막는 문제를 내담자가 창조적으로 인식하고 처리하도록 독려함에 따라 내담자들은 이 인식을 통하여 자신의 경험에 대해 더 많은 개인적 책임감을 느낄 수 있게 된다.

셋째, 변화할 능력이 없어서 변화하지 못한다는 사실을 수용하지 않으며, 삶을 변화시키겠다는 결정을 하도록 하기 위하여 상담자는 내담자에게 여러 가지 형태의 실험을 제공한다.

넷째, 형태주의상담의 꿈 작업은 사람들이 삶의 핵심 주제를 더 잘 인식하도록 하는 독특한 방법이다. 꿈의 각 요소들을 자신의 투사로 봄으로써 내담자들은 삶 속으로 꿈을 가져올 수 있고 개인적 의미로 꿈을 해석할 수 있으며 책임을 질 수 있게 된다.

다섯째, 형태주의상담은 단순히 장애를 치료하는 기법이 아니라, 성장적·발전적 관점이다. 상담자와 내담자의 실존적 관계를 강조하므로 지시하고 창조하고 인식 증진을 위한 실험을 하는 데 창조정신이 있다.

2) 비판

욘테프는 다음과 같이 비판한다(Yontef, 1993). 그에 따르면, 게슈탈트상담에 대한 핵심적 비판의 대부분은 직면을 강조하고 성격의 인지적 요소를 경시한 더 오래된 관점 또는 펄스의 스타일에 대한 것이다. 이러한 방식의 게슈탈트상담은 내담자를 직면하게 하는 기법의 사용과 감정을 경험하게 하는 것을 더 중요시한다. 현대의 게슈탈트상담은 장기적이며, 이론적 지시와 해설, 일반적인 인지적 요인에 더 많은 주의를 기울이고 있다.

게슈탈트상담이 인지적 설명을 강조하면서 직접적인 경험하기나 통합의 과정을 중단하는 것에 찬성하지 않지만, 내담자는 자신의 사고를 명료화하고, 신념을 탐색하며, 심리상담에서 되살린 자신의 경험에 의미를 부여해야 한다. 게슈탈트상담에서는 심리상담자가 내담자를 가르치는 것은 내담자의 자기발견과정이나 자기학습을 촉진시키는 것과는 대립되는 것으로 보기에 가르치지 못하게 한다. 이것은 유기적 자기조절에 대한 기본 신념에 기초한 것으로, 내담자가 인식과 환경과의 접촉의 향상을 통하여 진보하는 것을 의미한다. 그러나 내담자가 자기발견을 하면서도 동시에 심리상담 및 치료자의 적절한 가르침에서 이익을 얻을 수 있을 것 같다.

현대의 게슈탈트상담은 심리상담자와 내담자의 접촉이나 대화를 중요시한다. 게슈탈트상담이 효과적이기 위해서는 심리상담자의 인간적 발달수준이 높아야 한다고 생각한다. 자신의 욕구를 인식하고, 이 욕구가 내담자의 과정을 방해하지 않는다는 사실을 아는 것, 현재 순간에 존재하는 것, 비방어적이면서 자기-드러내기를 할 의지를 갖는 것, 이 모두가 심리상담자에게 필요한 것이다. 적절히 훈련받지 못한, 즉 권력에 굶주린 심리상담자들은 내담자를 억누르는 일에 주로 관심을 가질 위험이 있다(Corey, 2016).

3) 한계

게슈탈트상담의 한계점을 살펴보면 다음과 같다(이현림, 2011: 178-179).

첫째, 전통적인 게슈탈트상담의 한계는 상담의 인지적 측면을 고려하지 않는 반지성적 관점이다. 인지적 요소를 무시하고 감정과 신체를 강조하면 최적의 균형을 이룰 수 없다. 이러한 반지성적인 한계를 벗어나 자신의 경험을 지각적이며 사고적으로 받아들여야 할 것이다.

둘째, 게슈탈트상담기법의 적용은 언제, 누구에게, 어떤 상황에서 등과 같은 대상과 문제에 따라 달라진다. 혼란되고 충동적인 사람보다 지나치게 사회화되어 있고, 차분하고, 억압되어 있는 사람들에게 효과적이다.

셋째, 철학적으로 '나는 나의 일을 하고, 너는 너의 일을 한다'라고 하는 생활자세는 정말 위험하게 받아들여진다. 이것은 사람이 자기만을 위하여 살며, 동료간에 대해서는 아무런 의무도 없다는 몰인정한 이론으로 흐를 위험이 있다.

넷째, 이 접근은 실제적으로 기술만 습득하여 기술로서만 다루고, 상담자 자신은 성장하지 않으면 더욱더 위험해질 수 있다. 그러므로 상담자 자신이 현재 지금의 느낌을 솔직하게 개방함으로써 내담자에게 영향을 미치고 상담자 자신의 성숙도 함께 이루어져야 한다.

8

Chapter

실존주의상담

개요

실존주의상담은 19세기 키에르케고르의 실존주의 철학에 기초를 두고 있다. 실존주의상담은 다른 상담이론과는 달리 단일의 체계적인 이론이라기보다는 신학, 철학, 정신의학, 심리학 등의 여러 학문 분야에서 각기 발달한 이론들의 묶음이라 할 수 있다. 본 장에서는 실존주의상담에 대한 논의를 하고자 한다.

학습 목표

1. 실존주의 철학에 대한 이해
2. 실존주의상담의 핵심 개념 파악
3. 실존주의상담의 활용성

학습 내용

1. 실존주의상담의 개요
2. 메이의 생애와 사상
3. 실존주의상담의 핵심 개념
4. 상담과정
5. 상담기법
6. 평가

1. 실존주의상담의 개요

실존주의상담은 19세기 실존주의 철학의 아버지라 불리는 키에르케고르의 실존주의 철학에 기초하고 있다. 실존주의상담의 철학적 기초는 유럽에 두고 있지만, 치료적 접근으로서의 실존주의의 핵심은 미국의 이론가들에 의해 성립되었다. 실존주의상담은 다른 상담이론과는 달리 단일의 체계적인 이론이라기보다는 신학, 철학, 정신의학, 심리학 등의 여러 학문 분야에서 각기 발달한 이론들의 묶음이라고 할 수 있다. 실존주의적 상담에 영향을 미치거나 발전시킨 사람들을 세 가지 부류로 나누어 살펴볼 수 있다.

첫째, 실존주의상담은 실존주의철학에 근거한다. 실존주의 철학자들은 키에르케고르, 니체, 하이데거, 사르트르 등이 보는 인간에 대한 이해를 반영한다.

둘째, 실존주의상담은 종교 철학자들의 영향을 받아 발전해 왔다. 종교 철학자들은 부버, 틸리히 등을 들 수 있다. 부버의 '나-당신(I and Thou)의 관계'나 틸리히의 『존재에 대한 용기(Courage to be)』에서 강조하는 내용이 실존주의상담에 반영되어 있다.

셋째, 실제로 상담 및 심리치료 분야에 실존주의 철학이나 종교철학을 적용하여 실존주의상담을 주창한 학자들에 의해 발전하였다. 여기에는 빈스반거(L. Binswanger, 1881~1966), 프랭클(V. Frankl, 1905~1997), 메이(R. May, 1907~1994), 얄롬(I. Yalom, 1931~) 등이 있다.

실존주의상담은 인생을 진행되는 과정으로 보며, 우리 각자는 그러한 진행되는 과정에 있다고 본다. 그러므로 실존(existence)은 정적 과정이 아니라 진행되는 과정을 수반한다. 또한 실존주의상담은 존재의 과학과 과정에 관심을 두며, 상담자는 내담자의 표면적 문제 이면에 있는 그의 실존의 기본적 문제에 직면하도록 한다. 인간 실존의 기본적 문제는 죽음, 무의미성, 불안, 절망, 고독, 고립 등이다. 이러한 문제는 인간의 실존적 고통을 생성할 잠재력을 지닌다.

실존주의상담은 현상학(phenomenology)이라는 철학에 기초하고 있다. 이 접근은 내담자의 주관적 관점에서 인간의 행동을 이해하는 것을 추구한다. 즉, 대상을 직접 문제 삼지 않고 그 대상을 형성하는 주관작용을 되물어 들어가는 것을 근본적 특징으로 하는 철학적 접근이다. 따라서, 실존주의 상담자는 내담자의 경험을 드러내도록 하여 정신현상이 어떻게 의식으로 나타나는가를 규명하여, 내담자의 자아관, 인간관, 세계관의 명료성과 진실성을 성취하도록 돕는 데 중점을 둔다.

상담목표

상담의 목표는 내담자가 본래성을 향해 나아가도록 돕고, 스스로를 기만할 때에 이를 인식할 수 있게 하는 것이다. 실존적 관점에서 보면 우리는 자유로부터 도피할 수 없으며 그래서 동시에 항상 책임져야 하는 위치에 있다. 우리는 자유를 포기할 수 있지만, 자유를 포기함은 궁극적으로 본래성을 포기하는 것과 마찬가지다. 실존주의 상담은 내담자가 자신의 불안을 바라보고, 존재의 가치를 만들어 내는 진정한 목적을 기반으로 하는 행동을 취하도록 돕는 것이 목표이다. 본래성은 우리 행동과 살아가는 방식에 대한 책임을 지는 것으로 삶의 저작권을 주장하는 것이다(Corey, 2016 재인용).

실존주의상담의 목표는 내담자의 자각을 최대화함으로써 내담자가 삶의 의미와 목적을 스스로 발견하도록 돕고, 자기 인생에 대한 확고한 방향 설정과 결단을 내리도록 돕는 데에 있다. 따라서, 실존주의 상담자는 내담자가 새로운 이해와 선택을 하도록 돕기 위해서 기본적으로 내담자의 주관적인 세계를 이해하는 데 관심을 가져야 한다.

실존치료의 일반적인 목표는 다음과 같다(강진령, 2013a: 100-101).

첫째, 의미 · 책임 · 인식 · 자유 · 잠재력 인식을 가져야 한다.

실존치료의 목표에는 내담자가 의미, 책임, 인식, 자유, 그리고 잠재력의 중요성을 인식하도록 돕는 것이 포함된다. 메이에 따르면(May, 1958), 치료목표는 환자가 실제로 자신의 실존을 경험하는 것이다. 실존치료자는 상담이 진행되는 동안 내담자가 자신의 삶에 대해 보다 책임을 지게 될 것이라는 희망을 갖는다. 내담자는 상담자와의 진정한 관계를 통해 자유로움을 인식하게 되면서 삶의 관찰자 위치에서 벗어나, 자신의 삶에 책임감을 갖게 됨과 동시에, 의미 있는 개인활동의 조형자(shaper)가 될 것이다.

둘째, 외부지향적에서 내부지향적 조회체계로의 이동이다.

실존치료의 두 번째 목표는 내담자가 외부로 향한 조회체계를 내부로 향하게 돕는 한편, 더 이상 다른 사람들의 판단에 의지하지 않고 자신의 활동을 스스로 평가하도록 돕는 것이다. 이 외에도 실존치료의 목표에는 내담자가 자신의 존재에 민감해 지도록 돕기, 내담자의 독특한 특성과 성격에 주의집중시키기, 내담자가 다른 사람들과의 만남의 폭을 넓히도록 돕기, 내담자가 의미에 대한 의지를 갖도록 조력하기, 내담자가 현재와 미래의 삶의 방향에 대한 결정을 내리도록 지지하기가 포함된다.

2. 메이의 생애와 사상

롤로 메이

메이(Rollo May, 1909~1994)는 1909년 미국 오하이오주 에이다(Ada. Ohio)에서 6남매 중 둘째(장남)로 태어났다. 부모의 관계가 그리 좋은 편이 아니어서 메이는 어린 시절 불행한 가정 분위기로 인해 고독하고 반항적인 청소년기를 보냈다.

1930년 메이는 오벌린대학(Oberlin College)에서 영어전공으로 학위를 수여받고, 그리스의 아나톨리아대학(Anatolia College)에서 영어를 가르쳤다. 그곳에서 두 번째 여름휴가를 보내던 중, 비엔나를 여행하다가 아들러(Alfred W. Adler, 1870~1937)가 진행하는 세미나에 참석하여 정신분석에 대해 흥미를 갖게 되었다. 그러나 그리스에 머무르는 동안 고독을 극복하기 위해 일에만 몰입한 결과 건강이 극도로 악화되었다. 1933년 메이는 미국 유니언신학교(union Theological Seminary)에 입학하였는데, 당시 히틀러로부터 피해 온 실존주의자이며, 종교다원주의자인 틸리히(Paul Tillich, 1886~1965)의 영향을 강하게 받았다.

그 후, 조합교회주의(Congregationalist) 목사로 잠시 활동한 메이는 콜럼비아대학교(Columbia University)에서 임상심리학 학위과정에 등록하려 했으나, 결핵으로 학업을 포기하고 2년여에 걸쳐 투병생활을 하였다. 이 시기에 실존주의 철학자 키에르케고르(Søren Aabye Kierkegaard, 1813~1855)의 글에 강한 인상을 받았다. 결핵에서

회복된 메이는 1949년 컬럼비아대학교에서의 학위를 마치고, 뉴욕시의 William Allanson White Institute의 교수가 되었다.

1950년 메이의 가장 영향력 있는 저서인 『불안의 의미(The Meaning of Anxiety)』가 출판되었다. 메이는 불안이 인간을 파괴할 수 있지만, 좋은 측면에서도 기능할 수 있다고 믿었다. 그는 심리치료자로서의 업무와 New School of Social Research와 뉴욕대학교 겸임교수로 재직하면서 예일대학교, 하버드대학교에서 이 주제에 대해 강연을 하였다. 메이는 1960년대에 인본심리학회(Association of Humanistic Psychology)를 공동으로 창립하였고, 그 후 2권의 명저, 『사랑과 의지(Love and Will)』(1969)와 『창조의 용기(The Courage to Create)』(1975)를 출간하였다. 1980년대에 그는 은퇴한 후, 샌프란시스코에 거주하면서 현대사회에서 신화의 의미에 관한 집필에 집중하였고, 인본주의에 대한 연구를 계속하다가 1994년 10월 22일 85세로 세상을 떠났다.

메이의 글들은 실존 지향의 실무자들에게 상당한 영향을 미쳤고, 미국과 유럽 내의 심리치료적 실천 현장에서 주요 실존적 개념을 번역하는 데 도움이 되었다. 메이는 심리치료가 사람들로 하여금 삶의 의미를 발견하도록 돕는 것을 목표로 해야 하고, 문제해결보다는 존재적 문제에 관한 것이어야 한다고 믿었다. '존재하는 것'에는 용기가 필요하고, 우리의 선택은 우리가 어떤 유형의 사람이 될 것인지를 결정한다. 존재의 문제는 성과 친밀감, 늙어가는 것, 죽음에 직면하는 것, 세상 속에서 행동을 취하는 것과 같은 문제들을 다루는 법을 배우는 것을 포함한다. 메이에 의하면, 진정한 도전이란 결국 혼자이고 죽음에 직면하게 되는 세상을 살아갈 수 있게 되는 것이다. 사람들이 자신들이 살고 있는 사회의 향상에 기여할 수 있는 방법을 찾도록 돕는 것이 치료자의 과업이다.

메이의 주요한 저서로는 『상담의 기술(The art of counseling)』(1939), 『불안의 의미(The meaning of anxiety)』(1977), 『자유와 운명(Freedom and destiny)』(1981) 등이 있다.

3. 실존주의상담의 핵심 개념

1) 실존주의

실존주의(existentialism)는 20세기 전반에 합리주의와 실증주의 사상에 대한 반동으로서 독일과 프랑스를 중심으로 일어난 철학 사상을 말한다.

제1차 세계대전 후의 '생철학(Philosophy of life, Lebensphilosophie)'이나 현상학(phenomenology)의 계보를 잇는 이 철학사상은 제2차 세계대전 후에는 문학이나 예술의 분야에까지 확대되어 오늘날에는 세계적인 한 유행 사조가 되었다. 한편, 성립 당초의 실존주의의 주장내용이 희미해져 실존이란 말뜻도 애매해진 감이 없지 않다. 실존주의 철학을 초기에 수립한 야스퍼스나 하이데거를 오늘날 실존주의자라고 부르는 것이 합당하지 않은 이유도 바로 여기에 있다.

실존이란 말은 원래 철학용어로서 어떤 것의 본질이 그것의 일반적 본성을 의미하는 데 대하여, 그것이 개별자로서 존재하는 것을 의미하여, 옛날에는 모든 것에 관해 그 본질과 실존(존재)이 구별되었다. 그러나 하이데거나 야스퍼스에게서는 실존이란, 인간의 존재를 나타내는 술어로 사용된다. 그것은 인간의 일반적 본질보다도 개개의 인간의 실존, 특히 타자와 대치할 수 없는 자기 독자의 실존을 강조하기 때문인데, 이와 같은 경향의 선구자로서는 키에르케고르나 포이어바흐(Ludwig Andreas Feuerbach, 1804~1872)를 들 수 있다. 이 두 사람은 모두 헤겔이 주장하는 보편적 정신의 존재를 부정하고, 인간 정신을 어디까지나 개별적인 것으로 보아 개인의 주체성이 진리임을 주장하며(키에르케고르), 따라서 인류는 개별적인 '나와 너'로 형성되어 있음을 주장하였다(포이어바흐). 바로 이와 같은 주장이 실존주의 사상의 핵심을 이루고 있다.

야스퍼스(Karl Jaspers, 1883~1969)의 '실존'을 예로 들면, 실존이란 '내가 그것에 바탕을 두고 사유하고 행동하는 근원'이며, '자기 자신에 관계되면서 또한 그 가운데 초월자와 관계되는 것'이지만, 한편 그러한 실존은 고립되어 있는 것이 아니라, 다른 실존과의 관련 속에서만 존재하는 것이다. 따라서 궁극의 진리는 '좌절하는 실존이 초월자의 다의적인 언어를 지극히 간결한 존재확신으로 번역할 수 있을 때 존재하는' 것이다.

사르트르(Jean-Paul Sartre, 1905~1980)의 분류에 따르면, 이와 같은 초월자 또는 신의 존재를 인정하는 야스퍼스나 마르셀(Gabriel Marcel, 1889~1973)은 '유신론적 실존주의자'이고, 사르트르 자신은 '무신론적 실존주의자'임을 주장한다. 즉, 사르트르의 생각으로는, 인간에게는 실존이 본질에 선행하며, 따라서 인간의 본질을 결정하는 신은 존재하지 않기 때문에, 개인은 완전히 자유로운 입장에서 스스로 인간의 존재방식을 선택하게끔 운명지어져 있다. 만약 인간의 본질이 결정되어 있다면 개인은 다만 그 결정에 따라 살아가기만 하면 되지만, 본질이 결정되어 있지 않다는 바로 그 이유 때문에 인간 한 사람 한 사람의 자각적인 생활방식이 실로 중요하다. 이런 의미에서 자유는 인간에게 주어진 선물이라기보다는 오히려 무거운 짐인 것이다. 제2차 세계대전 후에 생긴, 자유와 니힐리즘(nihilism, 허무주의)을 표방하는 실존주의의 한 계파는 사르트르의 아류로서, 사르트르의 자유에 관한 사상을 오해하고 있는 경향이 있다.

실존주의 철학자로는 이 밖에 셰스토프(Lev Isakovich Shestov, 1866~1938), 베르자예프(Nicholas Berdyaev, 1874~1948), 부버(Martin Buber, 1878~1965)를 들 수 있고, 문학자로는 사르트르 이외에 카뮈, 카프카 등이 있으며, 실존주의의 시조로서는 니체나 도스토옙스키, 나아가서는 파스칼까지도 거론되는 경우가 있다. 또한 바르트나 불트만 등의 변증법 신학자가 실존주의 신학자로 불리는 경우도 있다. 물론 이들에게 공통되는 것은 개인의 실존을 중시한다는 점일 뿐, 그 사상내용에는 상당한 차이가 있음에 주의하여야 한다.

2) 인간관

실존이란 인간 존재의 특유한 존재방식을 뜻한다. 따라서 그것은 어디까지나 인간의 현재에 관계하는 것이며, 인간의 본질이 무엇인가 하는 본질규정의 문제는 직접적인 관심사가 아니다. 실존은 본질에 선행한다. 실존은 밖에(ex) 나타나(sistere) 있는 것을 의미하므로, 실존철학 역시 인간의 숨겨진 본질보다는 드러나 있는 인간의 존재방식을 묻고 그것을 규명하려는 노력이다. 실존은 현실의 존재,

사실의 존재, 진실의 존재에 대한 새로운 표현이라고 할 수 있다.

실존주의는 인간의 존재에 관심을 둔다. 인간의 가장 직접적인 경험인 그 자신의 존재에 초점이 맞추어져 있다. 다시 말해서, 인간의 존재를 무에서 시작된 자유로운 존재로 본다. 인간은 사전에 그 무엇에 의해서도 규정되어 있지 않기 때문에 자신을 규정할 수 있는 힘은 오로지 자신에게만 있다고 본다. 그러므로 각 개인은 자신의 자유의지에 따라서 선택하고, 행동하고, 그 결과에 책임지는 가운데 자신의 본질을 만들어 가는 것이다(노안영, 2018: 356).

실존주의 운동은 치료를 일련의 기술로 보는 경향성을 거부하였다는 데서 결정적인 의미가 있다. 실존주의는 인간이 되는 것이 어떤 의미인지를 이해하는 것에 치료의 기반을 둔다. 실존주의적 운동은 사람에 대한 존중, 행동의 새로운 측면을 탐색, 사람을 이해하는 방법을 의미한다. 이는 사람 본성에 관한 가정에 기반을 두고 치료에 다양한 접근법을 사용한다.

실존주의적 전통(existential tradition)은 인간 존재의 한계와 비극적인 차원을 인식하는 것과, 또 다른 한편으로는 인간 삶의 가능성과 기회를 인식하는 것 사이의 균형을 추구한다. 실존주의는 고립, 소외, 무의미와 같은 현대적 삶의 딜레마에 처한 사람들을 돕고자 하는 바람에서 나타났다. 실존주의적 접근법의 현 초점은 개개인들이 세상 속에 홀로 있는 경험과 이런 고립감이 주는 불안에 직면하는 것에 있다. 어떤 관계도 실존적인 고립을 없앨 수는 없지만, 사랑이 고통을 수반하나 고통을 이기는 힘이 되듯이, 혼자라는 것도 공유될 수 있다.

인간 본성에 관한 실존주의적인 관점은 우리 존재의 중요성이 결코 단 한 번에 완전히 결정될 수 없다고 본다. 그보다 인간은 지속적인 자신만의 프로젝트를 통해 스스로를 형성해간다. 인간들은 지속적으로 전환, 발생, 진화하며, 삶의 긴장, 모순, 갈등에 반응하면서 무언가가 되어가는 상태에 있다. 우리는 지속적으로 스스로, 타인, 그리고 세계에 대해 질문한다. 삶의 발달단계에 따라 우리가 하는 구체적인 질문들은 비록 다양할지라도, 근본적인 주제는 그리 다르지 않다. 우리는 철학자들이 서양 역사에 걸쳐 숙고해온 같은 질문을 제기한다. '나는 누구인가?', '내가 알 수 있는 것은 무엇인가?', '나는 무엇을 해야 하는가?', '나는 무엇을 바랄 수 있는가?', '나는 어디로 가고 있는가?'

인간상태의 기본적인 차원은, 실존주의적 접근법에 의하면 ① 자기 인식에 대한 능력, ② 자유와 책임, ③ 정체성을 만들고 타인과의 의미 있는 관계를 성립, ④ 의미, 목적, 가치, 목표에 대한 탐색, ⑤ 삶의 조건으로서의 불안, ⑥ 죽음과 비존재에 대한 인식이 포함된다.

3) 실존의 방식

인간세계는 한 사람이 그 안에 존재하며, 일반적으로 알지 못하는 사이에 그것의 설계에 참여하는 의미 있는 관계구조이다. 즉, 동일한 과거나 현재의 주변 상황이 사람에 따라서는 매우 다른 것을 의미할 수 있다. 따라서 세계는 각 사람의 실존의 조건을 결정하는 과거의 사건과 그사람에게 작용하는 매우 다양한 결정론적 영향을 모두 포함한다.

그러나 그것은 개인이 그것들을 인식하고, 틀을 만들고, 계속해서 재형성하는 것과 같이 개인의 그들에 대한 관계이다. 한 사람의 세계를 인식한다는 것은 동시에 그것을 설계해 나가고, 그의 세계를 구성해 나간다는 것을 의미하기 때문에 실존심리치료의 관점에서 보면, 실존주의자들은 세계 내에서 실존의 방식을 확인하였다. 인간은 동시에 '주변세계(Unwelt)', '공존세계(Mitwelt)', '고유세계(Eigenweit, 자기세계)', '영적 세계(Uberwelt)'에 존재한다. 그 내용은 다음과 같다(Nelson-Jones, 2014).

- 주변세계 : 이는 자연적 환경이다. 즉, 인간이 접하며 살아가는 환경 혹은 생물학적 세계를 의미한다. 모든 유기체는 주변세계를 갖는다. 동물과 인간에게 주변세계는 생물학적 욕구, 추동 및 본능을 포함한다. 실존 분석가들은 자연세계의 현실을 받아들인다.
- 공존세계 : 이는 '함께하는 세상(with-world)'이다. 즉, 인간이 사회적 존재로서 더불어 살아간다는 뜻으로 인간관계영역에 관심을 두는 것을 의미한다. 개인은 타인과의 관계로서 이루어지는 공동체의 세계에 존재한다.
- 고유세계 : 이는 '자기세계(own world)'이다. 즉, 자신의 세계이며 개인이 자신

에게 가지는 관계를 의미한다. 고유세계는 자기 관계성을 전제하고 있으며, 오로지 인간에게만 나타나는 것이다.

이 세 가지의 존재양식은 서로 연관되어 있다. 예를 들어, 사랑은 Umwelt(주변세계)의 생물학적 충동 이상을 필요로 한다. 또한 사랑은 Mitwelt(공존세계)의 사회적 관계나 대인관계 이상을 필요로 한다. 나아가 사랑은 Eigemvelt(고유세계)를 요구하는데, 이는 다른 사람들과의 관계에서 사람들은 스스로 만족할 필요가 있다는 점에서 그렇다.

- 영적 세계 : 이것은 인간 각자가 갖는 믿음이나 신념 세계로 영적, 혹은 종교적 가치와의 관계를 의미한다.

실존주의 상담자들은 주변세계와 공존세계 및 고유세계에서 일어나는 대부분의 일을 영적 세계에서 일어나는 일들의 반영으로 본다. 그러나 영적 세계의 실존을 믿지 않는 사람에게 현실세계에서 일어나는 일은 다만 주변세계, 공존세계, 고유세계에서의 어떤 원인에 의해 일어난 결과로만 생각한다. 그러므로 영적세계의 실존을 믿는 믿음의 유무에 따라 세상을 보는 시야도 다를 수밖에 없다.

영적 세계의 실존을 믿는 사람들은 현실세계에서 일어나는 일들은 영적 세계에서 일어나는 일들에 대한 반영으로 보고 있기 때문에 문제의 해결도 영적 세계에서 찾는다. 그러나 영적세계의 실존을 믿지 않는 사람들은 문제의 해결도 오직 현실세계에서만 찾는다. 이처럼 영적 세계의 실존에 대한 믿음의 유무에 따라 각각 살아가는 삶의 방식이 다를 수밖에 없다.

4) 자유와 책임

실존주의 상담자들은 자유를 변화의 기회임과 동시에 내담자의 문제에서 벗어나 자신에게 직면할 수 있는 기회로 보았다(Fabry, 1968). 즉, 인간은 여러 선택 가운데서 선택할 수 있는 자유를 가진 자기결정적인 존재이다. 실존주의상담은 자유, 자기결정, 의지를 인간존재의 중심에 둔다. 만약 자유가 인간으로부터 제거된다면 더 이상 인간으로서 존재하지 않게 된다. 왜냐하면 이것이 바로 인간에게 인간됨을 부여하는 능력이기 때문이다.

사르트르(Jean Paul Sartre, 1905~1980)는 "인간이 자유롭도록 운명지어졌다."고 보았다. 그는 인간은 자신의 세계를 창조할 책임이 있으며, 진정으로 자유롭기 위해서는 자신의 운명의 한계에 직면해야 한다고 보았다. 틸리히는 "사람은 스스로 결정하는 바로 그 순간에만 참다운 인간이 된다."고 하였다. 또한 사람으로부터 빼앗을 수 없는 것은 자유라고 하였다. 우리는 어떤 주어진 환경 내에서 적어도 우리의 태도를 선택할 수 있다. 프랭클(V. E. Frankl)은 아우슈비츠 포로수용소에서 자신이 택한 자유를 이렇게 이야기한다. "몸은 비록 갇혀서 내가 어찌할 수 없지만 어떤 생각을 할지는 나의 선택이었다."(김종운, 2013: 258-259).

실존주의상담에서 핵심은 자유와 책임의 문제이다. 자유롭게 자기결정하고 선택하는 것으로 인하여 우리는 우리 자신의 현재와 미래의 설계자이다. 책임은 스스로 선택권을 소유하고 정직하게 자유를 다루는 것을 의미한다. 사르트르는 인간이 한계를 가지고 제한적이라는 점을 나타내기 위해 불신(bad faith)이라는 용어를 사용한다. "저는 어릴 때 학대를 당해서 제 아이들을 잘 다룰 수 없어요." 혹은 "제가 좋은 대학을 다니지 못해서 좋은 직장에 갈 수 없어요."라고 말하는 사람은 문제에 대해 다른 사람을 비난하면서도 자신의 한계를 자각하지 못함으로써 나쁜 믿음에 따라 행동하는 것이다. 따라서 실존주의 상담자는 내담자들이 비록 그들 인생의 대부분을 선택하는 자유를 피하고 살아왔지만 선택을 행사하기 시작할 수 있다는 것을 가르칠 필요가 있다.

5) 죽음과 비존재

실존주의철학의 가장 중요한 문제는 죽음이다. 인간은 역시 미래의 언젠가는 자신이 죽는다는 것을 스스로 자각한다. 죽음은 나에게 엄습해 오는 기분 나쁜 무엇이다. 따라서 실존이 불가능하게 되는 가능성이다.

죽음은 가장 자기적인 것이다. 누구도 대신 죽어 주기를 바랄 수 없는, 언제나 자기가 맞아야 할 사건이다. 이처럼 죽음은 자기의 궁극적인 가능성이다. 다음에 죽음은 모든 교섭의 단절이다. 죽음은 자기 자신에 관한 것이요. 다른 무엇과도 교섭하지 않는다. 또한 죽음은 넘어설 수 없고 또 가장 확실하다. 그러나 죽음은 언제 일어날지 모르는 불안이다. 이런 의미에서 실존은 죽음에의 존재요, 종말에의 존재이다. 그러므로 유한한 존재이며 그 밑바닥에는 무가 잠겨 있다. 이 무 때문에 실존은 불안하다. 그러나 실존은 자기를 기만함이 없이 결단을 내리고 이러한 유한적 실존인 실존방식을 엄연히 받아들여야 한다. 사람의 양심이란 일상인(das man)의 일상성 속에 은폐된 미래의 자기가 스스로를 구하고 그것을 결의하기를 강요하는 외침의 소리이다. 이 양심의 소리는 자기를 향해 외친다. 이 결의는 죽음의 불안을 그대로 죽음에의 자유가 되게 한다. 이 결의란 자기가 열리는 일이기 때문에 그는 도리어 자기의 환경과 대결하고 바른 행위를 할 수 있게 된다.

실존주의자들은 죽음을 부정적으로 보지 않는다. 인간의 현저한 특성 중 하나는 미래의 개념과 죽음의 불가피성을 터득할 수 있다는 것이다. 점차적인 비존재의 인식 그것이 존재에 의미를 준다. 왜냐하면 그것은 모든 인간의 행위를 중요하게 부각시키기 때문이다.

실존주의자들은 삶이 시간의 제한을 받기 때문에 의미가 있다고 주장한다. 만약 우리가 우리의 능력을 실현화시키는 영원한 시간을 가지고 있다면 조급해 할 필요가 없기 때문이다. 그러나 우리의 시간성 때문에 죽음은 우리에게 진지하게 생을 살아가도록 자극한다. 죽음의 불가피성은 생의 가능성을 제한시킨다. 현재는 귀중한 것이다. 왜냐하면 우리가 실제로 가진 전부이기 때문이다.

죽음에 대한 두려움과 생에 대한 두려움은 상호 관련적이다. 죽음에 대한 두려움은 두 팔을 벌려 생을 완전히 받아들이는 것을 두려워하는 우리 중의 어떤 이에게 불안하게 다가온다. 그러나 만약 가능한 한 최대로 현재의 생을 긍정하며 살아가도록 시도한다면 생의 종결에 사로잡히지는 않을 것이다. 우리 중 죽음을 두려워하는 사람은 삶도 무서워한다. "결코 참된 삶을 살지 않았기 때문에 죽음을 두려워한다."라고 말할 수 있는 것처럼 우리 중 어떤 이는 자신의 죽음을 실제로 직면하는 것을 두려워하기 때문에 점차적으로 비존재가 된다는 사실로부터 도피하려고 한다. 그러나 우리가 허무와 직면하는 것에서 도피하려고 노력하면 우리는 대가를 치러야만 한다. 메이(May, 1961)에 따르면, 죽음을 부정하는 데 치러야 하는 대가는 '막연한 불안'과 '자아격리'이다. 자신을 완전히 이해하기 위해서 인간은 죽음에 직면해야만 하고 개인적인 죽음에 직면해야만 한다. 메이의 견해에 동의하면서, 프랭클(Frankl, 1959)은 "죽음은 인간실존에 의미를 준다."고 주장한다. 그에 따르면, 만약 우리가 불멸하다면 우리는 영원히 행동을 지속할 수 있다. 그러나 우리가 유한하기 때문에 우리가 지금 하는 것들은 특별한 의미를 갖는다.

6) 의미와 무의미

삶의 의미에 관한 질문, 즉 '인생은 어떤 의미를 주는가? 우리는 왜 사는가? 어떻게 살아야 하는가? 나는 왜 여기에 이렇게 있는 것일까?'를 던진다. 인간은 자신의 삶의 존재감, 즉 의미감(a sense of meaningfulness)을 필요로 한다. 이러한 의미감은 인간 개개인이 경험하거나 세상에서 일어나는 사건을 해석하는 방식을 제공한다. 뿐만 아니라, 어떻게 살 것인가에 관한 삶의 가치를 발달시키는 수단이 된다(May & Yalom, 1989).

얄롬(Yalom, 1980)은 죽음에 직면한 암환자들에게 일어났던 몇 가지 개인적 변화를 보고하였다. 즉, 얄롬은 치명적인 병에 걸린 사람이 병에 걸리기 전에 비해 훨씬 더 깊은 삶의 의미를 깨닫게 된다는 사실을 발견하였다. 환자들은 '실존은 지연될 수 없다'는 것을 배우고, 사람이 현재에서만 진실로 살 수 있다는 것을 깨달았다. 그래서 얄롬은 '죽음 자각 워크숍'을 통해 내담자들이 자신의 묘비명이나 사망기사를 쓰도록 하거나 자신의 장례식을 상상하도록 하여 죽음에 직면해 보도록 하였다. 이로써 내담자는 일상생활의 일부를 구성하고 있는 죽음을 피할 수 없는 운명의 신호로 인식하도록 도왔다. 흔히 죽음에 직면하는 중요한 기회는 내담자들이 그들과 가까운 사람의 죽음을 경험할 때 일어난다.

프랭클(Frankl, 1963)에 따르면, 인간의 중심 관심사는 삶에 방향성을 줄 수 있는 의미를 발견하는 것이다. 프랭클은 자신의 삶 경험과 임상적 작업을 통하여, 의미의 결여가 현대에 실존적인 스트레스와 불안의 주요한 원천이라고 결론지었다. 그는 실존적 신경증(existential neurosis)을 무의미의 경험으로 바라보았다. 우리가 살고 있는 세계가 무의미한 것처럼 보일 때, 우리는 계속 분투하고 심지어는 삶을 계속 하는 것이 가치가 있는지 궁금해질 수 있다. 죽음을 예측하는 것에 직면할 때, 우리는 '내가 결국엔 죽을 것이라면, 지금 내가 하는 것들이 의미가 있는 것인가? 내가 하는 것이 내가 떠나고 나면 다 잊힐 것인가? 죽음을 가정한다면, 왜 나는 스스로를 바쁘게 해야 하는가?'라고 물을 수 있다. 치료집단 중 하나에 속했던 어떤 남자는 "나는 그 어느 누구도 읽으려고 하지 않는 빠르게 넘겨진 어느 책의 한 페이지처럼 느낍니다."라고 말하며 개인적인 중요성에 관한 생각을 정확하게 담아냈다. 프랭클은 이런 무의미가 현대 삶의 주요 실존적인 신경증이라고 생각했다.

삶의 무의미는 허무와 공허감, 또는 프랭클이 실존적 진공(existential vacuum)이라고 불렀던 상태를 이끌어올 수 있다. 이런 상태는 사람들이 일상이나 일로, 스스로를 바쁘게 하지 않을 때에 종종 경험된다. 삶에는 이미 예정된 설계가 없기 때문에, 사람들은 자신들만의 의미를 만들어 내는 과업에 직면한다. 삶의 공허함에 사로잡혀 있다고 느끼는 사람들은 때로 목적이 있는 삶을 만들어 내기 위한 투쟁을 철회한다. 무의미를 경험하는 것과 의미 있는 삶의 일부인 가치를 정립하는 것은 상담의 핵심이 되는 문제이다.

로고테라피(logotherapy, 언어치료)는 내담자들이 삶 속에서 의미를 찾을 수 있도록 돕기 위해 고안되었다. 치료자의 기능은 삶 속에서 무엇이 특별한 의미가 되어야 하는지를 내담자에게 이야기해 주는 것이 아니라, 고통 속에서조차도 의미를 만들 수 있음을 알려주는 것이다(Frankl, 1978). 이런 관점은 인간이 고통(삶의 비극과 부정적 측면들)에 직면했을 때, 어떠한 태도를 취하는지에 따라 고통을 인간성취로 바꾸어 낼 수 있다고 여긴다. 프랭클은 또한 고통, 죄책감, 절망, 죽음에 직면한 사람들은 절망을 효율적으로 다룰 수 있고 또 결국은 승리할 수 있다고 주장한다.

하지만 의미는 우리가 직접 찾거나 얻을 수 있는 무언가가 아니다. 역설적으로, 우리가 의미를 이성적으로 찾을수록, 더 잃게 될 가능성이 크다. 의미는 중요한 무엇인가와의 개인적인 관계에서 만들어지고, 그리고 이에 대한 참여는 삶을 의미 있게 만드는 목적을 제공한다.

4. 상담과정

실존주의상담은 상담관계를 '참만남의 관계'로 파악한다. 이 참만남의 관계에서는 정직 또는 진실성이 본질적인 특징이 된다. 그러므로 상담자는 자신의 세계를 노출해야 하며, 내담자를 이용하거나 조종할 대상물로 취급해서는 안 된다. 상담자가 인간적으로 될 때 내담자도 그렇게 될 수 있으며, 이런 과정을 통하여 내담자는 자신의 잠재력을 실현하고 자기성장을 이룩할 수 있다.

실존주의 상담과정은 다음과 같이 6단계로 제시할 수 있다(유영달, 2017: 353).

1) 1단계: 증상 확인

내담자의 증상을 확인하기 위해 적절한 진단을 하는 것이 치료의 첫 단계이다. 진단의 목적은 내담자의 증상에 기여한 신체적·심리적·정신적 요인을 파악하는 것이다.

2) 2단계: 의미의 자각

증상이 확인된 후에는 내담자를 증상으로부터 분리하고, 삶에 대한 의미를 자각하게끔 도와주어야 한다. 이 단계에서는 다음과 같이 삶과 죽음, 사랑, 노동의 의미에 대한 자각이 강조되어야 한다.

(1) 삶과 죽음의 의미

삶의 의미를 발견하지 못하거나 자기가 뜻하는 삶을 살지 못할 때, 무의미나 공허감을 느끼게 된다. 죽음은 삶과 별개의 것이 아니라, 삶에 속해 있고 삶에 의미를 주며, 인간의 책임감은 인간의 유한성에서 비롯된다는 점을 자각함으로써 삶과 죽음의 의미를 깨닫게 해주어야 한다.

(2) 일의 의미

창조적 가치의 실현은 일반적으로 일을 통하여 가능하다. 프랑클은 '실업 신경증(unemployment neurosis)'이라는 개념을 통하여 일의 실존적 의미를 강조한 바 있다. 실직자는 무감각·무용감(uselessness), 공허감의 증상을 뚜렷이 보이며, 심지어 신경증 증상을 보일 수 있다. 따라서 상담자는 실직자에게 내적 자유에 대한 방법을 제시할 수 있어야 하며, 일을 통하여 자신을 실현하며 의미를 찾을 수 있는 방법도 찾아보아야 한다.

(3) 사랑의 의미

사랑은 삶의 의미를 채워 준다. 사랑이 결여되어 있으면 신경증적 증상이 나타날 수 있다. 사랑은 다른 사람의 내면을 이해하는 것으로서, 자기의 모든 유일성과 독자성 안에서 타인의 경험을 체험하는 것이다. 인간은 궁극적으로 홀로 태어나 홀로 살다 홀로 죽는 고독(소외)의 실존을 피할 수 없지만, 이러한 실존적 조건을 회피하거나 외면하지 아니하고, 정면으로 직면하여 의미 있는 관계를 만들어 나가야 한다. 내담자는 사랑을 통하여 내담자의 실존적 좌절 또는 공허감을 채우며, 자기 삶에서 의미를 성취할 수 있다.

3) 3단계: 태도의 수정

2단계에서 의미의 자각을 통해 내담자가 증상으로부터 거리를 유지하게 되면 내담자는 자신이나 자신의 삶에 대한 새로운 태도를 가지게 된다. 그러나 초기면접에서 내담자는 자신의 욕망, 목적, 희망과 같은 삶에 대한 태도를 나타내지 않는다. 그래서 상담 초기에는 기본적인 신뢰관계 형성이 중요하다. 일단 신뢰관계가 형성되면 내담자는 삶에 대한 태도를 표현하다. 이때 상담자는 객관적이고 무비판적으로 내담자의 태도가 심리적 어려움과 관계될 수 있는 것인지를 결정하고, 내담자의 삶이나 생존에 긍정적인 영향을 줄 수 있는 방향으로 태도를 수정하여야 한다.

4) 4단계: 증상의 통제

태도의 수정이 이루어지면 내담자로 하여금 증상을 약화시키거나 증상 자체를 통제할 수 있다는 것을 알게 도와주는 것이다. 내담자의 증상이 감소하거나 사라지면, 자신의 문제가 통제할 수 없는 상황 때문이 아니라는 새로운 태도를 형성하게 된다. 이 새로운 태도는 내담자가 자신의 운명을 받아들이고, 그것을 참아낼 수 있게 하며, 나아가 의미를 향한 새로운 태도로 이어지게 된다.

5) 5단계: 삶의 의미 발견

이 단계에서는 장래의 정신건강을 위한 예방적 측면에서 내담자로 하여금 의미 있는 활동과 경험을 하도록 도와준다. 상담자는 내담자의 현재 생활에 대한 새롭고 긍정적인 요인을 찾아내도록 하고, 미래의 정신건강에 대해 긍정적인 태도를 갖도록 한다. 결국 내담자는 자신의 삶 속에 잠재된 모든 의미를 발견할 수 있는 가능성을 탐색하고, 자신이 처한 특수한 상황에 대해 더 확장되고 풍요로운 관점을 가지게 된다.

5. 상담기법

대부분의 실존주의 상담자들은 특별한 기법을 사용하거나 강조하지 않는다. 상담자와 내담자가 실존 대 실존으로서 인간적 만남을 바탕으로 내담자가 겪은 실존적 불안을 다룬다. 상담자는 내담자가 겪는 실존적 공허감이 그의 궁극적 관심사와 관련되어 있다는 전제에서 그러한 문제를 진솔하게 직면할 수 있도록 격려한다(노안영, 2018: 375).

실존주의상담은 기법의 체계가 아니라, 상담에 대한 태도이며, 철학으로서 인간의 독특성에 관심을 갖는다(Dreyfus, 1971). 즉, 내담자의 인간 실존을 이해하기 위한 상담자의 자세와 태도, 철학을 강조하기 때문에 상담기법에 대해서는 크게 관심이 없다. 일반적인 상담적 접근이 기법에 따른 이해(understandklg follows technique)를 강조하는 데 반해, 실존주의상담에서는 이해에 따른 기법(technique follows understanding)의 입장을 취한다. 그렇다고 실존주의상담에서는 상담기법에 크게 관심이 없어 보이지만 상담기법을 회피하는 것은 아니다. 정신분석의 개념 중 저항과 전이라는 개념을 상담에 적용하기도 하고, 정신분석기법인 자유연상을 사용하기도 한다. 또한 실존주의상담은 내담자의 주관적 세계를 중시하거나 온정적 분위기 속에서 내담자의 감정의 반영과 수용, 허용적인 분위기에서 솔직한 감정을 표출하도록 하는 등 인간중심상담 원리와 여러 가지 면에서 상통하기 때문에 인간중심상담의 원리와 기법을 사용하기도 한다(Belkin, 1977). 그 내용은 다음과 같다(김종운, 2013: 264-265).

1) 역설적 의도

역설적 의도(paradoxical intention)는 내담자가 갖는 기대 불안을 제거함으로써 강박증이나 공포증과 같은 신경증적 행동을 치료하는 기술이다. 공포증이나 강박증을 가진 내담자는 두려워하는 사건에 대해 재경험하는 것을 두려워한다. 사건에 대한 두려운 기대는 내담자에게 기대 불안을 야기한다. 이러한 기대 불안은 지나친 의도(hyperintention)의 원인이 된다. 지나친 의도는 내담자로 하여금 자기가 원하는 것을 하지 못하도록 한다. 따라서 상담자는 내담자가 두려워하는 그 일 자체를 하도록 하거나 일어나기를 소망하도록 격려함으로써 의도의 반대를 생성하게 된다. 예를 들어, 발표 불안을 가지고 있는 내담자에게 "말을 더듬지 말자가 아니라 말을 더듬어라."는 요구를 한다. 또한 지나치게 손가락을 빠는 아이에게 매일 아버지가 신문을 보는 옆에서 5분 동안 손가락을 빨도록 하고, 어머니가 설거지 하는 옆에서 5분 동안 손가락을 빨도록 한다. 이 과제의 수행 여부를 체크리스트에 표시하여 일주일 후 가져오도록 하는 것도 역설적 의도의 한 형태이다.

2) 탈숙고

탈숙고(deflection)는 지나친 숙고(hyperreflection)로 인한 기대 불안의 악순환에서 벗어나도록 내담자를 돕기 위해 사용한다. 예를 들어, 당신은 문서작업을 할 때, 자연스럽게 타자를 잘 칠 수 있을 것이다. 그런데 누군가가 당신에게 "너의 오른쪽 집게손가락은 자판에서 어떤 자음과 모음을 치니?"라고 묻는다면, 당신은 자연스럽게 치던 타자를 멈추게 될 것이다. 이처럼 지나친 숙고는 당신의 행동을 부자연스럽게 하고 행동을 멈추게 할 수 있다.

또한 프랭클이 소개한 다음의 이야기는 당신에게 지나친 숙고가 의미하는 바를 깨닫게 할 것이다. 지네가 있었는데, 그의 적이 지네에게 "너의 다리는 어떤 순서로 움직이니?"라고 물었다. 지네가 그러한 질문에 주의를 기울였을 때, 지네는 전혀 움직일 수가 없었다(Frankl, 1988). 이처럼 내담자가 가진 문제에 대한 지나친 숙고는 내담자의 자발성과 활동성에 방해가 된다. 탈숙고는 지나친 숙고를 상쇄시킴으로써 내담자의 자발성과 활동성을 회복시켜 준다.

6. 평가

실존주의상담에 대한 평가는 다음과 같다(강진령, 2013a: 104-106; 김종운, 2013: 266-267; Corey, 2016).

1) 강점

첫째, 인간성 상실의 시대를 살아가는 현대인에게 삶의 의미를 찾도록 도움을 주었다. 실존주의 상담자들의 상담방식이 인본주의적이며 지속적인 성장과 발달을 강조하면서, 지정된 서적을 읽고 상담자와의 치료적 참만남을 통해 내담자에게 희망을 제공한다는 강점이 있다. 특히, 프랭클의 의미치료는 실존상담의 강점을 그대로 부각시킬 만한 대표적인 예에 속한다.

둘째, 개별성과 자아의 발달을 강조하기 때문에 물질문명 속에서 방황하고 불안을 경험하는 현대인에게 생산적인 결정을 내리도록 도울 수 있는 강점이 있다. 그래서 학교상담, 청소년상담, 성인상담, 노인상담, 기업상담에서 많이 활용될 가치가 있는 것으로 평가된다.

셋째, 인간에 대한 보편적인 견해 때문에 실존상담은 상담자들이 민족, 사회, 성적 기호에 상관없이 '나-너(I-thou)' 방식으로 내담자에게 초점을 맞출 수 있어 다문화상담에 유용하다.

넷째, 실존주의상담은 다른 이론적 접근의 관점과 기법들을 결합시켜 적용할 수 있다는 점에서 개업 상담자에게 유용하다. 알코올 중독처럼 치료가 어려운 문제를 행동주의 학습원리에 기초하여 상담하는 경우, 상담자는 삶의 문제 및 정직한 표현을 통한 감정과 관련된 실존적 가치에 초점을 맞추어 상담할 수 있다.

2) 한계

첫째, 실존주의상담은 상담자 교육 및 훈련 프로그램이 마련되어 있지 않다. 실존상담의 주요 인물마다 서로 다른 경험과 독특성이 두드러져서 사실상 이론의 체계화에 장애요소가 되었다.

둘째, 실존주의상담은 내담자에 대한 진단이나 검사 활용을 하지 않는다. 진단이나 검사를 통한 객관적 평가를 하지 않았다는 점은 상담 전문가의 책무를 저버리는 무책임한 일로서, 내담자에 대한 과학적이고 객관적 자료가 결여되어 내담자의 욕구를 만족시키는 방향으로 도울 수 있는 기회를 상실했다는 비판을 받고 있다.

셋째, 실존주의상담은 과학적 검증의 대상이 되기 어려운 철학적인 측면에 치중한 나머지 기법이나 방법 면에 소홀했다는 점에서 비판을 받고 있다.

넷째, 정형화된 상담모형이 결여되어 있다. 여러 강점과 공헌에도 불구하고 실존치료는 체계적인 상담모형을 개발하지 못했다는 비판을 받고 있다. 상담의 발달단계를 강조하는 전문가들은, 특히 실존치료의 이러한 한계에 대해 비판적이다.

9

Chapter

해결중심상담

개요

해결중심상담은 흔히 해결중심단기치료로 불리며, 문제에 초점을 맞추기보다 해결책을 모색하는 데 초점을 맞추는 단기치료이다. 이 치료법은 많은 점에서 현실치료나 행동치료와 유사하다. 해결책을 쌓아가는 데 초점을 두되, 문제에 초점을 두어 그 문제를 해결하는 데 시간을 낭비하지 않아서 단기간에 치료가 진행된다. 본 장에서는 해결중심상담에 대한 논의를 하고자 한다.

학습 목표

1. 해결중심상담의 구체적 임상 연구
2. 내담자 유형에 대한 논의
3. 드 셰이저와 김인수에 대한 관심

학습 내용

1. 해결중심상담의 개요
2. 드 세이저와 김인수의 생애와 사상
3. 해결중심상담의 핵심 개념
4. 상담과정
5. 상담기법
6. 평가

1. 해결중심상담의 개요

해결중심상담(Solution-focused counseling)은 흔히 해결중심단기치료(Solution-focused Brief Therapy, SFBT)로 불리며, 문제에 초점을 맞추기보다 해결책을 모색하는 데 초점을 맞추는 단기치료이다. 다시 말해서, 내담자의 문제에 초점을 맞추기보다 내담자가 가지고 있는 자원이나 강점에 초점을 맞춰 내담자가 원하는 삶을 향한 해결책을 강구하는 데 집중하는 단기치료이다. 이 치료법의 기본적인 생각은 에릭슨(Milton Erickson), 베이트슨(Gregor Bateson), 헤일리(Jay Haley) 등에 의해 주장되었으나, 드 세이저(Steve de Shazer)와 김인수(Insoo Kim Berg) 부부에 의해 구체적인 치료 방법이 개발되었으며, 해결중심단기치료라고 명명되었다.

해결중심단기치료(Solution- focused brief therapy)는 해결지향치료(solution-oriented therapy), 해결중심치료(solution- focused therapy), 문제초점단기치료(problem-focused brief therapy) 등 다양한 이름으로 불리기도 하지만, 해결중심단기치료로 부르는 것이 가장 일반적이다. 이 치료법은 많은 점에서 현실치료나 행동치료와 유사하다(Greenwalt, 1995). 주로 가족치료의 하나로 간주되지만 개인치료에도 적용 가능하다. 해결책을 쌓아가는 데 초점을 두되, 문제에 초점을 두어 그 문제를 해결하는 데 시간을 낭비하지 않아서 단기간에 치료가 진행된다. 해결책을 쌓아 가는 방법은 기본적으로 내담자가 가지고 있는 긍정적 특성과 자원에 초점을 맞추어 아주 조직화된 일련의 질문을 하나하나 해나감으로써 가능하다. 이렇게 하는 이유는 문제의 이해 없이도 문제해결이 가능하다는 것이고, 또 개인의 문제점보다는 강점이나 해결책에 초점을 맞추는 것이 더 효과적이기 때문이다. 또한 이 치료법에서는 과거보다도 현재와 미래에 초점을 맞추는 것이 더 효과적이며, 인간은 누구나 문제해결을 위한 능력이 있다고 가정한다.

해결중심상담은 내담자가 자신이 문제를 해결하려는 의지와 능력을 가지고 있다고 믿기 때문에 내담자 스스로 해결책을 찾아 나가도록 돕는 데 주력한다. 전통적인 상담이론이 내담자의 문제의 근원이나 원인에 초점을 두고 이를 탐색하는 데 중점을 두었다면, 해결중심상담은 문제의 해결, 즉 내담자가 원하는 변화, 문제해결방안과 새로운 행동 유형에 초점을 둔다. 그렇기에 해결중심상담에서는 문제의 원인이 되는 과거가 아닌 문제가 해결된 미래를 더 강조한다. 내담자가 원하는 미래를 정확히 설명하게 되면 미래를 이루어 내기 위해 현재 무엇을 해야 할지를 분명하게 알 수 있게 된다고 본다.

상담목표

해결중심상담에서는 내담자와 함께 내담자가 원하는 목표를 세우는 것을 중요하게 생각하는데, 내담자가 가지고 오는 목표가 윤리적이고 합리적이면 그것이 바로 상담목표가 된다. 해결중심상담에서는 내담자가 이미 문제해결을 위한 자원과 강점을 가지고 있다고 믿기 때문에 이를 활용하여 상담목표를 달성하도록 돕는다(김종운, 2013: 383).

상담자는 미숙련자 혹은 '무지한' 입장을 취하여 상담자가 아닌 개인이 목표와 그 목표를 달성하기 위한 수단을 선택하게 한다. 상담자는 목표가 비현실적이라면("우리는 절대로 다투지 않을 겁니다.", "아기는 이제 절대로 울지 않을 겁니다."), 내담자와 함께 목표를 협상할 수 있다. 내담자들을 대하는 과정에서 어떠한 목표는, 예를 들어 더 효율적인 절도라는 목표는 비윤리적일 수 있다. 법정이나 감옥에 돌아가는 것을 방지하는 목표는 그 목표에 대한 수단에 문제가 되는 행동을 줄이는 방안이 들어 있다면 허용할 수 있는 목표다. 아무리 이상하거나 있음직하지 않아도 목표가 달성될 가능성이 있거나 상황이 개선되면서 대체될 수도 있다(Nelson-Jones, 2014).

2. 드 세이저와 김인수의 생애와 사상

스티브 드 세이저

해결중심상담의 대표적인 상담학자는 스티브 드 세이저(Steve De Shazer, 1940~2005)와 한국인 김인수(Insoo Kim Berg, 1934~2007)이다. 김인수는 한국에서 대학을 마치고 미국으로 유학, 사회사업을 공부하였다. 1970년대 캘리포니아 팔로 알토(ALO Alto)에 있는 정신연구소(Mental Research Institute, MRI)에서 드 세이저는 이론연구, 조사연구, 저술활동을 하였다. MRI의 전략적이며 단기적인 모델 위에서 해결중심상담이론은 발전하였다.

1978년 미국 위스콘신 주 밀워키(Milwaukee)에서 드 세이저와 김인수는 단기가족치료센터(Brief Family Therapy Center, BFTC)를 설립하여 해결중심 가족치료 모델을 발전시켰다. 미국에서 세계적으로 잘 알려진 최면치료자 에릭슨(Milton Erickson)의 영향을 아주 많이 받았다. 특히, 에릭슨는 그의 논문 "단기최면치료의 특수기법(Special Techniques of Brief Hyponotherapy)"에서 드 세이저는 많은 도전을 받았다. 드 세이저는 그의 치료 사례들을 500회 이상 보며 분석, 토론, 연구하여 단기적인 치료전략과 역설적인 개입, 인식론, 최면치료에 많은 관심을 가졌다.

드 세이저는 유럽에서 출생하였지만 미국에서 성장하여 활동하였으며, 김인수와 함께 해결중심상담이론을 세계적으로 널리 알리는 데에 힘썼다. 드 세이저의 삶 자체가 세계시민의 한 사람으로서 살았던 것처럼, 그의 이론은 세계를 넘나들고 시공을 초월하는 이론으로 북미, 유럽, 아시아에서 성공적인 상담이론으로 부각되고 있다. 내담자는 알코올중독자, 약물중독자, 마약중독자, 거식증, 신경성 식욕부진 환자, 우울증 환자, 노이로제 환자, 정신분열증 환자 등으로 개인치료, 가족치료 그리고 집단치료로 적용의 폭이 넓다.

드 세이저는 무수한 장과 글뿐만 아니라, 획기적인 책들을 출판했다. 그는 몇 개의 국제 잡지의 편집국에서 일을 하면서 세계 곳곳에서 워크숍을 가졌다. 그의 책들은 여러 언어로 번역되었다. 그는 워낙 많이 세계를 누비고 다녀서, 그의 모든 친구들이 고향이 아닌 다른 곳에 있다고 말할 정도였다. 몇 년 동안 혈액질환에 시달린 그는 오스트리아의 빈에서 워크숍을 열기 위해 가던 중 세상을 떠났다.

김인수는 유일한 아시아의 한국 여성으로 동양의 철학과 불교사상을 기저로 하여 해결중심이론의 가치나 전제에 기여하였다. 한국인의 인간성 회복에 대한 신념, 강한 생존력과 성장의 역동성, 근면한 태도, 친절성과 배려성, 인생의 동반자를 존중하려는 태도를 치료과정에 언어로 표현하고 치료적 접근으로 시용하였다. 김인수의 모델은 아주 세련되고 간편하며 실용적이고 효과적이지만, 실제로 사용하기에는 상당히 어려운 모델이라는 평이다(김인수 외, 1998).

주로 임상가로 알려진 김인수는 그의 저서 『가족보호, 단기치료 워크북(Family Preservation: A Brief Therapy Workbook)』을 통해 1991년 자신의 임상 경험에 의한 해결중심상담이론을 세상에 널리 알렸다. 임상감각이 뛰어나며 알코올 중독자에게 그의 이론을 활용하기도 하였다. 결혼상담에도 해결중심상담이론을 적용하고 빈민층 가족들을 위한 방문상담서비스에도 적용하였다.

김인수를 아는 모든 사람들은 그녀가 매우 재능 있는 임상의라는 것을 인정했다. 그녀의 지적 성과는 타인을 향한 지속적인 동정심과 겸손하고 편안한 태도와 균형을 이루었다. 그녀는 준비된 미소와 전염성 있는 낙천주의에서 나오는 따뜻한 유머 감각을 지니고 있었다. 그녀는 다른 사람들의 능력을 존중해 주었으며, 만나는 사람들에게 개인적으로 그리고 전문적으로 영향을 미쳤다. 그녀는 부인할 수 없는 존경심과 개인의 자기 전문성에 대한 완전한 자신감을 보여 주었다. 김인수는 마지막 순간까지 최선을 다해 인생을 살다가, 2007년 밀워키에서 갑자기 세상을 떠났다.

김인수는 한국 신촌에 단기해결중심센터를 설립하는 데 함께 공헌하였고, 매년 후학을 양성하기 위해 세미나를 개최하였으며, 현재는 후계자들이 운영하고 있다.

3. 해결중심상담의 핵심 개념

1) 해결중심상담의 기본 개념

해결중심치료와 전통적인 정신역학 그리고 행동심리치료 사이에는 많은 차이가 있다. 치료목표가 내담자들에 의해 선택되고 내담자들 자신들이 변화를 가져올 자원을 가지고 있다는 점을 주된 전제로 두고 있다. 참가자들이 도움을 찾는 이유는 문제를 다룰 때 해결 방도가 생각나지 않거나 비효과적인 특정한 반응양식에 사로잡혀 꼼짝도 못하고 있기 때문이다. 치료대화는 희망과 자부심을 회복하면서 사람들이 해결책에 대해 더 넓고 창의적으로 생각할 수 있을 정도로 불안감을 줄이는 것을 목표로 하고 있다. 문제에 대해 다르게, 희망을 가지고 생각하는 것은 새로운 해결책이 떠오르고 추구될 가능성을 높인다.

불안감이 다른 추가적인 요소에 관한 인지능력이나 관심을 제한할 수 있기 때문에 모든 경우에 있어서 '불안감의 결과는 해결책의 부족'이라는 관점으로 볼 수 있다. 이 관점으로 생각하면 문제에 대해 가능한 접근법을 폭넓게 생각할 수 있도록 해주는 것이 해결중심치료와 다른 치료들이 해야 하는 일이다. 해결중심치료에서 이것은 언어의 사용을 통해 내담자와 빠른 연합을 수립함으로써 달성된다. 예외, 축적법, 그리고 기적 질문과 같은 주제들은 문제가 해결될 수 있다는 느낌을 고취시킨다. 불안감이 낮아지면 원하는 목표를 고심하기 위해 내담자는 자신들의 강점과 자원을 동원할 수 있다.

해결중심치료에서 자세한 이력은 중요하지 않다. 하지만 어떠한 이야기가 한 번도 말한 적이 없다면 계속하기 전에 들어 봐야 할 수도 있다. '문제 대화'와 동기에 대한 추측 혹은 증상들의 '목적'은 피한다. 상담자는 문제에 대한 내담자의 용어를 쓰고 내담자들의 언어의 사용을 추적한다.

상담자가 추측한 숨겨진 동기나 무의식적 구조에 대한 이전의 생각이 내담자의 담화의 내용에 대한 관심을 방해하지 않는 것이 좋다. 드 세이저(De Shazer, 1994)에 따르면, 인터뷰는 '자료 중심'이다. 즉, 내담자가 제공하는 자료에서 정보가 나오고 그들의 이해와 언어가 사용되었다. 전통적인 치료에서 사용된 대안으로는 독자/상담자가 특수한 지식을 가지고 있고 내담자로부터는 상담자가 사전에 형성한 생각 및 계획과 잘 맞을 만큼의 정보만 필요한 '독자 중심'이 있다. 이 자료중심개념의 치료는 비트겐슈타인(Wittgenstein, 1965)의 언어를 생각의 필수적인 도구로 바라보는 관점과 연결이 된다. 내담자는 자료와 언어를 가지고 있기 때문에 치료전문가의 마음에 있는 생각이 개입되면 안 된다. 해결중심치료에서 술어의 부족은 이 치료관점의 결과이자 내담자들과 소통할 때 자산 중 하나이다.

정신역학훈련의 주된 요소는 치료전문가들을 위한 개인치료의 필요성이다. 이것은 교육을 받는 사람들에게 경제적으로나 정신적으로 소요를 많게 하고, 더 나은 치료전문가가 되는 것과 연관성이 있다고 증명된 바가 없다. 맥아스킬(1988)의 논평에선 자신 혹은 대인관계에 대한 피해는 개인치료 중 교육받는 사람들의 10%가 경험한다고 결론을 내렸다. 또한 교육받는 사람들이 개인적인 치료를 받을 시에는 덜 효과적이라고 시사했다(Garfield and Bergin, 1971).

해결중심 상담자에게는 교육의 일부분으로 개인 치료가 불필요하고 무관하다. 내담자와 그들의 필요에 대한 집중은 상담자의 문제가 이 과정에 가능한 적게 개입하는 것을 뜻한다. 사회구성원들과 보건의료 종사자들이 따라야 할 윤리적 기준들이 있다. 하지만 치료전문가들을 위한 개인치료는 사적인 문제가 아닌 이런 기준에 아무런 영향을 끼치지 않는다. 때때로 내담자의 목표는 이상하거나 있음직하지 않을 것처럼 보이지만, 불법이거나 스스로 혹은 다른 이들에게 위협이 되지만 않는다면 치료의 타당한 목표가 될 수 있다. 상담자가 특정한 사람이나 목표에 대해 이의가 있다면 다른 상담자에게 넘겨야 한다. 모든 상담자들은 상대적으로 유능하고 부족한 영역이 있기 때문에, 이것은 개인치료와 직접적으로 연결되어 있지 않다.

2) 인간관

해결중심상담은 문제의 원인을 규명하기보다는 인간이 가진 강점, 성공 경험, 예외 상황 등의 여러 자원을 활용하면서 문제해결방법에 중점을 두고, 단기간 내에 상담 목적을 성취하는 상담 모델이다. 또한 문제보다는 내담자가 상담을 통해 얻기 원하는 바에 초점을 둔다. 즉, 문제가 무엇인가를 탐색하기보다는 상담을 통해 내담자가 바라는 또는 기대하는 변화가 무엇인가를 분명하게 하는 데 초점을 둔다. 이렇게 할 때 내담자는 문제에 깊이 빠져들지 않거나, 부정적인 상황에 오래 머물지 않고 첫 회부터 상담을 통한 구체적인 변화를 꿈꾸며, 변화를 위한 작은 행동을 시작할 수 있는 힘을 얻게 된다. 따라서, 해결중심상담의 인간관은 다음과 같다(김종운, 2013: 375-376).

첫째, 인간은 자신의 문제를 해결할 자원을 지니고 있다. 이것은 인간이 이미 가지고 있는 자원, 기술, 믿음, 동기, 행동, 증상, 사회관계망, 환경, 개인적 특성 등의 강점, 자원, 건강한 특성을 도출함으로써 제시된 문제를 해결할 수 있다는 것이다.

둘째, 문제에 대한 전문가는 바로 내담자 자신이라고 믿는다. 내담자 속에 잠재되어 있는 해결방법을 발견시킨다. 이것은 문제를 긍정적인 개념으로 재개념화하거나 문제에 대한 예외 상황 및 성공 경험을 발견함으로써 가능하다.

셋째, 인간은 자신의 문제가 해결된 미래에 대해 생각할 수 있고 변화할 수 있다. 내담자는 스스로 문제가 해결된 상태의 그림을 그려볼 때 변화에 대한 희망을 갖게 되며, 스스로 구체적인 목표를 정하고, 변화를 위한 준비를 갖추게 된다. 문제가 해결된 미래를 그려봄으로써 현재의 어려움을 지속되는 곤경으로 보기보다는 지나가는 하나의 과정으로 여기게 되고, 단순히 고통스럽다는 식이 아니라, 자신의 궁극적인 인생목표를 달성하는 능력을 키우는 데 도움이 되는 것으로 인식하기 시작한다. 미래에 대한 관점은 내담자들에게 가능한 해결책을 생각하도록 도우며, 이미 일어난 변화를 볼 수 있는 여유와 자신이 바라는 목표를 향해 그동안 얼마나 많은 노력을 하고 있었는지 깨닫게 해준다.

넷째, 인간은 모든 문제에서 예외를 찾아낼 수 있으며, 예외를 해결책으로 사용할 수 있다. 모든 문제에는 예외 상황이 있으며, 그 예외 상황에서 사용된 방법이나 단서를 문제해결을 위한 자원으로 활용할 수 있다. 즉, 어렵고 힘들었다 하더라도 예외 상황이나 성공적인 것을 생각하고 말할 때에는 대처할 수 있는 힘이 나오고 덜 좌절하게 된다.

다섯째, 인간에게 있어서 변화는 항상 일어나고 있다고 본다. 해결중심상담에서는 변화란 인간 삶의 일부분이기 때문에 변화를 막을 수 없다는 가정에 기초한다. 따라서 상담이란 종종 자연스럽게 일어나는 변화를 단지 확인하고 그 변화를 해결책으로 활용하는 작업이라고 볼 수 있다.

여섯째, 인간은 자신이 할 수 있는 한도 내에서 작은 문제를 해결한 성공 경험을 통해 다른 문제의 해결을 시도할 수 있다. 즉, 아무리 복잡한 문제라도 작은 단위로 떼어놓고, 한 번에 한 가지씩 풀어 나간다면 큰 변화를 이룰 수 있다. 인간에게 일어난 작은 변화를 잘 관찰하고, 그 변화를 인정할 때 큰 변화는 자연적으로 일어나게 마련이다.

3) 해결중심상담의 기본 전제

해결중심상담의 기초가 되는 가정과 원리 및 특징은 다음과 같다.

(1) 기본 가정

프로이트의 정신분석이나 행동치료 등의 전통적 상담이 내담자의 문제에 초점을 두고 문제를 제거해 나가는 방식이었다면, 해결중심상담은 문제나 과거보다는 해결책과 미래의 가능성에 초점을 둔다. 이를 위해 내담자가 현재 가지고 있는 강점과 자원을 강조하며, 이런 강점과 자원은 모든 개인에게 있다고 간주한다. 상담자는 내담자가 자신의 강점을 찾고 현재의 어려움을 해결하기 위해 강점을 활용하도록 돕는다(유영달, 2017: 244).

해결중심상담의 기본 가정은 다음과 같다(Berg & Miller, 1992).

① 항상 긍정적인 측면에 초점을 둔다. 문제가 되는 상황에 초점을 맞추기보다 긍정적인 면에 초점을 맞추는 것이 훨씬 효과적이며 바람직한 방향으로 변화를 이끌 수가 있다.

② 작은 변화는 생성적(generative)이므로 더 큰 변화를 야기할 수 있는 다양한 효과를 가진다.

③ 사람들은 더 나은 방향으로 변화하기를 원한다.

④ 예외 상황은 해결점을 제시한다. 모든 문제에는 예외 상황이 있는데, 이런 상황을 발견하여 더 자주 일어나도록 격려하는 것은 자신의 문제를 스스로 조정할 자신감과 해결책을 갖게 한다.

⑤ 문제를 분석하지 않는다.

⑥ 협동작업은 있게 마련이다. 내담자는 항상 협조하고 있으며 변화에 대한 자신의 생각을 보여 준다. 저항하는 내담자가 있는 것이 아니라, 유연성이 결여된 상담자가 있을 뿐이다.

⑦ 사람들은 자신의 문제를 해결하기 위하여 필요한 자원을 가지고 있다. 그렇기에 정신병리적 측면보다 건강한 측면을 강조한다.

⑧ 의미와 체험의 변화는 상호작용 속에서 일어난다. 사람은 체험에 의미를 부여하며, 동시에 체험은 사람의 것이 된다. 우리의 세계는 상호작용 속에서 의미를 갖는다.

⑨ 내담자가 전문가다. 내담자가 자기 문제에 대해 가장 많이 알고 있으며, 많은 해결책을 시도했을 것이라고 본다.

⑩ 행동과 묘사는 순환적이다. 예를 들어, 남편의 행동에 대해 아내가 어떻게 보느냐에 따라 대처방법은 달라진다.

⑪ 상담자는 문제를 해결할 내담자의 의도를 신뢰한다.

⑫ 상담팀은 상담목표와 상담 노력을 공유하는 사람들로 구성된다. 상담목표의 설정과 그 목표를 달성하기 위해 노력할 의사를 가진 사람들로 이루어진다.

(2) 기본 원칙

해결중심상담에서는 인간의 삶이 끊임없이 문제가 발생하고 해결되는 과정의 연속선상에 놓여 있다고 본다. 드 세이저는 상담을 이끌어 가는 세 가지 기본 원칙을 제시하였다. 이 원칙은 내담자가 문제에 접근하는 방법과 상담자가 상담을 이끌어 가는 방법 모두에 적용된다(O'Connell, 2000).

첫째, 문제가 없으면 손대지 마라.

해결중심상담에서는 사람들이 문제가 아니며, 사람들은 단지 문제를 가지고 있다는 점을 강조한다. 이것은 내담자를 아프고 상처받은 존재로 보는 것을 피하게 하고, 대신 그들의 삶에서 건강하고 잘 기능하는 것들을 찾게 한다. 내담자가 문제가 아니라고 생각하는 것은 내담자를 문제로 다루지 말라는 것으로 해결중심상담에서는 상담자가 아닌 내담자가 상담의 목표를 결정한다.

둘째, 효과가 있으면 계속하라.

해결중심상담에서는 내담자가 이미 하고 있는 긍정적인 행동을 계속하도록 격려한다. 효과가 있는 일을 반복해서 하면 내담자의 긍정적인 행동이 증가하고, 이는 자발적인 문제해결 행동을 강화해서 더 많은 성공을 이루게 한다.

셋째, 효과가 없으면 그만두라.

해결중심상담에서는 조금이라도 효과가 있는 행동을 계속해서 하도록 격려하는 반면, 효과가 없는 행동은 더 이상 계속하지 말게 하고, 실패의 악순환을 깨뜨릴 수 있는 새로운 것을 시도할 것을 권한다. 기존의 문제해결방법은 문제해결을 위해 시도한 노력이 실패해도 성공할 때까지 계속 시도할 것을 권했다. 그러나 해결중심상담에서는 시도한 것이 효과가 없다면, 다시는 같은 방법을 사용하지 않고 다른 방법을 시용할 것을 요구한다. 그러나 어떤 것이 기능을 하면 그것은 고치지 않는다. 그리고 일단 효과가 있는 것을 알면 그것을 계속하도록 격려한다.

(3) 해결중심상담의 특징

설정과 그 목표를 달성하기 위해 노력할 의사를 가진 사람들로 이루어진다. 해결중심상담의 특징은 내담자의 성공과 강점에 초점을 맞추고, 내담자의 자원을 충분히 활용하여 문제(problem)가 아닌 해결(solution)에 중점을 둔다는 점이다.

해결중심 접근을 위해서는 앞에서 설명한 가정을 기초로 다음에 제시된 일곱 가지 원리를 중요시한다(Berg & Miller, 1992).

첫째, 병리적인 것 대신에 건강한 것에 초점을 둔다.

내담자의 성공 경험에 초점을 두며 그것을 상담에 활용한다. 잘못된 것에 관심과 초점을 두는 대신에 성공한 것과 성공하게 된 구체적인 방법을 발견하는 데 관심을 둔다. 내담자의 긍정적인 측면에 초점을 맞출 때 내담자와 상담자의 관계 형성에 도움이 되며, 내담자의 성공적인 과거 경험은 앞으로의 행동에 긍정적인 영향을 미친다고 본다.

둘째, 내담자의 강점, 자원, 건강한 특성을 발견하여 상담에 활용한다.

내담자가 이미 가지고 있는 자원, 강점, 능력, 지식, 동기, 증상, 사회관계망, 환경, 성공적인 경험 등을 이끌어 내고 확인하며 지지함으로써 제시된 문제의 해결에 활용한다.

셋째, 탈이론적·비규범적이며 내담자의 견해를 존중한다.

내담자의 행동을 가설적 이론의 틀에 맞추어 평가하지 않고, 내담자가 호소하는 불평을 수용하며, 내담자의 의견과 관점을 액면 그대로 받아들여 개별성을 최대로 존중한다. 따라서 내담자의 특성에 기초하여 개별화된 해결책을 발견함으로써 진정한 내담자 중심의 상담 접근이 가능하다.

넷째, 일차적으로 단순하고 간단한 방법을 사용한다.

해결중심상담은 상담목표를 달성하기 위해 상담방법의 경제성을 추구한다. 복잡한 것에서 단순한 것으로 접근하는 것이 아니고, 단순한 것에서 복잡한 것으로 상담함으로써 경제성을 성취한다. 상담개입은 가장 단순하며 하기 쉬운 것부터 시작하여 상담의 파급효과를 가져오게 한다. 따라서 내담자가 달성할 수 있는 작은 것을 목표로 정하도록 한다.

다섯째, 항상 일어나며 불가피한 것이다.

누구에게나 변화는 삶의 일부이기 때문에 변화를 막을 수는 없다. 문제가 발생하지 않는 예외 상황을 많이 찾아내어 긍정적인 변화를 증가시킨다. 상담에서 인간의 삶 속에서 끊임없이 일어나는 변화를 확인하고 그 변화를 해결책으로 활용할 필요가 있다.

여섯째, 현재에 초점을 맞추며 미래 지향적이다. 과거와 문제의 발달 배경에 관심을 두기보다는 현재 내담자가 희망하는 미래의 상황을 구축하는 데 초점을 둔다.

일곱째, 내담자와의 자율적인 협력관계를 중요시한다. 해결중심상담에서는 상담자와 내담자가 상호 간의 협의된 상담목표를 설정하여 해결방안을 발견하고 구축하는 과정을 중요하게 여긴다.

여덟째, 해결중심치료는 다음의 철학을 중요시한다.

① 어떤 것이 잘 기능하면 그것을 고치지 않는다.

② 일단 효과가 있는 것을 알면 그것을 좀 더 한다.

③ 효과가 없다면 다음에는 같은 방법을 사용하지 말고 다른 방법을 사용한다.

4) 내담자의 유형

드 세이저와 김인수는 내담자의 상담 동기, 상담에 임하는 자세와 태도, 변화의 의지 등에 따라 상담자와 내담자의 관계가 다르다는 것을 발견하였다. 그들은 상담자와 내담자의 관계 유형을 방문자형, 불평형, 고객형의 세 가지로 분류하고, 유형별로 상담 전략을 다르게 할 것을 강조하였다. 그 내용은 다음과 같다(De Shazer, 1984; Berg, 1994).

(1) 방문자형 내담자

방문자형(visitor) 내담자는 상담을 받으러 오긴 했지만 자발적인 동기에 의해서 상담에 온 것이 아니다. 흔히 이들은 주위 가족이나 친척, 교사, 검사, 보호관찰관 등의 요구나 명령으로 상담에 의뢰된 경우가 많다. 따라서 자신의 뜻과는 관계없이 상담에 참여하기 때문에 상담에 대한 저항이 강하고, 자기 문제에 관한 인식도 약하며, 문제해결에 대한 동기도 매우 희박하다.

방문자형 내담자에게 섣불리 상담을 시작하면 비협조적 상담관계로 발전하기 쉽기 때문에 조심스럽게 접근하여야 한다. 먼저 상담실에 마지못해 왔다 하더라도 상담실에 오기까지 시간과 노력을 들인 점에 대하여 충분히 칭찬하고 호감을 표시한다. 그리고 상담에 의뢰된 것에 대해 어떤 느낌을 가지고 있는지 탐색한다.

만약 내담자가 처벌의 일종으로 상담실로 왔다고 생각한다면 내담자에게 그것에 대한 생각이나 느낌을 표현하도록 한다. 그리고 내담자에게 어렵게 상담실을 방문한 것을 높이 평가해 주고 이왕 귀중한 시간을 내었으니 만남의 시간을 유용하게 보내보도록 권유한다. 그러나 자신의 문제에 대하여 상담할 뜻을 정하지 못한 상태라면 내담자 문제 이외의 주제에 대하여 얼마 동안 만나서 이야기해 보자고 하거나 게임, 놀이, 모래 놀이, 미술치료 같은 다른 자유로운 활동을 통하여 몇 번 만나보자고 요청할 수 있다. 그리고 이러한 활동을 하면서 내담자가 자신의 문제에 대하여 논의하고 싶은 마음이 생기면 그때 상담을 시작하도록 한다.

(2) 불평형 내담자

불평형(complaint) 내담자는 자신이 타인의 문제로 희생당하고 있다고 생각하고 자신의 문제를 남의 탓으로 돌린다. 그들은 문제의 심각성을 알고 문제해결을 간절히 원하지만 자신이 아닌 문제를 지닌 다른 사람이 변화되어야 한다고 생각한다. 이 경우에 상담자는 내담자가 어떻게 하면 좋을지를 먼저 꺼내어 상담으로 연결하는 것이 좋다. 내담자 자신의 역할에 따라 주변 사람이 변할 수 있다는 것을 알게 될 때, 보다 능동적으로 상담에 임할 수 있게 된다.

우선 상담자는 내담자의 문제중심 진술을 해결중심의 대화로 전환하도록 한다. 예를 들어, 자녀에게 이런 저런 문제가 많다고 불평하는 어머니가 내담자라면, "그 문제가 해결되면 지금 상태가 어떻게 달라질까요?"라고 질문함으로써 내담자가 진정으로 바라는 것이 무엇인지 탐색한다.

(3) 고객형의 내담자

고객형(customer) 내담자는 자신의 문제를 인식하고 그 문제를 상담을 통해 변화시키려는 동기가 강한 사람이다. 자신의 문제해결을 위해 자발적으로 도움을 요청한 사람으로, 문제해결을 위해서는 무엇인가 행동을 변화시킬 준비가 된 유형이다. 상담자는 고객형 내담자에게는 내담자가 지니고 있는 해결능력을 찾고, 실제 장면에서 문제가 아닌 예외 상황을 찾고 확인하도록 도우며, 그 예외가 계속해서 일어날 수 있도록 지지하고 강화하는 작업을 해야 한다.

표 9-1 내담자의 유형

구분	방문자형 내담자	불평형 내담자	고객형 내담자
유형	누구에 의하여 보내진 내담자로 자신의 문제에 대한 의식이 없으므로 변화하고자 하는 동기가 매우 약한 편임, 문제에 대한 인식을 스스로 알 수 있도록 협조해 주는 태도가 중요하다(폭력가해자, 비행청소년, 약물중독자, 알코올중독자).	문제의 내용은 잘 알지만 문제를 자기 책임이 아니라, 남의 책임으로 돌리는 유형으로 문제상황을 다른 관점에서 관찰하고 깊게 생각할 수 있게 해주는 것이 중요하다.	문제를 분명히 인식하고 있고, 변화를 위해 자발적인 동기와 적극성을 표현하며, 치료자와 협력적인 치료관계로 쉽게 발전할 수 있고, 치료자가 원하는 이상적인 내담자이다.
상담 전략	방문자형 내담자로 변하는 것이 중요, 보낸 사람과의 관계와 방문 목적 인식하기	심리적인 위로와 지지가 필요함, 해결중심적 대화 필요, 예외 상황 발견하기, 관찰형, 심사숙고형 과제 부여하기	• 과제부여가 가능함 • 상호 간의 협의하에 목표설정하기

출처: 임상록 외(2012: 182).

4. 상담과정

해결중심상담은 단기적이며 치료과정이 구조화되어 있다. 먼저, 문제에 대한 기본 가정, 내담자와 목표설정, 적절한 시기에 질문기법 사용, 내담자 유형에 대한 개별적인 치료적 접근, 마지막으로 메시지와 과제부여 등으로 상담과정이 체계적이다. 보통 면담시간은 전체적으로 1시간 정도이며 30~40분은 치료자와 내담자의 면담, 그리고 10분 정도 휴식시간에 치료자는 일방경 뒤에서 관찰하는 다른 상담자와 함께 메시지를 작성하고 치료에 관한 이야기를 나눈다. 그 후 상담자가 내담자 가족에게 10분 정도 작성한 메시지와 과제를 부여하고 치료를 종결한다.

해결중심상담에서는 보통 상담자가 두 명씩 한 팀으로 일한다. 한 상담자가 내담자와 면담하는 동안, 또 다른 상담자는 일방경을 통해 다른 방에서 인터폰으로 면담에 적절한 자문을 줄 수도 있다. 또한 면담에 대한 메시지 작성과 상담방향을 함께 설정한다. 이런 방법은 상담자가 혼자인 것보다 내담자의 문제에 훨씬 객관적이고 다양한 관점으로 접근할 수 있는 장점이 있다.

상담자가 혼자서 진행하는 경우에도 상담과정은 똑같다. 중간에 상담자가 혼자서 가족에게 줄 메시지를 작성하고 과제를 줌으로 종결한다. 상담과정에 10분 정도의 휴식시간 동안 내담자가 스스로 면담내용을 한 번 더 생각할 수 있는 기회를 주며 상담자가 어떤 반응을 보일지에 대하여 무척 궁금하게 한다. 많은 내담자들은 자신들의 문제나 어떤 잘못에 대한 추궁이나 비난을 염려하기도 한다. 그러나 피드백 메시지는 이런 내담자에게 전문가의 입장에서 칭찬과 긍정적인 부분, 내담자의 장점이나 강점을 인정해 주기 때문에 강한 동기부여와 문제해결에 대한 자신감을 부여할 수 있다. 상담자가 내담자에게 전달하는 메시지의 피드백은 그래서 아주 효과가 있고 진지하게 받아들인다. 이런 상담과정 또한 전략적인 해결중심이 추구하는 강한 강점이다(임상록 외, 2012: 180).

해결중심상담은 성공적 상담을 위해 내담자와 상담자의 협동적 상담관계의 중요성을 강조한다. 그리고 상담자는 내담자가 그의 문제와 삶에 대한 전문가이기 때문에 스스로 문제를 해결할 수 있다는 믿음을 가지고 있다.

한편, 상담자는 효과적인 질문, 격려, 피드백을 통해 내담자를 조력한다. 해결중심상담은 단기상담이기 때문에 다른 상담과는 다른 상담과정이 전개된다. 해결중심상담의 기본 과정은 다음과 같다(De Jong & Berg, 2012).

1) 1단계: 문제 진술

상담자는 "내가 당신을 위해 어떻게 기여할 수 있는가?"라는 질문을 통해 내담자에게 자신의 문제를 진술할 기회를 준다. 이때 하는 문제에 관한 질문은 문제를 탐색하려는 것이 아니라, 문제와 관련된 도움을 주기 위한 것이다. 내담자가 제시한 문제를 보다 구체적이고 상세하게 질문하여 문제를 구체화시키고 진술한 내용을 주의 깊게 경청한다.

2) 2단계: 상담목표 설정

해결중심상담에서는 앞서 언급한 바와 같이 내담자와 협력하여 상담목표를 구체적이면서 명확히 할 것을 강조한다. 해결중심상담자는 상담목표 설정을 매우 중요하게 생각하여 목표 설정에 많은 시간과 노력을 기울인다. 상담목표의 설정은 상담결과에 대한 만족도를 높이는 것과 함께 내담자의 변화 정도를 평가하는 데에도 활용되기 때문에 중요하다.

3) 3단계: 예외 탐색

이 단계에서는 내담자에게 문제가 일어나지 않았을 때 혹은 문제가 덜 심각했던 때, 즉 예외 상황을 탐색한다. 이를 통해 문제해결의 가능성을 찾고 해결을 위한 개입 계획을 세우게 된다.

4) 4단계: 회기 종결 피드백

상담자는 어떤 제안이나 격려를 포함한 메시지를 내담자를 위해 작성한다. 회기 종결에서 상담자는 내담자에게 이번 회기의 상담내용을 요약하여 피드백을 주고, 격려하며, 문제해결을 위해 다음 회기 이전에 내담자가 할 수 있는 것을 제안한다. 이때 상담자는 '지금부터 다음 상담 때까지 당신이 삶에서 지속적으로 찾고자 하는 것들에 주목하고 다음 시간에 그에 대해 이야기해 달라'고 요청한다.

5) 5단계: 내담자 향상도 평가

상담자와 내담자는 함께 평정척도를 사용해서 내담자가 만족스러운 해결을 달성한 정도를 평가한다. 그리고 내담자가 자신의 문제가 해결된 것으로 간주하기 위해 어떤 것을 할 필요가 있는가를 질문한다.

표 9-2 상담과정 5단계

단계	상담과정	내용
제1단계	내담자에게 초점 맞추기	• 상담자와 내담자의 신뢰관계 형성 • 내담자의 준거틀 내에서 작업 • 내담자의 문제에 대한 지각과 판단이 수용받고 이해받을 때에 해결중심적 대화 시도 • 내담자의 관계 유형 파악
제2단계	치료목표 설정	내담자와 상담자의 협상에 의한 구체적이고 명확한 치료목표 세우기
제3단계	해결책 안으로 들어오기	해결중심으로 이끄는 다양한 질문법을 활용하기(면담 전 변화에 대한 질문, 기적질문, 척도질문, 대처질문, 관계성 질문)
제4단계	해결중심적 개입	상담자는 내담자에게 동료치료자와 함께 피드백으로 전달할 메시지를 작성하여 전달. 피드백은 칭찬, 연결과정, 과제 부여로 내담자의 장점을 인정해주고 강한 동기와 자신감을 부여함
제5단계	작은 변화 유지하기	• 내담자에게 일어난 작은 변화를 계속적으로 유지하게 하기 • "무엇이 어떻게 달라졌어요?", "그것이 더 좋아진 것인 가요?", "그때는 어떻게 가능했어요?" 등의 질문으로 변화에 대한 확장 인식하기

출처: 임상록 외(2012: 182) 재인용.

5. 상담기법

해결중심상담은 내담자와의 대화를 해결중심으로 유도할 수 있는 방법을 구체화시키는 방법으로 내담자가 지닌 문제해결의 자원과 능력을 찾아내어 확장시키고 강화시킬 수 있는 다양한 질문을 개발하였다. 대표적인 질문기법으로는 드 세이저와 베르그가 만든 다양한 질문들이 만들어져 활용되고 있다(Berg & Miller, 1992; O'Connell, 2000).

1) 초기 질문

해결중심상담의 기본 가정은 변화란 불가피한 것으로 계속적으로 일어나고 있다고 본다. 따라서 내담자가 지난 번 면담을 약속한 후 지금까지 일어났던 변화에 대한 질문인 초기 질문(pre-session question)은 때로 아주 중요한 단서를 제공한다. 면담 전의 변화가 있는 경우는 내담자가 이미 지니고 있는 해결능력을 인정하고 칭찬하며 강화하고 확대할 수 있도록 격려한다.

그 예로, "상담에 오시기로 약속하고 난 다음에 오늘 만날 때까지 가족생활에서 뭔가 좀 달라진 점이 있으세요?"

2) 예외 질문

해결중심상담의 옹호자들은 소위 문제라고 내담자가 제시하는 어려움이 심각도가 덜하거나 문제가 전혀 나타나지 않는 때가 항상 존재한다고 주장한다. 따라서 상담자는 내담자를 격려하여 이러한 상황이 언제인지를 잘 찾아보도록 하고, 그러한 상황이 일어나는 빈도를 최대화하여야 한다. 예외 상황을 찾는 질문의 예는 다음과 같다. "뭔가 평소와 달랐던 상황이 일어났다면, 그 상황은 어떤 상황이었나요?", "뭔가 평소와 달랐던 상황이 있다면 그때 당신이 한 일은 무엇인가요?" 이런 질문의 목표는 과거에 효과적이었던 것을 찾아서 그것을 반복할 수 있도록 도와주는 것이다. 그리고 최종적으로 이상적인 상황을 향하여 한 단계 한 단계 더 '아기의 걸음마'같이 진전하도록 도와주는 것이다. 이러한 개념과 기법은 에릭슨(Milton Erickson)의 영향을 받은 것이다.

3) 기적질문

기적질문(miracle question)은 문제 자체를 제거시키거나 감소시키지 않고 문제와 떨어져서 해결책을 상상하게 하는 것이다. 이 질문을 통해 치료자는 내담자가 바꾸고 싶어 하는 것을 스스로 설명하게 하여 문제에 대한 집착으로부터 벗어나 해결중심영역으로 들어가게 한다.

그 예로, "이제 좀 다른 질문을 하고자 합니다. 이번에는 상상력을 발휘해야 할 것 같군요. 오늘 치료 후에 집에 가서 잠을 잔다고 상상해 보십시오. 잠자는 동안 기적이 일어나 당신을 여기 오게 한 그 문제가 극적으로 해결됩니다. 당신은 잠을 자고 있어서 이런 기적이 일어났는지를 모르겠지요. 그런데 아침에 일어나서 지난 밤 기적이 일어나 모든 문제가 해결되었다는 것을 어떻게 알 수 있을까요? 당신이 처음 무엇을 보면 기적이 일어났다는 것을 알 수 있을까요?"

4) 척도질문

척도질문(scaling question)은 내담자에게 위협이 되지 않는 방식으로 자신의 경험을 측정하고 추적할 수 있도록 도와준다. 내담자의 경험을 측정하고 척도화하는 것은 내담자에게 미세한 차이를 확인하는 유용한 수단이 된다. 목표가 무엇인지, 그리고 그러한 목표를 향하여 진전해 가는 것이 어떤 것인지를 알기 위해서는 주관적 척도와 측정을 통하여 가능하다.

해결중심상담은 내담자의 주관적인 측정과 척도에 대해 매우 구체적인 방법을 사용한다. 예를 들어, 내담자에게 스스로 자신의 양극단적인 특성이 무엇인지를 물어본다. 그러고 나서 현재 자신이 보다 바람직한 한쪽 방향으로 진전을 하고 있는지 다른 쪽 방향으로 후퇴를 하고 있는지를 평가해 보라고 한다. 해결중심상담에서는 이처럼 보다 내면적이고 엄격한 척도를 내담자에게 자연스럽게 시행하기 위해 다음과 같은 적절한 표현방식을 고안해 냈다. 그 예로, "문제가 가장 안 좋았던 때, 곧 척도 점수가 0점이었던 때는 어떤 상황이었나요?", "문제가 가장 좋았던 때, 곧 척도 점수가 10점이었을 것 같은 때는 어떤 상황이었나요?"

내담자는 자신이 스스로 평가한 척도 점수로 현재의 상태를 평가하도록 요청받는다. 내담자에게 측정하고자 하는 행동의 내용을 최대한 유용하게 자세히 끌어내기 위해 지지해 주면서 여러 가지 자원을 언급하면서 질문을 한다. 예컨대, "현재의 척도 점수에서 한 단계 더 낮은 점수로 내려가지 않도록 하기 위해 당신을 억제하는 것이 있다면 그게 뭘까요?" 등이다. 그런 다음 내담자에게 자신의 진전을 정확하게 점수를 매겨 보도록 요청한다. 예를 들어, "척도상에서 1점이 더 높은 날이 있다고 할 때, 어떤 것을 보고 그렇게 말할 수 있을까요?" 마찬가지로 자신이 바라는 미래의 모습도 내담자 자신이 척도 점수로 표현할 수 있도록 한다. 예를 들어, "척도 점수에서 몇 점이 되면 충분히 좋은 점수라고 할 수 있을까요?", "그 점수를 받는 날의 하루 일상은 어떤 모습이 될까요?", "그런 척도 점수를 받는 날은 지금과 뭐가 좀 다르게 행동을 하게 될까요?" 등이 있다.

5) 대처질문

대처질문(coping questions)은 내담자가 미처 알아채지 못한 자원을 찾아보기 위해 고안된 질문이다. 내담자에게는 심지어 가장 절망적인 상황에 대해서도 그 상황을 잘 극복해 냈던 사례가 있다는 것이다. "저는 상황이 당신에게 정말 얼마나 어려웠는지 알 것 같아요. 그러나 제가 놀란 것은 그럼에도 불구하고, 당신은 매일 아침 일어나고 애들을 깨워서 씻기고 밥을 먹여서 학교에 보냈다는 것입니다. 도대체 어떻게 그런 일을 하셨어요?" 이처럼 상담자가 내담자에게 진정한 호기심을 느끼고 경탄을 하게 되면 그 문제에 대한 내담자의 생각과 모순되지 않도록 내담자의 강점을 강조할 수 있게 된다. 자세히 관찰해 보면, 앞에서 말한 대처질문은 두 부분으로 구성되어 있는데, 앞부분은 내담자가 처한 상황에 대한 요약이다. 즉, "저는 상황이 당신에게 정말 얼마나 어려웠는지 알 것 같아요."하는 부분이다. 이 부분은 내담자에게 사실적인 부분이고 내담자의 경험을 정당화시켜 주는 부분이다. 그리고 두 번째 부분, 곧 "그러나 제가 놀란 것은 그럼에도 불구하고 당신은 매일 아침 일어나고 … 등등" 하는 부분도 역시 진실의 내용이다. 그러나 이 부분이 바로 문제에 초점을 둔 전통적인 상담기법과는 반대가 되는 부분으로, 해결책에 초점을 둔다. 분명한 것은, 여기서 내담자가 문제에 대해 어떤 방식으로든 '대처'를 하였다는 것이고, 이러한 대처에 초점을 맞추어 질문을 하는 것은 '문제'에 초점을 둔 이야기가 지속되지 않고 보다 적극적인 '대처'에 초점을 두고 이야기하도록 내담자의 관점을 바꾸도록 도와준다.

6) 관계성 질문

관계성 질문(relationship question)은 내담자가 문제해결의 상황을 자기중심적 생각에서 벗어나 중요한 타인의 시각에서 보면서 문제해결에 관한 새로운 가능성을 찾아내는 데 도움을 준다. 사람이 자신의 능력, 힘, 희망, 가능성, 한계 등을 지각하는 방식은 자신에게 중요한 타인이 자신을 어떻게 보고 있는지에 대한 생각과 밀접한 관계가 있다. 따라서 내담자가 자신을 자기 입장에서가 아닌 중요한 타인의 눈으로 보게 되면 이전에는 생각하지 못했던 새로운 해결의 가능성을 만들어 낼 수도 있다.

그 예로, "당신의 남편이 여기에 있다고 생각해 보세요. 그리고 당신이 그렇게 웃으면 남편은 어떻게 반응할까요? 당신과 남편 사이에 관계가 좋아지면 애들이 어떻게 반응할까요?"

7) 간접적 칭찬질문

간접적 칭찬질문(indirect praise question)은 질문의 형식을 취하지만, 내담자의 긍정적인 삶의 대처 방식에 대한 칭찬이다. 이러한 질문은 내담자의 강점이나 자원을 발견하여 인정함으로써 내담자가 자신의 자원과 강점을 더욱 활성화하고, 문제해결방법을 발견하게 하며, 실행 중인 긍정적 해결 지향 행동을 더욱 지지하고 강화시켜 준다.

그 예로, "아내가 소리를 지를 때 잠시 참으면 상황이 더 나빠지지 않는다는 것을 어떻게 아셨나요? 그런 상황에서 침착하게 감정을 조절하기가 쉽지 않은데, 어떻게 그렇게 침착하게 화를 참으셨나요?"

8) 추가 질문

추가 질문(additional question)은 다양한 질문을 통해 발견한 내담자의 자원과 강점, 해결능력, 성공 경험 등을 더욱 촉진시키고 강화하기 위한 목적으로 사용한다. 내담자가 이미 하고 있는 긍정적인 변화를 유지할 뿐만 아니라 성장하고 발전하기 위해서 계속해서 성공적인 해결책을 탐색하도록 촉진시킨다.

그 예로, "그 외에 또 무엇이 있습니까? 뭐가 더 있을까요? 더 좋은 생각이 없을까요? 또 다른 좋은 방법이 없을까요?"

9) 자원 찾기

해결중심상담의 핵심 과제는 내담자가 자신의 직접적인 지지체계와 사회관계망뿐만 아니라 자신의 내부 역량, 기술 및 자원을 확인하여 이런 자원들에 주목할 수 있도록 지원하는 일이다. 이처럼 내담자의 초점을 자원에 두게 함으로써 내담자는 자신을 내적으로 유능하고 외적으로 지원을 받고 있다고 자신의 이야기를 구성하도록 도와준다. 여기서 언어를 확장하게 되면, 현재의 문제와 관련이 되는 기존의 자원에 초점을 맞출 수 있는 새로운 방법이 무엇인지를 알려 주게 된다. 치료자는 내담자의 역량을 강화하여 척도질문, 예외질문 등을 함으로써 자신의 자원을 찾아낼 수 있도록 도와준다.

여기서 내담자의 자원은 내부적인 것일 수도 있고, 외부적인 것일 수도 있다. 내부적인 자원은 자신에게 유용한 내담자의 기술, 강점, 자질, 신념, 능력 등이며, 외부적인 자원은 내담자의 파트너, 가족, 친구, 신앙 또는 종교단체 및 지지 그룹과 같은 지지적인 관계망을 말한다.

6. 평가

해결중심상담에 대한 평가는 다음과 같다(김종운, 2013: 390~391).

1) 강점

해결중심상담의 강점은 다음과 같다.

첫째, 해결중심상담은 단기에 끝나고 경제적이라는 점이다. 상담목표를 달성하기 위해 상담 및 심리치료방법의 경제성을 추구한다. 경제성은 단순한 것에서부터 복잡한 것으로 접근한다.

둘째, 해결중심상담이 미래에 초점을 둠으로써 희망을 부여한다는 점이다. 즉, 과거와 문제에 관하여는 관심이 적고, 미래와 해결방안 구축에 관심을 집중한다.

셋째, 해결중심상담은 내담자 중심으로 칭찬과 과제 부여로 상담의 효과를 높였다는 점이다. 내담자가 자기 문제를 가장 잘 아는 자기 문제의 전문가라고 보며, 문제해결을 위해 필요한 능력, 자원, 성공 경험 등을 내담자가 이미 가지고 있다고 본다는 점이다.

넷째, 해결중심상담은 다양한 질문기법을 활용함으로써 목표 달성에 효과적이라는 것이다. 다양한 질문을 개발하여 내담자와의 대화를 해결중심으로 유도할 수 있는 방법을 구체화시키는 방법을 제시하였다. 또한 내담자가 지닌 문제해결의 자원과 능력을 찾아내어 확장시키고 강화시킬 수 있도록 하였다.

다섯째, 해결중심상담은 상담의 효과가 전달되며 과정과 절차, 기법이 간단하고 구체적이어서 상담자들의 습득이 용이하다는 점이다.

여섯째, 해결중심상담은 국내의 경우 청소년 비행, 아동의 문제 행동, 약물 남용, 가정 폭력, 부부 갈등 및 이혼, 불안, 우울 등 정서문제, 알코올 의존, 정신분열증, 만성질환자 가족 및 집단상담에 유용하다는 점이다.

2) 비판

해결중심상담의 한계는 다음과 같다(김혜숙, 2008).

첫째, 해결중심상담은 상담자의 전문성을 경시하였다는 점이다. 내담자의 자원과 강점, 문제해결의 능력 등을 인정함에도 불구하고, 적재적소에 질문을 하고 내담자의 자원과 강점을 발견하도록 촉진하는 것은 결국 상담자의 전문성에서 비롯된다.

둘째, 해결중심상담은 다양한 질문기법을 활용하기 때문에 인지능력이 떨어지는 내담자에게는 적용하는 데 한계가 있다.

셋째, 해결중심상담은 이론이 단순하고 단지 증상만 완화시키기 위한 접근이라는 점이다. 단순하고 이해하기 쉽다는 것은 그만큼 일반인들의 접근이 용이하나 오히려 전문가들의 해결중심상담에 대한 관심을 감소시키는 결과를 초래한다는 지적을 받고 있다.

10

Chapter

인지치료

개요

인지치료 또는 인지상담은 벡이 창시한 이론으로 인간의 행동과 정서는 개인의 신념체계와 사고에 따라 결정된다고 본다. 인지치료는 다양한 정신과적 장애를 다루는데 사용되는 적극적이고 지시적이며, 시간 제한적이고 구조화된 접근이다. 또한 개인의 정서와 행동은 주로 그가 세계를 구조화하는 방식에 의해 결정된다는 근거에 기초하고 있다. 본 장에서는 인지치료에 대해 논의하고자 한다.

학습목표

1. 인지치료에 대한 이해
2. 인지치료의 핵심 개념 파악
3. 벡에 대한 관심

학습내용

1. 인지치료의 개요
2. 벡의 생애와 사상
3. 인지치료의 핵심 개념
4. 상담과정
5. 상담기법
6. 평가

1. 인지치료의 개요

인지치료(Cognitive Therapy), 또는 인지상담은 벡이 창시한 이론으로 인간의 행동과 정서는 개인의 신념체계와 사고에 따라 결정된다고 본다. REBT(Rational Emotive Behavior Therapy, 합리정서행동상담)와 마찬가지로 인간의 왜곡된 신념을 이해하고 부적응적 사고체계를 변화시켜야 한다는 관점이므로 인지적 상담이론에 속한다(강갑원, 2016: 235). 인지상담이란 이런 감정이나 행동의 변화에 직접적으로 관여하는 인지의 영향력에 주목하면서, 내담자의 인지과정에 대한 접근을 통해 내담자의 감정이나 행동의 변화를 유도하는 기법이다. 이 치료기법은 다른 기법에 비해 비교적 치료기간이 짧으며, 우울증이나 불안 등 정신의학적인 문제에 대해 효과적인 것으로 알려져 있다(현정환, 2016: 109).

벡을 중심으로 인지이론가들의 기본 전제는, 사람들의 자신과 세상에 대한 사고가 정서와 행동의 주요한 결정요인이라고 보았다. 따라서 인지치료의 접근은 부적응적 행동 유형을 바꾸기 위해서는 그 행동을 유지시키고 있는 사고 유형을 변화시키는 것이 필요하다는 개념에 기반을 두고 출발하였다. 즉, 정서와 동기, 행동의 주요 원인은 인간의 의식적 사고라는 것이다. 상담자는 클라이언트로 하여금 자신의 역기능적인 정서, 행동, 문제해결을 유발하는 사고의 유형을 확인하고 변화할 수 있도록 돕는 역할을 수행하게 된다. 역기능적인 사고와 해석, 신념을 겨냥하여 행동을 변화시킬 수 있게 한다. 사고가 변화하면 행동은 변화할 수 있게 된다. 상담자는 클라이언트의 부정적 인식과 생각을 현실적으로 긍정적이 될 때까지 수정할 수 있도록 노력을 기울인다(신기원 외, 2016: 193).

인지치료는 다양한 정신과적 장애(우울, 불안, 공포, 통증 등)를 다루는 데 사용되는 적극적이고, 지시적이며, 시간 제한적이고, 구조화된 접근이다. 인지치료는 개인의 정서와 행동은 주로 그가 세계를 구조화하는 방식에 의해 결정된다는 근거에 기초하고 있다. 사람들의 인지는 과거 경험으로부터 발전된 태도나 가정(인지도식)에서 기초한다. 예컨대, 어떤 사람이 자신의 모든 경험을 자신이 유능한가 아닌가의 관점에서만 해석한다면, 그의 사고는 "내가 모든 일에 완벽하지 못하면 나는 실패자다."라는 도식에 의해 지배되고 있는지도 모른다. 결과적으로 그는 자신의 개인적 능력과 전혀 관계없는 상황에서조차 능력 또는 적절성의 관점으로 상황에 반응하게 된다(Beck, 1979).

인지치료상담이론은 벡의 임상적 경험에 바탕을 두고 있으나, 정신분석학, 인지심리학, 인지과학의 영향을 받았다. 벡은 정신분석자로서 먼저 정신분석학에서 인지치료의 기본 개념을 끌어내었다. 정신분석과 인지치료는 공통적으로 개인의 행동은 자신이 의식하지 못하는 어떤 신념의 영향을 받는다고 보고 있다. 다만 프로이트가 무의식적 사고를 가정하였다면, 벡은 정서적 장애를 불러일으킬 수 있는 자동적 사고를 가정하였다는 차이만 있다. 벡의 인지상담에서의 신념은 아들러의 개인심리학의 인지적 본질이나 신념과 유사하다. 아들러와 벡은 지각을 바꾸기 위한 전략을 많이 개발하였는데, 둘 다 구체적이고 직접적 대화를 사용하는 적극적 방법을 사용하였다. 엘리스(Albert Ellis, 1913~2007)가 자신의 REBT에 대해 인지치료의 원조라고 할 정도로 인지상담은 REBT와 유사하다. 벡과 엘리스는 모두 내담자와 직접적 상호작용을 통해 그의 비합리적 신념을 변화시킬 것을 강조한다(정서영 외, 2017b: 170).

벡의 인지치료는 합리적 정서치료와 더불어 인지행동적 상담이론들 중 가장 널리 알려지고 보편화된 상담이론이다. 엘리스와 마찬가지로 원래 정신분석적으로 훈련받았던 벡은, 특히 우울증 치료에 관심이 있었다. 하지만 그는 기존의 정신분석이론이 우울증을 치료하는 데 한계가 있음을 발견하고 나름대로 대안적인 이론체계를 구축해 나갔는데, 그 결과가 현재의 인지치료이론이다. 인지치료라는 용어는 크게 두 가지 의미로 사용된다. 하나는 인지를 변화시킴으로써 심리적 문제를 해결하려는 상담 접근을 포괄하여 지칭하는 것이고, 다른 하나는 벡에 의해 개발된 우울증에 대한 인지치료를 나타내는 것이다.

원래 인지치료상담이론은 우울증을 치료하는 이론으로 출발하였으나, 점차 불안과 공포증 등을 포함한 정서적 문제 전반, 그리고 사람들의 성격적 문제를 치료하는 이론으로까지 확장되었다. 현재 이 이론은 완성된 상태라기보다는 적용범위가 날로 확대되어 가고 있는 발전과정 중에 있다. 따라서, 장차 정신분석이론 못지않은 포괄성과 체계성을 지닐 것으로 기대되는 유망한 이론이다.

상담목표

인지치료의 목표는 다음과 같다(강진령, 2013a: 281).

① 사고체계의 탐색방법교육

인지치료에서는 내담자의 부적응적인 감정과 행동의 원인 제공 및 유지하는 정보처리과정에 관심을 집중한다. 그리고 내담자에게 부정적 인지도식이나 자동사고를 모니터하는 방법을 가르친다. 내담자는 사고가 자신의 정서와 행동에 미치는 영향을 깨닫는 방법을 습득하게 된다. 이 과정을 통해 상담자는 내담자와 협력하여 보다 시급하고 구체적인 목표를 설정한다. 인지치료의 목표는 내담자에게 적합하도록 지속적으로 재검토・수정된다. 이러한 점에서 인지치료는 개인의 상황에 알맞게 설계된 맞춤형 접근이라 할 수 있다.

② 부적응적 신념체계 제거

인지치료는 기본적으로 내담자의 부정적・부적응적 신념체계 제거에 초점을 맞춘다. 인지치료의 목표는 정동적(affective)・행동적・인지적 요소로 구성된다. 상담목표가 명확하고 구체적일수록 상담자는 상담전략 및 방법 선택이 용이해져서 내담자의 신념체계와 감정, 그리고 행동 변화를 촉진할 수 있기 때문이다. 내담자의 부적응적 신념체계를 제거하기 위해 상담자는 내담자의 부정적인 인지도식, 자동사고 그리고 인지왜곡과 관련된 증거자료를 축적한다.

③ 학습경험을 통한 적응적 신념체계 구축

인지치료의 궁극적 목표는 학습경험을 통해 부정적이고 부적응적인 신념체계를 긍정적이고 적응적인 신념체계로 대체하도록 돕는 것이다. 이를 위해 상담자는 내담자에게 구체적인 학습 경험을 제공한다. 상담자는 이 과정에서 발견된 인지왜곡에 도전・검증・논의를 통해 긍정적인 감정・행동・사고로 대체할 수 있도록 돕는다. 그 결과, 내담자는 자신의 왜곡된 신념을 적응적 사고로 바꾸고 비현실적인 사고를 현실에 기반을 둔 해석으로 대체하게 된다. 인지치료의 목표달성을 돕기 위해 개발된 심리장애의 프로파일이나 치료계획에는 우울(Beck. et al., 1979), 자살, 불안(Dattilio & Padesky, 1990)에 관한 것들이 있다.

결론적으로 인지적 상담의 목표는 자동적 사고를 변화시키고 인지적 도식을 재구성하여 사고를 새롭게 하도록 하는 데에 있다. 그러기 위해서는 내담자에게 스스로 부정적 인지도식이나 자동적 사고 등과 같은 사고체계를 탐색하는 방법을 가르친다. 내담자로 하여금 잘못된 정보처리를 수정하도록 하고 부적응 행동과 정서를 유발하고 유지시키는 모든 가정을 수정하도록 한다. 상담의 초기에는 내담자의 증상 완화에 힘쓰지만 궁극적 목표는 인지적 오류를 제거하는 데에 있다(강갑원, 2016: 242).

2. 벡의 생애와 사상

아론 벡

벡(Aaron T. Beck, 1921~)은 1921년 미국 로드아일랜드 주의 프로비던스(Providence)에서 러시아계 유대인 이민자의 막내아들로 태어났다. 그는 문학과 교육을 중시하는 가정에서 주관이 뚜렷하고 정치적 관심이 많은 부모에 의해 양육되었다(정은, 2014: 136). 5남매 중 두 명은 유아기에 사망했으며, 이러한 사건들이 벡의 어머니에게 정서적 문제를 야기한 것으로 알려져 있다. 벡은 3세 때에 천식을 앓았으며, 형과의 장난으로 질식에 대한 공포를 지니게 되었다. 이후 터널 공포증으로 발전하여 내내 괴롭힘을 받았다. 7세 때에 벡은 사고로 팔이 부러졌으며, 부러진 뼈가 감염되어 패혈증이라는 심각한 질병으로 발전하게 되었다. 이러한 질병으로 학교를 자주 결석하였으며, 성적도 부진하여 유급을 받기까지 하였다. 뒤처지는 것을 싫어하여 스스로의 노력을 통하여 조기 졸업을 하게 되었고, 우수한 성적을 이어나갔다.

예일대학 의학과에 진학하였으며, 1953년에 정신과 의사가 되어 펜실베이니아의과대학 정신과의 전임강사가 되었다. 1959년에 부교수가 된 벡은 우울증이 자기에게로 내향화된 분노라는 정신분석적 가설을 입증하기 위해 우울증 환자와 꿈 내용을 조사했을 뿐만 아니라, 카드분류과제를 사용하여 성공 또는 실패 경험에 대한 반응을 조사하였다.

벡은 치료적 경험과 실험적 연구를 통해서 새로운 정신병리이론과 치료방법을 모색하였다. 이러한 과정에서 그는 개인적 구성 개념에 관한 켈리(George Kelly)의 이론으로부터 많은 영향을 받았다. 벡은 펜실베이니아대학교 종합병원에 우울증 클리닉을 개설하였으며, 1961년에는 우울척도를 개발하였다.

1976년에 벡은 『인지치료와 정서장애(Cognitive Therapy and the Emotional Disorders)』를 출판하고 새로운 치료적 접근을 소개하였다. 벡은 저서활동도 많이 하였으며, 고령의 나이임에도 불구하고, 명예교수로 활동 중이며, 그의 장녀가 아버지의 뒤를 이어 대표적인 인지치료자로 활동하고 있다.

벡의 대표적 저서로는 『인격장애의 인지치료(Cognitive therapy of personality disorders)』(1990), 『우울증의 인지치료(Cognitive Therapy of Depression)』(1979), 『우울증: 임상실험과 이론관점(Depression: Clinical Experimental and Theoretical Aspects)』(1967), 『우울증: 원인과 치료(Depression: Causes and Treatment)』(1972), 『우울증의 진단 및 관리(The Diagnosis and Management of Depression)』(1973) 등이 있다.

3. 인지치료의 핵심 개념

1) 인지주의

인지를 나타내는 라틴어 *Cognito*는 "나는 생각한다"라는 뜻이다. 여기에서 알 수 있듯이 인지적 접근은 인간이 환경에서 발생하는 일에 수동적으로 반응하지 않으며, 인간의 행동은 생각에 달려 있다. 인지(cognition)란 일반적으로 사고의 능력을 의미하는데, 넓은 의미로는 사고 외에 지각, 기억, 지능, 언어 등을 포함하는 정신과정으로 보기도 한다. 따라서 인지발달이란 다양한 인지기능의 복합적인 발달과정이다.

인지주의는 인간의 지적인 능력뿐 아니라, 인간의 사고, 태도, 동기 등의 비지적 능력발달에 관한 인지이론과, 클라이언트의 왜곡된 인지구조를 변화시켜 인지구조로 재구조화하여 문제해결을 돕는 인지치료이론 등이 포함된다. 지식, 의식, 지능, 사고, 상상력, 창의력, 계획과 책략의 산출, 추리, 추론, 문제해결, 개념화, 유목화와 관계 짓기, 상징화 등과 같은 고등정신과정에 속하는 모든 심리적 실체들이 포함된다. 인지과학자들은 인간을 컴퓨터에 비교하였는데, 인간의 마음은 다양한 종류의 정보를 받아들이고 코드화하며 전달하고 조작하는 복잡한 체계이다(Flavell, 1985).

이러한 설명에서 인간의 인지는 관찰할 수 없는 정보의 과정이며, 환경적 자극과 인간의 행동을 중재함을 알 수 있다. 인지의 중요성에 대해서는 다른 성격이론가들도 언급한 바 있으나 그들 이론의 핵심적인 부분은 아니었다. 예컨대, 프로이트는 정신의 지적인 과정보다 정서적 과정을 강조하였고, 행동주의 이론가들은 행동을 야기하는 주관적 과정보다 환경자극의 분석과 환경에 대한 개인의 반응에 관심을 가졌다. 이와 달리 인지이론은 인간이 세상에 대해 의미를 부여하고, 스스로 구성해 가는 방식을 강조한다는 점에서 다른 이론과 차이가 있다(Engler, 2013).

인지주의이론은 인간의 발달에 있어 인지발달적 측면에 초점을 둔 이론으로, 환경과의 상호작용을 통한 경험으로부터 인지구조를 조정해 가는 단계와 매우 밀접한 관계가 있다. 사실상 인지성격심리학의 역사는 놀라울 만큼 오래되었으나, 궁극적으로 인지과정에 해당하는 작업모델에 기여한 새로운 힘은 20세기 중후반에 급격히 성장한 컴퓨터 기술이었다. 컴퓨터는 인간의 인지과정을 유추하는 데 도움을 주며, 이러한 성공은 정신적 현상의 경험적 연구라는 정당성을 갖는다.

인지이론가들에 의하면, 인간은 환경적 자극에 능동적으로 대처하고 지속적으로 성장·발달할 수 있는 잠재력을 지닌 적극적인 존재다. 인지이론은 다른 전통적 성격이론에 비해 현대에 와서도 지속적으로 발달하고 있으며, 정교한 체계를 이루었고 괄목할 단한 연구 성과도 제시하고 있다. 이러한 점은 인지이론의 강점이라고 할 수 있지만, 주로 언어적인 자기보고에 국한된 이론이라는 한계도 지적되고 있다(Pervin, 2005). 하지만 인지이론의 등장으로 정신의학, 심리학, 사회복지학 등에서는 생물학적 결정론과 환경적 결정론에서 벗어나 인간의 감정과 행동에 영향을 미치는 인지의 역할에 관심을 두기 시작하였다(오창순 외, 2015: 141-142).

오늘날 인지적 개념은 인공지능의 영역에서 응용한 것이며, 인간의 마음의 사적인 작용에 대한 가설을 제공한다. 성격에 대한 인지의 역할을 논의한 최초의 심리학자 로버트(Julian Robert)는 켈리(Kelly)와 함께 빈번히 인용되고 있다. 또한 피아제(Jean Piaget)는 생물학, 심리학, 철학, 수학의 개념을 사용하여 어린아이가 세상을 알아가는 과정을 조사하여 논리정연하고 통합된 인지발달이론을 제공하였다.

2) 인간관

인지치료적 접근은 인지적 결정론의 입장에서 인간의 여러 측면 중 감정이나 행동도 중요하지만 인지, 즉 사고가 가장 중요하다고 본다. 예를 들어, 사랑하는 사람에게서 실연을 경험한 두 사람을 비교해 보자. 한 사람은 실연의 상처로 힘들어하며 인생이 모두 끝난 듯한 절망감에 사로잡혀 매일 방황하며 지낸다. 반면에 다른 한 사람은 실연 직후에는 절망감과 좌절로 인해 힘들어하긴 했지만, 실연의 상처를 극복하기 위해 미루어 두었던 학원도 다니고 새로운 사람을 만나려고 노력한다. 동일한 스트레스 상황에서 각 개인이 대처하는 방식이 어떠하냐에 따라 그에 따른 감정이나 행동은 달라질 수 있다는 것이다. 또한 이 접근에서는 사람들에게 자신의 인지·정서·행동과정을 변화시킬 수 있는 능력이 있다고 믿는다. 즉, 사람들은 스스로의 선택에 의하여 그동안의 행동 패턴과는 다르게 반응하고 비합리적인 신념에 동요되지 않으며, 이런 자기 훈련을 지속함으로써 사는 동안 혼란을 최소한으로 할 수 있다. 그뿐 아니라, 사람들은 자기와 대화할 수 있고(self-talking), 자기를 평가할 수 있으며(self-evaluating), 자기를 유지할 수 있는(self-substaining) 존재다.

인지치료에서는 인간의 감정과 행동은 모두 인지에서 나온다는 입장을 취한다. 즉, 인간이 부적응적 사고를 하기 때문에 부적응적 감정이나 행동이 나오게 된다는 것이다. 그러므로 부적응적 문제를 가진 사람들을 변화시킬 수 있는 가장 효과적인 방법은 바로 그 사람의 잘못된 생각을 변화시키는 것이다. 그렇게 함으로써 부적응적 행동과 감정이 저절로 변화되어 인간의 삶이 변화될 수 있다는 것이다. 인지치료적 접근은 결국 인간의 주된 특성으로서 인지에 초점을 두며, 인지변화를 통해 다른 모든 것을 변화시킬 수 있다고 믿는다(Beck, 1979; Corey, 2008).

인지주의이론에서는 인간을 매우 주관적인 존재로 규정한다. 즉, 이 세상에는 객관적인 현실이란 존재하지 않으며, 각 개인의 주관적 현실만이 존재하기 때문에, 개인의 행동이나 사고를 이해하기 위해서는 그 개인의 주관적 현실을 이해해야 한다고 보았다. 행동주의이론에서는 인간 행동이 환경의 영향을 받는다고 주장하지만 인지이론에서 '안다는 것'은 개인과 환경 간의 상호작용에 의하여 형성된다고 보았다(Norlin & Chess, 1997).

인지이론의 인간관은 무의식을 강조한 정신분석이론에 비해 긍정적이고 환경에 인간이 능동적으로 적응한다는 측면에서 인간의 성장 가능성을 시사하고 있다. 무의식에 초점을 두고 인간을 다분히 충동적 존재로 보는 정신역동이론과 달리, 인지이론에서는 인간의 의식에 초점을 두고 인간을 사고하는 합리적인 존재로 인식한다. 또한 정신역동이론에서는 인간과 환경과의 관계를 무의식 속성을 가진 인간이 환경에 어떻게 대처해 나가는가를 중시하지만, 인지주의이론에서는 환경적 원인들이 인간에 의해서 지각되고 인식되느냐에 더 크게 중점을 두고 있다(장수한 외, 2017: 242).

또한 인지주의이론에서는 인간의 무의식에 초점을 두고 인간을 다분히 충동적 존재로 보는 정신분석이론과 달리, 인간의 의식에 초점을 두고 인간을 사고하는 합리적인 존재로 인식한다. 더불어 환경적 원인이 인간에 의해서 어떻게 지각되고 인식되는가에 중점을 두고 있다.

3) 자동적 사고

자동적 사고(automatic thought)란 어떤 사건에 당면하여 자동적으로 떠오르는 생각을 말한다. 이러한 자동적 사고가 부정적인 내용일 경우 심리적 문제로 이어진다(이장호 외, 2009: 129).

벡은 우울증 환자의 사고내용을 조사하면서 실패, 상실, 좌절과 같은 주제와 관련된 부정적인 사고가 많음을 발견했다. 부정적인 심상과 생각은 다양한 생활사건에 의해서 거의 자동적으로 촉발되는 경향이 있었다. 이러한 생각과 심상이 우울증을 유발하는 중요한 요인이라고 하였다. 자동적 사고란 결국은 어떤 사건을 경험할 때 노력하지 않아도 저절로 떠오르는 생각을 말한다. 자신도 모르게 생각이 떠오르기 때문에 자동적 사고라 일컫는다. 예를 들어, 오랫동안 사귄 여자 친구와 해어진 한 남자가 있다고 하자. 그가 식욕을 잃고 잠도 못 이루고 사람을 만나는 것을 꺼려하고 하루 종일 집에서만 지내는 이유가 사랑하던 여자와의 이별 때문이기도 하지만, 여자와의 이별로 그에게 떠오른 생각, 즉 자동적 사고 때문이기도 하다.

자동적 사고는 심사숙고하거나 합리적으로 판단한 결과가 아니며, 아주 빠르게 떠오르기 때문에 자동적인 것처럼 느껴진다. 자동적 사고는 매우 빠르게 의식 속을 지나가기 때문에 개인에게 명료하게 인식되지 않으며, 단지 그 결과로 뒤따르는 우울 감정만이 인식된다(이우언 외, 2017: 238).

자동적 사고의 주요한 특징은 다음과 같다(강갑원, 2006: 239).

① 구체적이며 분리된 메시지이다.
② 축약되어 언어, 이미지 또는 양쪽 모두의 형태로 나타난다.
③ 아무리 비합리적이라 할지라도 거의 믿는다.
④ 자발적인 것으로 경험된다.
⑤ 흔히 당위적 형태의 말로 표현된다.
⑥ 일을 극단적으로 보는 경향을 띤다.
⑦ 개인에 따라 독특하게 나타난다.
⑧ 중단하기 쉽지 않다.
⑨ 학습된다.

4) 역기능적 인지도식

역기능적 인지도식이란 현실적응에 도움이 되지 않는 내담자의 기본적인 생각의 틀과 그 내용을 일컫는다. 즉, 그렇다면 자동적 사고는 어떻게 생겨나는 것인가? 이를 설명하기 위해서는 먼저 인지도식이 무엇인지를 알아야 한다. 사람들은 살아가면서 자기 나름대로 자기와 세상을 이해하는 틀을 발달시킨다. 세상은 어떤 곳인지, 자기는 어떤 사람인지, 인생이 어떤 의미가 있는지, 다른 사람들과 어떤 관계를 유지해야 하는지 등에 관한 지식을 차곡차곡 쌓아가게 된다. 이러한 지식이 아주 어린 시절부터 시작해서 삶을 사는 과정에서 하나의 체계화된 지식 덩어리를 이루게 될 때, 이를 인지도식(cognitive schema)이라고 부른다. 도식은 비슷한 사건을 경험하게 될 경우 일관성 있는 반응을 보이거나 특정 자극에 선택적으로 주의를 기울여 반응하는 이른바 고정된 인지구조를 의미한다. 예를 들어, 개인적 목적을 성취할 수 있는 기회가 오더라도 '나는 능력이 없다', '사람들을 믿을 수 없다'라는 도식이 형성될 경우 부정적인 자동적 사고로 연결되며 부정적 정서 상태에 빠지게 되는 것이다. 또 다른 예로는, 개에게 물린 경험이 있는 사람은 '개는 무섭다'라는 도식이 형성되고 개에 대한 부정적인 자동적 사고로 연결되어 공포나 두려움에 빠지게 되는 것이다. 따라서 인지도식이란 주변세계와 중요한 신념에 대해 어떻게 생각하고 있고, 사람, 사건, 그리고 환경에 관한 기본가정을 말한다(강진령, 2016: 277).

예를 들어, 오랜 시간을 투자해서 컴퓨터의 작동원리에 대한 지식을 체계화하였을 때, 그것을 컴퓨터에 관한 인지도식이라 부를 수 있듯이, 세상을 살아가는 과정에서 삶에 관한 이해의 틀을 형성한 것이 바로 삶의 인지도식인 것이다. 그런데 사람들에 따라 인지도식의 내용은 달라질 수 있다. 왜냐하면 그들이 살아온 삶의 과정과 그 속에서 경험한 내용이 다르기 때문이다. 이렇게 볼 때, 어떤 개인이 가진 인지도식은 그가 살아온 삶을 응축해서 보여 준다. 즉, 한 개인의 삶은 바로 인지도식 속에 반영되어 있다. 여기서 문제는 그 개인의 인지도식의 내용이 부정적인 성질의 것일 경우이다.

이러한 인지도식을 역기능적 인지도식이라 부르는데, 이는 심리적 문제를 초래하는 근원적 역할을 한다. 즉, 살아오는 과정에서 부정적인 내용으로 인지도식을 구성한다면 심리적 문제에 매우 취약하게 되기 쉽다.

이처럼 부정적인 내용의 자동적 사고를 활성화하는 것은, 바로 이러한 역기능적 인지도식의 내용들이다. 즉, 역기능적 인지도식을 가지고 있는 사람이 일상생활에서 스트레스 사건을 경험하게 될 때, 부정적인 내용의 자동적 사고를 자신도 모르게 떠올리게 되며, 그 결과로 심리적 문제가 발생하게 된다.

심리적 문제를 초래하기 쉬운 몇 가지 역기능적 인지도식의 내용을 예로 들면 다음과 같다(이장호 외, 2009: 131).

① 사람은 멋지게 생기고 똑똑하고 돈이 많지 않으면 행복해지기 어렵다.
② 다른 사람의 사랑 없이 나는 행복해질 수 없다.
③ 다른 사람에게 도움을 요청하는 것은 나약함의 표시다.
④ 절반의 실패는 전부 실패한 것이나 다름없다.
⑤ 인정을 받으려면 항상 일을 잘 해야만 한다.
⑥ 한 인간으로서의 나의 가치는 나에 대한 다른 사람의 평가에 달려 있다.
⑦ 사람들이 언제 나에게 등을 돌릴지 모르기 때문에 믿을 수 없다.

5) 인지오류

역기능적 인지도식은 자동적 사고를 발생시키는 역할만 하지는 않는다. 그것은 인지적 오류(cognitive error)를 발생시키기도 한다. 여기에서 인지오류란 현실을 제대로 지각하지 못하거나 사실이나 그 의미를 왜곡하여 받아들이는 것을 뜻하는 용어다.

인지오류의 결과로, 자동적 사고는 현실에 대한 부정확한(왜곡된) 지각과 해석을 포함하며, 논리적 추리상의 비논리성을 포함하게 된다. 클라이언트가 지니고 있는 인지적 왜곡을 밝혀내고, 클라이언트가 자신의 생각의 비합리성에 동의함으로써, 보다 현실에 가까운 합리적인 생각을 할 수 있도록 돕는 것은 인지치료에서 중요한 작업이다. 클라이언트의 생각에 인지적 오류가 포함되어 있을 때, 이를 밝히기 위해 가장 자주 사용되는 표준적인 질문은 '어떻게 해서 그렇게 생각하게 되었지요?', '무슨 근거로 그런 생각을 할 수 있지요?', '그렇게 생각하는 근거가 뭐지요?' 등이다(김청자 · 정진선, 2006: 173).

전형적인 인지오류(왜곡)는 다음과 같다(강진령, 2013a: 279-280; 정서영, 2010: 33-39).

(1) 선택적 사고(selective abstraction)

이는 부정적 사고의 근거가 될 만한 생각이 사실을 택하는 것이다. 일부 정보들만을 본 후 결론을 내린다. 상황에 대한 자신의 관점을 지지하기 위하여 특정한 자료를 걸러 내거나 무시한다. 그 예로, 자존감이 낮은 한 우울장애 남자가 옛 친구로부터 명절 카드를 받지 못했다. 그는 '나는 내 친구들을 모두 잃고 말거야. 더 이상 아무도 나에게 관심을 갖지 않아'라고 생각한다. 그는 다른 많은 친구들에게서 카드를 받았으며, 그의 옛 친구가 지난 15년 동안 매년 카드를 보내 주었고, 그 친구가 올해 이사를 하고 직장을 옮기는 등 매우 바쁘다는 것과 자신이 다른 친구들과 여전히 좋은 관계를 맺고 있다는 것 등의 증거들을 무시한다.

(2) 임의적 추론(arbitrary inference)

정반대의 증거에도 불구하고, 또는 증거가 없음에도 불구하고, 어떤 결론을 내린다. 즉, 증거나 사실과 무관하거나 모순된 결론을 도출하는 현상이다. 임의적 도출은 두 가지 유형, 즉 '독심술(mind reading)'과 '부정적 예언(negative prediction)'으로 구분된다. 먼저, 독심술은 다른 사람이 자신에 대해 어떻게 생각하고 있는지를 알고 있다는 생각이다. 반면에, 부정적인 예언은 이렇다 할 증거나 근거가 없이 나쁜 일이 일어날 것이라고 믿는 것이다. 예를 들어, 한 회사원이 자신이 지방대 출신이므로 이번 구조조정에서 해고당할 것이라고 믿고 취직시험을 준비하는 것이다. 이 두 가지 예의 공통점은 실패에 대한 추론, 즉 부정적 예언은 사실에 근거를 두지 있지 않다는 점이다. 이처럼 독심술과 부정적 예언은 가능한 자료에 주의를 기울이지 않거나 왜곡함으로써 부정적인 추론에 의지한다는 특징이 있다.

(3) 과잉 일반화(overgeneralization)

이는 사건이나 사고의 극히 일부를 과장해서 나름대로의 규칙을 만드는 것이다. 특정 지역, 인종, 민족, 국가에 대한 직·간접적인 경험을 근거로 해당 지역 사람들 전체로 확대 규정하는 것이 그 예다. 이처럼 과거의 부정적인 경험은 미래 행동에 영향을 미치는 규칙으로 일반화되어 부정적 정서로 이어지는 경향이 있다. 또한 하나의 사건 혹은 하나 이상의 별개의 사건을 가지고 결론을 내린 후, 이러한 결론을 비논리적으로 확장시켜 적용한다. 그 예로, 한 우울한 대학생이 시험에서 F를 받았다. 그는 이것을 못마땅해 하며, '나는 아무것도 제대로 하는 게 없어'라고 생각한다.

(4) 과장과 축소(magnification/minimization)

어떤 속성, 사건 또는 느낌 등의 의미가 과장되거나 축소된다. 이는 동일한 사고의 양면적 특성을 나타내는 현상이다. 즉, 확대는 개인의 불완전성을 실제보다 과장하는 반면, 축소는 개인의 좋은 점이나, 두드러지는 성취를 오히려 최소화시키는 것을 말한다. 예를 들어, 모의고사에서 한 과목시험에서 기대보다 낮은 점수를 받았다고 생각한 학생이 "난 좋은 대학에 가기는 틀렸어"라고 결론을 내리는 것은 확대의 예다. 반면, 거의 모든 과목에서 만점을 받은 학생이 "이번 시험에는 어처구니없는 실수로 전 과목 만점을 받지 못했기 때문에 잘했다고 볼 수 없어"라고 결론을 내리는 것은 축소의 예다. 확대나 축소는 흔히 우울의 원인으로 작용한다.

(5) 개인화(personalization)

거의 혹은 전혀 근거가 없는 경우에도 외적 사건과 자신을 연관시킨다. 스스로 부정적인 사건에 대해 과도한 책임이나 비난을 감수한다. 또한 개인화는 자신과 연관이 없는 사건을 마치 연관된 것처럼 여기는 현상을 말한다. 예를 들어, 한 남성이 "내가 세차하는 날이면 항상 비가 오지 뭐야"라고 푸념을 늘어놓는 것이 그 예다. 또한 한 가정주부가 "내가 모처럼 쇼핑하러 가려고만 하면 항상 도로가 이렇게 막히는 거야"라고 불평하는 것이 또 다른 예다. 개인이 날씨나 도로교통상황의 원인 제공을 할 수 없다. 과연 푸념 섞인 말이 사실일까에 대한 질문을 받게 되면, 사람들은 항상 그런 것은 아니라는 사실을 알고 있다는 특징이 있다.

(6) 절대적(흑백논리적) 사고(absolutistic, dichotomous of all-or-nothing thinking)

이 논리는 개인이 바라는 대로 이루어지지 않으면 실패로 간주하여 패배감으로

이어지는 성격을 말한다. 이는 자기 자신, 개인적 경험 또는 다른 사람들에 대한 판단이 두 개의 범주 중 하나에 해당된다(예: 나쁘거나 좋거나, 완전히 실패하거나 완전히 성공하거나, 결함투성이거나 완벽하거나). 그 예로, 우울장애를 가진 B는 결혼 생활이 행복하고 아이들의 학교 성적도 좋은 것처럼 보이는 친구 A와 자신을 비교한다. 비록 A가 어느 정도 가정의 행복을 누리고 있다 하더라도 그의 인생이 완벽한 것은 아니다. A는 직장의 문제, 금전적 어려움, 신체적 질병 등 다른 어려움을 가지고 있다. B는 'A는 모든 것이 잘 되는 반면, 나는 되는 일이 아무것도 없어'라고 여기는 절대 사고를 말한다.

(7) 꼬리표 달기 · 잘못된 꼬리표 달기(labeling and mislabeling)

이는 개인 자신에 대한 부정적 관점에서, 과실 혹은 실수와 연관시켜 스스로에게 꼬리표를 붙이는 현상이다. 예를 들어, 한 남성이 세련된 미모의 여성을 보고는, "저 여성은 모든 면에서 나보다 뛰어나기 때문에 나같이 못생기고 매력 없는 남자에게는 관심조차 없을 거야. 내가 데이트를 청하면 오히려 나를 비웃을 거야"라고 생각함으로써 결국 그 여성과의 실제 만남에서 자신이 우려했던 모습을 보이게 되는 것이다.

(8) 파국화(catastrophizing)

이는 관심 있는 한 가지 사건을 과장한 나머지 비극적 결말을 예상하며 두려워하게 되는 현상이다. 이러한 꼬리표를 통해 자신에 대한 부정확한 감각이나 정체성을 창출하는 경향이 있다. 예를 들어, 소개팅에 나간 남성이 긴장된 나머지 제대로 말 한 번 꺼내지도 못하고는, "난 바보 천치야. 그러니 여자들에게 인기가 없을 수밖에"라며 자신을 비난하였다.

4. 상담과정

인지치료의 상담단계는 고정된 절차나 과정에 의해 이루어지기보다는 상황에 따라 융통성 있게 진행되는 것이 특징인데, 초기단계에서는 직접적인 문제를 다루는 데 있어 보통 시간제한을 두며 일반적으로 4~14회기(session)로 진행된다. 각 회기는 영향과 효과를 극대화하기 위하여 주의 깊게 계획되고 구조화된다. 내담자는 보통 치료가 시작되기 전에 검사 질문지와 최초 면접 질문지를 통하여 검사를 받는데, 상담자는 첫 회기 전에 이 질문지의 결과를 검토하여 치료에 대하여 어느 정도의 구조화를 하게 된다. 이어, 초기 회기에 접어들게 되면 내담자에게 의미 있는 주제를 제공하고, 그의 기분과 그 강도를 확인하며, 내담자가 호소하는 문제를 확인·검토하고 치료에 대한 내담자의 기대를 확인해야 한다. 그리고 내담자에게 인지치료 자체와 내담자 간의 역할에 대하여 가르치며, 상담의 목표를 설정하고, 회기 간에 수행할 과제와 숙제를 제공하며, 내담자로부터 회기에 대한 피드백을 받아야 한다(오만록, 2017: 290).

이상과 같은 초기단계를 통해 상담자는 치료적 동맹관계를 더욱 증진시키고, 현실적 희망과 낙관주의를 격려하면서 신뢰와 협동적 태도를 더욱 높이며, 계속해서 내담자의 긍정적인 변화에 초점을 두면서 그의 기분에 대한 평가도 병행하여야 한다. 이러한 변화과정을 통하여 내담자가 점차 합리적이고 긍정적인 사고체계를 형성해 나가도록 도와주어야 한다.

대개 상담 장면에서는 불안, 긴장, 우울, 공포 등의 정서적 문제나 다양한 행동상의 문제에 대해서 언급하면서도, 그런 문제의 배경에 깔려 있는 불합리한(부정적인) 인지에 대해서는 의외로 소홀히 하는 경우가 많다.

인지상담에서는 먼저 내담자의 이야기를 충분히 경청하는 것부터 시작한다. 이때 상담사는 내담자의 문제나 증상이 임상적으로 경험한 적이 있고 익숙한 사례라고 할지라도, 자신의 이론적 틀이나 경험의 잣대로 함부로 평가해서는 안 된다. 상담사에게는 내담자의 감정체험이나 행동선택에 대해서 이해할 때, 무엇에 대한 경험이며, 이에 대해 본인은 어떤 의미를 부여하고 있고, 어떤 감정을 느끼고 있는지, 그리고 어떤 목적을 위한 선택인지 등에 대해서 파악하기 위한 노력이 요구된다. 물론 내담자의 기분이나 감정에 대해 공감하거나 수용적인 태도를 보여 주는 상담사의 자세도 중요하다. 예를 들어, 내담자가 "왠지 기분이 침울해집니다.", "불안해서 견딜 수가 없습니다."라고 자신의 문제나 증상을 호소할 경우, 상담사는 내담자에게 '침울'이나 '불안' 상황에서 무엇을 생각하고 있는지를 물어보고, 그런 감정이 생성되기 전후의 상황에 대해서 구체적으로 이야기하도록 유도한다.

인지상담에서 상담사는 문제나 증상에 대한 자기인지에 대해 자기관찰이 이루어지도록 유도한다. 이 과정에서, 예를 들어 내담자가 "비만이 두려워서 밥을 먹을 수가 없어요."라고 호소하는 경우, 식사에 대해 불안해하는 사람과 불안해하지 않는 사람의 차이는 무엇인가, 불안이라고 하는 판단을 내리는 주체는 누구인가, 자신을 불안하게 만드는 요인은 무엇인가, 지금도 여전히 불안해하는 이유는 무엇인가 등의 질문을 통해 불안이나 공포라는 문제는 자기인지에 의한 것이며, 그 인지는 어떤 근거에 의한 것임을 알도록 한다. 이를 통해 결국 그 문제는 자기 자신의 문제임을 인식하도록 유도한다. 이러한 자기관찰과정을 통해 내담자가 자신의 문제나 증상에 관련된 인지내용을 명확히 하게 되면, 그 다음에는 내담자가 자신의 이런 인지가 현실적인 것인지, 타당한 것인지를 생각하게 된다.

대개의 경우, 관찰된 인지내용을 내담자가 합리적인 사고의 수준으로 충분히 수정하도록 지원하기 위해서는 좀 더 자세한 경청과정이 필요하다. 또한 불안을 생성시키는 어떤 왜곡된 인지를 더욱 구체화시켜서, 이것을 지탱하고 있는 불합리한 신조 등을 다루는 접근도 필요하다. 사춘기 거식증 환자(고등학교 3학년 여학생)의 한 예를 들어 보자. 이 학생은 예전에 비만했던 때를 두려워하며 병원에서 제공하는 식사도 거의 하지 않는 상태였다. 그러나 상담을 통해 비만했을 때의 식사량과 병원에서의 식사량의 차이에 대해서 점차 이해하게 되면서 조금씩 식사를 하기 시작하였다. 그런데 이 학생은 병원에서 제공하는 식사량을 전부 먹는다고 할지라도 이전처럼 비만은 되지 않는다는 사실을 머리로는 알고 있지만, 체중이 전날보다 조금이라도 늘어나면 "병원에서 주는 음식을 전부 먹게 되면 체중이 늘어나게 되어 다시 이전처럼 되지는 않을까" 하는 불안감을 느끼고 있었다. 이런 신념을 가지고 있는 이 환자에게 상담사는 일주일 동안의 체중 변화를 그래프로 표시하여 보여 주기로 하였다. 이런 방법으로 일정량의 식사를 매일 한 후, 환자가 두려워하고 있는 그런 판단이 맞는지를 확인시켜 주기로 하였다.

그 결과, 실제 체중은 본인이 예상한 것보다는 훨씬 낮게 나타났다는 사실을 알게 되면서 그 이후 환자는 일시적으로 안심하고 식사를 하게 되었다. 그러나 환자는 체중이 건강한 표준체중에 가까워질 때, 다시 거식증세를 보였다. 여기서 밝혀진 새로운 사실은 이전에 비만상태였을 때 친구로부터 "돼지 같아"라고 놀림을 받았던 기억으로 비만에 대한 본인의 과도한 부정적인 인식이 아직도 남아 있었다는 것이다. 상담사는 과도한 비만은 건강상 좋지 않지만, 건강한 범위 내의 비만이라면 긍정적인 측면도 있다는 사실, 만일 비만하다고 할지라도 실의에 빠지거나 우울해할 필요가 없다는 사실, 그리고 타인의 비판적인 언행으로 만들어진 왜곡된 자기인식 등에 대해서 환자와 이야기를 나누었다. 이러한 접근을 통해서 그 이후 환자는 비만에 대한 공포가 점차 약화되어 갔다(현정환 외, 2016: 117-119).

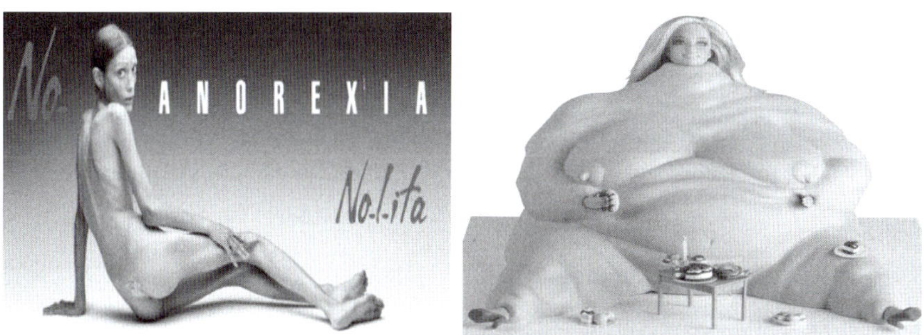

출처: 정서영 외(2017b: 181).

그림 10-1 거식증 양면

5. 상담기법

벡의 인지치료에서 사용하는 기법은 매우 다양하다. 그 이유는 인지치료상담이 내담자의 구체적인 호소 증상을 해결하는 데 중점을 두며, 각각의 증상을 해결하는 데 도움이 되는 기법을 폭넓게 구비하고 있기 때문이다. 여기에서는 이런 기법들 중 특히 중요한 몇 가지만을 기술하면 다음과 같다(이장호 외, 2009: 136-138).

1) 문제 축약기법

이 기법은 내담자가 아주 다양한 문제 증상을 호소했을 때, 이러한 증상을 일일이 다루기보다는 몇 가지 중요한 것들로 묶어서 다루는 방법이다. 이렇게 하는 이유는 내담자가 제기하는 각각의 증상들을 하나씩 해결해 나가는 데 많은 시간과 노력이 필요하고, 비효율적일 수 있기 때문이다. 유사한 성질을 지니는 문제를 확인하여 그것들을 몇 가지 주요 문제로 압축하게 되면 훨씬 더 효율적으로 상담을 진행할 수 있다. 문제를 축약하는 데에는 다음과 같은 몇 가지 방법이 있다.

첫째, 여러 가지 증상에 기저하는 공통요소를 찾는다. 예를 들어, 내담자가 엘리베이터 타기, 터널 지나기, 빨리 걷거나 뛰기, 강한 바람 등에 대해 공포를 가지고 있다면, 이들 증상의 공통적인 요소는 '희박한 공기로 인한 호흡 곤란'일 수 있다. 이때 상담자는 개별적인 문제 증상을 일일이 다루기보다는 질식에 대한 공포를 해소하는 데 상담의 초점을 맞출 수 있다.

둘째, 문제 증상들의 발달 연쇄에서 초기에 발생한 문제 증상들에 초점을 맞춘다. 즉, 내담자의 문제 증상들을 발생 시기별로 정리한 다음 초기에 발생했던 증상들을 먼저 다루는 것이다. 왜냐하면 먼저 발생한 문제들로 인해 이후의 증상이 초래되었을 가능성이 크기 때문이다. 예를 들어, 주의집중이 안 되어 공부를 할 수 없고, 그로 인해 시험 성적이 낮아지고, 열등감 때문에 친구관계도 소원해지고, 그 결과로 심한 외로움과 우울을 겪는 내담자를 생각해 보자. 이 경우에 증상의 시간적·인과적 연쇄에서 외로움이나 우울의 원인으로 작용했던 주의집중 문제를 먼저 다루게 되면, 결과적으로 발생했던 증상들은 그것 자체를 별도로 다루지 않아도 상당부분 해소될 수 있다.

2) 빈틈 메우기 기법

이 기법은 사람들이 경험하는 스트레스 사건과, 그 결과 경험하는 정서적 혼란 사이의 빈틈을 확인하여 채우는 방법을 말한다. 즉, 그 빈틈에 내담자 자신은 자각하지 못하겠지만 스트레스 사건에 접했을 때 떠올랐던 부정적인 자동적 사고가 게재되어 있기 때문이다. 예를 들어, 내담자가 사람들을 만날 때마다 주체할 수 없이 화가 나는 정서적 경험을 했다면, 상담자는 '사람들을 만났을 때 어떤 생각이 스쳐 지나갔습니까?', '그때 머리에 떠오른 생각들은 무엇이죠?' 등과 같은 질문으로 내담자의 자동적 사고를 확인할 수 있다. 즉, '사람들이 나를 무시한다', '사람들이 나를 차별대우한다' 등과 같은 부정적인 자동적 사고를 확인할 수 있게 되고, 이를 통해 그 자동적 사고가 해당 상황에서 현실적으로 적절한 것인지, 다른 대안적 사고를 할 수는 없는지 등을 검토해 나갈 수 있게 된다.

3) 칸 기법

이 기법은 빈틈 메우기 기법을 좀 더 확장한 방법으로 빈 종이를 여러 개의 칸으로 나누고, 가장 왼쪽 첫 번째 칸에는 문제를 경험했던 상황이나 구체적인 스트레스 사건을 적고, 세 번째 칸에는 그 상황이나 사건을 경험하고 나서 일어났던 정서적 결과를 적는다. 그런 다음 이 둘 사이의 두 번째 칸에는 문제상황이나 스트레스 사건과 정서적 결과 간의 빈틈, 즉 자동적 사고를 확인하여 적는다. 이렇게 세 칸만 사용하는 경우를 세 칸 기법이라고 한다.

여기에서 더 나아가 네 칸 또는 다섯 칸 기법도 가능하다. 세 번째 칸 옆에 한 칸을 더 마련해서 네 번째 칸에는 문제 상황에서 떠올랐던 부정적인 자동적 사고 외에 내담자가 가질 수 있는 다른 긍정적이거나 중립적인 사고를 확인하여 적을 수 있다. 다섯 번째 칸에는 그런 식으로 생각을 바꿀 경우 동일한 상황에서 정서적 결과가 어떻게 달라질 수 있는지를 확인하여 적을 수 있다. 이런 식으로 칸 기법을 활용하면 인지치료에서 성취하고자 하는 사고의 전환과 그에 따른 정서적 체험의 교정을 매우 효과적으로 달성할 수 있다.

6. 평가

인지치료상담에 대한 평가는 다음과 같다(강진령, 2013a: 292-293).

1) 강점

인지치료의 강점과 기여한 바는 다음과 같다.

(1) 순향적 접근

인지치료는 내담자에게 자신의 사고와 행동을 확인하고 모니터할 수 있는 방법을 가르치고, 변화 혹은 수정하는 것에 초점을 맞춘다는 점에서 순향적(proactive)이다. 즉, 문제 예방의 측면에서 내담자에게 다양한 특정 문제와 일반적인 문제를 대비하게 하는 한편, 문제 발생 시 이를 성공적으로 다룰 수 있게 하기 위한 훈련을 제공한다는 강점이 있다.

(2) 접근방법의 용이성

인지치료의 또 다른 강점은 선택과 변화와 관련된 과정과 기법을 탈신비화(demystify)했다는 사실이다. 인지치료를 통해 내담자는 자신이 새로운 모습으로 변화되고 보다 생산적으로 활동하기 위해서는 과거와는 다른 방식으로 생각하고, 행동하며, 느껴야 한다는 사실을 깨닫게 된다.

(3) 내담자 주도적 접근

인지치료는 내담자에게 권한을 부여한다는 강점이 있다. 내담자는 사고와 행동의 새로운 방식을 습득하여 이를 새로운 상황에 자연스럽게 일반화함으로써 상담을 종결할 수 있게 된다.

(4) 광범위한 장애와 연령에의 적용 가능성

인지치료는 우울, 죄의식, 공포, 스트레스, 통증과 같이 광범위한 장애에의 적용이 가능하다는 이점이 있다. 뿐만 아니라, 아동에서부터 청소년, 성인, 노인층에 이르기까지 다양하고 폭넓은 연령층에게 유익한 접근이라는 평가를 받고 있다.

2) 한계

인지치료에 대한 비판과 한계는 다음과 같다.

(1) 평균 이상의 지적 능력 요구

인지치료로부터 치료적 도움을 받고 혜택을 누리기 위해서는 평균 이상의 지적 능력을 가져야 한다. 따라서 인지능력이 크게 낮은 사람들은 다양한 인지기법과 전략을 수행하는 데 많은 어려움이 있다.

(2) 심각한 정신장애에의 적용 한계

인지치료는 정신증이나 심각한 정도의 정신장애로 인해 무력해진 사람들에게는 적용상의 한계가 있다. 왜냐하면 인지치료의 기법과 전략은 어느 정도 명확한 사고능력을 필요로 하기 때문이다.

(3) 숙제 완성의 부담 가능성

인지치료의 또 다른 한계는 내담자가 체계적인 숙제를 완수할 수 있어야 한다는 점이다. 사고와 행동상의 변화는 연습의 결과에 의해 나타나므로 내담자는 기꺼이 자신에게 주어진 숙제를 스스로 완수해야 할 뿐만 아니라, 상담자와 협력할 수 있어야 한다. 과도한 숙제부과는 자칫 내담자에게 부담으로 작용할 수 있다.

(4) 행동 및 반응기술 요구

인지치료를 받기 위해서는 행동기술과 반응기술이 요구되고, 행동의 학습이 신속하게 이루어져야 한다. 자신이 알고 있거나 학습한 것을 적용할 수 없거나 하지 않으려는 내담자들은 인지치료에 적합하지 않다는 한계가 있다.

(5) 과거 영향 무시

인지치료는 무의식 또는 근원적인 갈등이 내포되어 있는 내담자의 삶에서의 과거 영향을 깊이 탐색하지 않는다는 점은 강점이면서 한계로 평가된다. 비록 표면적인 사고와 행동이 가장 큰 관심의 대상이고 변화의 가능성이 높다고 하더라도, 이러한 사고와 행동 이면에는 과거사와 이전에 겪었던 어려움이 연관되어 있을 수 있기 때문이다.

11
Chapter

현실치료

개요

글래서가 개발한 현실치료는 과거를 중시하는 전통적인 상담치료방법과는 달리, 내담자의 '행동'과 '지금', '책임'을 강조하는 행동수정의 한 형태로서 내담자의 현재 행동에 초점을 맞춘다. 현실치료는 한마디로 말해 '현실적인 삶'을 살아갈 수 있도록 도와주는 상담이다. 본 장에서는 현실치료에 대해 논의를 하고자 한다.

학습목표

1. 현실치료에 대한 이해
2. 현실치료의 핵심개념 파악
3. 글래서에 대한 관심

학습내용

1. 현실치료의 개요
2. 글래서의 생애와 사상
3. 현실치료의 핵심 개념
4. 상담과정
5. 상담기법
6. 평가

1. 현실치료의 개요

현실치료(reality therapy)는 '현실적인 삶'을 살아갈 수 있도록 도와주는 상담이다. 즉, 내담자의 현실적인 욕구를 파악하여 현재의 행동을 바꾸어 욕구를 충족하는 기술을 계획하여 실천하도록 도와주는 상담방법이다. 현실치료는 현재의 행동을 강조하기 때문에 행동과 행위를 강조하는 접근이라고 볼 수 있다. 글래서가 개발한 현실치료는 과거를 중시하는 전통적인 상담치료방법과는 달리, 내담자의 '행동'과 '지금', '책임'을 강조하는 행동수정의 한 형태로서 내담자의 현재 행동에 초점을 맞춘다. 그리고 이러한 현재의 행동에 대한 개인적 책임을 강조하였다. 글래서에 따르면, 정신건강의 척도는 곧 자신의 행동과 감정과 생각에 대한 책임을 지는 정도이다. 인간은 누구나 자기 삶의 주인이 되어 자신의 삶을 통제할 수 있을 때 행복을 느낀다. 즉, 자신의 삶에서 중요한 선택을 스스로 할 수 있고 선택한 것에 대해 책임질 수 있는 사람이 행복한 사람이다. 글래서에 따르면, 누구든지 통제이론과 현실치료를 이해함으로써 의식이 있는 한 책임 있는 인간이 될 수 있고 자기 운명의 주인이 되고 자기 삶을 바꿀 수 있는 힘을 가질 수 있다. 현실치료는 내담자를 진단적인 정신질환에 따라 나누지 않으며, 다만 내담자 자신의 행동선택(미친 행동이거나 범죄행동일지라도)에 책임을 지도록 하고 어떠한 변명도 허용하지 않는다.

현실치료에서는 우리가 하는 행동을 행동치료에서와 같이 자극-반응의 패러다임(paradigm)으로 보지 않으며, 인간중심상담이론에서와 같이 우리의 행동을 현상학적으로 보지도 않는다. 다만, '현실(reality)'이라고 하는 객관적인 기준에 비추어 바라본다.

이러한 현실은 실제적인 현실이거나, 사회적 현실이거나 혹은 도덕적 현실이다. 또한 이러한 행동(behavior)에는 행위, 사고, 감정, 생리적 반응으로 구성되어 있다고 보며, 그가 강조하는 행동은 이 모든 것이 포함된 '전체적 행동(total behavior)'이라고 본다.

현실치료자는 내담자가 이러한 현실과 맞게 조화롭게 행동하는가 아니면 현실에 맞지 않게 행동하고 있는가를 파악하여 조화롭게 적응하고 현재의 행동을 변화시킬 수 있도록 구체적이고 현실적인 계획 수립을 도와준다(유영달, 2017: 221-222).

상담목표

현실치료의 일반적인 목표는 내담자의 기본적인 심리적 욕구, 즉 사랑과 소속, 힘과 성취, 자유, 즐거움의 욕구를 충족시켜 주는 좀 더 효율적인 방법을 찾도록 도와주는 데 있다. 내담자로 하여금 현실을 직면하고 올바른 판단을 해서 자신의 심리적 욕구를 현재보다 더 효과적으로 충족시켜 줄 수 있는 행동을 학습하도록 돕는다. 글래서에 따르면, 상담이란 내담자가 자신의 삶에 대한 통제력을 다시 회복하고, 스스로 선택하는 행동에 대한 책임을 갖도록 하며, 이를 통해 보다 자율적이고 성공적인 정체감을 갖도록 도와주는 것이다(김춘경 외, 2016: 435).

2. 글래서의 생애와 사상

윌리엄 글래서

글래서(William Glasser, 1925~)는 1925년 5월 11일에 세 아이 중 막내로 오하이오 주에 있는 클리브랜드(Cleveland)에서 태어났다. 글래서의 어머니와 아버지는 10대였던 1900년대 초에 정치적으로 불안정하였던 동유럽에서 각자 따로 이주하였다(Wubbolding, 2000b). 러시아에서 부유하게 살았던 아버지의 가족은 미국에서 고군분투하였다. 실제로 글래서의 부모가 결혼하였을 때, 그들은 가난하지는 않았지만 생활을 위해 열심히 일해야만 하였다. 그들은 자신들이 수준 높은 교육을 받지 못하였기 때문에 학업의 중요성을 강조하였으며, 실제로 세 자녀 모두 대학 교육까지 받았다.

글래서는 6살이 되기 전에 부모가 폭력적으로 싸웠으며, 아버지가 분노에 차서 물건을 부수기도 하고 어머니를 때리기도 하였다는 것을 기억하였다. "폭력적인 상황 때문에 무서웠지만 그들은 어떤 어려움이 있더라도 항상 나를 사랑하였다."(Glasser, 1998). 싸움은 수그러들었지만, 부모 사이의 적대감은 집에서 감지되었다. 아버지가 주기적으로 분노를 표현하는 모습을 보았음에도, 글래서는 아버지는 자상하며 어머니는 통제적이었다고 기억한다. 사실 다른 사람들에 대한 아버지의 수용적 태도를 고려하였을 때, 글래서는 "아버지는 60년 넘게 어머니가 자신을 못살게 굴 때를 제외하고는 다른 사람들을 통제하려는 노력을 절대 하지 않았다."(Glasser, 1998)고 말한다. 글래서의 이론에서 다른 사람을 통제하지 않는 것에 대한 중요성을 강조하는 것은, 이러한 그의 인생 초기 인식에서 영향을 받은 것이다. 청소년 초기와 청년기 때, 글래서는 부끄러움을 많이 탔다. 글래서는 몇몇 사람들이 자신의 삶에 영향을 주었다는 점을 특별히 지적하였다. 예를 들어, 그는 6학년 담임선생님과 따뜻하고 사랑스러운 관계를 맺었다. 그녀는 글래서를 격려하고 자신감을 높여 주었다(Glasser, 1998).

19세 케이스공업학교(Case Institute of Technology)에서 화학공학 전공으로 학사학위를 취득하였다. 대학 졸업과 동시에 임상심리학 전공으로 23세(1948년)에 석사학위를 받았으나, 박사논문은 통과되지 못했다. 그후, 클리블랜드 소재 케이스 웨스턴 리저브 대학교(Case Western Reserve University) 의과대학에 입학하여 28세(1953년)에 의학사 학위를 받았다.

글래서는 1957년 아내 나오미 주디스 실버(Naomi Judith Silver)와 함께 LA로 건너가 로스앤젤레스 예비군관리센터(Veterans Administration Center in LA)와 캘리포니아대학교(UCLA)에서 정신과 레지던트를 마쳤다. 그는 레지던트 3년차 때 수련감독자인 해링튼(G. L. Harrington)에게 정신분석의 효과에 대한 의구심을 표출하였다. 해링튼은 글래서의 불만에 대해 지지를 보내는 한편, 7년간 글래서가 현실치료의 기본 개념 구성과 핵심 개념을 형성하도록 도움을 주었다(Neukrug, 2010).

그후, 글래서는 개인병원 개원을 원했으나, 전통적인 정신분석에 만족하지 못했고, 그의 이론에 대한 노골적인 반감으로 환자들이 병원을 찾지 않게 된다는 사실을 알게 되었다. 결국 그는 1956년 주립 여자 비행청소년 수용시설인 벤추라 여학교(Ventura School for Girls)의 정신과 자문의사로 근무하면서, 정신분석의 결함으로 여겼던 점을 보완하여 현실치료의 기초를 다졌다. 현실치료의 기본원리를 적용함으로써 그는 벤추라 여학교 수용자들의 재범률을 20% 정도까지 줄일 수 있었다.

글래서는 1961년 그의 저서 『정신건강 혹은 정신질환?(Mental health or mental illness?)』에서 처음으로 새로운 접근의 기본 신념을 소개하였다. 그는 임상활동을 위해 개인상담 이외에도 재활센터와 청소년 감화원 등에서 심리치료를 하였다. 1962년 글래서는 전국청소년훈련학교협회(National Association of Youth Training School) 연차대회에서 '현실정신의학(Reality Psychiatry)'이라는 이름으로 자신의 이론을 소개하였다. 1963년부터 캘리포니아 주의 공립학교들을 위한 자문위원으로 활동했다. 이곳에서 현실치료의 기본 개념을 학교의 학급 실정에 맞도록 적용하여 '낙오자 없는 학교 만들기'를 위해 광범위하게 일했다.

현실치료라는 용어가 공식적으로 사용되었던 것은, 1964년 4월 발표된 그의 논문 〈현실치료: 어린 범법자에게의 현실적 접근(Reality Therapy: A Realistic Approach to the Young Offender)〉을 통해서였다. 이 논문에서 글래서는 전통 정신의학이 사례의 진단에 대한 논의에 시간을 허비하고 있음을 지적하는 한편, 보다 실용적이고 임상가와 대중 모두가 쉽게 이해할 수 있는 접근법이 필요하다고 주장하였다. 현실치료가 상담의 주요 이론으로 부각된 계기는 1965년 글래서의 저서 『현실치료(Reality Therapy)』에서부터이다. 1967년, 글래서는 파크(Canoga Park, CA)에 현실치료 연구소(Institute of Reality Therapy)를 설립하였고, 1996년에는 사람들이 자신이 되고자 하는 방식대로 선택한다고 주장하면서 통제이론을 '선택이론(Choice Theory)'으로 대체하였다.

그의 대표적 저서로는 『현실치료: 정신의학에 대한 새로운 접근(Reality Therapy: A new approach to psychiatry)』(1965), 『긍정적인 중독(Positive addiction)』(1976), 『마음의 장소: 현실치료를 위한 새로운 방향(Stations of the mind: New directions for reality therapy)』(1981), 『선택이론: 개인의 자유에 대한 새로운 심리학(Choice theory: A new psychology of personal freedom)』(1998) 등이 있다.

3. 현실치료의 핵심 개념

1) 현실치료이론

인간의 모든 행동(혹은 생각, 감정)은 자신이 스스로 선택한 결과이기 때문에 피상담자가 건전한 가치관에 따라 스스로 문제를 해결하도록 하는 치료기법이다. 글래서(W. Glasser)가 주창한 심리치료이다.

이 이론은 초기에는 통제이론(control theory)에 근거하였으며, 개인은 그 선택에 대해 스스로 책임을 질 수 있어야 함을 강조한다. 내담자의 욕구를 확인하는 과정을 통하여 욕구를 충족시키기 위해 현재 행동에 대해 평가하고, 자신이 선택한 행동이 자신의 욕구를 충족하는 데 효과적이지 못하다면 새로운 선택을 하도록 도와준다. 현실치료는 개인이 자신의 삶을 좀 더 효과적으로 통제할 수 있도록 도와주는 것이다.

이 치료법은 클라이언트가 사랑과 인격에 근거하여 성공적 자아정체감(자신을 긍정적으로 인정하는)을 발전시키는 데 도움을 주는 치료방법이다. 현실치료자들은 클라이언트의 감정보다는 행동에, 과거보다는 현재와 미래에 초점을 둔다. 이들은 문제에 대해 책임 있는 행동과 대안적 해결책을 강구하도록 격려한다. 이들은 클라이언트의 변명(excuses)을 용납하지 않으며, 동정도 하지 않고, '왜'라는 질문도 거의 하지 않는다. 이 현실치료는 특히 수용시설(institutional settings)에서 쓰일 때 긍정적 결과(positive results)를 낳는다고 보고되며, 또 만성적 조현증(정신분열증) 환자나 비행자로 낙인이 찍힌 사람들을 치료하는 데 개별 및 집단 사회사업에서 광범위하게 사용되어 왔다.

2) 인간관

글래서는 인간을 긍정적인 관점에서 보았으며, 결정론적 입장을 반대하고 있다. 행동주의에서 주장하는 것처럼 환경적 자극에 대해 수동적으로 반응하는 존재로서의 결정론을 반대하고, 인간은 자신의 행동과 정서에 대해 스스로 책임감을 가져야 한다고 주장한다. 또한 정신분석상담에서 주장하는 인간의 무의식적 힘이나 본능에 의해 동기화되기보다는 의식수준에서 작용한다. 그 내용은 다음과 같다(Wobbolding, 1988).

첫째, 인간은 욕구와 바람을 달성하도록 동기화한다. 인간의 욕구는 모든 사람에게 보편적이다. 하지만 바람은 개개인에 따라 독특하다. 현실치료는 인간은 심리적 욕구인 사랑과 소속감(belonging), 힘(power), 즐거움(fun), 자유의 욕구(freedom)와 생존의 욕구(physical survival)를 가지고 있으며, 이러한 욕구를 개개인에 따라 특별한 방법으로 성취한다. 즉, 인간의 욕구는 보편적이지만, 바람은 개개인에 따라 구체적이며 독특하다.

둘째, 바라는 것과 그가 환경으로부터 얻고 있다고 지각하는 것과의 차이나 불일치가 있기 때문에 사람들은 각자에 필요한 구체적 행동을 수행하게 된다. 이러한 불일치는 바람에 대한 좌절이다. 따라서 불일치 혹은 좌절은 성취되지 않은 바람을 성취하기 위한 구체적인 행동을 생성하게 된다.

셋째, 인간은 자신의 행동을 포함하여 자신에 대하여 전적으로 책임질 수 있는 존재다. 이것은 자신의 행동하기(doing), 생각하기(thinking), 느끼기(feeling), 환경적 여건에 대해서 책임질 수 있도록 스스로 통제해 나갈 수 있다는 것이다. 즉, 인간의 목적 행동은 개인의 바람과 얻고 있다고 지각하는 것의 차이를 줄이도록 계획한다.

넷째, 인간은 자기결정(self-determining)이 가능한 존재다. 이는 인간이 성장하려는 권력을 가졌다는 데 근거한 것으로서, 인간은 유전이나 환경 또는 과거에 의해서 결정되기보다는 오히려 자기 자신에 의해서 결정된다.

다섯째, 인간은 지각을 통해서 세상을 본다. 일반적인 지각에는 낮은 수준과 높은 수준의 두 가지 수준이 있다. 즉, 지각의 낮은 수준은 사건 혹은 상황의 지식을 함축하며, 지각의 높은 수준은 사건이나 상황에 가치를 부여하는 것이다.

3) 선택이론

글래서는 자신의 이론을 개발하던 초기에 현실치료의 이론적 틀로 통제이론

(control theory) 입장을 취했다. 통제이론은 인간을 움직이는 것은 뇌 속에 있는 내적인 통제체계인데, 이 통제체계가 인간의 행동과 감정을 이끌어 내어 자신의 욕구를 충족하는 방향으로 움직여 간다고 보았다. 글래서에 따르면, 통제체계는 외부 세계와 세상의 한 부분인 자기 자신에게 작용하여 자신이 원하는 그림(좋은 세상)을 얻는다(Glasser. 1984). 그러나 불행하게도 사람들의 통제체계는 문제를 야기할 때가 있는데, 이는 자신이 아닌 남들을 통제하려고 하기 때문이다. 이 이론에서는 모든 행동이 자신의 욕구를 충족한다는 목적을 가진다는 것과 어느 누구도 다른 사람을 통제할 수 없다는 것을 강조한다. 이처럼 현실치료에서는 우리 자신의 기본 욕구를 충족시키려는 목적에서 인간의 모든 행동이 나타나는 것으로 본다. 근래에 글래서는 통제이론보다 선택이론(choice theory)이라는 말을 사용한다(유영달, 2017: 223).

글래서는 파워즈(W. Powers)가 고안한 통제이론을 바탕으로 선택이론(choice theory)을 발전시켰다. 글래서에게 있어서 '통제'라는 개념은 인간의 '내적 통제'와 관련된 개념이다. 그에 따르면, 비록 인간의 모든 행동은 아니지만 대부분의 행동이 내적으로 동기화되고 선택된다는 측면에서 내적 통제가 중요하다. 인간행동을 유발시키고 선택하게 하는 원동력은 외적 자극이나 과거에 해소되지 않은 갈등이 아니다. 오히려 인간의 동기와 행동은 보편적인 다섯 가지 기본 욕구를 충족시키기 위한 시도에서 결정되고 선택된다.

글래서(Glasser, 1999)에 따르면, 인간은 자신이 하는 모든 것을 선택할 수 있다. 선택이론에서는 개인이 느끼는 불행과 심지어 정신병으로 여겨지는 행동까지도 결국 그 개인이 선택한 결과라고 간주한다. 불행은 단지 우리에게 일어나는 것이 아니라 우리 자신이 선택하는 것이라는 것이다. 그는 내담자의 행동을 관찰하면서 '우울하게 된(being depressed)'이나 '화나게 된(being angry)' 대신에 '우울해하고 있는(depressing)'이나 '화를 내고 있는(angrying)' 사람이라는 표현을 적용한다. 현실치료적 관점에서 우울은 상황에 의한 수동적인 희생자로서의 결과가 아니라, 내담자 자신이 능동적으로 선택하는 것으로 이해될 수 있다. 글래서에 따르면, 개인이 스스로 우울의 희생자이고 불행이 자신에게 일어난 것이라는 생각에 고착되어 있는 한, 더 나은 변화를 기대할 수 없다. 우리가 하는 행동이 우리가 선택한 결과라는 현실적인 인식하에 행동할 때만이 우리 행동을 변화시킬 수 있다. 외적 통제심리학을 내적 통제를 강조하는 선택이론으로 대체할 때, 인간은 보다 개인적인 자유에 근거한 행동을 선택할 수 있게 된다.

선택이론의 10가지 공리(The Ten Axioms of Choice Theory, 주요 원리)는 다음과 같다(Neukrug, 2010 재인용).

① 우리의 행위를 통제할 수 있는 것은 바로 우리 자신뿐이다.
② 우리가 타인에게 줄 수 있는 모든 것은 정보일 뿐이다.
③ 오랫동안 지속되는 모든 심리적 문제는 관계문제이다.
④ 문제가 있는 관계는 항상 현재 삶의 일부분이다.
⑤ 과거에 발생하였던 것은 모두 현재의 우리와 관계된다. 하지만 우리는 바로 지금 이 순간의 기본 욕구들만 만족시킬 수 있으며, 미래에 욕구를 충족시키는 것에 대해서는 계획을 세울 수 있을 뿐이다.
⑥ 우리는 좋은 세계에 대한 그림을 만족시킴으로써 욕구를 만족시킬 수 있을 뿐이다.
⑦ 우리가 하는 모든 것은 행동이다.
⑧ 모든 행동은 전행동이며 4가지 요소로 이루어져 있다. 이 4가지 요소에는 행동, 사고, 감정, 생리적인 면이 포함된다.
⑨ 모든 전행동이 선택되지만, 우리는 행동과 사고요소만을 직접적으로 통제한다. 우리는 행동과 사고를 선택하는 것으로만 감정과 생리적인 면을 간접적으로 통제할 수 있다.
⑩ 모든 전행동(전체행동)은 동사로 명시되며, 가장 잘 알 수 있는 부분으로 이름을 붙인다.

4) 기본 욕구

글래서가 인간이 기능하는 데 중요하게 작용한다고 말하였던 5가지 욕구로는 생존(또는 자기보존)의 욕구, 사랑과 소속의 욕구, 힘(또는 내적 통제)의 욕구, 자유(또는 독립)의 욕구, 즐거움의 욕구가 포함된다. 글래서는 생존의 욕구가 다른 4가지 욕구를 파생시킨 근본 욕구라고 가정하였다. 오늘날에는 5가지 모두 생산적인 방식으로 살아가는 우리의 기본 능력으로 본다. 또한 글래서는 우리 각자가 독특한 욕구-강도 프로파일을 가지고 있고, 이 프로파일은 유전에 기반하고 있으며, 우리가 욕구를 충족시키기 위해 하는 선택이 성격을 규정한다고 제안하였다.

욕구들은 서로 충돌할 수 있다. 예를 들어, 가족에게 소속감을 느끼고 싶어 하는 욕구는 집필활동을 통해 이루고자 하는 힘의 욕구와 충돌하기도 하는데, 때로는 일을 하는 것과 가족과 시간을 보내는 것 사이에서 갈등을 경험하기도 한다. 우리가 만족시키는 욕구들은 순간순간 선택에 영향을 미치고, 우리가 누구인지 규정하게 하며, 우리가 만족감을 느끼는 데 중요하게 작용한다. 여러분이 욕구들에 대해서 읽을 때, 여러분의 독특한 욕구-강도 프로파일과 욕구를 충족시키는 방법, 서로 경쟁이 되는 욕구들을 고려하는 것이 좋다.

기본 욕구의 내용은 다음과 같다(노안영, 20418: 404-407; 김춘경 외, 2016: 426-428; Neukrug, 2010; Glasser, & Zunin, 1984).

(1) 생존(자기보존)의 욕구

생존의 욕구는 우리 존재의 기본이며 성을 통한 종의 생존과 음식, 주거, 안전, 건강을 통한 자기보존을 포함한다. 문명세계에서 살아가기 위해 우리가 사용하는 메커니즘(mechanism)은 상호 생존을 보장하는 방식으로 형성되었다. 다른 사람에게 피해를 주면 일반적으로 그 사람이 화를 내기 때문에, 우리는 이를 생존을 보장하는 최상의 메커니즘으로 보지 않는다. 글래서(Glasser, 1999)는 다른 4가지 욕구들이 생존의 가능성을 높여 주기 때문에 이 욕구들이 생존 욕구에서 분리되었다고 제안하였다. 그래서 성공적으로 사랑하고 힘이 있으며, 자유를 누리고 즐기는 사람들이 생존할 가능성이 더 높다.

(2) 사랑과 소속의 욕구

인간이 진화함에 따라 상생하기 위해 서로 관계를 맺는 것이 더 중요해졌다. 오늘날 선진국에서는 대부분의 생존 욕구가 거의 충족되었다. 하지만 사랑과 소속의 욕구는 때로 사람들이 가장 충족시키기 힘들어하는 욕구들 중 하나이다. 만약 이 욕구가 충족되지 않는다면, 다른 3가지 욕구인 힘의 욕구, 자유의 욕구, 즐거움의 욕구를 충족시키는 데 어려움을 겪는다.

왜냐하면 이 욕구들이 일반적으로 관계와 관련되기 때문이다. 그래서 현실치료의 주요 초점 중 하나는 내담자들이 관계 욕구를 충족시키는 방법을 검토하도록 돕는 것이다.

글래서는 좋은 습관과 나쁜 습관 각각 7가지를 제시한다(Neukrug, 2010 재인용). 그에 따르면, 현실치료의 한 가지 목표가 내담자들이 7가지 나쁜 습관(seven deadly habits)을 버리고 7가지 좋은 습관(seven caring habits)을 보여 줄 수 있는 관계를 형성하도록 돕는다. 이러한 관계는 내담자에게 닻이 될 수 있으며 충족되지 않은 욕구를 살펴볼 수 있는 힘을 불어넣어 준다. 우리 대부분이 7가지 좋은 습관을 실행하는 데 숙달되지 못하였지만, 적어도 이 습관들 중 몇몇을 실행하는 능력이 있어서 동료들과 함께 일하며 우정을 쌓고 파트너를 사랑할 수 있다. 친밀한 관계에서 사랑하는 능력은 생존의 욕구와 관련이 있는 성적인 사랑과 밀접하게 관련된다. 또한 성적 욕망이 지속됨에도 때로는 좋은 습관을 실행하는 능력이 부족하기 때문에 애정관계에서 어려움을 겪기도 한다. 이 때문에 관계에서 어려움이 생길 수 있다(예를 들어, 외도, 섹스를 위해 사랑을 가장하는 것 등). 그래서 좋은 습관을 지니고 실행하는 능력과 파트너와 강한 결속력을 형성하는 능력은 파트너와의 관계에서 정직함과 배려, 다정함과 성적인 관계를 유지하는 데 중요하게 작용한다.

표 11-1 7가지 좋은 습관과 7가지 나쁜 습관

좋은 습관	나쁜 습관
지지하다	비판하다
격려하다	비난하다
듣다	불평하다
수용하다	잔소리하다
신뢰하다	위협하다
존중하다	처벌하다
차이를 조정하다	매수하다

출처: Neukrug(2010).

(3) 힘(내적 통제)의 욕구

인간은 힘에 대한 욕구를 충족시키고자 한다. 현실치료에서 말하는 힘에 대한 유사어는 성취감, 존중, 인정, 기술, 능력 등을 의미한다. 이러한 힘에 대한 욕구는 우리 각자가 경쟁하고 성취하고 중요한 존재이고 싶어 하는 속성을 가지고 있다는 것을 의미한다. 학생에게는 좋은 성적이 그에게 성취감을 느끼게 할 것이다. 직장인에게 승진은 자신의 능력이나 기술에 대한 인정을 반영한 것이다. 글래서에 따르면, 인간으로서 우리는 각자의 입장에서 하는 일에 따라 칭찬이나 인정받고자 하는 기본적 욕구를 가지고 있다.

인간 개개인은 자신의 환경에 영향을 끼치며 적어도 어느 정도는 환경을 통제하고 싶어 한다. 우리는 만사가 우리 뜻대로 되기를 바라며, 그러한 힘이 우리에게 있기를 바란다. 모든 살아 있는 피조물 중에서 인간만이 힘의 욕구를 끝까지 포기하려 하지 않는다. 힘에 대한 욕구에 매력을 느끼게 되면 종종 소속에 대한 욕구 등 다른 욕구와 직접적인 갈등의 원인을 경험하게 된다. 즉, 사람들은 사랑과 소속에 대한 욕구를 얻으려고 결혼을 하지만 가끔 부부 사이에서 힘에 대한 욕구를 채우고 싶어 서로 통제하려고 하다가 결과적으로 부부관계를 파괴시키는 원인이 되기도 한다. 청소년은 힘의 욕구를 성취하기 위해 독립성을 갖고 접근하기도 하지만 반항이란 부정적 접근방식을 사용하기도 한다.

(4) 자유의 욕구

인간은 자유의 욕구를 충족시키기 원한다. 여기서 말하는 자유의 유사어는 선택, 독립, 자율성 등을 의미한다. 이것은 인간이 이동하고 선택하는 것을 마음대로 하고 싶어 하고, 내적으로 자유롭고 싶어 하는 속성을 달한다. 당신의 자유 욕구는 당신이 하는 선택을 통해 충족된다. 만약 당신이 선택하거나 당신의 인생을 다소라도 통제할 자유를 갖지 않는다면, 당신의 다른 욕구를 충족시킬 수 없다.

자유란 각자가 원하는 곳에서 살고 대인관계와 종교활동 등을 포함한 삶의 모든 영역에서 어떠한 방법으로 삶을 영위해 나갈지 선택하고 자신의 의사를 마음대로 표현하고 싶어 하는 욕구를 말한다. 하지만 자기 욕구의 충족을 하는 데 있어서 다른 사람의 자유를 침범하지 않도록 타협을 통하여 이웃과 함께 살 수 있는 절충안을 찾아내야만 한다. 즉, 우리의 모든 욕구를 충족시키려면 지속적으로 남의 권리를 인정해 주고 나의 권리를 인정받는 것에 대한 합리적인 이해와 자기 선택에 대한 책임을 지려는 의지가 필요하다.

(5) 생존의 욕구

생존(survival)의 욕구는 생물학적인 존재로서의 인간 조건을 반영하는 욕구로서 생명을 유지하고 생식을 통해 자신을 확장시키고자 하는 속성을 의미한다. 이 욕구는 뇌의 가장 오래된 부분으로서 척추 바로 위에 위치한 구뇌(old brain)로부터 생성된 것이다. 구뇌는 호흡, 소화, 땀 흘리는 것, 혈압조절 등 신체구조를 움직이고 건강하게 유지하도록 하는 중요한 과업을 수행한다. 대부분 구뇌 단독으로는 효과적으로 작동할 수 없기 때문에 뇌의 다른 부분, 즉 거대하고 복잡한 대뇌피질 혹은 신뇌라고 불리는 부분의 도움이 필요하다. 예를 들어, 체내에 수분이 부족할 때 의식적인 행동을 주도할 수 없는 구뇌는 신뇌에게 구조 신호를 보내서 갈증을 호소한다.

신뇌의 지원작용으로 일단 갈증이 해소되고 나면, 욕구가 충족되었기 때문에 일정 시간이 지나 다시 갈증을 느낄 때까지는 더 이상 갈증에 대해 관심을 갖지 않게 된다. 글래서에 따르면, 행동의 원천은 유전인자의 속성이다. 그 유전인자의 속성에는 땀을 흘리는 것이나 추위에 떠는 것과 같은 일련의 생리학적 지시가 포함되어 있다. 이것은 구뇌의 영역에 속한 것으로서 의식적인 의지로 선택할 수가 없는 부분이다.

구뇌의 기능은 생존에 있어서 필수적인 요소이지만, 개인이 일상생활을 영위하는 데에는 지배적인 영향을 미치지 못한다.

5) 3R

현실치료에서는 내담자가 바람직한 방법으로 자신의 욕구를 충족할 수 있도록 하는 데 있어 책임감(Responsibility), 현실(Reality), 선악(Right or wrong) 등 3R을 강조한다. 즉, 인간의 욕구는 현실적이고, 책임감 있게, 그리고 옳은 방법으로 충족되어야 함을 강조한다(유영달, 2017: 226-227).

(1) 책임감(Responsibility)

현실치료의 기본이 되는 것은 개인적 책임이다. 즉, 개인적 책임을 지지 않는 데서 개인에게 문제가 생긴다고 보고 있다. 글래서에 따르면, 책임감이란 다른 사람이 욕구를 충족시키는 것을 방해하지 않으면서 자신의 욕구를 충족시키는 능력이다. 즉, 책임감은 사람들이 자신의 생활을 효과적으로 통제할 수 있다는 것을 의미한다.

(2) 현실(Reality)

현실치료에서 책임을 받아들인다는 것은 곧 개인이 현실을 직면해야 함을 말한다. 개인이 책임져야 하는 모든 행동은 현실에서 일어나기 때문에 내담자는 현실, 즉 현재 행동에 직면해야 한다. 따라서 현실치료는 내담자가 더욱 책임 있는 행동을 함으로써 자신의 문제를 해결할 수 있는 현실을 직면하도록 돕는 것이라 할 수 있다.

(3) 선악(Right or Wrong)

이는 개인의 기본적 욕구를 충족시키는 행동을 하는 데 있어 도덕적 판단이 있어야 함을 의미한다. 따라서 현실치료에서는 타인에게 해가 되지 않는 옳은 판단을 통해 자신의 욕구를 충족할 것을 강조한다.

6) 좋은 세계

글래서(Glasser, 1999)에 따르면, 인간은 객관적인 현실세계에 살지 않는다. 인간은 현실을 지각할 수 있지만, 현실 그 자체를 알 수는 없다. 인간의 세계는 현실에 대한 지각일 뿐이다. 인간은 내적인 욕구를 만족시키기 위해 머릿속에 여러 가지 그림(pictures)을 만들어 낸다. 특히, 욕구가 충족되었을 때 경험했던 사람, 물체, 사건에 대한 그림을 마치 사진첩처럼 머릿속에 보관한다. 또한 자신이 원하는 삶, 함께 있고 싶은 사람들, 갖고 싶은 물건이나 경험, 가치 있게 여기는 생각과 신념에 대한 심상을 지니고 있다. 이러한 기억과 이미지가 모여 있는 가상적인 세계를 '좋은 세계(Quality World)'라고 한다.

좋은 세계는 개인의 욕구가 충족되는 세계이며, '우리가 원하는 모든 것이 갖추어진 세계(all-we-want-worid)'이다. 지각된 현실세계는 이 '좋은 세계'와 비교하여 행동을 통제하도록 한다.

7) 내적 통제

선택이론에서는 우리가 태어나는 순간부터 어떻게 욕구를 만족시키기 위해 행동을 선택하는지에 대해 설명한다. 안타깝게도 대부분의 사람들은 외부요인이 행동을 통제하며 감정에 중요하게 작용한다고 오해한다.

이러한 생각을 하는 사람들은 현관문에서 벨이 울릴 때 응답하는 이유가 벨 소리 때문이라고 생각하지, 벨 소리가 우리가 응답할 수 있는 정보를 제공해 준다는 식으로 생각하지 않는다. 이러한 종류의 사람들은 자신의 부정적인 정서에 대해서 '정신장애'나 다른 사람의 행동 탓을 한다. 이들은 '만약 내가 우울증에 걸리지 않았다면' 또는 '만약 그녀가 다르게 행동하였더라면' 또는 '만약 부모가 좋은 사람이었다면'이라는 식의 생각을 하며 살아간다.

이와는 대조적으로, 내적 통제 철학을 지닌 사람들은 사려 깊고 능동적으로 행동을 선택한다. 그들은 자신의 선택이 욕구 충족에 어떻게 영향을 미치는지, 그들이 어떻게 감정을 느끼는지, 그들의 행동이 어떻게 다른 사람에게 영향을 미치는지를 항상 고려한다. 이러한 내적 지향성은 그들이 사용하는 언어를 통해 드러난다. 예를 들어, "나는 할 수 없어."라고 말하는 대신 "나는 하지 않을 거야."라고 말한다. 이들은 "나는 너무 우울해서 나갈 수 없어."라고 말하는 대신 "나는 나 자신을 우울하게 하고 나가지 않기로 결정했어."라고 말한다. 또한 그들은 "그가 나를 미치게 만들었어."라고 말하는 대신 "나는 그와 함께 있을 때마다 스스로 화가 나게 만들어."라고 말한다. 따라서 선택이론을 기반으로 하는 상담에서는 외적 통제와 관련된 언어를 찾아내기 위해 학습하고 이 언어들을 내적 통제와 선택에 대한 언어로 변화시키는 것을 목표 중 하나로 설정한다(Wubbolding, 2000b).

외적 통제 철학을 기반으로 살아가는 사람들은 불행의 원인이라고 믿는 외적 요소가 변화시키기 위해 관계에서 타인을 비난하고 비판하며 매수하고 불평하며 처벌하고 수동공격을 하며 고문하고 타인을 조작하기 위한 다른 방법을 사용한다. 하지만 친구, 동료, 애인과 다른 사람들을 통제하려는 시도는 통제와 힘의 이슈에 의해 좌우되는 관계와 스스로를 돌보지 않는 관계를 초래한다. 반면에, 내적 통제 철학으로 살아가는 사람들은 좋은 습관을 지닌다. 이 습관은 강제나 강압과는 거리가 멀다. 그리고 상호이해와 사랑과 소속감을 느끼는 사려 깊고 애정 어린 관계를 만들 가능성이 높다.

8) 전행동(전체행동)

우볼딩에 따르면, 현실치료를 활용하는 상담자들은 '행동'이라는 용어를 사용할 때, 이는 거의 대부분 그들이 전행동(total behavior)이라고 부르는 것을 지칭한다. 전행동은 네 가지 요소로 이루어져 있는데, 행동하기(acting), 생각하기(thinking), 느끼기(feeling), 생리적인 측면(physiology)을 포함한다. 현실치료는 우리가 어떻게 행동하고 생각할지(우리가 행위라고 부르는 것)만을 선택할 수 있으며, 일반적으로 생각보다는 행동을 통제하면서 살아왔다(Neukrug, 2010 재인용). 또한 현실치료는 감정과 생리적인 측면이 우리가 행동하고 생각한 것에 대한 결과물이라고 주장한다. 하지만 인간이 능동적으로 감정과 생리적인 측면을 선택할 수 없음에도, 감정과 생리적인 측면은 행동과 생각의 종류와 관련된 요소인 것은 분명하다. 그래서 행동, 사고, 감정, 생리적인 측면 사이에는 밀접한 관계가 있다. 다시 말해서, 행동, 생각, 감정과 생리적인 반응은 서로에게 영향을 미친다. 이는 어떤 직관적인 감각을 만든다. 만약 내가 우울하고 무기력해 있다가 갑작스럽게 에어로빅 교실에 가기로 결정한다면, 나는 무언가 다른 일을 하게 되는 것이다. 내가 다르게 행동하면서 생각도 달라지고, 감정은 긍정적인 방향으로 영향을 미치며, 혈액 순환이 빨라짐으로써 생리적인 측면은 여러 수준에 영향을 미친다. 그래서 만약 상담에서 감정을 변화시키기를 원하고 생리적인 측면에 영향을 미치기를 원한다면, 우리는 행동과 생각을 할 때 더 나은 새로운 선택을 함으로써 뭔가 다르게 행동해야만 한다.

이러한 인간의 행동체계를 글래서는 전행동의 원리를 자동차의 네 바퀴에 비유하고 있다. 자동차 운전자가 자신이 원하는 것을 얻기 위해 핸들(바람, want)을 돌리면, 엔진(기본욕구, needs)의 힘을 얻어 앞 두 바퀴인 행동하기와 생각하기가 그 방향으로 자동차를 움직이게 된다. 그리고 두 개의 뒷바퀴는 느끼기와 생물학적 행동을 따라오게 된다는 것이다. 즉, 행동하기와 생각하기는 선택을 통한 통제 가능성이 높은 반면, 느끼기와 생물학적 반응은 선택하기 어려우며 행동하기를 통해서 간접적으로 통제할 수 있다. 행동체계를 구성하는 전행동의 네 가지 구성요소는 서로 유기적으로 관련되어 인간의 기본 욕구를 충족시키려고 한다.

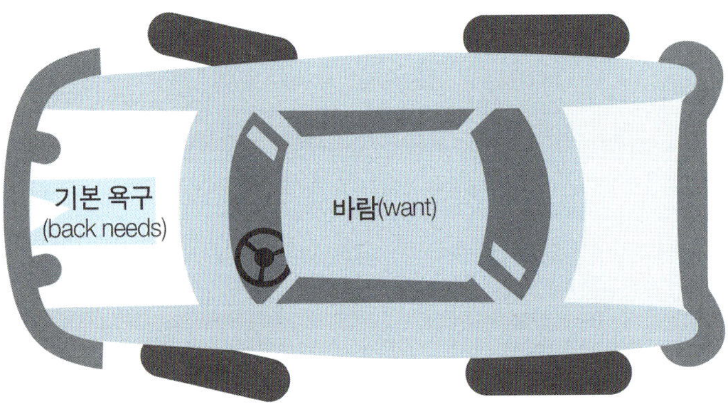

출처: 장성화 외(2016: 216).

그림 11-1 전행동과 자동차의 비유

4. 상담과정

1) 글래서의 이론

글래서가 제시한 상담과정은 다음과 같다(Glasser, 1989).

(1) 1단계: 내담자와 관계형성

내담자가 상담관계에 자발적으로 참여하도록 원만한 관계를 형성한다. 먼저, 내담자에게 열중하고, 친화관계를 수립하거나 단순히 친해지려고 노력하여 관계 형성을 한다. 두 사람 간의 강한 유대관계를 바탕으로 하여 내담자가 상담자를 돕는 이로서 마음속으로 받아들이도록 한다. 그 후 상담자는 내담자가 무엇을 원하는지 혹은 통제이론 용어로 지금 내담자가 무엇을 통제하고 있는지를 찾아야 한다. 내담자와 치료자와 함께 내담자가 안간힘을 다하여 추구하면서도 충족할 수 없는 내부세계의 내용이 무엇인지를 직시해야 한다.

(2) 2단계: 내담자의 바람과 현재하고 있는 행동의 파악

내담자의 바람, 욕구, 지각이 탐색된다. 더불어 그가 그러한 바람을 달성하기 위해 현재 하고 있는 행동이 탐색 된다. 내담자가 현재 하고 있는 것, 즉 통제이론 용어로 지금 하기로 선택하고 있는 것에 초점을 맞추도록 하는 시도이다. 여기서 상담자는 첫째 단계의 내용을 언급하면서 내담자에게 원하는 것을 얻기 위해 지금 무엇을 하고 있는가를 묻는다. 그러나 상담자는 가장 변화되기 쉬운 행동요소에 초점을 맞추고 우울이나 감정요소에는 초점을 맞추지 않는다.

(3) 3단계: 행동평가

내담자의 현재 행동이 그의 바람을 달성하는 데 도움이 되는가의 여부를 평가한다. 내담자로 하여금 스스로 선택한 것임을 알게 된 행동이 자기가 원한다고 말한 것을 얻게 해 주는가를 평가하도록 하는 것이다. 또한 이 단계에서 문제 학생이나 비행청소년에게 그들의 행동이 규칙에 어긋나지 않는가를 물을 수 있다.

만일 그들의 행동이 원하는 것을 얻게 해 주는가를 물으면 흔히 자기가 원하는 것은 싸움뿐이라는 식의 건방진 대답을 한다. 이를 예방하기 위해서는 무슨 행동을 하고 있는가를 물은 후에 그 행동이 규칙에 어긋나지 않는가를 물어야 한다.

(4) 4단계: 책임질 수 있는 행동을 계획

내담자가 보다 효과적으로 바람을 성취할 수 있는 행동을 수행할 수 있는 계획을 수립한다. 일단 내담자 편에서 자기가 하고 있는 행동이 소용없다고 판단되면, 다음 단계는 원하는 것을 얻을 수 있는 방법, 혹은 통제이론으로 말하면 그의 생활을 효과적으로 통제할 수 있는 더 좋은 방법을 생각해 내도록 돕는 것이다. 이 단계는 계획하고, 조언하고, 조력하고, 격려하는 것이다. 치료자로서 우리의 직무는 사람들이 더 효과적으로 작용할 수 있는 방법에 관한 지식을 갖는 것이며, 사람들이 스스로 좋지 못한 선택을 하고 있음을 인정할 때, 그들이 더 나은 선택을 하도록 안내하는 것이다.

(5) 5단계: 계획이행에 대한 약속

내담자가 자신이 수립한 계획에 따라 행동할 것에 대한 언약을 얻어 낸다. 일단 계획이 세워지면 치료자는 내담자에게 그 계획을 끝까지 수행하는 노력을 하겠다는 다짐을 요구해야 한다. 내담자가 언약을 할 때 그것이 확고해지는 이유는, 그 언약 후 상담자가 내담자의 내부세계에서 욕구충족 지각의 대상이 되기 때문이다. 또한 약속은 치료자에 대한 것일 뿐 아니라, 자기 자신에 대한 것이기 때문에 강력한 것이다. 확고한 언약은 끝까지 강력하게 수행하는 것을 의미한다.

(6) 6단계: 변명에 대한 불수용

내담자가 계획에 대한 이행을 하지 않고 변명할 경우, 이를 수용하지 않는다. 현실치료는 변명 혹은 계획이 수행되지 않은 이유에 열중하지 않는다. 인간의 모든 행동이 어느 정도까지는 효과가 있음을 기억해야 한다.

아무리 비참한 행동일지라도, 내담자는 그런 행동으로 자기의 세계를 어느 정도 통제하고 있고, 내담자는 또 이 약간의 통제를 포기하는 데 두려움을 느낀다.

그러나 상담자가 내담자를 이 단계로 인도하고, 이미 내담자의 뇌 속에 상담자가 자신을 도와주는 사람으로 인식될 때, "나는 왜 당신이 그것을 할 수 없는지는 관심이 없어요. 나는 당신이 그것을 언제 할 수 있을지 …, 그리고 당신이 그것을 어떻게 할 수 있을지에 관심이 있어요."라고 말해야 한다. 이 방법을 사용하면 내담자는 점점 그들이 할 수 있는 유일한 일, 즉 지금 바로 더 나은 행동을 선택하는 일에 초점을 맞출 것이고, 비효과적이며 비참하게 된 이유를 더 이상 찾지 않을 것이다.

(7) 7단계: 처벌의 금지

상담자는 내담자를 비판하거나, 논쟁하거나, 처벌하지 않는다.

(8) 8단계: 지속적인 조력

상담자는 결코 내담자를 포기하지 않고 지속적인 관심을 갖고 조력한다. 사람들이 스스로 효과적인 통제력을 얻을 수 있다는 것을 깨닫게 되기까지는 오랜 시간이 걸린다. 왜냐하면 사람들은 비효과적인 방법으로 세상을 통제하는 데 익숙해져 있기 때문이다. 좋은 친구는 결코 포기하지 않는다.

2) 우볼딩의 이론

현실치료의 상담과정은 다음과 같은 4단계(WDEP)로 진행된다(Wubbolding, 1991).

(1) 1단계: W (Wants, 욕구)

이 단계는 내담자의 욕구가 무엇인지 알아보는 단계이다. 상담자는 내담자에게 "무엇을 원합니까?"라고 질문함으로써 자신의 욕구를 충족시킬 수 있는 방법을 발견할 수 있도록 한다. 내담자가 바라는 욕구는 앞서 말한 바와 같이, 생존, 힘(권력), 소속감(사랑), 자유, 재미와 관련된 것들이다. 내담자의 욕구는 내담자가 마음속에 가지고 있는 '좋은 세계'에 존재하는 구체적인 심상을 탐색하여 구체적으로 파악할 필요가 있다. 내담자가 자신이 원하고 있는 것을 정확히 파악할 수 있도록 도와주는 질문의 예는 다음과 같다.

① 당신이 되고 싶었던 사람이 되었다면, 당신은 어떤 사람이 되어 있겠습니까?
② 당신과 가족들이 원하는 것이 다 이루어져 있다면, 지금 당신의 가정은 어떤 모습일 것 같습니까?
③ 당신이 원하는 방식대로 살고 있다면, 당신은 지금 무슨 행동을 하고 있겠습니까?
④ 진정으로 당신의 삶을 변화시키기를 원합니까?
⑤ 원하는 마음은 크지만 삶에서 얻을 수 없는 것으로 보이는 것은 무엇입니까?
⑥ 당신이 원하는 변화를 막고 있는 것이 무엇이라 생각합니까?

(2) 2단계: D(Doing & Direction, 현재 행동 및 방향)

Doing & Direction(현재 행동 및 방향)은 내담자가 현재 무슨 행동을 하면서 시간을 보내고 있는지, 무엇을 향하여 살아가고 있는지를 명확하게 인식하도록 알아보는 단계이다. 이 단계에서 치료자는 내담자가 자신의 전체행동(행동하기, 생각하기, 느끼기, 생리반응)을 구체적으로 서술하도록 격려하면서 무엇을 지향하고 있는지를 살펴보는 것이 중요하다. 현실치료는 현재 행동을 강조하고 과거 사건에 대해서는 내담자가 지금 행하고 있는 행동에 영향을 끼칠 때에만 관심을 갖는다. 상담자는 내담자에게 "당신은 현재 무엇을 하고 있습니까?"라고 질문한다. 이는 내담자의 전 행동(total behavior)에 대한 인식을 획득하는 것에 초점을 둔다.

(3) 3단계: E(Evaluation, 평가하기)

Evaluation(평가하기)은 내담자가 현재 하고 있는 행동을 평가하는 것을 말한다. 이 단계는 내담자가 충족하고 싶은 욕구와 현재 행동 간의 관계를 점검해 보고 내담자 스스로 자기평가를 하도록 돕는 단계이다. 내담자가 스스로 자신의 행동을 평가하여 효과적인 선택을 하도록 돕기 위해 상담자는 내담자에게 자신의 행동결과를 직면시켜야 한다. 현실치료에서 내담자 전체행동의 각 요소(행동하기, 생각하기, 느끼기, 생리반응)를 평가하도록 하는 것은 매우 중요하다. 이때 상담자는 내담자가 자신의 행동을 평가하도록 도와주기 위해 "지금 현재하고 있는 행동이 당신에게 도움이 됩니까?"와 같은 질문을 한다.

이러한 질문에는 다음과 같은 것이 있다.

① 당신이 지금 하고 있는 행동은 당신에게 도움이 됩니까 아니면 해가 됩니까?
② 당신이 지금 하고 있는 행동은 당신이 원래 하고자 하는 행동입니까?
③ 당신이 지금 하고 있는 행동은 당신의 신념과 일치합니까?
④ 당신이 지금 하고 있는 행동은 당신이 설정한 규칙과 일치합니까?
⑤ 당신이 원하는 것은 현실적이며 달성할 수 있는 것입니까?
⑥ 그러한 관점이 과연 당신에게 도움이 됩니까?
⑦ 당신은 상담과정에서 혹은 삶의 변화를 위해 얼마나 열심히 노력했습니까?

(4) 4단계: P(Planning, 계획하기)

Planning(계획하기)은 치료자가 내담자로 하여금 자신의 욕구를 충족시킬 수 있는 새로운 행동을 계획하고 실천하도록 돕는 것을 의미한다. 현실치료의 상담과정에서 내담자의 욕구를 충족시킬 구체적인 방법을 찾는 것은 중요한 과제이다. 이 단계는 내담자의 욕구를 충족시킬 수 있는 구체적인 계획을 수립하는 것이다. 내담자는 계획을 세우고 실천하는 과정을 통해 자신의 생활상의 문제들을 효과적으로 통제하고 선택할 수 있게 된다. 만약, 계획이 어떤 이유에서건 효과가 없다면 상담자와 내담자는 함께 다른 계획을 수립해야 한다.

우볼딩(Wubbolding, 1991)은 "계획하기에 실패하는 것은 실패를 계획하는 것이다(To fail to plan is to plan to fail)"라고 주장하면서 계획하는 단계를 매우 강조하였다. 계획은 철저한 자기평가에서 도출되어야 하며, 자신의 바람(wants)과 전체 행동(total behavior)에서 바람직한 변화가 어떤 것인지를 반영해 주어야 한다. 우볼딩에 따르면, 계획에는 다음과 같은 여덟 가지 특징(SAMI2C3)이 있다.

① Simple : 계획은 단순하고, 명료하며, 이해하기 쉬워야 한다.

② Attainable : 계획은 내담자가 달성할 수 있는 것이어야 한다.

③ Measurable : 계획은 심리검사, 일기 쓰기, 혹은 다른 기록 수단을 통하여 측정 가능하여야 한다.

④ Immediate : 계획은 즉각적으로 시행될 수 있어야 한다.

⑤ Involving : 계획은 치료자를 끌어들여야 한다. 치료자가 마치 악기의 공명판처럼 내담자의 변화에 친절한 방법으로 피드백을 줄 수 있도록 관여시켜야 한다.

⑥ Control : 계획은 다른 사람이 아닌 계획자 본인의 통제 아래에 있어야 한다.

⑦ Commitment : 계획은 실행에 대한 내담자의 헌신이 있어야 한다.

⑧ Consistent : 계획은 지속적인 행동 변화를 반영해 주어야 한다.

5. 상담기법

현실치료는 상담기법에 지향된 접근방식이 아니다. 따라서 선택이론에서 독창적으로 개발한 특별한 기법을 사용하기보다 상담자와 내담자의 친밀한 관계를 바탕으로 내담자가 자신의 바람을 바람직한 방법으로 달성할 수 있도록 조력한다. 여기서는 현실치료 상담자들이 갖는 태도와 상담과정에서 주요하게 사용하는 조력전략 및 반응기법을 다음과 같이 살펴보도록 하겠다(노안영, 2018: 417-419).

1) 상담자 태도

현실치료 상담자들이 내담자에게 취하는 주요한 태도는 상담활동을 위한 분위기에 기여하며 궁극적으로 내담자의 변화로 이끈다. 이미 글래서가 제안한 상담과정에서 지적된 것처럼 내담자와의 친밀한 관계형성을 바탕으로 상담자는 내담자의 변명을 수용하지 않으며, 처벌이나 비판을 하지 않고, 또한 결코 포기하지 않으며 조력하는 태도를 보인다.

2) 질문하기

현실치료에서 질문은 내담자의 전체 행동탐색, 바람파악, 현재 하고 있는 행동파악, 구체적 계획수립에서 중요한 역할을 한다. 우볼딩(1988)은 다음과 같은 네 가지 방식으로 현실치료 상담자에게 유용한 것을 제안하였다. 즉, 내담자의 내적 세계로 들어가기, 정보 얻기, 정보 주기, 내담자가 보다 효과적인 통제를 하도록 조력하기가 그것이다. 상담자의 질문은 내담자의 내적 세계(바람, 욕구, 지각)를 이해하도록 돕는다. 효과적인 질문은 내담자가 자신의 행동에 초점을 맞추고, 그러한 행동을 평가하고 계획하도록 한다. 또한 질문은 내담자에게 선택하도록 하며 선택을 통해 자신의 삶을 변화시키는 방법을 통제하도록 돕는다.

3) 직면하기

현실치료 상담자는 기본적으로 내담자의 변명을 수용하지 않고 결코 포기하지 않는 태도를 취하기 때문에 직면하기는 상담과정에서 필요불가결하다. 상담자는 직면하기를 통해 내담자의 변명을 다룰 때, 긍정적 태도를 유지하면서 변명을 수용하지 않는다.

상담자는 내담자를 비판하거나 그와 논쟁하지 않으면서 내담자가 자신의 전체 행동을 탐색해서 효과적인 계획을 수립하도록 한다. 상담자가 하는 중요한 일은 내담자가 정말 달성하기를 소망하는 바람과 그가 현재 하고 있는 행동이 그러한 바람을 달성해 주는지의 여부를 따지는 활동이다. 상담자는 바람의 달성과는 불일치한 행동을 하는 내담자를 조력하는 데 있어 직면하기를 통해 내담자가 선택한 행동에 대해 책임을 지도록 한다.

4) 역설적 기법

상담자는 내담자에게 모순된 요구나 지시를 주어 그를 딜레마에 빠지게 하는 역설적 기법을 사용한다. 예를 들어, 실수하지 않으려고 강박적으로 생각하는 내담자에게 실수를 하도록 요구할 수 있다. 만약 내담자가 상담자의 제안대로 실수를 하려고 시도하면, 내담자는 문제에 대한 통제를 입증했다고 볼 수 있다. 만약 내담자가 상담자의 제안에 저항하면 그 행동은 통제되고 제거된다.

선택이론의 맥락에서 지각, 욕구, 전체 행동을 조사함으로써 선택이론에 함축된 역설이 설명될 수 있다. 욕구를 충족시키는 데 역설이 있다. 욕구는 흔히 서로 갈등상태에 있다. 차를 고치는 친구를 감독함으로써 어떤 사람은 힘 욕구를 위해 소속감 욕구를 희생시킬 수 있다. 전체 행동에서 역설이 일어난다. 개인은 일상생활에서 느끼기와 생각하기에 많은 주의를 기울이지만, 변화를 가져오는 것은 행동하기이다. 감정은 이야기함으로써가 아니라 행동하기에 의해 변화된다. 만약 우울한 개인이 다른 사람들에게 적극적으로 행동하면 우울 감정은 변화될 것이다.

역설의 두 가지 유형은 '틀 바꾸기(reframing)'와 '처방(prescriptions)'이다. 이러한 역설적 기법은 내담자가 통제에 있고, 신의 행동을 선택하는 것을 느끼도록 해준다. 내담자가 보다 많이 우울하기를 선택하는 것은 역시 덜 우울하기를 선택할 수 있다는 것을 의미한다. 틀 바꾸기는 내담자가 어떤 상황이나 주제에 대해 생각하는 방식을 변호하도록 조력하는 것이다. 즉, 내담자가 이전에 바람직하지 않았던 행동을 바람직한 행동으로 보도록 조력한다. 처방은 내담자가 증상을 선택하도록 지시하거나 요구하는 것을 말한다. 예를 들어, 얼굴이 붉어져서 타인에게 말을 못하는 사람에게 그가 얼마나 많이 그리고 자주 붉어지는가를 다른 사람에게 말하도록 하는 것이다.

5) 유머 사용하기

현실치료은 즐거움이나 흥미를 기본 욕구로 강조한다. 상담자와 내담자가 농담을 공유한다는 것은 서로가 동등한 입장에서 흥미 욕구를 공유한다는 것을 의미한다. 상담자가 유머를 통해 내담자와 친근한 관계를 유지함으로써 내담자의 소속감 욕구를 충족시킬 수 있다.

6. 평가

현실치료에 대한 평가는 다음과 같다(정성화 외, 2016: 228-229).

1) 공헌

① 명쾌한 치료모델에 근거하여 비교적 단기간에 효과적으로 시행될 수 있는 상담기법이다.

② 현실치료의 모델이 되고 있는 선택이론과 WDEP 상담모델은 이해하기 쉽고 명쾌하며, 상담자에 따라 다양한 지침이 체계적으로 잘 제시되어 있다.

③ 현실치료는 내담자의 행동 변화를 위한 효과적인 상담방법을 제시하여 내담자와의 협력적 관계형성과 더불어 자유롭고 안전한 치료적 환경의 조성을 강조하고 있다.

④ 현실치료는 무의식보다 의식의 내용을 다룰 뿐만 아니라, 과거보다 현재의 행동에 초점을 맞추고 있다는 점에서 매우 실제적이고 경제적인 상담기법이라 할 수 있다.

⑤ 현실치료는 개인의 선택과 책임을 강조하고 개인의 삶은 바로 자기 자신에 의해서 선택할 수 있다는 관점으로 자신이 주체적으로 선택해야 한다는 책임의식을 강조하고 있다.

⑥ 현실치료는 무의식과 과거 경험을 중시하지 않는 대신에 현재의 의식적 선택을 강조하는 이유는, 과거가 어떠하든 의식적 선택에서 과거를 단절하고 새로운 삶을 열 수 있다는 현실치료의 입장은 실존주의적 입장과 일맥상통한다.

2) 한계

① 현실치료는 중요한 문제도 무가치한 극단으로 몰고 가는 경향이 있다. 예를

들어, 과거에 역점을 둔다는 것이 현재의 책임을 회피하게 만들 수도 있지만, 과거의 역할을 경시한다는 것은 어떤 문제를 피상적으로 대할 수 있다는 점이다.

② 현실치료는 행동의 의식적인 면에 중점을 둔다는 장점이 될 수도 있지만, 인간 경험의 무의식적인 면을 지나치게 무시하는 경향이 있다.

③ 내담자가 자신의 해답을 찾는 대신에 상담자의 해결책을 받아들이도록 강요하는 모습이 나타날 수 있다.

④ 현실주의는 단순하고 직접적이고 직설적인 전략을 사용하여, 내담자의 효과적인 기능을 방해하는 과거의 미해결 감정은 탐색하지 않고, 너무 문제해결에만 초점을 둔다. 즉, 상담자들이 내담자의 표면적인 문제만을 다룸으로써 내담자의 보다 근본적인 문제를 무시하는 경향이 나타날 수 있다.

⑤ 현실주의상담은 내담자의 책임을 지나치게 강조한다. 정신병까지 내담자의 책임으로 보는데, 현실적으로 자신에 대해 책임질 수 없는 사람이 많고, 완전히 책임질 수 있는 사람도 없다. 현실적으로 책임을 질 수 없는 사람에게 책임을 강조하면 더 어려움에 빠지게 될 가능성이 있다.

12

Chapter

교류분석상담

개요

교류분석상담은 번에 의해 소개된 상담이론이자 심리치료 기법이다. 교류분석은 인간관계가 존재하는 모든 장면에 적용할 수 있는 이론이며 기법이다. 교류분석은 본래 의학적 치료에서 출범했으나, 이론이 평이하고 적용 가능성이 높기 때문에 빠른 속도로 대중에게 알려지기 시작해서 현재는 인간관계를 주제로 하는 거의 모든 영역으로 파급되었다. 본 장에서는 교류분석상담에 대해 논의하고자 한다.

학습목표

1. 교류분석상담에 대한 이해
2. 교류분석상담의 핵심개념 파악
3. 번에 대한 관심

학습내용

1. 교류분석상담의 개요
2. 번의 생애와 사상
3. 교류분석상담의 핵심 개념
4. 상담과정
5. 상담기법
6. 평가

1. 교류분석상담의 개요

교류분석(Transactional Analysis, TA)상담은 1958년 캐나다 출신의 미국 정신과 전문의 번에 의해 소개된 상담이론이자 심리치료기법이다. 교류분석은 인간관계가 존재하는 모든 장면에 적용할 수 있는 이론이며 기법이다. 이는 임상심리학에 기초를 둔 인간행동에 관한 분석체계 또는 이론체계로서 '정신분석학의 안티테제(anti-these)' 또는 '정신분석학의 구어판'이라고도 불린다. 국제교류분석협회에서는 교류분석을 하나의 성격이론인 동시에 성장과 변화를 위한 체계적인 심리치료라고 정의한다. 교류분석은 개인의 성장과 변화를 위한 체계적 심리치료법으로서 성격이론, 의사소통이론, 아동발달이론, 병리학이론을 포함하고 있다(Joines & Stewart, 2012). 교류분석에 대한 최초의 이론적 체계는 번(Berne, 1958)의 논문 "교류분석: 새롭고 효과적인 집단치료(Transactional analysis: A new and effective method of group therapy)"이다.

교류분석은 본래 의학적 치료에서 출범했으나, 이론이 평이하고 적용 가능성이 높기 때문에, 빠른 속도로 대중에게 알려지기 시작해서 현재는 인간관계를 주제로 하는 거의 모든 영역으로 파급되었다. 교류분석은 번에 의해 창시되었지만, 번의 사후 여러 학자들에 의해 다양한 도구와 적용방법 등이 개발되어 체계적이고 구체적인 치료 접근으로 발전하였다.

교류분석은 질병 또는 행동에 대한 이론체계이며, 그것을 응용한 심리치료법이다. 처음 교류분석은 집단치료에 이용되었으나, 점차 상담이나 심리치료에도 응용할 수 있게 되어 계속해서 발전하고 있는 치료법 중의 하나이다. '의사 거래 분석'은 인간의 의사소통과정에는 자신의 자아와 삶의 태도가 반영되어 있다는 것을 의미한다. 즉, 내담자가 갖는 자아상태를 바탕으로 의사소통의 교류를 이해하고 분석하는 것이 교류분석이라고 할 수 있다. 이러한 교류분석을 통해 개인 간, 개인 내 상호작용을 분석하게 되고, 내담자가 스스로 삶의 과정을 바꿀 수 있도록 해주는 것이다(한미희, 2013: 193).

교류분석은 인본주의적 가치 위에 행동주의적 명료성과 정신분석적 깊이를 더한 개인의 정신 내적 및 대인관계적 심리학인 동시에 심리치료이론이다. 교류분석은 이론의 깊이에 있어서나 활용할 수 있는 범위에 있어서 그 어떤 심리학적 접근방법들보다 깊고 넓다.

교류분석상담은 지금 현재의 행동과 생활에 장애를 가져온 초기 결정에 대한 재결정을 통해서 현재의 행동과 생활의 변화를 가져오도록 돕는 것이다. 교류분석상담의 핵심은 조작적 게임수행 및 자기 패배적인 생활각본의 특징적인 생활방식을 버리고 인식, 자발성, 친밀감으로 특징지워지는 자율적 생활양식을 가지게 되며, 자신의 생활각본을 쓰게 하는 것이다(Corey, 2016).

결론적으로 교류분석상담이란 내담자로 하여금 유보되고 포기된 자율성을 증대시키며, 현재 행동과 삶의 방향에 대한 새로운 결정을 내리는 것을 돕는 상담자의 조력과정이다.

상담목표

교류분석의 일반적인 목표는 다음과 같다(강진령, 2013a: 313-314).

① 내담자의 변형

교류분석의 가장 중요한 목표는 내담자를 소위 말해서 개구리에서 왕자로 변형시키는 것이다. 정신분석에서처럼 내담자가 적응을 위해 학습하는 것으로는 충분하지 않다고 여긴다. 상담자는 내담자가 자신의 왜곡되거나 손상된 자아상태를 확인하고 회복시키는 일을 돕는다. 뿐만 아니라, 모든 자아상태를 사용할 수 있는 능력을 개발하고 추론의 힘을 지닌 성인자아상태를 사용하며, 부적절한 생활각본을 바꾸고, 자기긍정·타인긍정의 생활자세를 채택할 수 있도록 돕는다. 대신 건강과 자율성 성취에 초점을 맞춘다.

② 내담자 건강과 자율성 증진

교류분석의 핵심목표는 개인이 자신의 삶을 책임지고 이끌어 나갈 수 있는 자율성을 갖추게 하는 것이다. 자율성은 개인이 속한 세계에 대한 이해와 인식, 게임의 형식을 취하지 않고서도 자신의 감정을 자연스럽게 표현할 수 있는 능력, 그리고 다른 사람들과 친교를 형성할 수 있는 친밀성을 회복함으로써 실현될 수 있다고 가정한다.

③ 인식, 게임으로부터의 자유, 자기수용 증진

자율성이 향상되면서 내담자는 보다 높은 인식, 친밀성, 그리고 자발성을 나타내는 한편, 게임에서 자유로워지고, 자기패배적인 각본을 제거하게 된다. 내담자는 자신의 과거와 보다 접촉할 수 있게 되지만, 동시에 이전의 부정적인 영향에서 자유로워지게 된다. 교류분석의 주요 강조점은 자기에 관한 학습에 집중함으로써 내담자 자신이 되고 싶어 하는 존재를 결정하는 것이다.

결론적으로 교류분석상담의 목표는 자율성의 성취와 통합된 어른 자아의 확립으로 설명할 수 있다. 자율성의 성취는 각성, 자발성, 친밀성이 중요하고 통합된 어른 자아의 확립은 어른 자아가 통합이나 배타에서 해방되어 자유로이 가능하도록, 즉 선택의 자유를 경험하도록 하는 것이다(Berne, 1972).

2. 번의 생애와 사상

에릭 번

번(Eric Berne, 1910~1970)은 1910년 캐나다 몬트리올(Montreal)에서 의사인 아버지와 전문 작가인 어머니 사이에서 번스타인(Eric Leonard Bernstein)이라는 이름으로 태어났다. 번은 아버지를 존경했고 아버지의 왕진을 따라다니며 행복한 어린 시절을 보냈으나, 9세 때 아버지와 사별했다. 번은 어머니의 권유로 맥길대학교(McGill University) 의과대학에 들어가 1935년 의사가 되었다. 의사가 된 직후 미국으로 건너가 예일대학교에서 정신과 전문의 수련을 받았다. 이 시기에 시민권을 취득하고는 에릭 번(Eric Berne)으로 개명하였다. 1940년 병원 업무와 함께 개인상담소를 시작했고, 루스(Ruth)와 첫 번째 결혼을 하고 두 자녀를 두었다. 1941년부터 본격적으로 정신분석가(Psychoanalyst)로서의 훈련을 받기 시작했고, 제2차 세계대전이 발발하자 1943년 군의관으로 참전하였다. 이 기간 동안 집단치료를 실시하면서 정신분석에 대한 흥미를 잃고, 훗날 교류분석의 토대를 이룰 정신의학과 정신분석에 대한 비판적 노트를 수집하기 시작했다.

1946년 군 제대 후, 카멜(Camel, CA)로 이주한 번은 에릭슨(E. Erikson)의 수련감독을 받으며, 다시 정신분석을 연구하기 시작했다. 1947년 정신분석에 대한 첫 번째 저서인 『행동 중인 정신(Mind in action)』을 출판했다. 1956년에 정신분석연구소에 가입하려다 거부당하자, 심리치료에 대한 새로운 접근방법을 개척하기 시작했다. 그 해 말, 직관에 관한 논문을 썼는데, 여기서 처음으로 구조분석이란 이름으로 세 가지 자아상태 개념을 소개했다. 이 논문은 1957년에 출판되었다. 번은 1957년 11월 미국 집단심리치료협회에 발표한 그의 논문 「교류분석: 새롭고 효율적인 집단치료(Transactional analysis: A new and effective method of group therapy)」에서, 세 가지 자아상태를 다시 소개하면서 게임과 인생각본에 대한 개념도 제시했다. 이때 교류분석이론의 기본적인 토대가 구축되었다.

번은 1950년대 초부터 동료들과 정기적인 임상 세미나를 열어 오다, 1958년에는 샌프란시스코 사회정신의학 세미나(San Francisco Social Psychiatry Seminars, SFSPS)를 결성하였는데, 이 세미나가 교류분석이론 발달의 산실이 되었다.

번은 1961년 교류분석에 대한 첫 번째 저서 『교류분석과 심리치료(Transactional analysis in psychotherapy)』, 1963년에는 『조직과 집단의 구조와 역동성(The structure and dynamics of organizations and group)』을 출판했다.

번은 1964년 심리게임을 출판하여 교류분석 발달에 있어서 획기적인 한 해를 맞이하였다. 이 책은 비교적 소수의 전문가들을 위해 집필되었는데도 베스트셀러가 됨으로써 교류분석이 전 세계로 확산되는 계기가 되었다. 번은 교류분석이론 정립에 심혈을 기울여, 1970년 『인간 사랑의 섹스(Sex in human loving)』, 1972년 『인사할 때 말하는 것(What do you say after you say hello)』이라는 두 책의 원고를 완성했지만, 그 빛을 보지 못하고 심장발작으로 1970년 7월 15일 사망했다.

3. 교류분석상담의 핵심 개념

1) 교류분석이론

인간은 언어적이거나 비언어적인 메시지를 상대방에게 전달하여 의사소통을 한다. 의사소통을 통한 인간의 교류는 우리 각자가 형성한 자아와 삶의 태도를 반영하여 나타난다. 번은 내담자가 갖는 자아상태를 바탕으로 의사소통의 교류가 어떻게 이루어지는가를 탐색하여 조력하는 교류분석(transactional analysis)을 창시하였다. 번은 정신분석훈련을 받고 그것을 적용하면서 한계를 느끼게 되어 보다 경험적이고 현실적인 접근에 대한 필요에 따라, 1950년대 중반부터 교류분석을 제창하기 시작했다.

교류(transaction)의 원의는 '거래', '흥정하는 것'으로 상업용어이지만, 일반적으로 대화, 의사소통, 거래, 교류 등으로 번역, 사용되고 있다. 번은 자극과 반응으로 구성된 인간 의사소통의 가장 작은 단위를 교류라고 정의하였다. 따라서 교류분석은 자신의 삶의 입장에 따라 서로가 주고받고 있는 의사소통을 이해하고 분석하는 방법을 의미한다.

교류분석에서는 우리 각자가 세 가지 분리된 자아상태, 즉 부모(parent), 성인(adult), 아동(child)의 자아상태를 가지고 있다고 가정한다. 이러한 세 가지 자아상태는 프로이트가 정신분석에서 제안한 성격의 구성요소인 원초아, 자아, 초자아와 비슷한 속성을 가진 개념이다. 하지만 번은 자신이 제안한 자아상태는 경험적이고 사회적인 사실을 나타낸 반면, 프로이트가 제안한 자아는 추론적 개념이라고 주장하였다. 즉, 두 접근 간의 명확한 차이는 정신분석은 무의식에 초점을 두는 반면, 교류분석은 관찰할 수 있는 의식적 행동에 초점을 둔다는 점이다.

이 접근방식에서 사용하는 주요한 네 가지 분석방법은 구조분석(structural analysis), 교류분석(transactional analysis), 게임분석(game analysis), 각본분석(script analysis)이다. 구조분석은 내담자의 성격을 구성하는 자아상태를 분석하는 것이다. 교류분석은 내담자가 대하는 사람과 하는 행동과 언어를 분석하는 것이다. 게임분석은 내담자가 다른 사람과 하는 의사소통 중에서 좋지 않은 방법으로 결국에는 대가를 치르게 되는 심리적으로 감추면서 하는 저의적 교류를 분석하는 것이다. 각본분석은 내담자가 강박적으로 사용하는 구체적인 인생각본을 분석하는 것이다(노안영, 2018: 424).

교류분석의 주요 특징을 살펴보면 다음과 같다(Joines & Stewart, 2012).

첫째, 교류분석은 하나의 성격이론으로서 구조적 자아상태 모델을 통해 성격이 어떻게 형성되는지 보여 주며, 또한 기능적 자아상태 모델을 통해 성격이 대인관계에서 어떻게 행동으로 표현되는지 보여 준다.

둘째, 교류분석은 커뮤니케이션 이론으로서 인간의 커뮤니케이션뿐만 아니라, 체계와 조직 내에서의 커뮤니케이션 과정을 분석하여 효율적으로 커뮤니케이션할 수 있는 방안을 제시해 준다.

셋째, 교류분석은 아동발달이론으로서 인생각본이라는 개념을 통해 어린 시절부터 형성된 현재의 삶의 유형을 잘 설명해 준다. 또한, 아동기에 사용했던 전략이 자기 패배적이고 고통스러움에도 불구하고 성장한 뒤에도 현재의 삶에서 재연하는 이유를 잘 설명해 주기 때문에 정신병리학이론이라고도 할 수 있다.

넷째, 교류분석은 상담 및 심리치료이론으로서 일상적인 생활문제에서부터 심각한 정신장애에 이르기까지 어떤 유형의 심리적 장애에도 적용할 수 있다. 교류분석은 개인뿐 아니라, 집단, 부부 및 가족상담에도 적용할 수 있다. 나아가 교류분석은 임상 장면 외에도 교육적 상황, 경영과 커뮤니케이션 훈련 및 조직개발에도 탁월한 도구로 사용할 수 있다.

2) 인간관

인간이 자신의 행동 유형에서 벗어나서 새로운 목표와 행동을 선택할 수 있다고 믿는다. 즉, 인간을 자율적이고 가변적인 존재로 본다. 그러나 이것은 인간이 사회적 힘의 영향력에서 벗어날 수 있다든가, 전적으로 자신의 힘으로 삶의 중요한 결정을 내릴 수 있다는 의미는 아니며, 인간은 어느 정도 중요한 타인(특히, 부모)의 기대나 요구에 의해 영향을 받는다는 의미를 내포하고 있다. 또한 인간은 합리적 존재로서 스스로 새로운 결정을 내릴 수 있고, 과거에 구속되지 않는다.

어린 시절의 결정(초기 결정)은 전적으로 타인에 의존할 수밖에 없지만, 이러한 결정이 더 이상 적합하지 않은 것으로 판명되면 새로운 결정(재결정)을 내릴 수 있으므로 인생 초기의 결정은 수정이 가능한 것으로 본다. 즉, 인간의 모든 것은 어릴 때 결정되나, 이는 이후에 변화될 수 있다. 인간은 자신이 내린 과거의 결정을 이해하고, 이에 대하여 다시 결정을 내릴 수 있는 능력이 있다(오만록, 2017: 221).

교류분석상담은 인간의 긍정성(OK-ness)을 인정하는 가치체계에 기초를 두고 있다. 이는 모든 인간이 사고, 감정, 행동이라는 세 가지 차원을 조화롭게 통합할 수 있으며, 자신의 사고, 감정, 행동 등에 대해 책임을 져야 하고, 책임질 수 있는 능력이 있다는 가치체계 및 신념체계에 근거를 두고 있다. 그러므로 의사교류분석적 상담에서는 치료자와 내담자의 능력을 동등하게 취급하며, 내담자 스스로가 자신의 어떤 부분을 변화시킬 것인지에 대해 결정을 내리게 하고, 변화를 일으키기 위해 치료과정에 능동적으로 참여하게 하는데, 여기에서는 실제로 그런 능력을 지니고 있다고 본다. 즉, 내담자는 자신의 인생의 방향을 평가하고, 초기의 결정을 이해하게 되며, 자신의 삶의 방향을 결정하는 데 있어서 주도권을 가지고 있다고 본다. 따라서 교류분석적 상담에서는 개인이 자신을 신뢰하고, 스스로 생각하여 결정하며, 감정을 표현할 수 있다고 인정한다.

번이 교류분석의 인간관을 별도로 제시한 것은 찾아보기 힘들지만 번 이후에 교류분석을 실제 사용하거나 연구한 사람들에 근거하여 살펴보면, 교류분석의 인간관은 인간의 모든 것은 어릴 때 결정되나 변화 가능한 것으로 보는 반결정론적인 철학적 관점을 가지고 있다. 따라서 인간은 스스로를 결정하고, 자신을 변화시켜 가며, 자신의 생활을 돌볼 수 있는 존재라고 본다.

그러므로 교류분석은 위와 같이 인간의 자율성, 자유, 선택과 의사결정능력, 책임감에 초점을 두고 있음을 알 수 있다.

이와 같이 교류분석에서의 인간을 보는 관점은 자율과 자유, 선택과 책임을 강조하고 있다. 그러나 교류분석 역시 어린 시절의 영향을 받기 때문에 자신의 삶에 대한 검토와 새롭게 삶을 변화시키고 재구성한다는 것을 전제로 하고 있으며, 인간에 대한 존중을 기반으로 전개되고 있다.

교류분석의 인간관은 다음과 같다(장혁표, 2000: 84-85).

첫째, 인간은 자율성을 지닌 존재이다. 즉, 인간은 현실세계에 대한 인식, 게임을 하지 않고도 정서를 표현할 수 있는 자발성, 다른 사람과 사랑을 나누고 친숙한 관계를 맺을 수 있는 친밀성을 가진 존재라는 것이다.

둘째, 인간은 자유로운 존재이다. 인간은 다른 무엇에 의해 결정되지 않는 존재이다. 이는 사회의 영향에서 완전히 벗어날 수 있음을 의미하는 것은 아니며, 그렇다고 완전히 사회나 어릴 때 경험에 의해 결정됨을 의미하는 것도 아니다. 즉, 완전한 자유는 아닐지라도 인간은 많은 자유를 가진 존재인 것이다.

셋째, 인간은 선택할 수 있는 존재이다. 인간이 자율적이고 자유롭다는 것은 여러 대안 중에서 선택하고 결정할 수 있다는 것을 의미하기도 한다. 인간이 자유로우며 선택하고 결정할 수 있다고는 하지만, 다른 사람을 포함한 사회적 영향 즉 부모와 같은 한 개인에게 크게 의미 있는 사람의 기대나 욕구에 영향을 받는 것도 사실이다. 또한 어릴 적 선택이나 결정을 가지고 평생을 살아가는 것이 아니라, 만약 그것이 적절하지 않다면 다른 대안을 선택하여 새로운 결정을 할 수 있는 존재인 것이다.

넷째, 인간은 책임을 질 수 있는 존재이다. 인간이 자신을 결정할 수 있고 자율적일 수 있다는 것은 자기 자신에 책임을 질 수 있는 존재라는 의미를 내포한다.

3) 자아상태

사람은 성격의 중요한 측면을 포함하는 세 가지 역동적인 자아상태(ego states), 즉 어버이 자아상태(Parent ego-state, P), 어른 자아상태(Adult ego-state, A), 어린이 자아상태(Child ego-state, C)에서 움직인다. 이 세 개의 인격은 각각 분리되어 있으며, 특이한 행동의 원칙이 된다. 이 자아상태는 교류분석상담에서 두드러진 특징이고 본질적인 것이다. 교류분석에 의하면, 사람은 세 가지 자아상태 중 하나로부터 다른 하나로 끊임없이 이동하며 어느 한 순간의 행동은 항상 그 순간의 자아상태와 관련되어 있다. 이러한 자아상태는 일관성이 있고 예언 가능한 순서로 발달한다. 제임스와 존게워드(James & Jongeward, 1971)에 의하면, P, A, C 중 가장 먼저 발달되는 자아상태는 C이다. 이 C는 인간이 출생할 때부터 자신의 긴급한 쾌·불쾌를 중심으로 자각운동을 시작하는데, 이 과정에서 만족하고 유쾌한 경험에 감각적 반응을 보이면서 C가 발달한다. 그 다음에 C와 마찬가지로 어릴 때부터의 경험에 근거하여 P가 발달하는데, 부모의 행동과 모습을 모방함으로써 일종의 인격의 복사판을 형성하게 된다. 마지막으로 발달되는 것이 A자아상태인데, 자기세계의 의미를 탐색하고, 판단력과 조정력을 발휘하려면 C와 P의 관계를 거쳐야 한다.

(1) 어버이 자아상태

어버이 자아상태는 프로이트의 초자아(superego)에 대응될 수 있는 개념으로서, 기본적으로 부모로부터 차입된 자아상태를 가리키는 것으로 부모가 전수해준 가치, 믿음, 전통 등으로 구성된다. 즉, 부모뿐만 아니라, 정서적으로 중요한 인물, 형제 및 이와 비슷한 사람들의 행동이나 태도로부터 영향을 받아서 형성이 되는 것이다. 그러니까 아이가 그들이 말하고 행동하는 것을 보고 들을 뿐 아니라, 모방하고 학습하면서 그 내용이 아이의 마음속에 내면화되는 결과를 나타내는 것이 곧 어버이 자아인 것이다. 이런 맥락에서 어버이 자아상태는 학습된 생활개념이라고 할 수 있다(정성화 외, 2016: 192).

어버이 자아상태는 그 기능에 따라 다시 두 가지로 나누어지는데, 그것은 양육적 어버이 자아(Nurturing Parent, NP)와 비평적 또는 통제적 어버이 자아(Critical or Controlling Parent, CP)이다. NP는 타인을 보살피고, 관심을 가지며, 보호하고, 수용하고, 이해하고, 격려하는 방식으로 기능하는데, 때때로 '과보호적'이거나 '익애적'이 될 수도 있다. 반면에 CP는 주장적이며, 처벌적이고, 통제적이며, 완고한 방식으로 기능한다.

(2) 어른 자아상태

프로이트의 자아(ego)에 대응될 수 있는 개념으로, 생애 초기에 유아의 언어능력이 향상됨에 따라 어른 자아상태의 요소도 발달되기 시작하는데, 이런 능력은 사춘기 직후까지 계속 발달한다. 이 어른 자아는 객관적으로 현실을 파악하고자 하는 것으로 외계는 물론 개체의 내적 세계와 다른 자아상태(P와 C)의 모든 원천으로부터 정보를 수집하여 저장하고 확률을 추정하는 것과 관련이 있다. 현실적이고 논리적이며 자신과 환경에 관련된 정보를 분석 · 저장 · 인출하는 인위적 기능을 담당하는 자아상태이다. 감정과 정서를 배제하고 사실을 사실 그대로 보는 반응을 나타낸다. 따라서 어른 자아는 자료수집과 자료정리과정에 기초한 사고적 생활 개념을 발달시킨다고 할 수 있다.

(3) 어린이 자아상태

어린이 자아는 프로이트의 원초아(id)에 대응시킬 수 있는 것으로, 어린 시절의 흔적을 저장해 놓은 곳이다. 언제나 고태적이고 퇴행적인 자아상태를 가리킨다. 과거의 발달단계에서는 적합한 경험과 감정이었으나, 현재의 발달단계에서는 부적합한 감정이나 경험을 나타낸다. 출생 후 5세경까지의 외적 사태들(주로 부모와 관련된)에 대한 감정적 반응으로서 외적 사태에 대한 어린아이의 감정적 반응체제가 내면화된 것으로 감정적이고 순진한 반응을 나타낸다. 그러므로 어린이 자아는 일종의 감정적 생활 개념이라 할 수 있다.

어린이 자아상태는 그 기능에 따라서 크게 세 가지로 구분될 수 있다. 즉, 순응하는 어린이(Adapted Child, AC), 자연적 또는 자유스러운 어린이(Natural or Free Child, NC/FC), 어린 교수(Little Professor, LP)이다. AC는 아이가 부모나 주위의 어른들로부터 관심과 주의를 끌기 위하여 눈치 보는 행동을 취할 때 기능하는 어린이 자아이다. 순종하고, 의존하고, 맹종하며, 반항하거나 원망하고, 자학한다. 그리고 FC는 타인을 의식하지 않고 자유롭게 기능하는 어린이 자아로서, 자기중심적이거나 쾌락을 추구하는 그리고 억제하지 않고 감정을 자유로이 표출하는 반응을 보인다. LP는 일종의 어른 자아상태의 축소판으로서, 창조적이고 탐구적이며 조정적인 기능을 지닌 선천적 지혜라고 할 수 있다.

(4) 자아기능 그래프

자아상태 내의 에너지의 기능과 양을 막대그림 형태로 나타낸 것이다. 이 그래프는 성격구조에 대한 전반적인 이해를 증진시키고, 개인으로 하여금 자신의 성격구조를 의미 있는 방식으로 볼 수 있도록 돕는 목적으로도 쓰인다. 막대그래프가 높을수록 그 자아상태에 투자한 에너지와 시간의 양이 그만큼 많고, 낮을수록 투자한 에너지와 시간의 양이 그만큼 적다. 자아기능 그래프는 항상성을 가정하고 있으므로, 어떤 하나의 자아상태의 에너지가 증가하면 다른 자아상태는 그만큼 감소하는 특징을 갖는다.

4) 인간행동의 동기

인간은 두 가지 원천적인 욕구를 지닌 채 이 땅에 태어난다. 하나는 생리적 부양욕구로서 아이에게 생존에 필요한 물리적 요소들, 가령 물이나 음식 등을 제공함으로써 충족된다. 다른 하나는 심리적 부양욕구로서 아이를 편안하게 함으로써 충족된다. 여기서 중요한 점은, 이러한 기본적인 욕구 중 어느 하나를 만족시키려면, 아이는 다른 사람과 관계를 맺고 상호작용해야 한다는 것이다. 이러한 과정에서 성격이 발달하기 시작한다. 교류분석 이론가들은 이러한 기본적인 생존욕구를 넘어서, 자극의 욕구(스트로크 지향), 구조의 욕구(철수, 의식, 소일, 활동, 게임, 친밀성 등을 지향), 자세의 욕구(생활자세, 생활각본, 반대각본 등을 지향) 등에서 나타나는 개인의 동기적인 힘에 관해서 설명한다. 인간 행동의 동기는 다음과 같다.

(1) 자극의 욕구

인간은 자극의 욕구를 지닌다. 이것은 일종의 인정의 욕구로 번(1964)은 이것을 일차적 욕구로 여겼으며, 이 욕구의 충족은 스트로크(Strokes, 인정자극)를 통하여 이루어진다. 항상 심리적 수준에서 이루어진다.

(2) 스트로크

인간은 본질적으로 타인의 관심과 인정을 추구한다. 교류분석에서는 상대방의 현존을 인정하는 행위를 '스트로크(Stroke)'라고 한다. 번(1964)에 따르면, 인간은 태어나면서부터 타인과의 상호작용을 통해 자극을 받으려는 자극-기아(stimulus-hunger)를 느끼고 있다고 한다. 스트로크를 어떻게 주고받는가에 따라 인간관계가 결정된다. 특히, 부모와 자녀가 어떻게 스트로크를 주고받는가에 따라 자녀의 성격 형성과 발달, 그리고 앞으로 고찰하게 될 인생각본 및 생활자세 형성에 지대한 영향을 미친다.

스트로크의 종류로는 언어적 스트로크와 신체적 스트로크, 긍정적 스트로크와 부정적 스트로크, 조건적 스트로크와 무조건적 스트로크로 나눌 수 있다. 따뜻한 관심과 애정, 칭찬, 지지, 격려와 같은 긍정적 스트로크는 'I'm OK, You're OK' 생활자세를 발달시키며 가치와 존중감을 발달시켜 준다. 상대방의 행동을 변화시키기 위해 부정적 스트로크가 필요할 때도 있지만, 부정적 스트로크를 비효율적으로 사용하면 가치와 존중감을 손상시키고 수치심을 심어 준다. 그러나 꾸중이나 비난과 같은 부정적 스트로크라 하더라도 스트로크를 받지 못하는 것보다는 낫다. 따라서 따뜻한 관심과 애정을 얻지 못하면, 잘못된 행동을 함으로써 부정적 스트로크라도 받으려고 한다. 이와 같이 어릴 때부터 스트로크를 추구하는 전략은 어른이 되어서도 재연된다(Stewart, 2007).

(3) 구조의 욕구

구조의 욕구란 인간이 스트로크를 극대화할 수 있는 방향으로 자신의 시간을 조직하거나 구조화하려는 욕구이다. 인간은 스트로크를 받기 위해서 자신의 생활을 구조화하며, 아동기에 기대했던 종류의 인정자극을 생의 후반기에도 계속 추구하게 된다. 결국 구조의 욕구란 자극의 욕구의 연장선상에서 생각할 수 있다.

구조의 욕구는 다음과 같은 형태로 표현된다.

① 철수

철수(withdrawal)는 신체적 또는 심리적으로 자신을 타인으로부터 멀리함으로써 스트로크를 얻는 방법이다. 즉, 신체적으로는 대인관계의 장면을 떠나서 혼자서 시간을 보내는 것이다. 신체적 도피, 정신적 도피, 환상 등으로 나타난다.

② 의식

의식(ritual)은 상호 간의 교류가 고정된 상황에서 예측 가능한 일정한 방식으로 스트로크를 교환하는 시간구조이다. 고도로 구조화되고 사회적으로 인정되고 있는 시간이용방식이라 할 수 있다. 어떤 행사나 집회 모임 등을 들 수 있다.

③ 소일

소일(pastime)은 특별한 목적이 없고 무의미하며 느낌이 없는 화제들에 대해 잡담을 하며 시간을 보내는 것이다. 날씨 이야기를 한다든지, 사회적 사건들에 대해 이야기를 한다든지 하는 것이다.

④ 활동

활동(activity)은 뚜렷한 계획에 의하여 시간을 조직하는, 일반적이고 편리하며 안전하고 실용성 있는 방법으로 확실한 목표가 있는 사람들에게서 흔히 볼 수 있는 시간구조이다.

⑤ 게임

게임(game)은 겉으로 드러나 보이는 행동과는 달리 숨은 의도와 동기를 갖고서 상호교류하는 사람들에게서 볼 수 있는 시간구조의 한 방법이다.

⑥ 친밀성

친밀성(intimacy)은 서로 신뢰하고, 애정 어리고 수용적인 관계 속에서 솔직하고 개방적인 태도로 자신의 생각, 감정, 경험 등에 대해서 자유롭게 함께 나누어 가질 수 있는 구조화의 한 방법이다.

(4) 자세의 욕구

교류분석이론의 특징이자 뛰어난 점 중의 하나는 실존적인 생활자세(life position)의 개념이다. 자세의 욕구란 개인이 전 생애를 통하여 어떤 확고한 삶의 자세를 갖고자 하는 욕구로, 아래와 같은 네 가지의 생활자세를 제시하고 있는데, 이 생활자세에서 기초하여 생활각본(life scripts)이라는 개인생활방식의 가장 기본적인 청사진이 구성된다.

① 자기부정-타인긍정자세(I'm not OK-You're OK)

초기 어린 시절의 일반적인 자세이며, 스스로 낮은 자아개념을 가지고 타인에 대해서는 자신이 가지고 있지 않은 그 무엇을 가지고 있다고 생각하는 태도이다. 이 자세를 계속 견지하게 되면 타인과 친밀한 관계를 맺기 어렵고 열등감이나 죄의식이 심하여 우울증에 걸리기 쉬우므로 우울증적 자세라고도 한다. 실패에 대한 두려움이 있고 무엇을 참으로 원하는지 자신도 잘 모른다. 문제나 책임으로부터 회피하고, 도피하며 낙담한다.

② **자기부정-타인부정자세**(I'm not OK-You're not OK)

이 자세는 생후 1년을 전후한 시기에 나타나는 자세로 스스로도 열등하지만 타인들도 부족하고 불완전할 뿐만 아니라, 나쁘기까지 하다고 여기는 태도이다. 타인을 신뢰하지 않으며 타인에게 공격적이다. 인생에 대한 목표가 없고 될 대로 되라는 식이다. 네 가지 생활자세 가운데 가장 바람직하지 않은 자세로서 이러한 자세를 가진 사람들은 정신병원이나 교도소 등에서 일생을 보낼 확률이 높다.

③ **자기긍정-타인부정자세**(I'm OK-You're not OK)

자기만이 옳고 타인은 모두 그르다는 자세가 계속 심화되면 지배감과 우월감에 젖어서 양심부재가 되기 쉬울 뿐만 아니라, 타인에 대한 극단적인 불신, 비난, 증오 등의 행동특징을 보인다. 흑과 백이 명백하지 않으면 마음이 편하지 않다 경직된 인생 경향을 가지고 있다. 이 자세를 범죄형적 생활자세 또는 편집증적 생활자세라고도 부른다.

④ **자기긍정-타인긍정자세**(I'm OK-You're OK)

가장 건강한 생활자세로 낙관적이고 건전한 인생관을 가지며, 자기 자신과 타인을 존중하고 소중하게 생각한다. 누구와도 사이좋게 모든 일을 잘 해낸다. 현실적 이유로 분노를 표시해야 할 때는 자유롭게 표출한다. '지금-여기'에 살며 성공을 목표로 하는 승자의 생활자세이다. 자유롭게 자기를 바꾸려고 노력한다. 어른자아가 기능하기 시작하면서 주로 어버이 자아상태와 어린이 자아상태의 자료에 기초하여 무의식적으로 형성되었던 앞의 세 가지 자세가 자기긍정-타인긍정의 건강한 자세로 변화될 수 있다.

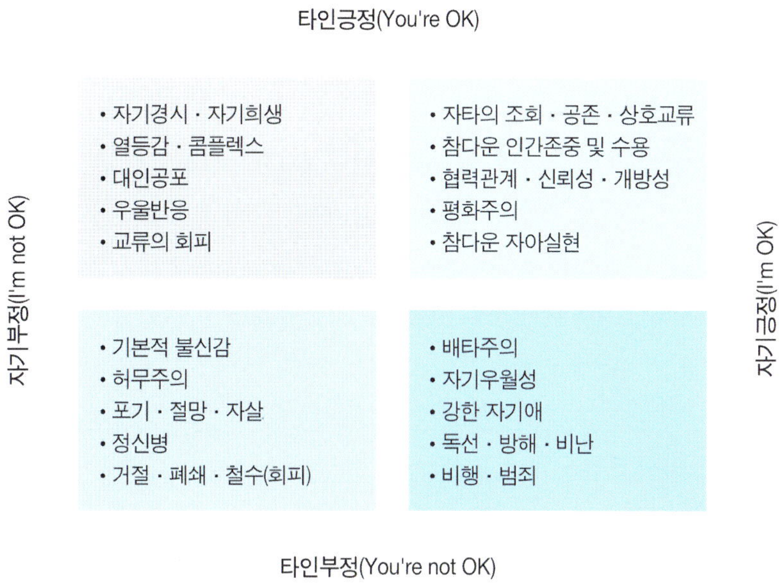

출처: 오만록(2017: 334).

그림 12-1 생활태도에 따른 생활자세

5) 의사교류

의사교류란 두 사람 또는 그 이상의 사람들의 관계상황에서 일어나는 사회적 상호교섭(social intercourse)의 한 단위이며, 두 사람의 특정 자아상태가 자극과 반응이 되어 두 사람 간에 스트로크가 상호 교환되는 것이라고 할 수 있다.

사람들은 만나면 즉시 말을 하거나 아니면 어떤 다른 형태로라도 다른 사람을 존재로 인정하는 어떤 의사표시를 하게 되는데, 이와 같이 의사교류가 되는 것을 의사교류자극(Transactional Stimulus, TS)이라 하고, 이러한 자극에 관련하여 다른 사람이 어떤 반응이나 동작을 보이면 이것을 의사교류반응(Transactional Response, TR)이라고 한다.

의사교류는 두 사람 사이에서 이루어지는데, 이때 각자의 어버이 자아상태, 어른 자아상태, 어린이 자아상태 중 어느 상태에서 기능하느냐에 따라 의사교류의 형태가 달라진다. 그리고 각 자아상태로부터의 자극과 반응이 어떻게 교류하느냐에 따라 의사교류는 다음과 같이 분류된다(장혁표, 2000: 92-95).

(1) 상보적 의사교류

상보적 의사교류(Complementary Transaction)는 자극이 지향하는 그 자아상태로부터 반응이 나오며 자극을 보냈던 자아상태로 반응이 다시 보내어진다. 자극과 반응이 동일한 자아상태에서 이루어지는 의사교류이다. 즉, '평행적 교류'이며 '무갈등교류'라 할 수 있는데, 이 교류는 계속적 상호작용이 가능하다. 이를 의사소통의 '제1규칙'이라고 할 수 있다.

(2) 교차적 의사교류

교차적 의사교류(Crossed Transaction)는 의사소통의 방향이 평행이 아니고 서로 어긋날 때, 즉 교차될 때 이루어지는 교류를 말한다. 자극을 주는 자아와 반응을 보이는 자아가 서로 차이가 있는 의사교류이다. 교차적 의사교류에서는 세 개 또는 네 개의 자아상태가 관련되며 교류가 서로 어긋나는 현상 때문에 '갈등교류'라고 할 수 있다. 일상적 대화에서 의사관계의 단절을 가져온다. 이러한 교차적 의사교류를 의사소통의 '제2규칙'이라고 한다.

(3) 암시적 의사교류

암시적 의사교류(Ulterior Transaction)는 의사교류에 관계된 자아 중 겉으로 직접 나타나는 사회적 자아 또는 현실적 자아와 실제로 기능하는 심리적 자아상태가 서로 다른 의사교류를 말한다. 현실적으로 드러난 의사교류에서 보이지 않는 암시가 작용한다. 그러므로 실제 기능하는 자아와 현실적으로 드러나는 자아는 불일치하게 되어 상당히 복잡한 형태를 갖는다. 따라서 이 교류에서는 두 가지 수준의 교류가 동시에 일어난다. 이를 의사소통의 '제3규칙'이라고 한다.

6) 생활각본

생활각본(life scripts)이란 생의 초기에 개인이 경험하는 외적 사태에 대한 자신의 해석을 바탕으로 하여 형성되고 결정된 환경에 대한 반응행동 양식이다. 선택한 생활자세에 바탕을 두고 자신이 어떻게 생활할 것인가에 대한 계획이라 할 수 있다. 생활계획 속에는 자신에게 필요한 욕구를 충족할 수 있는 방법이 포함되어 있다. 또한 자신이 선택한 생활자세가 계속 이루어질 수 있도록 강화한다.

생활각본은 심리적 · 신체적 생존을 위해 우리가 어떻게 해야 한다는 것을 배우는 인생 초기에 형성되는 것인지도 모른다. 생활각본은 우리가 통합한 부모적인 메시지와 그런 명령에 부응해서 만든 초기 결정들, 초기 결정을 지속시키기 위해 하는 게임들, 우리의 결정을 정당화시키기 위해 경험하는 불쾌하고 쓰린 감정들, 그리고 우리의 극본이 어떻게 전개되고 어떻게 끝나야 하는지에 대한 우리의 기대 등을 포함하여 형성되며, 형성된 각본에 따라 개인의 생활양식이 나타나게 된다(Berne, 1972).

이러한 각본을 분류하면 다음과 같다(정서영 외, 2017b: 227 재인용).

(1) 문화적 각본(cultural script)

이것은 한 사회 안에서 대다수의 사람들이 기대하고 있고 수용하고 있는 어떤 행동의 모형을 개체가 받아들여 그것을 자기의 것으로 도식화하는 것을 말한다. 이러한 것들은 가치관이나 생활태도는 물론 사람의 몸가짐이나 몸짓에까지 영향을 준다. 이러한 문화적 각본은 주로 아동기에 부모가 가지고 있던 자아상태에 따라 도식화됨으로써 성인이 되어서도 그대로 반복하게 된다.

(2) 하위문화적 각본(subcultural scripts)

같은 문화권에 공생하고 있다고 하더라도 그 문화권이 광대하고 보면, 그 문화권 내에 다시 소단위의 하위문화가 존재하게 된다. 이것은 지역이나 인종적 · 종교적 배경 등에서 특히 현저히 나타나는데, 이러한 하위문화의 각본이 어떻게 도식화되느냐에 의하여 언어습관, 음식, 관습 등이 달라질 수 있다.

(3) 가족각본(family scripts)

전통적인 하위문화와 그 가족원들이 그 사람에게 기대하고 있는 기대치에 따라서 영향을 받는다. 특히, 부모의 자아상태가 다시 전승됨으로써 지속되는 것이다.

(4) **개인의 심리적 각본**(psychological scripts of an individual)

개인의 생활에도 강박적이고 도식적인 어떤 행위가 반복되고 있는 경우가 있다. 행동양식의 특수한 형태가 있다든지 사고방식 중 특수한 것들이 꼭 반복되는 것이 이러한 분류에 속한다.

7) 게임

게임(game, 쌍방 간 은폐된 감정 대립)은 사람이 상대방의 좋지 못한 행동이나 생활자세(not-OK)를 지적하기 위해 명백히 희생이 예견되는 방식으로 상호 간에 교환되는 일련의 이중적 의사교류(상보적 의사교류 · 암시적 의사교류)를 말한다. 따라서 여기에서는 당사자 두 사람 모두 또는 최소한 한 사람이 좋지 않은 감정을 갖게 되고, 끝내는 일련의 의사교류에 의해 친밀감이 형성되는 것이 방해되거나 이미 형성된 친밀감이 감소되고, 더 나아가 부정적 감정이 더욱 강하게 형성된다(오만록, 2017: 330).

게임은 초기 결정을 지지할 목적에서 이루어지며, 유쾌한 감정을 가장하고 인생각본을 추진시키기 위한 교류로서 시간을 구조화하는 하나의 방법이다. 게임은 명료하고 예측 가능한 결과를 향해 나아가는 일련의 이면적 교류이고, 숨겨진 동기를 수반하고, 반복적이며 표면상으로 올가미나 속임수를 내장한 일련의 흥정이다.

전형적인 게임의 특징을 보면, 게임은 반복적으로 진행되고, 어른 자아(A)가 모르는 사이에 진행되며, 항상 게임하는 사람으로 하여금 라켓(racket) 감정을 체험하게 하는 것으로 종결된다. 또한 게임에 개입하는 약자들 사이에서 이면교류를 교환하는 것이 필연적이며, 게임은 항상 놀라움이나 혼돈의 순간을 포함하고 있다. 게임을 하는 이유는 그것이 스트로크를 얻기 위한 수단이고, 그러기 위해 시간을 구조화하는 방법의 하나이기 때문이다. 아울러 게임은 각자의 기본적 감정을 지키기 위해, 그리고 자신의 기본적 각본을 지키기 위해 연출된다(김춘경 외,

2016: 400).

이러한 게임의 이점은 자기의 각본을 정당화하며, 기본적인 심리적 기아를 충족시켜 준다는 것이다. 그리고 친밀(intimacy)해지기 싫어서 게임을 하는 경향이 있는데, 친밀해지면 자기의 취약점을 드러낼 가능성이 있으니 오히려 게임을 통하여 부정적 스트로크를 얻고자 하게 된다. 게임은 보통 보호받을 만한 환경이 되지 못할 때 나타난다. 게임의 종류로는 생활게임(life game), 결혼게임(marital game), 파티게임(party game), 섹스게임(sexual game), 범죄자게임(underworld game), 진찰실게임(consulting room game) 등 다양한 범주의 게임이 있다.

어떤 게임은 정상적인 사회조건에서 평생 지속할 수밖에 없는 기회를 더 많이 제공하며 죄 없는 사람 주변 사람들을 끌어들이게 되는데, 이런 종류의 게임을 '인생게임'이라고 한다. 예를 들어, 수업 시작 시간보다 늦게 강의실에 들어온 학생에게 교수가 "지금 몇 시죠?"라고 물었을 때 학생이 "9시 20분인데요."라고 대답하게 되면, 이는 상보적 의사교류라고 볼 수도 있다. 그러나 교수의 숨겨진 의도(숨겨진 비언어적 메시지)에는 "또 지각했군."이라는 의미를 담고 있으며, 역시 학생의 숨겨진 반응에는 "늘 비꼬는군."이라는 의미가 암시되어 있다. 결국 교수와 학생 모두 이 숨은 감정을 말하지 않지만, 그들은 이 숨은 메시지를 완전히 파악하고 불쾌감정을 경험하는 결말을 얻게 될 것이다. 이러한 결과는 두 사람 간의 관계를 악화시키게 된다. 결국 상호 간에 이러한 감정이 누적되어 이는 라켓으로 발달하게 된다.

8) 라켓 감정

라켓(racket)은 초기 결정을 확증하기 위하여 다른 사람을 조작하는 과정을 말하며, 이를 위한 수단으로 자신도 모르게 벌이는 일련의 '각본에 따른 행동(scripty behavior)'을 말한다. 이러한 조작적이고 파괴적인 행동과 연관된 감정을 '라켓 감정(racket feeling)', 만성적 불쾌 감정이라 한다. 라켓 감정은 스트레스 상황에서 자주 경험하는 정서로서 어린 시절에 학습되고 주위로부터 지지받았으며 성인에게는 부적합한 문제해결방식으로 자신에게 매우 친근한 정서를 뜻하는, 자기 의사와 다르게 표현되는 감정이다. 사람은 주의를 끌기 위해 불쾌하고 쓰라린 감정, 위장된 죄의식 또는 위장된 우울 감정을 발달시킬 수 있다. 이러한 위장된 감정은 불쾌하고 쓰라린 감정을 지속시켜 주는 상황(게임)을 개인이 스스로 선택하게 함으로써 계속 유지되며 개인의 지속적인 감정 유형이 된다. 그리고 이러한 감정 유형은 전형적인 행동방식을 만들어 내게 된다(Berne, 1972).

4. 상담과정

교류분석의 상담과정은 일반적으로 다음과 같은 여섯 단계를 거친다.

1) 1단계: 계약

대부분의 상담에서와 마찬가지로 교류분석상담에서도 상담을 시작하는 초기에 상담자와 내담자 사이의 라포 형성과 상담 구조화, 그리고 상담목표를 세우고 달성하기 위한 상담계약이 이루어진다. 상담계약은 상담과정 후 내담자 자신의 변화를 위한 재결단이 이루어지는 데 도움이 된다.

계약의 내용에는 상담자와 내담자 모두가 수용 가능한 상담목표 설정, 상담자의 노력에 상응하는 내담자의 노력 투입, 상담자와 내담자의 능력과 한계를 분명히 설정하는 것, 상담자와 내담자의 제한점과 책임사항이 포함되는 것이 바람직할 것이다. 이러한 계약은 적법하고 상담자의 윤리에 어긋나지 않아야 한다.

2) 2단계: 구조분석

내담자로 하여금 현재 자신의 자아상태가 균형 있게 기능하지 못하는 원인을 찾아 그것을 수정하기 위하여 이루어지는 단계다. 즉, 개인으로 하여금 자신의 자아상태 구조를 스스로 분석하도록 돕는 과정을 말하는데, 이 과정을 통해서 내담자는 자신이 가지고 있는 자아상태의 구조를 직접 파악할 수 있다(오만록, 2017: 338).

여기에서 상담자는 내담자에게 구조분석의 의미와 세 가지 자아상태와 기능을 이해시키고, 내담자의 행동 특징, 자아기능 그래프 등을 근거로 내담자 자아상태의 혼합(contamination)이나 배타(exclusion) 현상을 확인하게 된다. 혼합은 하나의 자아상태의 내용이 또 하나의 자아상태와 혼합될 때 존재한다(Berne, 1972).

3) 3단계: 교류분석

이 단계에서는 내담자가 어떤 유형의 의사교류를 하고 있는지를 알아보고, 그런 의사교류가 인간관계의 과정에서 발생시키는 문제가 무엇인지 확인하여 내담자의 문제해결을 돕고자 한다. 그러기 위해 먼저 내담자에게 의사교류의 의미와 유형을 이해시키고 내담자와 관계있는 사람들과의 의사교류를 분석해 보도록 한다. 이러한 분석을 통해 내담자의 현재 문제와 관련 있는 의사교류를 찾아낸다.

교류분석은 구조분석을 기초로 하여 집단원 각 개인이 집단지도자나 다른 집단원과의 관계에서 행하고 있는 상호교류 또는 의사소통의 일상과 성질을 파악하는 방법이다. 즉, 각 집단원들이 행하고 있는 상호교류의 과정에서 어떤 자아상태가 관여하고 있으며, 어떤 유형의 상호교류를 하고 있는가를 확인한다. 상호교류가 의사소통이나 인간관계의 과정에서 어떤 문제점을 지니고 있는가를 분석·확인하여 그 문제점들을 해결할 수 있도록 돕는 과정이다. 즉, 이 단계는 교류분석의 기본이라고 할 수 있는데, 어버이 자아, 어른 자아, 아이 자아의 세 가지 자아상태에 관한 지식을 응용하여 우리가 교환하는 데에는 말뿐만이 아니라 소리의 억양, 표정, 시선 등도 고려하여야 한다. 앞에서 언급했듯이, 타인과의 관계에서 이루어지는 의사교류의 유형에는 상보적 의사교류(평행적 의사교류), 교차적 의사교류, 암시적 의사교류(이면적 의사교류, 저의적 의사교류)의 세 가지가 있다.

4) 4단계: 게임분석

이 단계에서는 상담자가 내담자에게 게임의 의미와 그 유형을 이해시키고 내담자의 암시적 의사교류가 어떻게 형성·유지되는지를 내담자와 찾아본다. 또 내담자가 사용하는 게임의 유형을 확인하고, 그것이 주는 스탬프(stamp)는 무엇인지와 어떤 경로로 게임이 형성되는지를 게임의 공식에 대입하여 알아본다. 아울러 그러한 게임의 결과로 갖게 되는 부정적인 감정을 찾는 것도 이 단계에서 이루어진다.

게임분석은 암시적 의사교류를 구체적인 게임의 종류 및 만성 부정감정 유형과 관련시켜 분석하는 것이다. 게임은 숨겨진 동기를 가진 암시적 의사교류로 의사교류에 관여하는 두 사람 모두 또는 적어도 한 사람에게 불쾌한 감정을 유발하는 의사교류의 형태인데, 게임은 친밀감을 저해한다.

아울러 게임 후에 경험하는 불쾌하고 쓰라린 감정을 라켓(racket), 즉 만성 부정감정이라 부른다. 게임은 참된 동기나 목적이 깊숙한 곳에 숨겨져 있으며, 게임을 하고 있는 사람은 자신이 게임을 하고 있다는 것을 거의 알지 못한다. 만약 그것을 의식한다면 이는 게임이 아니고 계략인 것이다. 게임은 의사소통을 방해하고 신뢰 있는 의사소통과 대인관계의 저해요소가 된다. 게임이 분석되면 상담자는 내담자로 하여금 게임에서 얻은 것이 무엇인가를 내담자가 이해하도록 도와주어야 한다. 결국 게임을 통해서는 얻는 것이 없기 때문에 게임을 중단하도록 해야 한다(이현림, 2011: 145).

5) 5단계: 각본분석

개인의 인생계획이라 할 수 있는 각본은 어린 시절 자신이 경험한 일들에 대한 해석을 통해 내리는 결단에 의해 형성된다. 이 단계에서는 내담자에게 각본의 의미와 종류에 대해 이해시키고, 내담자가 가지고 있는 각본을 찾아보고, 특히 내담자의 문제 행동과 관련 각본을 확인시키며, 이런 각본이 어떻게 형성되었나를 분석해 본다.

각본분석은 대체로 상담자의 직접적인 조력이 없이 내담자에 의해서 행해진다. 개인이 가지고 있는 생활태도와 인생각본에는 대부분 중심주제가 있게 되는데, 이는 개인의 삶의 선택과 문제를 자각하는 데 지대한 영향을 미치게 된다. 상담자는 내담자로 하여금 자신의 생활태도와 인생각본을 어떻게 형성했는지를 인식하도록 하고, 삶의 역할(기본적인 심리자세)을 좀 더 명확히 이해할 수 있게 도와주어야 한다. 이로써 내담자는 자신의 생활태도와 인생각본이 자신을 어떻게 연기하도록 강요받고 있는지를 인식함으로써 결국 대안적인 생활태도와 인생각본을 취할 수 있게 된다.

각본분석은 내담자가 초기결정을 변경할 수 있는 가능성을 확보해 주는 데 목적이 있다. 상담자는 내담자로 하여금 자신의 생활태도와 인생각본의 줄거리가 적합한지, 이야기들이 현재 생활 경험과 적합한지 깨닫도록 하기 위해서는 아동기의 경험들, 즉 가장 좋아했던 이야기나 좋지 않았던 기억 등을 회상하도록 하며, 그 일부분에 대해서는 연기를 직접 해보도록 요구할 필요도 있다. 이러한 과정을 통해 내담자는 자신의 생활에 대한 이해를 공고히 할 수 있게 되고, 자신의 생활에 대하여 적절한 새로운 결정(재결정)을 내릴 수 있게 된다.

6) 6단계: 재결정

재결정(redecision)이란 내담자가 지금까지 문제 있는 각본이나 의사교류, 게임, 배타와 혼합 등으로부터 탈피하여 자율적이고 정상적인 자아상태를 회복하고 긍정적인 생활자세로 돌아오기 위한 과정이다. 이는 내담자는 새로운 생활각본을 형성하고 자율적인 인간으로 변화할 수가 있다. 즉, 내담자의 현재의 생활이 어린 시절의 초기 결단에 의해 이루어지듯이 내담자는 재결정을 통해 새로운 삶을 살 수가 있다. 구체적으로 내담자는 자아상태가 강화됨으로써 정상적인 자아를 회복하고 긍정적인 생활자세(자기 긍정-타인 긍정)를 취하게 된다.

재결정과정은 초기 결단을 내린 어릴 때의 장면으로 내담자가 되돌아가도록 한다. 게슈탈트상담기법이나 심리극 등을 활용할 수 있다. 그리고 내담자의 어린이 자아상태로부터 재결정을 내릴 수 있도록 하기 위해 어릴 때 장면이 활용된다. 단순히 지적으로 결정을 다시 하는 것만으로 어릴 때의 조건형성된 것을 해제하기에는 충분하지 않다. 그래서 내담자가 지적, 정서적으로 재결정을 하기 위해 초기 결단을 내린 장면에 대해 정서적으로 또다시 경험하도록 해야 한다.

그러므로 내담자 중에는 재결정 후 지금까지와는 다른 방식으로 생각하고 행동하고 느끼는 경우가 있는데, 이것이 상담의 목표가 모두 달성된 것은 아니다. 따라서 상담자는 내담자가 재결단한 그대로 살아가도록 지속적인 도움을 주어야 한다.

5. 상담기법

1) 상담 분위기 조성기법

(1) 허용

대부분의 내담자들은 부모의 많은 금지령에 의해서 행동하고 있다. 상담자는 내담자로 하여금 부모가 지금까지 금지했던 일들을 허용해야 한다. 내담자는 허용을 받을수록 긍정적인 생활자세와 생활각본을 선택할 수 있다. 또한 상담자는 내담자로 하여금 자신의 모든 자아상태를 경험하도록 하고, 게임을 하지 않아도 될 수 있는 분위기를 허용해야 한다.

(2) 보호

내담자가 부모의 금지령을 버리고 어른 자아를 활용하도록 허용을 받게 되면 자신 속에 있는 어린이 자아가 놀라는 경험을 할 수가 있다. 그동안 부모의 금지령에 억눌려 있던 내담자의 어린이 자아가 자유롭게 기능을 함으로써 스스로 당황하게 될 수 있는 것이다. 상담자가 내담자의 그러한 반응에 대해 안심시켜 주고 지지함으로써 내담자는 더욱 안전하게 새로운 자아를 경험할 수 있다.

(3) 잠재력

잠재력은 적당한 시기에 적절한 상담기법을 사용할 수 있는 상담자의 능력이다. 상담자는 자아상태, 의사교류, 게임, 각본 등과 관련된 내용을 분석하고 바람직하게 이들을 변화시킬 수 있는 상담기술을 소지하고 있어야 한다.

2) 조작기법

조작기법이란 구체적인 상담자의 행동, 즉 상담기법을 말하는데, 모두 여덟 가지가 있다. 그 내용을 살펴보면 다음과 같다.

(1) 질문

많은 내담자들은 어른 자아를 사용하는 데 어려움을 갖는다. 상담자는 내담자의 행동에서 어른 자아가 기능하지 못하면 내담자가 어른 자아로 반응할 때까지 그에게 질문(interrogation)을 해야 한다. 질문은 강압적인 측면이 있으므로 심한 질문 공세는 피하는 것이 바람직하고 신중을 기해야 한다. 교류분석상담에서는 상담자가 필요한 질문을 하여 내담자가 응답하도록 함으로써, 어른 자아의 기능을 촉진시켜야 한다.

(2) 세분화

세분화(specification)는 내담자가 자신의 특별한 행동의 원인에 대해서 어떤 반응을 했을 때, 그 반응에 대해 상담자가 동의함으로써 내담자로 하여금 그 반응을 보다 분명하게 해주기 위해 사용하는 기법이다. 이는 특히 내담자로 하여금 세 가지 자아상태의 기능을 완전히 이해할 수 있도록 돕는 데 활용된다.

내담자의 특정 행동에 있어 상담자와 내담자의 어른 자아가 서로 일치하는 경우가 있다. 예를 들어, 여러 상황에서 내담자가 늘 과격해 있다는 사실에 대해 상담자와 내담자는 의견의 일치를 보일 수 있다. 이때 상담자는 "그래서 당신은 늘 스스로를 과격하다고 여기고 있군요."라고 내담자에게 반응을 보인다. 이와 같이 내담자의 반응이나 상황에 대하여 상담자가 자세하고 명확하게 설명해 주는 기법으로 '상술화'라고도 한다.

(3) 직면

직면(confrontation, 맞닥뜨리기)은 상담자가 내담자의 모순 또는 일관성이 없는 행동이나 말을 지적함으로써 내담자로 하여금 이를 인식하게 하여 고치도록 하는 것을 말한다. 이런 과정에서 상담자는 내담자의 어린이 자아, 부모 자아, 혼합된 어른 자아를 자유롭게 해준다. 또한 부정적인 생활자세, 생활각본, 게임에 대해 각성하고 이들로부터 벗어날 수 있게 한다.

(4) 설명

상담자가 어른 자아 대 어른 자아의 입장에서 내담자에게 가르치는 기법이다. 설명(explanation)은 내담자가 현재 그렇게 행동하고 있는 이유에 대해 상담자와 내담자의 어른 자아 간의 의사교류에 의해 이루어진다. 설명은 특별히 내담자가 현실을 잘 직면하지 못할 때 효과적이다.

(5) 예시

예시(illustration)는 상담자가 내담자에게 긴장을 풀고 뭔가를 가르쳐 주는 방법이다. 즉, 상담과정에서의 효과를 높이기 위해 상담자가 관련 실례를 제시하는 것을 말한다. 주로 직면 다음에 사용되는 기법으로서 일화 또는 비교 등의 방법을 많이 사용한다. 이 기법은 유머를 담고 있기 때문에 내담자의 어린이 자아를 즐겁게 해주는 반면에 어른 자아는 새로운 통찰을 얻도록 해준다. 이는 내담자의 어른 자아 기능을 정상상태로 안착시키기 위한 것이다. 따라서 이 기술은 긴장을 완화시키는 측면과 가르치는 측면을 동시에 가지고 있다.

(6) 확립

확립(confirmation)은 직면으로 사라졌던 내담자의 행동이 원래의 행동으로 재발할 때 상담자가 내담자에게 과거 행동을 아직도 완전히 버리지 못했으니 더욱 열심히 노력하라고 지적해 주는 기법이다. 즉, 내담자의 어떤 행동은 상담에 의해 일시적으로 달라졌다가 곧 원래의 행동으로 되돌아가 버리는 경우가 많다. 확증은 일단 교정된 내담자의 행동이 원래의 행동으로 되돌아간다는 점을 깨달아 이를 막을 수 있도록 돕는 기법인데, 여기에서 상담자는 아직까지 내담자가 그러한 원래의 행동을 실제로 포기하지 않고 있다는 점과 그러한 행동으로부터 벗어나기 위해서는 더 열심히 노력해야 한다는 점을 지적해 주어야 한다.

(7) 해석

해석(interpretation)은 상담자가 내담자의 행동 속에 숨겨져 있는 의미를 내담자가 인식할 수 있도록 하는 방법을 말한다. 이 기법은 전통적인 정신분석적 상담의 과정과 비슷하다. 이를 위해서는 상담자와 내담자의 어른 자아 간에 의사교류가 이루어져야 한다.

(8) 구체적 종결

구체적 종결(crystallization)이란 상담자는 내담자가 목표를 성취해 나가는 과정에서 보여 주는 특정의 행동에 대하여 그때그때 마무리를 지어가는 것을 말한다. 즉, 상담자가 내담자의 생활자세를 어른 자아 대 어른 자아의 입장에서 명료화할 때 사용되는데, 내담자가 인정자극을 얻기 위하여 게임을 더 이상 하지 않고 정상적으로 행동할 수 있음을 설명해 주는 것이다. 상담자가 내담자에게 그가 인정자극을 받기 위해 사용해 왔던 게임을 포기하도록 설명했을 때, 내담자가 그에 대한 방법을 인식하면 이때 상담자는 "이제 당신은 당신이 원하는 인정자극을 얻을 수 있는 더 좋은 방법을 가지게 되었습니다."라고 그에게 말해주어야 한다.

이 외에 게슈탈트상담 및 심리극에서 사용되는 빈 의자 기법을 사용한다. 이 기법은 특히 구조분석에 유용하게 활용된다. 만약 내담자가 직장의 상사(부모자아상태)와 곤란을 겪고 있다면 그 상사가 자기 앞에 있는 빈 의자에 앉아 있다고 생각하고 대화를 하도록 할 수 있다. 이때 내담자는 현재 자신의 자아상태가 가진 생각, 감정, 태도를 표출할 수 있게 된다. 이 빈 의자 기법을 통해 내담자는 자신의 자아상태를 보다 깊이 각성하게 된다. 이 기법은 내적 갈등 때문에 고민하는 사람에게 도움이 된다. 빈 의자 기법의 변형으로 두 의자 기법이 활용되기도 한다. 두 의자 기법은 과거에 부모 또는 다른 사람들과 가졌던 갈등을 해소하는 데 특히 도움이 된다.

6. 평가

교류분석은 종종 상담에서 놓칠 수 있는 인지적 기초를 제공한다. 이 접근의 주장은 내담자가 스스로 희생자처럼 생각하는 자세를 없애고, 초기결정에 속박되어서는 안 된다는 것을 깨닫도록 하는 것이다. 특히, 재결정 치료는 어떻게 이들 초기결단이 만들어지는지, 또 어떻게 초기결정이 현재의 자기 패배적 생활자세와 관련되어 있는지, 게임이 어떻게 나쁜 감정을 영속화시키는지, 우리 삶이 잘못 이해된 계획과 각본에 의해 어떻게 지배되는지를 이해하는 데 유용한 개념적 기초를 제공해 준다. 즉, 개념적으로 재결정 치료는 구성원이 오래되고 낡은 생활각본으로부터 그들 자신을 자유롭게 하고 성공적이며 의미 있는 삶을 사는 데 필요한 도구를 제공해준다.

1) 공헌

교류분석의 공헌은 다음과 같다(김형태, 2006: 154).

첫째, 대인관계에 있어 의사소통의 질을 개선할 수 있는 구체적인 방안을 제시, 즉 의사소통 게임의 문제점을 지적하고 중지, 선할 수 있는 친밀관계 형성의 방안을 제시한다.

둘째, 효율적인 부모가 될 수 있는 길을 제시, 즉 인정자극과 자녀의 어른 자아 상대로 이야기하는 것의 중요성, 자녀와의 대화에서 금지령의 문제점과 그에 따른 초기 결단이 일생 동안에 미치는 악영향, 암시적 의사거래의 문제점을 분명히 제시한다.

셋째, 상담자와의 형식적인 상담을 제시하지 않고 내담자 스스로 자신을 변화시킬 수 있는 방법을 제시, 즉 구체적 이론 제공으로 자신을 이해하고 분석하여 보다 자율적인 인간이 될 수 있는 방안을 제시한다.

넷째, 상담자 내담자의 계약을 중요시, 즉 서로의 자유와 책임을 분명히 해준다.

다섯째, 자신의 상담기술만을 고집하지 않고 다른 상담기술(예: 게슈탈트상담기술)

등을 차용하여 상담목적을 달성할 수도 있음을 제시한다.

2) 비판

교류분석에 대한 한계와 비판은 다음과 같다(장혁표, 2000: 110-111).

첫째, 교류분석은 그 이론과 절차가 적절한 실험적 타당성을 가지지 못했다는 배경적인 측면에서 비평받을 수 있다.

둘째, 교류분석은 상담자가 내담자와의 순수한 접촉을 피하거나 자신의 반응을 드러내는 것을 금하는 상담전문가가 전문용어를 사용할 때의 방법과 관련해 있다.

셋째, 교류분석은 그 자체보다 교류분석이 잘못 사용될 가능성에 문제점이 있다.

넷째, 교류분석은 단순하고 피상적이며 단지 증상만 완화시키는 것으로 비판받을 수 있다.

다섯째, 교류분석은 내담자가 자신의 행동을 이해하고 재결정하기만 하면 치료계약이 성취된 것으로 생각할 수 있으므로, 현실세계에서의 교류분석 실행방법을 자칫 간과할 수 있다는 것이다.

여섯째, 교류분석은 주요 개념을 포함한 많은 개념이 인지적이기 때문에 지적능력이 낮은 내담자들에게는 부적절할 수 있다.

일곱째, 교류분석의 개념이 창의적인 면도 있기는 하지만 추상적이어서 이를 실제로 적용하는 데 어려움이 많다는 점이다.

13

Chapter

합리정서행동치료

개요

합리정서행동치료는 엘리스가 창안한 인지적, 정서적, 행동적 이론 접근을 토대로 하는 종합적 교유 방식, 상담 및 심리치료다. 이 이론에서는 인간의 문제는 외부 사건이나 상황에 의해서 발생하는 것이 아니라, 자신에게 일어난 사건에 대해 우리가 가지는 신념, 생각, 평가, 해석, 철학에 의해서 생긴다는 전제에서 출발한다. 본 장에서는 합리정서행동치료에 대해 논의 하고자 한다.

학습 목표

1. 합리정서행동치료에 대한 이해
2. 합리정서행동치료의 핵심개념 파악
3. 엘리스에 대한 관심

학습 내용

1. 합리정서행동치료의 개요
2. 엘리스의 생애와 사상
3. 합리정서행동치료의 핵심 개념
4. 상담과정
5. 상담기법
6. 평가

1. 합리정서행동치료의 개요

합리정서행동치료(Rational Emotive Behavioral Therapy, REBT)는 엘리스가 창안한 인지적, 정서적, 행동적 이론 접근을 토대로 하는 종합적 교육방식, 상담 및 심리치료이다. 이 이론에서는 인간의 문제는 외부 사건이나 상황에 의해서 발생하는 것이 아니라, 자신에게 일어난 사건에 대해 우리가 가지는 신념, 생각, 평가, 해석, 철학에 의해서 생긴다는 전제에서 출발한다.

합리정서행동치료에 대한 배경은 스토아철학(stoicism), 도교, 불교, 아들러(A. Adler)와 같이 인간의 생각이 중요함을 강조한 철학과 지시적 방법을 강조한 많은 상담이론에 근거를 두고 있다(Ellis, 1979). 또한 고대 그리스와 로마의 스토아 철학자인 소크라테스, 아우렐리우스, 그리고 실존주의 철학자인 하이데거와 틸리히 등의 영향을 받았다. 스토아 철학자인 에픽테투스(Epictetus, 55~135)는 "인간의 정서적 혼란은 그가 경험하고 있는 어떤 사실에 의해서가 아니고, 그 사실에 대해 가지는 인간의 관점 때문이다."라고 하였다. 셰익스피어(W. Shakespeare, 1564~1616)도 『햄릿』에서 "이 세상에는 좋은 것도 나쁜 것도 없다. 다만, 생각이 그렇게 만들 뿐이다."라고 에픽테투스의 말을 다시 표현했다. 이러한 말들은 어떤 사건 혹은 사실보다는 그것에 대한 해석, 생각이 더 중요함을 의미한다.

도교나 불교에 관심을 가진 사람들도 두 가지를 강조하였다. 하나는 인간의 정서는 그 근원에 있어 근본적으로 생각에 달렸다는 것이다. 즉, 일체유심조(一切唯心造)라는 것이다. 일체유심조는 화엄경의 핵심사상을 이루는 말로 "세상사 모든 일은 마음먹기에 달려 있다."는 뜻이다. 다른 하나는 인간의 가장 격렬한 느낌의 통제나 변화를 위해서 생각을 변화시키는 것이 중요하다는 것이다. 이는 원효대사가 유학길에서 해골바가지에 담긴 물을 먹은 것과 관련하여 깨달은 바 있어 유학길에서 되돌아온 것에서도 찾을 수 있다(김종운, 2013: 273).

아들러도 인간의 행동은 그의 생각에서 나오며 어떠한 경험과 사건도 성공 혹은 실패의 원인이 아니라고 보았다(Adler, 1964). 아들러는 의미란 장면 그 자체에 의해 결정되는 것이 아니고, 우리가 그 장면에 의미를 부여함으로써 우리가 그 장면의 의미를 결정한다고 보았다.

엘리스에 따르면, 개인의 신념체계는 합리적 신념과 비합리적 신념으로 구성되어 있다. 즉, 어떤 사실에 대해 우리가 합리적 생각을 하게 되면 바람직한 정서와 행동을 경험하게 되지만 비합리적 생각을 하게 되면 바람직하지 못한 정서와 행동을 경험하게 된다. 그래서 합리정서행동치료에서는 내담자의 비합리적 생각을 합리적 생각으로 대치시키거나 최소화시켜서 내담자가 보다 합리적이고 융통성 있는 인생관을 가질 수 있도록 하는 데 주안점을 두고 있다.

이를 위해 엘리스는 내담자의 비합리적 신념을 논박(dispute)할 때, 내담자들이 자신의 비합리적 신념을 스스로 논박하는 데에는 소크라테스식 질문법을 사용하였다. 이것은 엘리스의 ABC 모델의 기초가 되었다.

상담목표

REBT의 목표는 정서적 어려움을 최소화하고, 자기 패배적 행동을 감소시키며, 자기실현을 이룸으로써 보다 행복한 존재로 이어지도록 돕는 것이다(Ellis & Dryden, 1989). 이를 위해 내담자의 비합리적 신념을 합리적 신념으로 바꾸어 자신이 원하지 않는 결과가 나왔을 경우라도 자기 자신이나 다른 사람에 대한 비난을 줄이게 하는 것이다(김종운, 2013: 280).

상담목표의 핵심은 문제행동의 제거보다는 문제행동 이면의 자기 패배적 신념을 최소화하고, 보다 현실적이고 합리적인 가치관 형성을 꾀하는 것이다. 즉, REBT의 세부 목표는 내담자가 보다 명확하고 합리적으로 사고하고, 보다 적절한 느낌을 가지며, 보다 효율적으로 행동함으로써 행복한 삶을 영위할 수 있도록 돕는 것이다. REBT를 통해 사람들은 슬픔, 후회, 좌절, 불쾌감 같은 부정적 감정을 효과적으로 다루는 방법을 습득한다. 이들은 또한 효과적인 합리정서행동 철학에 의해 우울, 불안, 무가치감 등과 같은 부적절한 부정적 감정을 다루게 된다(강진령, 2013a: 220).

2. 엘리스의 생애와 사상

앨버트 엘리스

엘리스(Albert Ellis, 1913~2007)는 1913년 9월 27일 펜실베이니아 주 서부의 중화학공업도시인 피츠버그(Pittsburgh)에서 태어나서 '브롱크스(Bronx)의 거리'에서 자랐다. 엘리스는 자신이 거의 고아나 다름없었다고 말했다. 왜냐하면 엘리스의 아버지가 여행을 자주 다니는 바람에 자신과 동생들을 거의 돌보지 않았기 때문이었다. 어머니는 자녀들을 키울 준비가 전혀 되지 않았던 사람이었다. 그 결과, 엘리스는 "어머니가 나를 돌보는 것만큼 나도 어머니를 돌봐야 했다."라고 말했다. 부모의 양육태만과 더불어 엘리스는 신장염을 앓았기 때문에 종종 병원에 입원해야 했다. 수줍음을 많이 타고 내향적인 아이였기 때문에 외향적이며 무모하기까지 한 남동생에게 많이 주눅 들기도 했다. 무능한 어머니, 무모한 남동생, 푸념쟁이인 여동생 때문에 비참한 아동기를 보냈을 법했지만, 엘리스는 '비참한 것을 거부'했다. 여동생은 우울증과 불안에 시달렸지만, 후에 엘리스는 자신의 인지·정서·행동치료로 여동생을 치료할 수 있었다.

빨리 백만장자가 되고 싶어서 뉴욕의 상업고등학교로 진학했지만, 졸업할 즈음에 대공황이 덮치는 바람에 백만장자의 꿈은 수포로 돌아갔다. 시립대학에 진학하여 영문학을 전공하여 6개의 소설을 썼지만, 아무도 출판해 주지 않았다. 난혼(promiscuity)에 대해 글을 쓰기 위해 연애소설과 실화소설 등을 즐겨 읽기 시작했다. 친구들은 자신의 문제를 엘리스와 상의하기 시작했고, 엘리스 스스로도 사람들을 잘 도와주고 재미있어 한다는 것을 깨달았다.

엘리스는 글쓰기뿐만 아니라, 치료요법도 좋아한다는 사실을 깨닫고 1942년 컬럼비아대학교(Columbia University)의 임상심리과정을 시작해서 1943년 석사학위를 받았다. 석사학위를 받자마자 개인상담소를 열어 심리치료와 결혼치료, 성치료를 시작했다. 1947년에 엘리스는 성격설문지에 관한 학위논문으로 컬럼비아대학교에서 박사학위를 받았는데, 이러한 순조로운 출발 전에는 사랑에 관한 학위논문이

검열에 걸린 경험도 있었다. 박사학위를 마친 엘리스의 꿈은 뛰어난 심리학자가 되는 것이었기 때문에 호나이학파의 정신분석가들과 함께 정신분석 훈련과정을 거쳤고, 스승의 지도 아래 정신분석을 연습했다. 엘리스는 1948~1952년까지 뉴저지 주의 정부기관 등에서 일했는데, 주로 '뉴저지 주립진단센터'와 뉴저지 주 전체의 수석 심리학자로 일했다. 한편, 뉴욕에서 그의 개인상담소는 계속해서 운영했다.

엘리스는 1950년대 동안 점점 더 자신을 '합리적 치료자'로 보기 시작하였고, 정신분석과 자신을 더 이상 관련 짓지 않았다. 1955년에 그의 새로운 지시적이고 인지적인 접근은 합리치료로 알려졌고, 그는 이를 토대로 인지상담을 처음 실행하게 되었다. 그러나 자기 패배적이고 비합리적인 사고가 어떻게 부정적 감정과 정서적 고통을 이끄는지에 대한 그의 접근은 저명한 상담자들에 의해 무시당하였고, 비판받았으며, 조롱받았다.

엘리스는 열정적인 다작 작가로, 800개가 넘는 논문, 75권의 책과 연구들, 200개가 넘는 오디오 및 비디오 카세트테이프를 출판하였다. 가장 영향력 있는 상담자 중 하나로 거론되면서, 미국심리학회(American Psychological Association, APA)의 우수한 직업적 공헌상(Professional contribution award)을 수상하였고, 미국상담학회에서 '살아 있는 전설(living legend)'의 명예를 받았다. 그의 이론은 인지치료 분야에 큰 틀을 만들었을 뿐 아니라, 심리치료 분야를 넓히는 데 공헌하였다. 엘리스는 스스로를 REBT의 아버지로, 인지행동치료의 할아버지로 여겼다. 유머를 제외하고는 앨리스의 작업 기본 원칙은 과학적이며, 효율적이며, 정직하고, 혁신적이며, 열정적인 회의론이었다.

엘리스는 평생 동안 당뇨병, 청각 이상, 시각 이상 그리고 다른 신체장애를 경험하였다. 하지만 90대에도 자신의 기본 원리를 적용하고, 집필하며, 워크숍을 직접 주재하다가 2007년 7월에 사망하였다.

엘리스의 대표적 저서로는 『심리치료에 있어서 이상과 감정(Reason and Emotion in Psychotherapy)』(1962), 하퍼(Harper)와의 공저 『합리적 삶에 대한 안내(A Guide to Rational Living)』(1997), 드리이덴(Dryden)과의 공저 『합리정서행동치료의 실제(The Practice of Rational Emotive Behaviour Therapy)』(1997), 맥라렌(MacLaren)과의 공저 『합리

정서행동치료(Rational Emotive Behaviour Therapy: A Therapist's Guide)』(2004), 『엘리스에게 묻는다(Ask Albert Ellis?: Straight Answers and Sound Advice from Americas Best-Known Psychologist)』(2003), 『합리정서행동치료(Rational Emotive Behavior Therapy: It Works for Me and It Can Work for You)』(2004), 『자존감의 신화(The Myth of Self-Esteem: How Rational Emotive Behavior Therapy Can Change Your Life Forever)』(2005) 등이 있다.

3. 합리정서행동치료의 핵심 개념

1) REBT이론

합리정서행동치료(Rational-Emotive Behavior Therapy, REBT)는 앨버트 엘리스가 창시한 것으로, 1950년대에 '합리치료(Rational Therapy, RT)'로 처음 소개되었다. 그러다가 1962년 '합리정서치료(Rational-Emotive Therapy, RET)'로 개칭되었다. 그러나 그 후, 이 이론이 인지·정서적 측면뿐 아니라, 행동도 중시한다는 점을 반영하기 위해 1993년 오늘날의 '합리정서행동치료(REBT)'로 다시 명칭을 변경하였다. 한때 정신분석에 심취되었던 엘리스는 정신분석의 치료적 효과에 불만족스러워하다가 이 이론적 접근을 개발하였다. REBT는 의미 있는 행동적·정서적 측면을 강조한 인지적 접근이다. REBT는 인지행동치료(Cognitive-Behavioral Therapy)가 공식화되기 오래 전부터 발전되었음에도 불구하고 때로 인지행동치료로 분류되기도 한다. 처음에는 다른 어떤 상담이론보다도 벡(Aaron Beck)의 인지치료(Cognitive Therapy)와 유사했기 때문이다. 합리정서행동치료는 앨버트 엘리스에 의해 창시되었지만, 여러 사람들에 의해 오늘날의 치료적 접근으로 거듭나게 되었다(강진령, 2013a: 210).

2) 인간관

합리정서행동치료에서 인간이 합리적으로 생각할 수도 있고, 비합리적으로 생각할 수 있다는 가정에 근거한다. 여기서 말하는 합리적 혹은 비합리적이란 용어는 인간 개개인의 하고자 하는 일에 도움이 되는 생각은 합리적 생각이고, 그렇지 않은 생각은 비합리적 생각이라고 볼 수 있다. 즉, 인간은 자신을 보호하고, 행복을 누리고, 생각하고, 다른 사람과 상호작용하고, 사랑하고, 친분을 쌓고, 성장하고, 자아를 실현할 수 있는 경향성을 가지고 있다. 이와 동시에 스스로를 파괴하고, 일을 뒤로 미루고, 실수를 반복하고, 허황된 믿음에 빠져들고, 참을성이 없고, 완벽하려 하며, 자기를 비난하고, 자신의 성장 가능성을 회피하려는 경향성도 가지고 있다(Corey, 2016).

합리정서행동치료의 인간관은 인간이 합리적인 생각을 할 수도 있고, 비합리적인 생각을 할 수도 있다는 사실과 직결된다. 그 내용은 다음과 같다(Corey, 2016).

첫째, 인간은 외부적인 어떤 조건에 의해서보다도 자기 스스로가 자신의 정서적 혼란을 일으키는 여건을 만든다.

둘째, 인간은 사실을 왜곡하고 불필요한 정서적 혼란을 일으키는 생득적·문화적 경향성을 가지고 있다.

셋째, 인간은 동시에 생각하고, 느끼고, 행동한다. 이들 사고, 감정, 행동은 서로 중대한 영향을 미친다.

넷째, 인간은 자신에게 정서적 혼란을 일으키는 생각을 만들어 낸다. 그리고는 자신이 만든 그 정서적 혼란에 대해 계속 정서적으로 혼란을 당하는 존재이다.

다섯째, 인간은 자신의 인지적·정서적·행동적 과정을 변화시킬 수 있는 능력이 있다. 즉, 인간은 자신이 늘 하던 것과는 다른 반응을 보일 수 있고, 자신의 정서적 혼란을 그대로 방치해 두지 않을 수도 있다.

여섯째, 인간은 자기와 대화(self-talk)하고, 자기를 평가(self-evaluation)하며, 자기를 유지(self-sustain)하려고 한다.

일곱째, 인간은 성장과 자아실현의 경향성을 가지고 태어났다. 그러나 인간은 어떤 식으로 행동하도록 하는 강한 본능적 경향성을 지닌 생물학적으로는 동물이라는 사실 때문에, 실존주의적 상담에서 말하는 자아실현 경향성을 완전히 받아들이는 것은 아니다.

엘리스가 언급했듯이 인간은 생물학적·문화적 영향을 많이 받으며 어린 시절 가족문화를 결정짓는 부모의 양육태도에 의해 왜곡된 사고를 학습하지만, 어려서 부모에게 들은 이야기를 어른이 된 후에도 그대로 믿는 사람은 많지 않다. 따라서, 어른이 된 후까지 지속되는 비합리적 신념에서 벗어나려는 개인의 노력은 매우 중요하며, 이러한 노력을 통해 개인은 비합리적인 생각이나 태도, 행동을 합리적인 것으로 바꾸며 성숙한 사람으로 변화할 수 있다(김춘경외, 2016: 331).

3) 성격의 세 가지 측면

인간이 합리적으로 생각할 수도 있고 비합리적으로 생각할 수도 있다는 인간에 대한 엘리스의 가정은 성격이론에서도 잘 나타나 있다. 엘리스가 보는 인간 성격의 생득적 · 사회적 · 심리적 측면은 다음과 같다(김종운, 2013: 274-275).

(1) 성격의 생득적 측면

엘리스는 인간이 사회적 및 개인적 운명을 변화시킬 수 있는 능력이 있다고 주장하는 반면, 그와 동시에 사람들이 비합리적으로 생각하고 스스로에게 해를 끼치려는 선전적 경향성도 가지고 있다고 본다. 이러한 인간의 성격적 측면은 인간 개인이 자신의 인생에서 일어나는 모든 일에서 최상의 것을 원하고 추구하는 매우 강한 경향성을 가지고 태어난다는 것과 자신이 원하는 것을 얻지 못한다고 여길 때, 자신과 타인 및 세상을 두루 비난하는 경향성도 가지고 태어난다는 것이다.

(2) 인간의 사회적 측면

인간은 타인이 자신을 인정하고 승인한다고 믿을 때, 자기 자신을 선량하고 가치 있는 사람으로 본다. 엘리스에 의하면, 인간이 겪는 정서적 장애는 타인들이 생각하는 것에 대해 지나치게 염려하고 불안해하는 것과 관련된다. 이것은 타인이 자신을 좋게 생각할 때만 자기 스스로를 수용할 수 있다는 믿음에서 기인한다. 이러한 가치 충족을 위해 타인의 승인을 받고자 하는 욕망이 커지게 되어 타인에 대한 인정과 승인에 대한 욕구가 절대적이고 긴박한 욕구가 된다. 그 결과, 불안과 우울을 피할 수 없게 된다.

(3) 성격의 심리학적 측면

대부분의 사람들은 자신이 불안하고 슬픈 것은 객관적인 어떤 사건 혹은 사실 때문이라고 생각한다. 그러나 엘리스는 자신이 경험하는 정서적 혼란은 객관적인 사건 혹은 사실보다는 그 사건 혹은 사실에 대해 가지는 생각, 곧 비합리적 생각 때문이라고 보았다.

"내가 어떤 것을 원하기 때문에, 그것이 존재하는 것은 바람직하거나 선호되며 절대적으로 존재해야만 한다. 만약 그것이 실제로 존재하지 않는다면, 그것은 끔찍한 일이다."라고 생각하다 보면, 불안하거나 우울하게 느끼는 자신이 바람직하지 않다는 것을 깨닫게 된다. 이처럼 비합리적 생각은 자기 대화(self-talk), 자기언어화(self-verbalization), 자기진술(self-statement) 등에 의해 더욱 내면화, 신념화된다.

4) 당위적 사고: 비합리적 사고의 요소

당위적 사고는 요구(demandingness)에 의한 표현으로 드러나는데, 영어로는 'must', 'should', 'ought', 'have to' 등으로 표현된다. 엘리스는 절대적이고 당위적인 사고를 인간문제의 근원으로 파악한다.

만일 우리는 경험을 분석하고 해석하는 내면적 독백에 주의 깊게 귀를 기울인다면, 우리는 매일같이 자기 자신의 행동, 다른 사람의 행동, 여러 가지 조건에 대해 여러 번 판단한다는 것을 주목하게 된다. 이러한 판단은 우리가 가지고 있는 일련의 규칙 혹은 당위에 근거하고 있다.

인간은 근본적으로 불완전한 존재이다. "나는 너와 함께 신이 아니다."라는 어느 시의 일부분처럼 완벽하지 않기 때문에, 인간과 관련하여 당위적 사고는 비합리적이다. 일반적으로 비합리적인 신념의 뿌리를 이루고 있는 것은, 세 가지 당위성과 관련되어 있다. 이러한 신념은 우리가 우리들 자신과 타인 그리고 세계에 대한 우리의 요구로 작용한다(예: 나의 삶은 평탄하고 문제가 없어야 한다). 각 개인의 기본적인 세 가지 불합리한 신념은 다음의 중요한 세 가지 당위적 사고에 의해 요약될 수 있다(Palmer, 2000).

(1) 자신에 대한 당위적 사고

자기 자신에 대한 당위성을 강조하는 것이다. "나는 실수해서는 안 된다.", "나는 항상 인정받아야 한다." 등 수없이 많은 당위적 사고에 우리는 얽매여 있는 경우가 많다. 그로 인하여 이러한 자신에 대한 당위적 사고가 이루어지지 않을 때 자기 비관이나 자기 파멸이라는 생각을 갖게 된다.

(2) 타인에 대한 당위적 사고

자신이 정한 규칙에 따라 행동하는 사람은 옳고, 규칙을 어기는 사람은 잘못된 것이다.

① 만일 당신이 나를 사랑한다면, 퇴근 후에 설거지를 해줄 것이다.
② 더 많은 성적인 관심을 가져 줄 것이다.
③ 더 일찍 집에 올 것이다.
④ 내가 피곤할 때 도와줄 것이다.
⑤ 아이들을 돌봐 줄 것이다.
⑥ 학교를 마치고 좋은 직업을 구할 것이다.

누군가가 아무리 당신을 사랑한다고 해도, 그 사람은 여전히 자기 자신의 기본적 필요를 돌볼 책임이 있는 것이다. '나를 사랑한다면'이라는 말은 말하는 사람이 자신의 이기심을 위장하고, 상대방이 부담을 느끼도록 만드는 술책이며, 조종을 위한 전략이다. 가까운 타인에게 바라는 당위적 기대가 충족되지 않을 때, 인간에 대한 불신감을 갖게 된다.

(3) 조건에 대한 당위적 사고

우리에게 주어진 환경적 혹은 외부적 조건에 대해 당위성을 갖는 것이다. "나의 가정은 항상 화목해야 한다.", "나의 방은 항상 정돈되어 있어야 한다.", "나는 다른 사람들이 선망하는 직장을 다녀야 한다." 등 자신에게 주어진 조건에 대해 당위적 사고를 가지고 임하는 것이다. 우리가 바라고 원하는 것처럼 지속되는 당위적인 조건은 거의 없다. 그렇지만 많은 사람들은 흔히 이러한 당위적 조건을 기대하면서 그렇지 않은 경우에 화를 내거나 부적절한 행동을 한다.

5) 비합리적 신념

엘리스는 초기에 비합리적 신념 10개를 정의하였고, 나중에 대부분의 사람들이 하나 이상 가지고 있는 비합리적 신념 12개로 확장하였다(Ellis, 1962).

표 13-1 비합리적 신념 12개와 대응되는 합리적 신념

비합리적 신념	합리적 신념
1. 내가 하는 모든 일에 대해 중요한 사람에게서 반드시 사랑받아야만 한다는 생각	스스로 존중하려고 노력하고, 현실적 목적에 대해 인정받으며, 사랑받기보다는 사랑하는 데 더 초점을 둔다.
2. 어떤 행동들은 끔찍하고 사악하며, 그러한 행동을 한 사람들은 반드시 막중한 처벌을 받아야 한다는 생각	어떤 행동은 자기 패배적이고 반사회적이다. 그러한 행동을 하는 사람들은 어리석고 무지하며 신경증적이고, 변화되기 위해 도움이 필요하다. 그러나 사람들의 잘못된 행동이 개인을 부패한 인간으로 만드는 것은 아니다.
3. 내가 원하는 대로 일이 풀리지 않는 것은 끔찍하다는 생각	그것은 너무 속상하지만, 우리는 좀 더 만족스러운 상황을 만들기 위해 변화시키거나 통제하려고 노력할 것이다. 그리고 그것이 불가능하다면, 우리는 이 상황을 일시적으로 수용하고, 적절하게 참아내는 것이 낫다.
4. 인간의 고통은 변하지 않는 환경에서 발생하고, 외부 사람들과 사건에 의해 강요된다는 생각	신경증은 우리가 불행한 환경을 바라보는 관점에서 비롯된다.
5. 어떤 일이 위험해지거나 두려워지면, 우리는 끔찍하게 속상해 하거나 그것에 대해 끊임없이 떠올려야 한다는 생각	그것에 솔직히 직면하여 위험하지 않게 하거나, 만약 불가능하다면 불가피함을 수용하는 것이 낫다.
6. 삶의 어려움과 자기책임은 피하는 게 훨씬 쉽다는 생각	보통 이른바 쉽다고 하는 방법이 장기적으로 보았을 때 훨씬 어렵다.
7. 의지할 만한 강력하고 대단한 누군가가 있어야 한다는 생각	덜 의존적으로 행동하고 위험을 감수하려는 생각을 하는 것이 더 낫다.
8. 우리는 완전히 괜찮은 사람이어야 하고, 똑똑하며, 모든 가능한 것을 성취할 수 있어야 한다는 생각	우리가 항상 잘해야 할 필요는 없고, 우리 자신을 한계와 실패 가능성이 있는 보통의 불완전한 존재로 받아들이는 것이 낫다.

9. 무엇이 한 번 우리 삶에 큰 영향을 미쳤다면, 그것이 계속 영향을 미칠 것이라는 생각	우리는 우리의 과거 경험으로부터 배울 수 있지만, 그것이 전적으로 영향을 미치거나 우리 삶에 끼어들지는 않는다.
10. 우리가 완벽하게 무엇을 통제해야만 한다는 생각	세상은 확률과 우연으로 가득 차 있지만, 그럼에도 우리는 삶을 즐길 수 있다.
11. 아무것도 하지 않아도 인간의 행복을 관성적으로 성취할 수 있다는 생각	우리는 중요한 창조적인 일에 몰두하거나, 다른 사람 혹은 프로젝트에 헌신할 때 행복해지는 경향이 있다.
12. 우리는 정서를 통제할 수 없고, 세상을 왜곡되게 느낄 수밖에 없다는 생각	우리는 우리가 종종 창조하는 당위적 가설을 바꾸려는 작업을 할 때, 파괴적인 정서를 진짜로 통제할 수 있다.

출처: Ellis(1962).

6) ABC이론과 ABCDEF모델

엘리스는 신념체계를 합리적인 것과 비합리적인 것으로 분류하였다. 합리적 신념체계를 갖는 사람은 일어난 사건에 대해 합리적 해석을 하여 대처하기 때문에 바람직한 정서적·행동적 결과를 초래한다. 그러나 비합리적 신념체계를 가진 사람은 일어난 사건에 대해 비합리적으로 해석하여 바람직하지 않은 정서적·행동적 결과를 경험하게 된다. 그러므로 엘리스에 따르면, 정신적으로 건강한 사람은 합리적 신념체계에 따라 행동하는 사람이며, 건강하지 않은 사람은 비합리적 신념체계의 지배를 받는 사람이다. 우리의 정서적·행동적 결과에 영향을 미치는 원인으로 사건보다는 신념체계의 중요성을 강조한다는 점에서 인지·정서·행동치료를 'ABC이론'이라고도 한다. 여기서 A는 당신에게 의미 있는 '활성화된 사건(Activating events)'을, B는 '신념체계(Belief system)'를, 그리고 C는 정서적·행동적 '결과(Consequences)'를 의미한다.

엘리스는 내담자의 심리적 고통이나 문제는 그의 비합리적 신념체계에서 비롯된 것이라고 확고하게 믿는다. 따라서 인지·정서·행동치료는 내담자가 가진 비합리적 신념체계를 합리적 신념체계로 바꾸게 함으로써 문제해결을 할 수 있다고 본다. 상담자는 문제를 가진 내담자의 신념체계가 비합리적이라는 것을 설득력 있게 논박(disputing)함으로써 변화를 유도한다.

엘리스는 비합리적 신념을 확인하고 반박하여 합리적 신념으로 수정하여 나타나는 효과까지의 일련의 과정을 여섯 단계로 보여 주는 것을 머리글자로 표현하여 'ABCDEF모델'이라 하였다. 이러한 여섯 단계를 간략히 살펴보면 다음과 같다.

첫 단계인 A는 활성화된 사건(Activating events)을 확인하고 기술하는 것이다.

둘째 단계인 B는 활성화된 사건에 대한 개인의 신념(Belief)이다. 신념은 합리적이거나 비합리적일 수 있다.

셋째 단계인 C는 신념에서 비롯된 결과(Consequences)이다. 합리적 신념은 합리적 결과를, 비합리적 신념은 비합리적 결과를 초래한다.

넷째 단계인 D는 비합리적 결과를 야기한 비합리적 신념을 반박하기(Disputing)를 나타낸다.

다섯째 단계인 E는 반박하기의 결과로 나타난 효과(Effect)를 나타낸다. 이러한 효과는 반박하기를 통해 비합리적 신념이 효과적인 합리적 신념으로 바뀐 것을 의미한다.

여섯째 단계인 F는 효과적인 합리적 신념에서 비롯된 새로운 감정(Feelings)이나 행동을 나타낸다.

어떤 사건(A)이 일어나면 각 개인은 이 사건을 자신의 신념체계(B)를 매개로 하여 지각하고, 사건을 자신의 가치관이나 태도에 비추어 평가하며, 그로 인해 정서적이거나 행동적인 결과(C), 즉 우울하거나 초조해하거나 화를 내는 행동 등을 하게 된다.

그러나 REBT의 확장된 관점에 의하면, 불안, 우울, 열등감, 시기, 질투, 죄의식 등과 같은 정서적 반응(emotional Consequence, C)은 주로 개인의 신념체계(Belief system, B)에 의해서 발생한다. 즉, 심한 불안과 같은 바람직하지 못한 정서적 반응(C)의 원인은 어떤 사건의 발생(Activating events, A) 때문이 아니라, 그 사건에 대해 가지는 자기 자신의 비합리적 신념(irrational Belief, iB) 때문이며, 그러한 혼란된 정서는 합리적인 신념(rational Belief, rB)에 의해 효과적으로 논박(Dispute, D)될 때 사라진다. 그리고 이러한 논박의 결과로 새로운 철학이나 새로운 인지체계를 가져오는 결과(Effects, E)와 그에 따른 감정(Feeling, F)을 낳게 된다. 결국 REBT는 인지적 재구조화를 위한 ABCDEF체계로 구성되는데, 이를 구체적으로 도식화하면 [그림 13-1]과 같다.

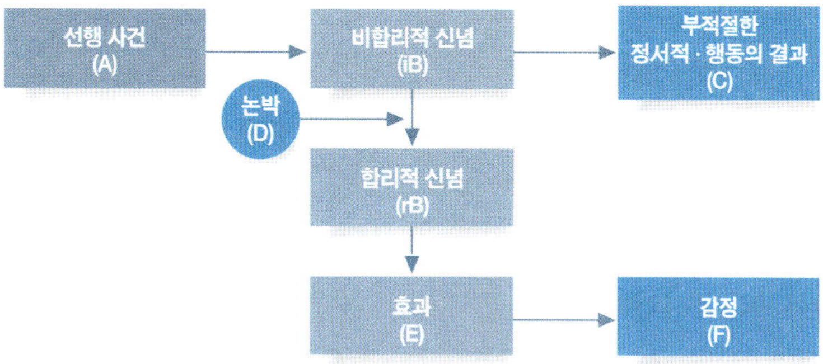

출처: 김춘경 외(2016: 339).

그림 13-1 확장된 ABC모델

엘리스에 따르면, 각 개인이 자신이 최초로 가지고 있는 정서적 문제에 관한 이차적 정서문제를 유발한다. ABC모델에 따르면, 이것은 내담자의 초기 정서적 문제가 새로운 사건(A)이 되어 또 하나의 ABC 결과를 만들기 위해 도화선을 당기는 역할을 한다. 즉, 이차적 문제는 '문제에 관한 문제' 또는 '장애에 관한 장애'인 것이다. 예를 들어, 내담자들은 자기가 불안 증세를 가지고 있기 때문에 더욱 우울하게 느끼며 그늘이 우울 증세를 가지고 있기 때문에 더욱 불안하게 느낀다.

4. 상담과정

REBT 상담은 내담자 상황의 사정, ABC 적용에 대한 개념화, REBT 철학에 대한 교육, 내담자의 상황이 어떻게 REBT모델에 맞는지 논증하기, 변화과정을 지시하기, 변화를 강화하고 치료관계를 종결하기를 포함한 일련의 과정으로 이루어진다(Neukrug, 2010).

1) 1단계: 내담자의 상황을 사정하고, 어떻게 ABC를 적용할지 개념화하기

내담자가 고공을 느끼며 상담실로 찾아오면, REBT 상담자는 내담자의 상황을 적극적으로 사정하고, 내담자의 고통을 이해하며, 어떻게 내담자가 스스로를 고통스럽게 하도록 사건을 인지적으로 왜곡하고 있는지 가설을 세운다. 사정은 표준화된 검사, 생물학적 정보에 대한 측정도구, 내담자의 자기보고, 면담 등을 포함하여 다양한 방식으로 이루어진다(Ellis & MacLaren, 2005). 상담과정 동안 계속 진행되는 사정은 상담자가 내담자의 상황이 ABC에 어떻게 적용되는지 개념화할 수 있도록 한다. 상담단계의 초기를 비롯한 상담의 전 과정 동안, 상담자는 내담자에게 삶을 검토하고, 궁극적으로 새로운 삶의 철학을 갖도록 격려하면서도 동시에 내담자를 계속적으로 수용한다.

2) 2단계: REBT 철학을 교육하기

상담자가 가설을 설정하고 나면, 상담자는 그것을 내담자와 공유할 준비가 되었다는 것이다. 그러나 먼저 내담자는 REBT의 더 큰 철학에 대해서 이해해야 한다. 상담자는 내담자가 실질적으로 변화하도록 하기 위해서 이러한 철학을 알도록 적극적으로 격려할 필요가 있다. 따라서 REBT 상담자는 내담자에게 REBT 철학을 교육한다. REBT 철학에 대한 이해를 돕기 위해서, 팸플릿, 책, 인터넷 자료들, 내담자가 연구소에서 읽거나 집에서 공부할 수 있는 다른 보조자료를 숙제로 읽어보게 할 수 있다.

3) 3단계: 내담자의 상황이 REBT 모델과 어떻게 맞는지 논증하기

이 철학을 한번 이해하고 수용하면, 내담자는 상담자가 내담자의 상황에 가설을 어떻게 적용하는지 들을 준비가 된다. 이 단계에서 보통 상담자는 ABC 공식을 사용하여 내담자에게 가설을 전달한다. 이러한 과정을 촉진하기 위해서, 비합리적 신념 12개 혹은 3개의 핵심 비합리적 신념이 적힌 인쇄물을 내담자에게 나누어 주기도 한다.

4) 4단계: 변화과정을 지시하기

내담자는 REBT 철학을 인지하였고, 그것을 상황에 어떻게 구체적으로 적용하는지 보았다. 이제 변화를 위해 적극적으로 작업해야 할 시간이 왔다. 변화는 세 단계, 즉 인지, 정서, 행동적으로, 종종 논박의 사용을 통해 일어난다(ABCDE에서 'D', 논박). 변화는 내담자가 그들이 보다 효과적으로 반응하도록(ABCDE에서 E, 효과적인) 비합리적 생각, 역기능적 행동, 정서적 고통을 논박할 수 있을 때 일어난다. 이 과정에서 우리가 논의하였던 여러 가지 기법을 사용하며, 상담자는 내담자의 비합리적 신념과 역기능적 사고, 행동, 정서를 제거하고, 새롭고 보다 합리적이며 기능적인 신념을 가질 수 있는 방법을 적극적으로 제안한다.

5) 5단계: 변화를 강화하고 치료관계를 종결하기

내담자가 REBT 철학에 점차 익숙해지면서, 그들은 삶의 다른 영역에도 그것을 적용할 수 있다. 그들이 처음에 호소하였던 문제들에 대한 연습은 계속되면서, 그들 역시 REBT의 기본 원칙을 삶의 다른 문제에도 어떻게 적용할 수 있는지 이해하게 된다. 그들이 스스로의 문제에 대해서 작업을 계속함에 따라, 점차 스스로를 더 강하게 수용하고 타인의 다름과 실수 가능성에 대해서도 더 수용할 수 있게 된다. REBT 철학에서 나온 변화라는 도구를 지닌 내담자들은 치료를 종결하고 스스로 작업할 수 있다. 최종적으로 내담자들은 비합리적 신념을 합리적 신념으로 대체하여 세상과 관련된 새로운 방식을 채택하고 합리적 신념에 의한 행동과 정서를 보인다.

5. 상담기법

합리정서행동치료는 인지적 · 정서적 · 행동적 기법을 혼합 · 적용한다. 뿐만 아니라, 실존주의와 인본주의를 비롯해서 다양한 이론을 적용함으로써 '통합적 치료(integrative therapy)'라고도 한다. REBT상담에서 사용되는 기법은 크게 두 가지로 나눌 수 있다. 하나는 세련된 기법인 특수기법이고, 나머지 하나는 세련되지 않은 일반기법이다. 후자는 전자를 사용하지 못하는 경우에 사용하는 기법이고, 임시방편적으로 사용하기 때문에 엘리스는 전자를 강조한다. 그 내용은 다음과 같다(Ellis, 1979).

1) 인지적 기법

합리정서행동치료의 상담과정에서는 분명하고 강력한 인지적 기법을 사용한다. 상담자는 ABCDEF분석을 통하여 내담자에게 그의 당위적이고 요구적인 신념체계를 깨닫게 하고 보다 합리적인 신념체계로 바꿀 수 있도록 돕는다.

(1) 논박하기

가장 일반적 방법으로 상담자가 내담자의 비합리적 신념을 적극적으로 반박하는 것이다. 내담자가 부적절한 정서를 경험하는 것은 사건 혹은 사실 때문이 아니라, 그 사건을 지각하고 평가하는 신념과 이것을 반복해서 언어적으로 진술하기 때문이라는 것을 논리적, 현실적, 실용적으로 깨닫게 하는 방법이다.

(2) 인지적 과제

내담자가 내면화한 당위적 사고를 극복하기 위해 내담자에게 과제를 부여하는 것이다. 일상생활에서 부딪히게 되는 문제에서 ABCDE 모델을 적용하거나, 인지정서행동치료와 관련된 책을 소개하고, 읽어 오도록 하는 것도 포함된다.

(3) 언어를 변화시키기

합리정서행동 치료자는 내담자의 부정확한 언어가 왜곡된 사고과정의 원인 중 하나라고 주장한다. 상담자는 내담자의 사고가 언어를 조정하고 언어는 사고를 조정한다고 보기 때문에 내담자의 언어 패턴에 주의를 기울인다. 예를 들어, 발표 불안이 있는 내담자가 평소 "실패하면 끝장이다. 만약 목소리가 떨린다면 끔찍해."라고 했다면, 내담자의 언어를 변화시켜서 "난 실수 없이 발표하고 싶지만, 실수를 하더라도 괜찮아. 발표를 잘 못했다고 죽지는 않아. 난 생각을 잘 표현하는 사람이야."라는 말을 글로 써서 하루에 몇 번씩 반복해서 말한다.

(4) 독서요법

내담자의 비합리적 신념을 합리적 신념으로 바꾸기 위해 읽기 자료로 지도하거나 내담자가 스스로 문제를 해결하는 데 도움이 되는 관련 서적을 읽게 한다. 인지정서행동치료는 그 원리가 명료하고 단순하기 때문에 독자들을 위한 자기 개발서(self-help books)들이 많이 출판되어 있다.

2) 정서적 기법

정서적 기법은 내담자가 자신을 정직하게 나타내고, 정서적 모험을 하게 하여 자기를 개방할 수 있도록 촉진하는 데 중점을 둔다. 이러한 자기 개방을 통해 내담자는 자기 비하가 얼마나 파괴적인 사고방식인지를 깨닫게 되면서 자신, 타인, 그리고 주위의 조건을 대하는 자세에 대하여 통찰하게 된다.

(1) 합리정서심상법

합리정서심상법(rational-emotive imagery)은 먼저 내담자로 하여금 습관적으로 부적절한 느낌이 드는 장면을 생생하게 상상하도록 한다. 그리고 그 장면에서 느끼는 부적절한 느낌을 적절한 느낌으로 바꾸어 상상하면서 부적절한 행동을 적절한 행동으로 바꾸어 보도록 한다. 예를 들어, 발표 불안이 있는 경우, 그 장면을 생생하게 상상하면서 불안해하는 대신에 보다 잘하려는 의도로 느끼도록 한다. 감정을 적절한 방식으로 변화시킬 수 있게 되면, 행동 변화의 기회로 이어질 수 있다. 이 기법은 내담자에게 문제될 수 있는 대인관계 상황을 비롯해서 다른 상황들에 유리하게 적용될 수 있다.

(2) 수치심 공격 연습

수치심 공격 연습(shame-attacking exercise)은 다른 사람이 어떻게 생각할지에 대한 두려움 때문에 하고 싶은 행동을 하지 못하는 행동에 대해 실제로 실행해 보도록 하는 기술이다. 막상 다른 사람의 시선 때문에 해보고 싶었으나, 하지 못했던 행동을 실행해 봄으로써 주위 사람들이 그렇게 나에게 관심을 가지고 있지 않음을 알게 된다.

(3) 역할연기

역할연기(role-playing)는 내담자가 문제 행동과 관련된 장면에서의 느낌을 탐색하도록 하기 위해 그 장면에서의 행동을 연기해 보도록 한다. 예를 들면, 아버지의 지나친 꾸중에 반발하는 내담자의 경우, 상담자가 내담자 아버지의 역할을 수행하면서 내담자와 그 장면을 연기해 본다. 이를 통해 내담자는 아버지에게 얼마나 반항하는지를 알게 되고, 그러한 반항은 "아버지의 간섭을 받는 것은 내가 어리다는 증거다."라는 비합리적 신념에서 비롯된 것임을 깨닫게 된다.

(4) 시범

시범(modeling)은 상담자가 상담과정에서 내담자가 생각하기에 충분히 화를 낼 수밖에 없는 상황인데도 화를 내지 않고 말하며, 비록 상담자 자신이 실수를 해도 죄책감이나 자기 비하 없이 그 실수를 완전히 수용하는 행동을 보이는 것이다. 이러한 행동은 내담자에게 하나의 시범이 될 수 있다.

(5) 유머

유머(humor)는 내담자에게 혼란을 일으키는 어떤 생각을 줄이기 위해 사용한다. 예를 들어, 내담자가 "완벽하게 일을 해야지 그렇지 않으면 마음이 쓰여서

도저히 참을 수 없습니다."라고 말한다면, 상담자가 "철수 씨는 곧 신이 될 것 같은 느낌이 듭니다."라고 말함으로써 내담자는 자신의 생각이 비합리적임을 알게 할 수 있다.

(6) 모험하기 혹은 자신을 드러내기

모험하기(risk-taking)나 자신을 드러내기(reveling oneself)는 어떤 행동을 과감하게 해봄으로써 자신이 피하던 정서에 직면할 수 있게 됨과 동시에 염려했던 결과들이 나타나지 않으므로, 새로운 정서를 경험하게 되고, 그 결과 자신의 생각이 비합리적임을 깨닫게 된다. 예를 들어, 누군가에게 안겨 보는 경험은 "나는 절대로 남과 포옹할 수 없다."는 내담자의 비합리적 생각을 변화시킬 수 있다.

(7) 즐거움 주기

즐거움 주기(pleasure giving)는 내담자로 하여금 자신에게 즐거움을 주는 행동을 하도록 하여 자신의 비합리적 생각을 변화시키는 계기를 마련할 수 있다.

3) 행동적 기법

REBT상담은 인지적 행동적 상담의 한 형태이기 때문에 행동적 상담기법, 즉 조작적 조건화, 자기관리, 체계적 둔감법, 도구적 조건화, 생체 자기제어, 이완 등을 거의 그대로 활용할 수 있다. 그러나 행동적 상담에서의 행동적 기술은 내담자의 생각이나 정서보다는 행동의 변화에만 초점을 둔다. 그래서 행동적 상담에서는 행동의 변화에 따라 생각이나 정서가 바뀌더라도 그것을 그렇게 중요하게 생각하지 않는다. 이에 반해 합리적·정서적 상담에서의 행동적 기술은 그 행동적 기술을 통해 행동의 변화뿐만 아니라, 생각, 더 나아가 정서까지도 변화시키려는 데 더 강조점을 둔다. 그리고 행동의 변화를 통해 생각의 변화를 가져오게 하고 변화된 생각에 따라 정서와 행동을 더욱 확실하게 변화시킬 수 있다고 본다.

엘리스는 REBT상담 내에서 행동적 방법을 좋아한다. 왜냐하면 그는 인지적 변화는 행동적 변화에 의해서 촉진될 수 있다는 사실을 알았기 때문이다. 행동적 기법은 내담자에게 직접 어떤 행동을 해보아서 현실을 검증해 보는 작업이다. 정서적 기법과 마찬가지로 행동적 기법은 비합리적 신념의 변화를 통하여 얻은 성과를 더욱 강화하기 위해 사용되는 경우가 많다.

(1) 역할연습

상담자의 감독하에서 자신이 새롭게 획득한 합리적 철학과 일치되는 새로운 행동을 연습해 보게 하는 것이다.

(2) 합리적 역할 바꾸기

상담자는 내담자의 비합리적 신념의 입장을 취하여 고집스럽게 우기면서 주장하고, 내담자는 상담자 입장에서 이성의 소리, 합리적 생각을 이야기해 보는 역할을 수행하는 것이다. 이 전략은 내담자의 합리적 철학에 대한 확신을 강화시킬 수 있다.

(3) 여론조사기법

내담자가 지니고 있는 비합리적 생각에 대해 지인이나 타인의 의견을 조사해 오게 한다. 예를 들어, 이성 친구를 사귀다가 거절당하여 자신을 인생 패배자로 생각하며 우울해 하는 내담자에게, 과연 실연이 완전한 실패자임을 입증하는지 주변 사람들 10명에게 물어보고 그 결과를 보고하도록 한다.

(4) 실제 탈감법

실제로 가능하면 많은 여자 친구를 사귀어서 거절의 경험을 통해 거절당하는 상황에 대해서 점차 익숙해지도록 하는 것이다.

(5) 숙제활동

다양한 종류(인지적 · 정서적 · 행동적)의 숙제를 내준다.

(6) 벌과 강화의 사용

엘리스는 내담자가 숙제를 수행하도록 하기 위해서 개인적으로 의미 있는 벌과 강화제를 찾아내어 사용할 것을 제안한다. 내담자는 그들이 수행해야 할 숙제를 다 마친 뒤에는 그 대가로 그들 자신이 좋아하는 것이나 활동에 참여하도록 허락한다. 그러나 만약 그들이 숙제를 못 하면 그들은 자기 스스로에게 불유쾌한 벌을 주도록 한다.

(7) 기술훈련

기술훈련(skills training)은 내담자에게 부족한 행동기술을 교육하고 훈련하는 것이다. 이러한 기술에는 직업기술, 대인관계기술, 자기표현훈련, 이성친구 사귀기, 효과적인 시간관리, 효율적인 학습방법 등 매우 다양한 것이 포함된다.

(8) 홍수법 및 체계적 둔감법

엘리베이터 타는 것에 공포를 느끼는 사람에게 일주일 동안 100번 엘리베이터를 타게 하거나(홍수법), 여섯 달 동안 점진적으로 횟수를 증가하여 총 100번 엘리베이터를 타게 하는 방법(체계적 둔감법)이 있다. 일반적으로 REBT에서는 홍수법을 선호한다.

(9) 고정역할치료

고정역할치료(fixed role therapy)는 켈리(Gorge Kelly)에 의해 개발된 기법으로, REBT에서도 가끔씩 사용한다. 이것은 내담자에게 TV나 드라마 등에서 좋아하는 배우나 탤런트가 자신이 처한 심리적 어려움의 상황에서, 매우 이성적이고 합리적인 생각을 하고 있다고 상상하면서, 자신이 그 배우나 탤런트라고 생각하고 그의 역할을 연출해 보게 하는 방법이다. 점차 상황을 확장하여 자신이 그 배우나 탤런트처럼 이미 합리적인 인간이 되어버린 것 같이 연출하여 매사에 합리적으로 생각하고 행동하도록 시도해 보라고 지시하는 것이다.

REBT에서는 인지적 · 정서적 · 행동적인 다양한 기법을 사용한다. 그러나 상담자가 선택한 치료기법이 REBT이론에 근거한 것이라고 하더라도 다음과 같은 기법은 삼가야 한다(유영달, 2017: 308).

① 내담자가 더 의존적이 되게 하는 기법(예: 치료자의 지나친 온정)
② 내담자가 더 쉽게 현혹되게 하는 기법(예: 지나친 낙천주의적 사고)
③ 장황하며 비능률적인 기법(예: 정신분석적 방법, 자유연상)
④ 내담자에게 단시일 내에 호전할 수 있도록 하는 기법(예: 게슈탈트치료처럼 극적이고 카타르시스적인 방법으로 자신의 감정을 충분히 표현하도록 하는 기법은 내담자 감정 밑에 깔려 있는 비합리적인 사고를 표출시킬 수 없는 단점이 있다)
⑤ 비합리적 사고에 집중하는 내담자의 관심을 다른 데로 돌리는 기법(예: 이완기법, 요가 및 기타 인지적 왜곡방법) 그러나 이 방법이 사고의 변화를 가져오기 위해 사용하는 논박기법과 함께 쓰일 때는 무관하다.
⑥ 비과학적인 사고를 담고 있는 기법(예: 치료에 대한 지나친 확신과 신비주의)

엘리스는 이와 같은 기법을 가급적이면 사용하지 않아야 하지만 불가피한 경우에는 사용할 수도 있다고 하였다. 만약 치료에 대한 전적인 확신만이 어떤 내담자를 도와줄 수 있는 유일한 방법이라면, REBT 치료자는 내담자에게 이와 같은 방법을 사용할 수밖에 없다.

6. 평가

합리정서행동치료에 대한 평가는 다음과 같다(김종운, 2013: 289-290).

1) 강점

첫째, 누구든지 쉽게 배울 수 있고 상담의 효과성이 크다는 점이다. 이런 이유때문에 학교상담은 물론 여러 상담 장면에서 널리 활용되고 있다. 특히, ABC모델은 정서장애가 일어나는 방식과 변화될 수 있는 방법을 간략하고 분명하게 보여준다. 이는 곧 상담자의 직접적인 중재 전략 없이 내담자 스스로 치료법을 실행할 수 있는 방법을 내담자에게 가르치기 용이하다.

둘째, 상담기간이 비교적 짧다는 점이다. 다른 이론에 비해 10~20회기 정도의 비교적 짧은 회기로 상담을 종결할 수 있다는 것이다. 뿐만 아니라, 상담의 진행 중이나 종결 이후에도 내담자 스스로 자조치료를 계속 할 수 있다는 이점이 있다.

셋째, 절충적 접근을 강조한다는 점이다. 정서적 요소뿐만 아니라, 인지적·행동적 요소를 포괄하는 종합적이고 절충적 접근을 강조하였다. 따라서 다른 이론의 효과적 치료기법을 차용하는 데 개방적이다.

2) 한계

심각한 장애를 가진 사람에게는 적용하는 데 어려움이 있다. 인지정서행동치료에 적절하지 않은 내담자로는 정신증이 있는 사람, 심각한 사고장애가 있는 사람, 심한 정도의 비논리적이고 비현실적인 사람, 자발성이 결여된 사람 등이 해당된다.

첫째, 상담자의 철학적 관점이나 가치가 내담자에게 강요될 수 있다는 점이다. 상담자가 가르치고, 설명하고, 설득하고, 적극적인 태도를 취하는 등 교수적(instructive) 특성으로 자칫 내담자가 상담을 통해 얻고자 하는 것과는 무관하게 상담이 진행될 수 있다.

셋째, 과거의 경험, 전이, 미해결 과제 등 인간 행동에 영향을 주는 중요한 측면을 경시한다는 점이다. 정서를 변화시키려면 사고를 보다 합리적인 관점으로 변화시키면 된다는 관점을 거의 절대적으로 강조한다. 그러나 다른 한편으로는 감정 변화에 집착하기보다 그 감정을 충분히 경험하도록 하는 것이 오히려 더 효과적일 수 있다는 비판을 받고 있다.

상담자와 내담자 사이의 치료적 관계를 경시한다는 점이다. 인지정서행동치료에서는 상담자의 인간적인 따스함이나 공감적 이해가 오히려 사랑받고 싶어 하는 의존심을 키우기 때문에 부적절한 것으로 간주된다. 그러나 수많은 상담자들은 여전히 상담에 있어서 상담자와 내담자 사이의 신뢰 형성의 중요성을 강조하면서 인지정서행동치료의 주장에 비판적 입장을 취하고 있다.

참고문헌

국내문헌

강갑원(2006). 『상담이론과 실제』. 서울: 교육과학사.
강갑원(2015). 『상담심리학』. 파주. 경기: 양서원.
강기정 외(2015). 『인간행동과 사회환경』. 고양. 경기: 공동체
강문희 외(2011). 『가족상담 및 심리치료』. 서울: 신정.
강진령(2013a). 『상담과 심리치료』. 파주. 경기: 양서원.
강진령(2013b). 『집단상담과 치료』. 서울: 학지사.
고성혜 외(2015). 『가족상담 및 치료』. 서울: 한국방송통신대학교출판문화원.
구은미 외(2016). 『아동상담』. 파주. 경기: 양서원.
권육상(2007). 『노인복지론』. 서울: 유풍출판사.
김계현 외(2016). 『상담학개론』. 서울: 학지사.
김남희 외(2014). 『노인복지론』. 서울: 동문사.
김보기 외(2016). 『최신 사회문제론』. 파주. 경기: 양서원.
김보기 외(2017). 『인간행동이해를 위한 심리학』. 파주. 경기: 양서원.
김보기 외(2018). 『노인복지론』. 파주. 경기: 수양재.
김성민(2001). 『분석심리학과 기독교』. 서울: 학지사.
김유숙(2015). 『가족상담』. 서울: 학지사.
김인수 외(1998). 『무엇이 좋아졌습니까?』. 서울: 동인.
김종운(2013). 『상담심리학의 이론과 실제』. 서울: 동문사.
김청자 · 정진선(2006). 『상담의 이론과 실제』. 서울: 동문사.
김춘경 외(2016). 『상담의 이론과 실제』. 서울: 학지사.
김충기 · 강봉규(2003). 『현대상담이론과 실제』. 서울: 교육과학사.
김충기 · 장선철(2008). 『진로상담』. 서울: 태영출판사.
김치영 외(2014). 『노인복지론』. 서울: 동문사.
김헌수 · 김태호(2006). 『상담의 이론과 실제』. 서울: 태영출판사.
김형태(2005). 『21세기를 위한 상담심리학』. 서울: 동문사.
김형태(2006). 『상담의 이론과 실제』. 서울: 동문사.
김흥규(2015). 『최신 상담심리학』. 파주. 경기: 양서원.
김희수 외(2014). 『노인상담의 이해』. 파주. 경기: 양서원.
김희수 · 이은숙(2014). 『노인상담의 이해』. 파주. 경기: 양서원.
노안영 · 강영신(2011). 『성격심리학』. 서울: 학지사.
노안영(2016). 『집단상담』. 서울: 학지사.

노안영(2018). 『상담심리학의 이론과 실제』. 서울: 학지사.
대한상담학회(1993). 『상담의 이론과 실제』. 서울: 중앙적성출판사.
박경애 외(2011). 『청소년 심리 및 상담』. 고양. 경기: 공동체
박근주 외(2016). 『영아 교사를 위한 부모상담 실제』. 파주. 경기: 양서원.
박성수 외(2011). 『상담심리학』. 서울: 한국방송대학교출판부.
박순길 외(2017). 『아동상담』. 파주. 경기: 양서원.
박윤수(1994). 『치유상담의 이론과 실제』. 서울: 경성기획.
배경희 · 한영란(2015). 『가족상담의 기초』. 파주. 경기: 정민사.
백지숙 외(2009). 『청소년상담』. 서울: 신정.
손진훈 외(1994). 『심리학의 이해』. 서울: 영진서관.
송정애(2017). 『가족상담의 이론과 실제』. 파주. 경기: 양서원.
양명숙 외(2013). 『상담이론과 실제』. 서울: 학지사.
양철수 외(2018). 『인간발달』. 파주. 경기: 양성원
에이원플러스편집부(2006). 『상담이론 및 실제』. 서울: 에이원플러스.
오경기 외(2016). 『심리학』. 파주. 경기: 정민사.
오만록(2017). 『생활지도 · 상담이론과 실제』. 파주. 경기: 정민사.
유수현 외(2015). 『인간행동과 사회환경』. 파주. 경기: 양서원.
유영달(2017). 『상담의 이론과 실제』. 서울: 창지사.
유옥(2016). 『상담심리학』. 서울: 동문사.
윤가현 외(2016). 『심리학의 이해』. 서울: 학지사.
이경숙(2014). 『상담심리학』. 서울: 동문사.
이광자 외(2009). 『현대심리학』. 서울: 아세아문화사.
이근홍(2015). 『인간행동과 사회환경』. 고양. 경기: 공동체.
이성천(2018). 『인간행동과 사회환경』. 고양. 경기: 공동체.
이수연 외(2017). 『상담심리학』. 인천: 대한심리상담협회.
이억범 외(2014). 『심리학개론』. 서울: 동문사.
이우언 외(2017). 인간행동과 사회환경』. 서울: 동문사.
이윤로(2006). 『인간행동과 사회환경』. 서울: 창지사.
이윤상(1995). 『심리학개론』. 서울: 기독교문서선교회.
이은희(2014). 『신노인복지론』. 서울: 학지사.
이은희(2016). 『인간행동과 사회환경』. 고양. 경기: 공동체.
이인정 · 최해경(2007). 『인간행동과 사회환경』. 서울: 나남.
이장호 외(2009). 『상담심리학의 기초』. 서울: 학지사.
이장호(2004).『상담심리학』. 서울: 박영사.
이장호 · 김영경(2008). 『노인상담: 경험적 접근』. 서울: 시그마프레스.
이장호 · 김영경(2013). 『노인상담』. 서울: 시그마프레스.

이장호・최승애(2015). 『집단상담의 원리와 실제』. 서울: 법문사.
이종복・전남련(2011). 『인간행동과 사회환경』. 학현사.
이종성(1992). 『윤리학(Ⅱ)』. 서울: 대한기독교출판사.
이주희 외(2013). 『심리학의 이해』. 고양. 경기: 공동체.
이진향 외(2016). 『인간행동과 사회환경』. 서울: 창지사.
이향숙 외(2015). 『아동상담: 이론과 기법』. 파주. 경기: 양서원.
이현림 외(2015). 『집단상담: 이론과 실제』. 파주. 경기: 양서원.
이현림(2011). 『상담이론과 실제』. 파주. 경기: 양서원.
임상록 외(2012). 『상담의 이론과 실제』. 서울: 파란마음.
임은희(2010). 『인간행동과 사회환경』. 파주. 경기: 양서원.
장기수・송관재(2001). 『심리학의 이해』. 서울: 홍익대학교 출판부.
장미경 외(2007). 『아동상담의 이론과 실제』. 서울: 태영출판사.
장성화 외(2016). 『상담의 이론과 실제』. 파주. 경기: 정민사.
장수복 외(2014). 『인간행동과 사회환경』. 서울: 동문사.
장수한 외(2017). 『인간행동과 사회환경』. 고양. 경기: 공동체.
장혁표(2000). 『집단상담의 이론적 접근』. 서울: 중앙적성출판사.
정문자 외(2011). 『아동심리상담』. 파주. 경기: 양서원.
정미경 외(2015). 『심리학개론』. 파주. 경기: 양서원.
정서영 외(2017a). 『최신 인간행동과 사회환경』. 파주. 경기: 양서원.
정서영 외(2017b). 『최신 상담 이론과 실제』. 파주. 경기: 양서원.
정서영 외(2018). 『상담학개론』. 고양. 경기: 공동체.
정서영 외(2010). 『인지치료』. 서울: 진리.
정순례 외(2015). 『청소년상담: 이론과 실제』. 서울: 학지사.
정원철(2016). 『사회복지상담』. 파주. 경기: 양서원.
정은(2014). 『인간행동과 사회환경(2판). 서울: 학지사.
정의석(2013). 『대학생을 위한 심리학』. 서울: 시그마프레스.
조성연 외(2012). 『청소년복지론』. 서울: 창지사.
조흥식 외(2010). 『인간행동과 사회환경』. 서울: 학지사.
천성문 외(2009). 『상담심리학의 이론과 실제』. 서울: 학지사.
천성문 외(2017). 『심리상담과 치료의 이론과 실제』. 서울: 학지사.
최규련(2012). 『가족상담 및 치료』. 고양. 경기: 공동체.
최덕경 외(2014). 『인간행동과 사회환경』. 파주. 경기: 양서원
최덕경・서의정(2013). 『인간행동과 사회환경』. 파주. 경기: 양서원.
최옥채 외(2015). 『인간행동과 사회환경』. 파주. 경기: 양서원.
표갑수 외(2016). 『인간행동과 사회환경』. 서울: 신정.
하정미 외(2017). 『인간행동과 사회환경』. 고양. 경기: 공동체.

한국심리학회(2014). 『심리학용어사전』. 한국심리학회.

한미희(2013). 『상담이론과 실제』. 천안. 충남: 남서울대학교출판국.

허정철 외(2017). 『인간행동과 사회환경』. 고양. 경기: 공동체.

현성용 외(2015). 『현대심리학의 이해』. 서울: 학지사.

현승일(2012). 『사회학』. 서울: 박영사.

현정환(2016). 『상담심리학』. 파주. 경기: 양서원.

홍기원 외(2016). 『알기 쉬운 심리학』. 고양. 경기: 공동체.

홍봉선 · 남미애(2013). 『청소년복지론』. 고양. 경기: 공동체

외국문헌

Adler, A.(1907/1917). *A Study of Organ Inferiority and Its Psychical Compensation: A Contribution to Clinical Medicine*. New York: Nervous and Mental Disease Publishing Co.

Adler, A.(1927). *The Practice and Theory of Individual Psychology*. New York: Harcourt. Brace & World.

Adler, A.(1930). *The Pattern of Life*. New York : Holt, Rinehart, & Winston.

Adler, A.(1931). *What Life Should Mean to You*. Boston: Little.Brown. & Co.

Adler, A.(1938). *Social Interest: A Challenge to Mankind*. London: Faber and Faber.

Adler, A.(1956). The Individual Psychology of Alfred Adler: A Systematic Presentation in *Selections from His Writings*. H. L. Ansbacher & R. R. Ansbacher(Eds.). New York: Basic Books.

Adler, A.(1963). *The Problem Child: The Life Style of the Difficult Child as Analyzed in Specific Cases*. New York: Capricorn Books.

Adler, A.(1964a). *Superiority and Social Interest: A Collection of Later Writings*. H. L. Ansbacher & R. R. Ansbacher(Eds.). Evanston: Northwestern University Press.

Adler, A.(1964b). *Problems of Neurosis: A Book of Case Histories*. New York: Harper & Row.

Adler, A.(1965). Influence or Model's Reinforcement Contingencies on the Acquisition of Imitative Responses. *Journal of Personality and Social Psychology. 1* : 589-595.

Adler, A.(1969). *Principles of Behavior Modification*. New York: Holt. Rinehart & Winston.

Adler, A.(1971).(Ed.). *Psychological Modeling*. Chicago: Aldine-Atherton,

Adler, A.(1974). Behavior Theory and the Models of Man. *American Psychologist. 29* : 859-869.

Adler, A.(1982). Self-Efficacy Mechanism in Human Agency. *American Psychologist. 37* : 122-147.

Adler, A.(1986). *Social Foundations of Thought and Action: A Social Cognitive Theory*. Englewood Cliffs. NJ: Prentice-Hall.

Adler, A.(1997). *Social Learning Theory*. Englewood Cliffs. NJ: Prentice-Hall.

Ansbacher, H. L. & Ansbacher, R. R.(1982). *Alfred Adlers Individualpsychologie*. Reinhardt Miinchen/Basel.

Ansbacher, H. L.(1992). Alfred Adler s concepts of community feeling, social interest and the relevance of community feeling for old age. *Individual Psychology. 48*(4) : 402-412.

Arlow, J. A.(1979). Psychoanalysis. In R. J. Corsini (eds.). *Current Psychotberapies* (2nd ed). IL: F. E. Peacock Publishers, Inc. 1-43.

Arlow, J. A.(1989). Psychoanalysis. In R. J. Corsini (Ed.). *Current psychotherapies*. Itasca. IL: Peacock : 19-64.

Baker, E. L.(1985). Psychoanalysis and psychoanalytic psychotherapy. In J. L. Lynn & J. R. Garske (Eds.), *Contemporary psychotherapies*. Columbus. OH : Merrill/Prentice Hall : 19-67.

Bandura, A. & Kupers, C.(1964). The Transmission of Self- reinforcement through Modeling. *Journal of Abnormal and Social Psychology. 69* : 1-9.

Bandura, A. & Walters, R.(1963). *Social Learning and Personality Development*. NY: Holt, Rinehart and Winston.

Bandura, A.(1965a). Vicarious processes A case of no-trial learning. In L. Berkowitz (Ed.). *Advances in experimental social psychology*. Vol. 2. New York: Academic Press.

Bandura, A.(1965b). Influence of Model's Reinforcement Contingencies on the Acquisition of Imitative Responses. *Journal of Personality and Social Psychology. 1* : 589-595.

Bandura, A.(1969). *Principles of Behavior Modification*. New York: Holt, Rinehart & Winston.

Bandura, A.(1971). *Psychological modeling: conflicting theories*. Chicago: Aldine · Atherton.

Bandura, A.(1973). *Aggression: a social learning analysis.* Englewood Cliffs. N.J.: Prentice-Hall.

Bandura, A.(1974). Behavior Theory and the Models of Man. *American Psychologist, 29* : 859-869.

Bandura, A.(1977). *Social Learning Theory*. Englewood Cliffs, NJ: Prentice Hall.

Bandura, A.(1986). *Social Foundations of Thought and Action: A Social Cognitive Theory*. Englewood Cliffs. N.J.: Prentice-Hall.

Bandura, A.(1997). *Self-efficacy: the exercise of control*. New York: W. H. Freeman.

Bandura, A.(2015). *Moral Disengagement: How People Do Harm and Live with Themselves*. New York, NY: Worth.

Beck, A. T. & Freeman, A.(1990). *Cognitive therapy of personality disorders*. New York: Guilford Press.

Beck, A. T.(1967). *Depression: Clinical Experimental and Theoretical Aspects*. New York Harper & Rcw.

Beck, A. T.(1972). *Depression: Causes and Treatment*. University of Pennsylvania Press.

Beck, A. T.(1973). *The Diagnosis and Management of Depression*. University of Pennsylvania Press.

Beck, A. T.(1976). *Cognitive Therapy and the Emotional Disorders*. New York: International University Press.

Beck, A. T.(1985). *Anxiety Disorders and Phobias: A Cognitive Perspective*. New York: Basic Books.

Beck, A. T.(1989). *Love Is Never Enough: How Couples Can Overcome Misunderstandings, Resolve*

Conflicts, and Solve. Harper Paperbacks.

Beck, A. T. et al.(1979). *Cognitive Therapy of Depression*. The Guilford Press. 원호택 외 역(2008). 『우울증의 인지치료』. 서울: 학지사.

Belkin, G. S.(1977). *Practical counseling in the schools*. Dubuque, Iowa: Wm. C. Brown.

Berg, I. K., & Miller, S. D.(1992). *Working with the problem drinker: A solution-focused approach*. New York: W. W. Norton & Company.

Berg, I. K, and Dolan, Y.(2001). *Tales of Solutions: A Collection of Hope-Inspiring Stories*. New York: Norton.

Berg, I. K. and Reuss, N. H.(1998). *Solutions Step by Step: A Substance Abuse Treatment Manual*. New York: Norton.

Berg, I. K. and Steiner, T.(2003). *Children's Solutions Work*. New York: Norton.

Berg, I. K. and Szabo, P.(2005). *Brief Coaching for Lasting Solutions*. New York: Norton Professional.

Berg, I. K.(1994). *Family Based Services: A Solution-Focused Approach*. New York: Norton.

Berg, I. K.(2006). Keynote speaker, 1st Asia Pacific Solution Focused Approach Conference, Furama Riverfront Hotel, Singapore : 17-18 August.

Berne, E.(1961/1971). *Transactional Analysis in psychotherapy*. New York: Grove press.

Berne, E.(1964). *Games people play*. New York: Grove Press.

Berne, E.(1966). *Principles of group treatment*. New York: Oxford University Press.

Berne, E.(1970). *Sex in human living*. New York: Simon and Schuster

Berne, E.(1972). *What do you say after you say hello?* New York : Grove Press.

Bischoff, R. J. & McBride, A.(1996). Client perceptions of couples and family therapy. *American Journal of Family Therapy. 24* : 117-128.

Brammer, L. et al.(1960, 1989). Therapeutic Psychology: Fundamentals of counseling and psychotherapy (5th ed.). Prentice Hall College Div.

Brown, D. & Brooks, L.(1985). Career Counseling as a Mental Health Intervention. *Professional Psychology: Research and Practice. 6* : 860－867.

Chess, W. A. & Norlin, J. M.(1988, 2002). *Human Behavior and Social Environment: Social Systems Model* (5th ed.). Boston: Allyn and Bacon.

Clark, D. M.(1986). A cognitive approach to panic. *Behavior Research and Therapy. 24* : 461-470.

Clarke, K. M. & Greenberg, L. S.(1986). Differential effects of the Gestalt two-chair intervention and problem solving in resolving decisional conflict. *Journal of Counseling Psychology. 33* : 11-15.

Clarkson, P. & Mackewn, J.(1993). *Fritz Perls*. London: Sage.

Colby, K. M.(1951). *A Primer for Psychotherapists*. Ronald Press.

Collins, G. R. & Tulving, E.(1975). Depth of processing and the retention of words in episodic memory. *Journal of Experimental Psychology: General, 104* : 268-294.

Corey, G.(2007). *Student Manual for Corey's Theory and Practice of Group Counseling*. Brooks Cole.

Corey, G.(2008). *Theory and Practice of Counseling and Psychotherapy*. Brooks Cole. 조현춘 · 조현재 공역(2010). 『심리상담과 치료의 이론과 실제』. 서울: 시그마프레스.

Corey, G.(2016). *Theory and Practice of Group Counseling* (10 edition) Cengage Learning.

Corsini, R. J. & Wedding, D.(1995). Current psychotherapies (5th ed.). Itasca, IL: Peacock.

Crawford, M, & Unger, R.(2000). *Women and gender: A feminist psychology* (3rd ed). New York: McGraw-Hill.

Crawford, R. L.(1994). *Avoiding counselor malpractice*. Alexandria, VA: American Counseling Association.

Creswell, J. W.(2015). *Educational research: Planning, conducting, and evaluating quantitative and qualitative research* (4th ed.). New Jersey: Pearson India.

Das, A. K.(1998). Frankl and the realm of meaning. *Journal of Humanistic Education and Development. 36* : 199-211.

Dattilio, F. M. & Padesky, C. A.(1990). *Cognitive therapy with couples. Sarasota*, FL: Professional Resource Exchange.

De Jong, P. & Berg, I. K.(2001, 2012). *Interviewing for solutions* (4 edition). Cengage Learning.

De Shazer, S. & Molaner, A.(1984). Rekursivitat. Die Praxis-Theorie Beziehung. *Zeitschrift fuer systemische Thempie. 1*(3) : 2-10.

De Shazer, S. and Isebaert, L.(2003). The Bruges Model: a solution-focused approach to problem drinking. *Journal of Family Psychotherapy. 14* : 43～52.

De Shazer, S. et al.(1986). Brief therapy: Focused solution development. *Family Process. 25* : 207-221.

De Shazer, S. et al.(2007). *More Than Miracles: The State of the Art of Solution-Focused Brief Therapy*. New York: Haworth Press.

De Shazer, S.(1982). *Patterns of Brief Family Therapy*. New York: Guilford.

De Shazer, S.(1984). The death of resistance. *Family Process. 23* : 30-40.

De Shazer, S.(1985). *Keys to Solutions in Brief Therapy*. New York: Norton : 147-157.

De Shazer, S.(1987, 1988). *Clues: Investigating Solutions in Brief Therapy*. New York: Norton.

De Shazer, S.(1991). P*utting Difference to Work*. New York: Norton.

De Shazer, S.(1994). *Words Were Originally Magic*. New York: Norton.

De Shazer, S.(2005). Masterclass, BRIEF. London. 8-9 September

Dreyfus, E. A.(1971). An existential approach to counseling. In C. Beck(ed.). *Philosophical Guidelines for Counseling. Dubuque*. Iowa: Wm. C. Brown.

Eggan, P. D. & Kauchak, D.(2010). *Education Psychology: Windows on Gassroom*(8th ed.). Boston: Allyn & Bacon Co.

Ellis, A. & Dryden, W.(1989). *The practice of rational-emotive therapy* (RET). New York: Springer.

Ellis, A. & Harper, R. A.(1977). *A new guide to rational living*. Hollywood: Wilshire Book Company.

Ellis, A. & MacLaren, C.(2005). *Rational emotive behavior therapy: A therapist's guide* (2nd ed.).

Impact Publishers.

Ellis, A.(1984). The essence of RET. *Journal of rational-emotive therapy. 2* : 1-15.

Ellis, A.(1962). *Reason and emotion in psychotherapy*. Secaucus: The Citadel Press.

Ellis, A.(1973). *Humanistic psychotherapy*. New York: McGraw-Hill Book Company.

Ellis, A.(1975). *How to live with a neurotic*. Hollywood: Wilshire Book Company.

Ellis, A.(1979). Rational-emotive therapy. In R. J. Corsini(Eds.). *Current psychotherapies* (2nd ed.). Itasca, IL: Peacock.

Ellis, A.(1991). The philosophical basis of rational-emotive therapy. *Psychotherapy in Private Practice. 8* : 97-106.

Ellis, A.(1995a). *Better, deeper, and more enduring brief therapy*. New York: Brunner/Mazel.

Ellis, A.(1995b). Changing rational-emotive therapy (RET) to rational emotive behavioral therapy (REBT). *Journal of Rational-Emotive & Cognitive-Behavior Therapy. 13*(2) : 85-89.

Engler, B.(2013). *Personality Theories*(9th Edition). Wadsworth Publishing.

Erikson, E. H. & Erikson, J. M.(1982, 1997). *The Life Cycle Completed* (Extended Version). W. W. Norton & Company.

Erikson, E. H. & Robert Coles(2001). *The Erik Erikson Reader*. W. W. Norton & Company.

Erikson, E. H. and Coles R.(2001). *The Erik Erikson Reader*. W. W. Norton & Company.

Erikson, E. H. and Kakar, S.(1993). *Identity and Adulthood.* Oxford University Press.

Erikson, E. H.(1950, 1993a). *Childhood and Society*. New York: W. W. Norton & Company.

Erikson, E. H.(1959, 1994a). *Identity and the Life Cycle*. New York: W. W. Norton & Company.

Erikson, E. H.(1962). *Young Man Luther*. Peter Smith Pub Inc.

Erikson, E. H.(1963, 1978). *Childhood and Society*. New York: W. W. Norton & Co.

Erikson, E. H.(1965, 1994b). *Identity: Youth and Crisis*. New York: W. W. Norton & Company.

Erikson, E. H.(1970, 1993b). *Gandhi's Truth: On the Origins of Militant Nonviolence*. New York: W. W. Norton & Company.

Erikson, E. H.(1974, 1979). *Dimensions of a New Identity*. New York: W. W. Norton & Company.

Erikson, E. H.(1978). *Adulthood.* New York: W. W. Norton & Co Inc.

Erikson, E. H.(1993c). *Young Man Luther: A Study in Psychoanalysis and History*. New York: W. W. Norton & Company.

Erikson, E. H., Joan, M. and Kivnick, Helen Q.(1994). *Vital Involvement in Old Age*. W. W. Norton & Company.

Erikson, H. H.(1975). *Life History and Historical Moment*. NY : Norton.

Feist, J. & Feist, G. J.(2006). *Theories of personality* (5th ed.). New York: McGraw-Hill Companies.

Fiebert, M. S.(1983). *Ways of growth*. Lexington, MA: Ginn.

Flavell, J. H.(1985). *Cognitive Development* (2nd ed.). NJ : Prentice-Hall.

Frankl, V. E(1963). *Mans search for meaning: An introduction to logotherapy*. New York: Washington

Square

Frankl, V. E.(1950). Paradoxical Intention: A Logotherapy Technique. *American Journal of Psychotherapy* : 14-35.

Frankl, V. E.(1959). *From death and camp to existentialism.* Boston : Beacon Press.

Frankl, V. E.(1967). *Psychotherapy and Existentialism: A Selected Papers on Logotherapy*. New York : Washington Square Press.

Frankl, V. E.(1970). *The Will to meaning: Foundation and Applications of Logotherapy*. New York: New American Library.

Frankl, V. E.(1975). *The unconscious god.* New York: Simon and Schuster.

Frankl, V. E.(1978). *The unheard cry for meaning*. New York: Washington Square Press.

Frankl, V. E.(1988). *The will to meaning: Foundations and applications of logotherapy*. New York : Meridian Printing.

Freud, A.(1965). *Normality and Pathology in Childhood.* N.Y.: International Psychoanalytic press.

Freud, S.(1923, 2013). *The Ego and the Id.* CreateSpace Independent Publishing Platform.

Freud, S.(1927). *The Future of an Illusion*. Garden City. NY: Doubleday Anchor Books.

Freud, S.(1949). *An outline of psychoanalysis*. New York : Norton & Company.

Freud, S.(1960, 2013). *The Ego and the Id.* CreateSpace Independent Publishing Platform.

Freud, S.(1964). *Why War?* In J. Strachey(Ed.), Standard Edition of the Complete Psychological Works of Sigmund Freud(Vol. 22). London : Hogarth Press.

Freud, S.(1966). *Introductory Lectures on Psychoanalysis*. N.Y.: Norton.

Garfield, S. L. and Bergin, A. E.(1971). Personal therapy, outcome and some therapist variables. *Psychotherapy: Theory, Research and Practice. 8* : 251-3.

Gazda, G. M.(1971). *Group counseling: A developmental approach*. Boston: Allyn & Bacom. Inc.

Gladding, S. T.(1996). *Counseling: A Comprehensive profession* (3rd ed.). Englewood Cliffs. NJ: Prentice-Hall.

Glasser, W. & Zunin, L. M.(1984). Reality therapy. In R. J. Corsini (Ed.). *Current psychotherapies* (3rd ed.). Itasca. IL: Peacock.

Glasser, W.(1965, 1989). *Reality therapy: A new approach to psychiatry*. New York: Harper & Row.

Glasser, W.(1976). *Positive addiction*. New York: Harper & Row.

Glasser, W.(1981). *Stations of the mind: New directions for reality therapy*. New York: Harper & Row.

Glasser, W.(1999). *Choice theory: A new psychology of personal freedom*. Harper Perennial.

Glasser, W.(2000). Counseling with choice theory. New York: Harper Collins. *Journal. 58* : 569-576.

Glick, I. D. & Kessler, D. R.(1994). *Marital and family therapy*. NY: Grune & Stratton.

Goldenberg, L. & Goldenberg, H.(2001). *Family therapy: An overview* (5th ed). Califonia Brooks/Cole Pub. Co. 김득성 외 역(2003). 『가족치료』. 서울: 시그마프레스.

Goldstein, A. P(1973). Behavior therapy. In R Corsini (Ed). *Current psychothercpies*. Itasca. IL:

Peacock. 207～249.

Goldstein, A. P. et al.(1989). *Gestalt therapy* (2nd ed.). New York: Pergamon Press.

Goleman, D.(1995). *Emotional intelligence*. New York: Bantam Books.

Goleman, D.(2006). *Social intelligence*. New York: Bantam Books.

Greenwalt, B. C.(1995). A comparative analysis of reality therapy and solution-focused brief therapy. *Journal of Reality Therapy. 15*(1) : 56-65.

Greenberg, J. R. & Mitchell, S. A.(1983). *Object relations in psychoanalytic theory*. NY: Basic Books. 이재훈 역(1999). 『정신분석학적 대상관계 이론』. 서울: 한국심리치료연구소.

Groddeck, N.(1987). *Personenzentrierte Konzept im Bereich Schule und Lehrausbildung*. In G.w.G. Rogers und Paedagogik. Müenchen.

Gurman, A. S., & Kniskern, D. P.(1981). Family therapy out-come research: Knowns and unknowns. In A. S. Gurman & D. P. Kniskern(Eds.). *Handbook of family therapy*. NY : Brunner / Mazel.

Hansen, L. S. & Keierleber, D. L.(1978). Born free: A collaborative consultation model for career development and sex-role stereotyping. *Personnel and Guidance Journal. 56*(7) : 395-399.

Henderson, D. A. & Thompson, C. L.(2011). *Counseling Children* (8th Ed.). Pacific Grove. CA: Brooks-Cole.

Henderson, D. A. & Thompson, C. L.(2015). *Counseling Children* (9th Ed.). CA : Brooks-Cole.

Hergenhann, B. R. & Olson, M. H.(2003). *An introduction to theories of personality* (6th ed.). Upper Saddle River. NJ: Prentice Hall.

Hoyt, K. B.(1974). *An introduction to career education*. U. S. Office of Education Policy Paper. Washington. DC: The Office.

Hull, C. L.(1943). *Principles of behavior*. New York: Appleton Century Crofts.

Hycner, R. & Jacobs, L.(1995). *The healing relationship in Gestalt therapy*. Highland. NY: Gestalt Journal Press.

Jacobs, L.(1989). Dialogue in Gestalt theory and therapy. *The Gestalt Journal. 12*(1) : 25-67.

Jahoda, M.(1958). *Current concepts of positive mental health*. New York: Basic Books.

James, M. & Jongeward, D.(1971). *Born to win: transactional analysis with gestalt experiments*. Reading: Addison-Wesley.

James, M.(1974). Self-reparenting: Theory and process. *Transactional Analysis Journal. 4*(3) : 32-39.

Joines, V. & Stewart, I.(1987, 2012). *Ta Today: A New Introduction to Transactional Analysis* (2nd Edition). Lifespace Publishing. 제석봉 외 역(2010). 『현대의 교류분석』. 서울: 학지사.

Joyce, P. & Sills, C.(2001). *Skills in Gestalt counselling & psychotherapy*. London: Sage.

Jung, C. G.(1954). *Collected Works 17*. Pars 174-181. New York: Princeton University Press.

Jung, C. G.(1960). The stage of life. in *The collected works of C. G.*(Vol. 8). London and Henley: Routledge & Kegan Paul.

Jung, C. G.(1961). *Memories, dreams, reflections*. New York: Pantheon.

Jung, C. G.(1973). *Man and His Symbols*. New York: Doubleday & Co.

Jung, G. W.(1988). *A Biography*. Shambhala Publications.

Kelley, H. H.(1967). *Attribution theory in social psychology*. University of Nebraska Press.

Kelley, H. H.(1971). *Attribution in social interaction*. Morristown. NJ: General Learning Press.

Kwee, M. T. & Ellis, A.(1997). Can multimodal and rational emotive behavior therapy be reconciled? *Journal of Rational Emotive & Cognitive Behavior Therapy. 15* : 95-133.

LaFleur, N. K.(1979). Behavioral views of counseling, In H. M. Jr. Burks & B. Stefflre(Ed.). *Theories of counseling*. New York: McGraw-Hill.

Lazarus, A. A.(1989). *The practice of multimodel therapy*. Baltimore: John Hopkins University Press.

Long, L. L. & Young, M. E.(2006). *Counseling and Therapy for Couples*. Cengage Learning. 이정연 역(2005). 『부부상담과 치료』. 서울: 시그마프레스.

Maslow, A. H.(1943). A theory of human motivation. *Psychological Review. 50* : 370-396.

Maslow, A. H.(1943, 2013). *Motivation and Personality*. New York: Harper & Row.

Maslow, A. H.(1968). *Toward a Psychology of Being*. Princeton, N.J.: D. Van Nostrand Co.

Maslow, A. H.(1971). *The Farther Reaches of Human Nature*. New York: Viking.

Masters, W. H. et al.(1985). *Human Sexuality* (3rd ed). Boston: Little. Brown, & Co.

May, R.(1939). *The art of counseling*. New York: Abington-Cokesbury.

May, R.(1958). Contributions of existential psychotherapy. In R. May, E. angel, & H. E. Ellenberger (Eds.). *Existence: A new dimension in psychiatry and psychology*. New York: Basic Books : 37-92.

May, R.(1969). *Love and will*. New York: Norton.

May, R.(1977). *The meaning of anxiety* (Rev. ed.). New York: Norton.

May, R.(1981). *Freedom and destiny*. New York: Norton.

May. R. & Yalom, I. D.(1989). Existential psychotherapy. In R. J. Corsini & D. Wedding (Eds.), *Current psychotherapies* (4th ed.). Itasca. IL: F. E. Peacock : 363-402.

May, R. & Yalom, I. D. 2000). Existential psychotherapy. In R. J. Corsini & D. Wedding (Eds.), *Current psychotherapies* (6th ed.). Itasca. IL: Peacock : 273-302.

McAskill, N.(1988) Personal therapy in the training of the psychotherapist i Is it effective? *British Journal of Psychotherapy. 4* : 219-226.

McDaniel, C.(1978). The practice of career guidance and counseling. *Inform. 7*(1) : 1-8.

Minuchin, S. & Fishman, H. C.(19B1). *Family Therapy Technique*. Massachusetts: Harvard University Press.

Minuchin, S.(1974). *Families and Family Therapy*. Massachusetts Harvard University Press.

Mosak, H. H.(2013). Adlerian psychotherapy. In R. J. Corsini(Ed.). *Current psychotherapies* (10th ed.). Brooks Cole.

Nelson-Jones, R.(2014). *Nelson-Jones' Theory and Practice of Counselling and Psychotherapy* (Sixth

Edition). SAGE Publications Ltd.

Nelson, J. C.(1983). *Family treatment: An interactive approach*. NJ: Prentice Hall. Inc.

Neukrug, E. S.(2010). *Counseling Theory and Practice*. Brooks Cole

Nichols, M. P. & Schwartz, R. C.(2016). *Family therapy: Concepts and methods* (11th Edition). Pearson. 김영애 외 역(2015). 『가족치료: 개념과 방법』. 서울: 시그마프레스.

Nichols, M. P.(1984). *Family therapy: Concepts and methods*. NY: Gardner Press.

Nichols, W. C. & Everett, C. A.(1986). *Systemic family therapy: An integrative approach*. NY: Guilford Press.

Nye, R. D. and Inhelder, B.(1969, 2000). *The Psychology of The Child*. New York: Basic Books.

Nye, R. D.(1932, 2001c). *The Moral Judgment of the Child*. New York: Routledge.

Nye, R. D.(1978). *Behavior and Evolution*. Pantheon.

Nye, R. D.(2000). *Three Psychologies: Perspectives from Freud, Skinner, and Rogers* (6th ed.). Pacific Grove: Brooks/Cole.

Nye, R. D.(2001a). *The Psychology of Intelligence*. New York: Routledge.

Nye, R. D.(2001b). *The Language and Thought of the Child*. New York: Routledge.

Nye, R. D.(2013). *The Child's Conception of Time*. New York: Routledge.

Nystul, M. S.(2006). *Introduction to counseling: An art and science perspective*. New York: Pearson.

O Connell, B.(1998). *Solution focused therapy*. London: Sage.

O'Connell, B.(2000). Solution Focused therapy. In S. Palmer (Ed), *Introduction to Counselling and Psychotherapy: The Essential Guide* (Counselling in Action). SAGE Publications Ltd.

Palmer, J. A.(ed.) et al.(2001). *Fifty Modern Thinkers on Education: From Piaget to the Present Day*. Routledge. 조현철 · 박혜숙(2009). 『50인의 현대 교육사상가: 피아제에서 현재까지』. 서울: 학지사.

Palmer, S.(2000). *Introduction to Counselling and Psychotherapy: The Essential Guide* (Counselling in Action). SAGE Publications Ltd.

Parsons, F.(1909). *Choosing a Vocation*. Boston: Houghton Mifflin Co.

Passons, W. R.(1975). *Gestalt approaches to counseling*. New York: Holt, Rinehart & Winston.

Pederson, P. B. (1991). Multiculturalism as a generic approach to counseling. *Journal of Counseling & Development. 70* : 6-19.

Perls, F. S et al.(1951). *Gestalt therapy: Excitement and growth in the human personality*. New York: The Julin-Verlasg.

Perls, F. S. et al.(1977). *Gestalt therapy*. New York: Bantam Books.

Perls, F. S.(1942, 1969). *Ego, hunger and aggression*. New York: Vintage Books.

Perls, F. S.(1969a). *Gestalt therapy verbatim*. New York: Real People Press.

Perls, F. S.(1969b). *In and out the garbage pail*. New York: Bantam Books.

Perls, F. S.(1970). Four lectures. In J. Fagan & I. L. Shepherd (Eds.), *Gestalt therapy now:*

theory/techniques/applications. New York: Harper & Row.

Perls, F. S.(1973). *The gestalt approach and eye witness to therapy*. NY: Science and Behavior Books.

Perls, F. S.(1985). Vier Vortraege. In H. Petzold (Herg.). *Gestalt, Wachstum, Integration*. Paderborn: Junfermann-Verlag : 89-118.

Pervin, L. A. & John, O. P.(2001). *Personality: Theory and research* (8th ed.). N.Y: John Wiley & Sons.

Pervin, L. A.(2005). *Theories of Personality*. John Wiley & Sons, Inc.

Peterson, J. V. & Nisenholz, B.(1999). *Orientation to counseling* (4th ed.). Needham Heights. MA: Allyn Sl Bacon.

Piaget, J. & Inhelder, B.(1969). *The Psychology of the Child*. New York: Basic Books.

Piaget, J.(1956). *The Children's Conception of Space*. F. J. Langdon & J. L. Lunzey(trans.). London: Routledge & Kegan Paul.

Piaget, J.(1963). *The Origins of Intelligence in Children*. New York: Norton,

Piaget, J.(1973). *The Child and Reality: Problems of Genetic Psychology*. New York: Grossman Publishers.

Piaget, J.(1985). *The Equilibration of Cognitive Structures: The Central Problem of Intellectual Development*. Chicago: University of Chicago Press.

Polsgrove, L.(1979). Self-control Methods for child training. *Behavioral Disorders. 4*(2) : 116-130.

Polster, E. & Polster, M.(1974). *Gestalt therapy intergrated*. Toronto: Vintage Book Edition.

Polster, E.(2006a). *Uncommon ground: Creating a system of lifetime guidance*. Phoenx: Zeig. Tucker & Theisen. Inc.

Polster, E.(1987). *Every person's life is worth a novel*. New York: W. W. Norton Company.

Raynor, J. 0. & Entin, E. E.(1982). *Motivation, career striving, and aging*. New York: Hemisphere.

Rogers, C. R.(1951). *Client-Centered Therapy*. Boston: Houghton Mifflin.

Rogers, C. R.(1957). The Necessary and Sufficient Conditions of Therapeutic Personality Change. *Journal of Counseling Psychology. 21* : 95-103.

Rogers, C. R.(1959). A Theory of Personality and Interpersonal Relationships as Developed in the Client-centered Framework. In S. Koch (ed.). *Psychology, A Study of Science: Formulations of the Person and the Social Context* (Vol. 3). NY: McGraw-Hill : 184-256.

Rogers, C. R.(1967). Autobiography. In E. Boring, & G. Lindzey (eds.), *A History of Psychology in Autobiography* (Vol. 5). NY: Appleton-Cenairy-Crofts : 341-384.

Rogers, C. R.(196l). *On Becoming a person A therapist's view of psychotherapy*. Boston: Houghtin Minfflin.

Rogers, C. R.(1977). *Carl Rogers on Personal Power: Inner Strength and Its Revolutionary Impact*. NY: Delacote.

Rogers, C. R.(1980). *A Way of Being*. Boston: Houghton Mifflin.

Rogers, C. R.(1983). *Freedom to Learn in the 80s*. Ohio: Merril.

Rubinson, B. E. & Rhoden, J. L.(1998). *Working with children of alcoholics: The Practitioner's handbook* (2nd ed). Thousand Oaks: Sage Publications.

Rusell, D. E. H.(1990). *Rape in Marriage*. Bloomington. Indiana University Press. Revised Edition.

Schaffer, L. F.(1936). *The Psychology of Adjustment*. Houghton Mifflin.

Schultz, D. & Schultz, S. E.(1994). *Theories of Personality* (5th ed.). Pacific Grove. CA: Brooks/ Cole Publishing Company.

Schultz, D.(1977). *Growth Psychology: Models of the Healthy Personality*. New York ' D. Van Nostrand Co. 정종진 역(1990). 『건강한 성격의 소유자란』. 서울: 그루.

Shaffer, D. R. & Katherine, K.(2002). *Developmental psychology childhood and adolescence* (8th ed.). Wadsworth. Cengage Learning.

Seligman, L.(1997). *Diagnosis and treatment planning in counseling* (2nd ed.). Homewood. IL: Dorsey.

Seligman, L. (2001). *Systems, strategies, and skills of counseling and psychotherapy*. Upper Saddle River. NJ: Prentice Hall.

Seligman, M. E. P. et al.(2000). *Abnormal Psychology* (4th edition). W. W. Norton & Company.

Sheldon, B.(1995). *Cognitive-behavioral therapy*. NY: Routledge.

Shertzer, B. & Stone, S. C.(1968). *Fundamentals of Counseling*. Boston: Houghton Mifflin Company.

Shertzer, B. & Stone, S. C.(1981). *Fundamentals of guidance*. Boston Houghton Mifflin.

Skinner, B. F.(1938). *The behavior of organisms*. New York: Appleton-Century.

Skinner, B. F.(1948). *Walden two*. New York: Macmillan.

Skinner, B. F.(1953). *Science and human behavior*. New York : Macmillan.

Skinner, B. F.(1954). The science of learning and the art of teaching. *Harvard Educational Review. 24* : 86-97.

Skinner, B. F.(1958a). *Teaching machines*. *Science. 128* : 969-977.

Skinner, B. F.(1958b). Intellectual Self-Management in Old Age. *American Psychologist. 38* : 239-244.

Skinner, B. F.(1971, 1990). *Beyond Freedom and Dignity*. New York: Bantam Book.

Skovhott, T. M. & Ronnestad, M. H.(1992). Themes in therapist and counselor development. *Journal of Counseling & Development. 70*.

Sommers-Flanagan, J. & Sommers-Flanagan, R.(1993). *Foundations of therapeutic interviewing*. Boston: Allyn & Bacon.

Spokane, A. R. (1991). *Career intervention*. Bacon: Allyn and Bacon.

Stewart, I.(2007). *Transactional analysis counseling in action*. London: SAGE.

Stewart, N. R. et. al.(1978). *Systematic counseling*. Englewood Cliffs. NJ: Prentice-Hall.

Super, D. E.(1953). A theory of vocational development. *American Psychologist. 8* : 185-190.

Super, D. E.(1957). *Computer-assisted counseling*. New York: Teachers College Press.

Super, D. E.(1972). Vocational development theory: Persons, positions, processes. In J. M. Whiteley &

A. Resnikoff (Eds.). *Perspectives on vocational guidance*. Washington, DC: American Personnel and Guidance Association.

Super, D. E.(1990). A life-span, life-space approach to career development. In D. Brown, L. Brook & Associates. *Career choice and development*. San Francisco: Jossey Bass : 197-261.

Super, D. E.(1994). A life span, life space perspective on convergence. In Saviskas, M. L., Lend, R. W. (Eds.), *Convergence in career development theories.* Palo Alto. CA: Consulting Psychologists Press : 63-67.

Swanson, J. L. & Fouad, N. A.(2014). *Career Theory and Practice: Learning Through Case Studies*. London: SAGE Publications.

Sweeny, T. J.(2015). *Adlerian counseling: A practical approach for a new decade* (5th ed.). Routledge.

Thomas, M.(1992). *An introduction to marital and family therapy*. NY: Merrill.

Walter, J. L. & Peller, J. E.(1996). *Loesungs-orientierte Kurzthempie*. Dortmund: Moderne Lemen.

Wittgenstein, L. (1965) *The Blue and Brown Books: Preliminary Studies for the 'Philosophical* Investigations'. New York: Harper.

Wolpe, J.(1964). *The conditioning therapies: The Challenge in Psychotherapy*. New York: Holt, Rinehart & Winston.

Wolpe, J.(1969, 1996). *The practice of behavior therapy* (4th ed.). New York: Pergamon.

Wubbolding, R. E.(1981). Balancing the chart: "Do it person" and "positive symptom person". *Journal of Reality Therapy. 1*(1) : 4-7.

Wubbolding, R. E.(1988). *Using reality therapy*. New York: Harper & Row.

Wubbolding, R. E.(1991, 2000a). *Understanding Reality Therapy: A Metaphorical Approach*. New York: HarperCollins.

Wubbolding, R. E.(2000b). *Reality therapy for the 21st century*. Philadelphia. PA: Brunner-Routledge.

Wubbolding, R. E.(2010). *Reality therapy(Theories of Psychotherapy)*. American Psychological Association (APA).

Yalom, I. D. (1980). *Existential psychotherapy*. New York: Basic Books.

Yontef, G. (1984). Gestalt therapy. In R. J. Corsini(Ed.), *Current psychotherapies* (3rd ed.). Itasca. IL: Peacock

Yontef, G. M.(1993). *Awareness, dialogue, and process.* Highlands, NY: The Gestalt Journal Press. 김정규 외 역(2008). 『알아차림, 대화, 그리고 과정』. 서울: 학지사.

Yontef, G. M.(1995). Gestalt therapy. In A. S. Gurman & S. B. Meisser (Eds.). *Essential psychotherapies: Theory and practice*. New York: Guilford : 261-303.

찾아보기

ㄷ

ㄹ

ㅁ

ㅂ

ㅅ

ㅈ

기타

저 / 자 / 소 / 개

■ 정서영

서울기독대학교 대학원 신학과 박사(Ph.D)
서울기독대학교 대학원 상담학과 박사(Ph.D. cand.)
성화대학교 교수 · 목포과학대학교 교수
한국기독교심리상담협회 회장 · 국정저널 회장
세계한국인기독교총연합회 대표회장 · 한국교회연합 대표회장
〈저서〉 상담학개론, 인지치료, 상담이론과 실제, 기독교상담학
　　　인간행동과 사회환경 외 다수

■ 권　붕

국제문화대학원대학교 사회복지교육학과 박사(Ph.D)
국제문화대학원대학교 상담사회교육학과 박사(Ph.D)
대한신학대학원대학교 조직신학 전공 철학박사(Ph.D)
동방대학원대학교 사회복지학과 교수 · 호원대 사회복지학과 겸임교수
〈저서〉 발달심리학, 상담이론과 실제, 사회복지개론 사회복지행정론, 사회문제론

■ 김미경

서울사회복지대학원대학교 사회복지학과 석사
세한대학교 경영학과(복지경영) 박사과정
서울사회복지대학원대학교 다문화복지이해과정 교수
㈜ 동우크린케어 상임대표
〈저서〉 노인복지론, 인간행동과 사회환경, 사회복지실천론

■ 김여환

광운대학교 정보복지대학원 심리치료학과 석사(M.P)
호서대학교 연합신학대학원 목회상담학과　석사(Th.M) · 박사(Ph.D)
호서대학교 연합신학대학원 목회상담학과 임상패널교수
행복이가득한교회 · 샘물교회 담임
동탄가정심리상담소 소장 · 정신분석상담학회 이사

■ 양재건

대한신학대학원대학교 신학과 신학석사(Th.M)
대한신학대학원대학교 사회복지학과 석사(M.A)
Faith Theological Seminary &　Christian College(Ph.D)
동방문화대학원대학교 사회복지전공 박사과정
글로벌평생교육원 원장 · 경복대학교 사회복지학과 겸임교수
〈저서〉 사회복지개론

■ 양철수

California Central University 사회복지상담학과 석사·박사
서울사회복지대학원대학교 사회복지학 석사
세한대학교 대학원 경영학과(복지경영) 박사과정
서울사회복지대학원대학교 지도교수
(주)동우크린케어 대표이사
〈저서〉 인간발달, 발달심리학, 상담이론과 실제, 사회복지개론, 노인복지론
인간행동과 사회환경, 사회복지실천론, 사회복지행정론

■ 이영만

성균관대학교 졸업
대한신학대학원대학교 사회복지상담전공 석사
대한신학대학원대학교 상담심리치료전공 박사(Ph.D)
키즈코리아 대표
〈저서〉 상담이론과 실제, 장애인복지론

■ 이척희

성균관대학교 무역대학원 지역경제학과 석사
서울사회복지대학원대학교 지도교수
동성화학산업 대표
〈저서〉 사회복지개론, 지역사회복지론, 사회복지행정론

■ 임성은

숭실대학교 경영학 박사
현, 극동대학교 중국항공운항서비스학과 조교수
〈저서〉 CS 관리실무

■ 장미리

가천대학교경영대학원 석사 졸업
동방문화대학원대학교 교육학 박사(Ph.D cand.)
상명대학교 뷰티예술경영학 박사(Ph.D cand.)
호원대학교 미용예술학과 · 경복대학교 복지행정과 겸임교수
대성에듀평생교육원 원장 · 서정대학교 뷰티학과 외래교수
〈저서〉 지역사회복지론

■ 최병석

상명대학교 경영학과 석사
상명대학교 경영학 박사(Ph.D cand.)
동방문화대학원대학교 교육학 박사과정
좋은세상바라기(주) 대표이사

상담심리학

1판 1쇄 인쇄 — 2018년 8월 25일
1판 1쇄 발행 — 2018년 8월 30일

저　　자 - 정서영　권　붕　김미경　김여환　양재건　양철수
이영만　이척희　임성은　장미리　최병석
발 행 인 - 강철원
발 행 처 - 양성원
주　　소 - 경기도 파주시 검산로 173번길 29-20
전　　화 - 031-946-3861(代)
팩　　스 - 031-946-3864
이 메 일 - tnwpub@naver.com
홈페이지 - tnwpub.co.kr
출판등록 - 2015년 8월 31일 제 2015-000211 호

ISBN 979-11-6126-141-6

정가 20,000원